齊桓公

賜履分藩定霸齊舊九會冠裳覆宇
奠宙炳麟經維續之懋昌云齊家保
艾涵複

戊子春仲伯奎賛

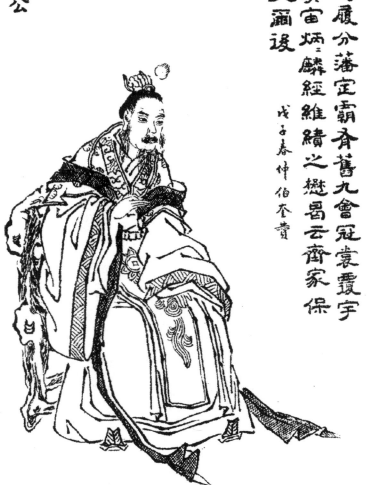

제齊 환공桓公

管仲
生我父母
知我鮑叔
鮑叔友譽
為德
三重三沐
到今
受賜聖言可復
彼何
人貽黄泉歸笑
庄鶴書

관중管仲

晉文公

霸續中襄蠻
夷負恃家侯遹興
翔戴天子簡畀忠良一心求
矢請隨冒賣請拧怗修胡貿
如彼不謂如此 戊子春王拜石生書

진晉 문공文公

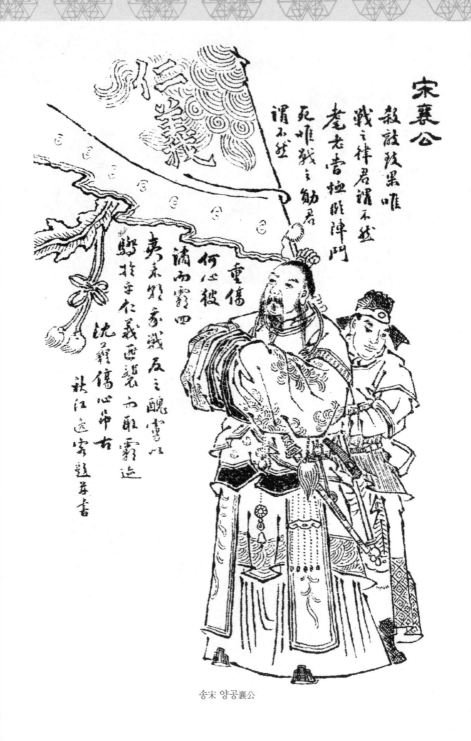

宋襄公

송宋 양공襄公

柳下

蒙恥救民德弥大兮雖遇三黜終不弊兮吾
慕先德壁固繼兮敬述斯謀永勿替兮

戊子孟春伯奎題於夢榭仙館并記歲月

유하혜柳下惠

秦穆公

以德振怨君德云宏以刑為賣君賣云金鼓
懋績用霸西戎俾壹區宇何愧壹功睨諸陵闕
嚴有書中書列秦誓闡然襞裏　伯奎題

진秦 목공穆公

百里奚

炊盡庚廩
真伏雌
菌淵
遠指土門
特羊
皮牛以
都休間
卻爱過傳
樂府辭
珠石生題

백리해百里奚

동주
열크지

문헌 고증 완역 결정판

동주
열국지

2

풍몽룡 지음 | 채원방 정리

김영문 옮김

글항아리

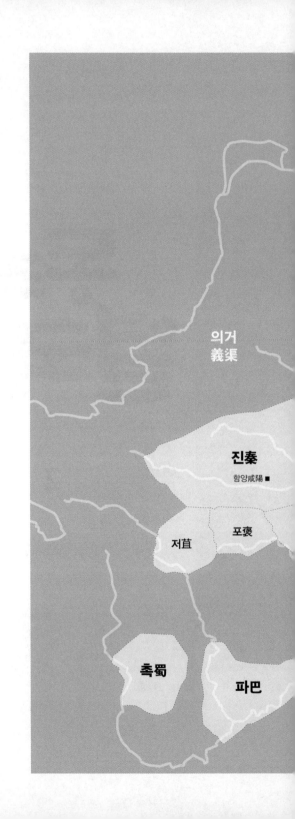

의거
義渠

진秦

함양咸陽 ■

저苴

포褒

촉蜀

파巴

춘추시대 중기 주요 제후국 및
주요 도시 위치.

1. 이 『동주열국지東周列國志』 번역본의 저본은 중국 청대淸代 광서光緖 14년(1888) 상하이 上海 점석재點石齋에서 간행한 『東周列國志』다. 점석재 간행본은 청 건륭乾隆 원년을 전후하여 채원방蔡元放이 정리한 판본을 정교한 석인본으로 재간행한 것이다. 이 번역본의 삽화도 점석재본의 것이다.

2. 점석재본을 저본으로 했지만 소설 원문을 제외한 채원방의 평어나 협주夾註는 모두 생략했다.

3. 근래에 출판된 판본으로 참고가 되었던 것은 중국 런민문학출판사에서 1978년에 출판한 『東周列國志』(上·下)다. 근래 중국 대륙의 판본이 대부분 간체자로 출판된 것에 비해 이 판본은 번체자(한국 한자 정자)로 되어 있을 뿐만 아니라 인명과 지명 및 서명 옆에 옆줄이 그어져 있어서 매우 유용하게 참고할 수 있었다.

4. 이외에 단락을 나누고 점석재본의 원문을 교감하기 위해 중화서국, 상하이고적출판사, 제노서사齊魯書社, 악록서사岳麓書社 등의 판본을 참조했다.

5. 인명과 지명은 모두 우리 한자음으로 표기했다. 『동주열국지』의 배경이 중국 춘추전국시대이기 때문에 현대 중국어 발음보다 우리 한자음이 훨씬 더 중국 고대어 발음에 가깝다고 보기 때문이다.

6. 중국 고대 지명을 표기할 때는 해당 지명을 쓰고 옆에 중국 현대 지명을 병기했다. 설명이 필요할 경우 각주로 처리했다. 더러 상고할 수 없는 지명은 원래의 지명만 썼다.

7. 중국 고대 인명을 표기할 때 통상적인 한자음과 다르게 읽히는 경우, 고대의 주석서와 한자 자전字典 및 현대 중국어 발음에 의거하여 일일이 근거를 밝혔다. 예를 들면 '겸장자鍼莊子' '위엄遠掩' '투누오도鬪縠於菟' '양보梁父' '상영向寧' '하무저夏無且' 등이 그것이다.

8. 중국 고대 인명을 표기할 때 성姓은 물론이고 이름 첫 글자에도 모두 우리말 두음법칙을 적용하여 읽었다. 예를 들면 '공영孔寧' '채약蔡略' '순역荀躒' '피이被離' 등이 그것이다.

9. 어떤 인명이나 지명이 장마다 처음 나올 때는 먼저 우리말 발음을 표기하고 해당 한자를 병기했다. 또한 각 장 안에서 단락이 자주 바뀌면서 인명이나 지명이 혼동될 우려가 있을 때도 한자를 병기했다.

10. 인명의 성과 이름은 띄우지 않고 전부 붙여 썼다. 그러나 제후의 아들이란 의미로 공자公子를 인명 앞에 붙인 경우에는 공자와 이름을 띄어 썼다. 예를 들면 '공자 개방開方' '공자 검모黔牟' '공자 규糾' 등이 그것이다. 공손公孫의 경우는 원래 제후의 손자란 의미지만 성씨로 굳어진 경우도 많기 때문에 전부 붙여 썼다. 예를 들면 '공손고公孫固' '공손주公孫周' '공손교公孫僑' 등이 그것이다.

11. 제후국 이름과 제후의 시호諡號는 제후국의 특징과 존재를 분명하게 드러내기 위해 모두 띄어 썼다. 예를 들면 '진晉 문공文公' '진秦 목공穆公' '진陳 여공厲公' '위衛 영공靈公' '위魏 혜왕惠王' 등이 그것이다.

12. 중국 고대 장회소설章回小說에서 쓰이는 상투어 '화설話說' '각설却說' '재설再說' '단설單說' '차설且說' '부재화하不在話下' '하문부견下文復見' '불필세설不必細說' '자불필설自不必說' 등은 따로 직역하지 않고 문맥 속에서 다른 접속사로 처리하기도 하고, 굳이 번역할 필요가 없을 때는 생략하기도 했다.

13. 주周나라 천자를 부르는 호칭은 '상감' '아바마마' '주상' 등 우리 왕조 시대의 호칭을 상황에 맞게 사용했다. 그러나 제후국 군주를 부르는 호칭은, 춘추시대 자국의 제후를 부르는 경우 주로 '주상' 또는 '주상전하'를 사용했고, 타국의 제후를 부를 때는 '군주' '군후' '현후' '명공' 등을 상황에 맞게 사용했다. 제후가 자신을 지칭하는 경우는 '과인'을 사용했다. 그러나 전국시대에 들어 모든 나라가 '왕'을 칭할 때는 자국 타국을 막론하고 '대왕마마'란 호칭을 사용했고 경우에 따라 '주상'이란 호칭을 섞어 썼다.

14. 주 왕실 천자의 계승자는 '태자', 제후국 계승자는 '세자'로 구분했지만, 전국시대 후반기에는 모든 나라의 계승자를 '태자'로 호칭했다.

15. 춘추시대 제후국 세자 이외의 아들은 '공자公子', 전국시대 제후국 태자 이외의 아들은 '왕자王子'로 호칭했지만 더러 섞어 쓰기도 했다.

16. 제후국 군주의 부인은 '부인' 또는 '군부인'이란 호칭을 사용했다.

17. 우리에게 잘 알려진 고사성어의 경우 해당 부분에서 상세한 설명을 하고 원래의 출처를 밝혔다.

18. 두 사람의 대화가 두 번 이상 반복되며 '아무개 왈曰' '답왈答曰' 등의 말이 계속될 경우, 독서의 편의를 위해 '아무개 왈' '답왈'을 번역하지 않고 자연스럽게 두 사람의 대화가 이어지도록 했다.

19. 이 소설에 등장하는 다른 시대 인물의 경우 해당 부분에 주석을 달아 비교적 상세하게 보충 설명했다. 춘추전국시대 인물에 대해서는 『동주열국지 사전』 중 「인물 사전」에서 중요한 행적과 특징을 밝히고 각 등장 장회를 명기했다.

20. 이 소설에 나오는 각 제후국에 대해서도 『동주열국지 사전』 중 「제후국 사전」에서 한데 모아 흥망성쇠의 과정을 간단하게 보충 설명했다.

21. 이 번역본에서는 기존 번역본의 장회 나눔이 원본과 다른 경우 모두 원본의 형태로 바로잡았고, 기존 번역본에서 빠진 부분과 잘못된 부분도 모두 보충하고 정정했다. 기존의 어떤 번역본보다 원본에 더 가까운 형태를 유지하려고 애썼다.

차 례

제23회

학으로 오랑캐를 막다

위 의공은 학을 좋아해 나라를 망치고
제 환공은 군사를 일으켜 초나라를 정벌하다
衛懿公好鶴亡國, 齊桓公興兵伐楚.

위衛 혜공惠公의 아들은 의공懿公이다. 주 혜왕 9년에 보위를 이어받아 9년 동안 재위했다. 의공은 자기가 좋아하는 것에만 빠져 있었고, 나태한 천성에 오만을 부리며 국정에는 전혀 신경을 쓰지 않았다. 그가 좋아하는 것은 날개 달린 짐승으로 그중에서 학을 가장 좋아했다. 부구백浮邱伯[1]의 『상학경相鶴經』[2]에 다음과 같은 내용이 있다.

학은 양기가 강한 새陽鳥이지만 음지에서 논다. 쇠의 기운金氣 때문에 불의

1_ 부구백浮邱伯: 진말秦末 한초初初의 학자로 『시경』에 뛰어나 제자 신공申公을 길러냈다. 신공은 전한前漢 때 노시魯詩를 전한 학자로 유명하다. 따라서 부구백을 『상학경相鶴經』의 저자 부구공浮丘公과 동일 인물로 보기는 어렵다. 『열선전列仙傳』 「왕자교王子喬」에 따르면 부구공은 왕자교와 동시대 인물이다. 왕자교는 주 영왕의 태자 진晉이므로 부구백은 부구공보다 후대 인물임이 분명하다. 이름이 비슷하여 혼동한 것으로 보인다.

정기火精를 타고 스스로 양생한다. 쇠의 수는 9이며 불의 수는 7이다. 따라서 학은 7년에 한 번 조금 변하고 16년에 한 번 크게 변한다. 160년이 되면 변화를 멈추고 1600년이 되면 형체가 완성된다. 몸은 깨끗함을 숭상하므로 그 색깔이 희다. 소리는 하늘에까지 들리므로 그 머리가 붉다. 물을 주식으로 하므로 부리가 길다. 땅에 서식하므로 다리가 길다. 구름 위를 날기 때문에 털이 많고 살은 적다. 큰 목구멍으로 지난 것을 토하고 긴 목으로 새것을 받아들이므로 그 목숨은 헤아릴 수 없이 길다. 가는 곳은 반드시 강변 모래톱이고, 멈출 때도 숲 속에 모이지 않는다. 대체로 날개 달린 족속의 으뜸이라 신선들이 천리마처럼 타고 다닌다. 학의 뛰어난 관상은 이렇다. 코는 높고 입은 짧아 잠이 적다. 다리는 길고 뼈마디는 짧아 힘이 세다. 눈은 튀어나오고 눈동자는 붉어 멀리까지 볼 수 있다. 봉황의 날개에 참새의 깃털을 갖고 있어 날기 좋다. 거북 등에 자라의 배를 하고 있어 새끼를 낳을 수 있다. 앞은 가볍고 뒤는 무거워 춤을 잘 춘다. 다리뼈는 넓고 뒤꿈치는 가늘어 걸음도 잘 걷는다.

학은 색깔이 깨끗하고 모양이 맑으며 노래에 능하고 춤도 잘 춘다. 이 때문에 위 의공은 학을 좋아했다. 속담에 이런 말이 있다.

"윗사람이 좋아하지 않으면, 아랫사람도 원하지 않는다."

의공은 학을 지나치게 좋아한 나머지 학을 바치는 사람들에게 모두 후

2_ 『상학경相鶴經』: 『문선文選』 「무학부舞鶴賦」 이선주李善注에 따르면 『상학경』은 부구공이 왕자 진에게 전했고, 왕자 진이 다시 최문자崔文子에게 전했으며, 최문자는 그 책을 숭고산嵩高山 석실에 감췄는데, 회남淮南 팔공八公이 그 책을 찾아 세상에 전하게 되었다고 한다. 지금은 전해오지 않는 전설상의 책.

한 상을 내렸다. 그러자 사냥꾼들은 온갖 방법으로 학을 잡아 모두 조정으로 갖고 와서 바쳤다. 이에 나라의 동산과 궁궐 뜰 곳곳에서 학을 기르게 되었으니 그 숫자가 어찌 수백 마리에 그쳤겠는가? 후세 남조南朝 제齊나라 고제高帝[3]가 지은 「영학시詠鶴詩」가 이를 증명하고 있다.

팔방의 바람에 훨훨 춤을 추며	八風舞遙翮
구천의 하늘에서 맑게 노래하네	九野弄淸音
구름 사이 높은 뜻 한 번 꺾이니	一摧雲間志
임금 위해 동산에 매인 새 됐네	爲君苑中禽

의공은 자신이 기르는 학에게 모두 벼슬 품계와 녹봉을 주었다. 높은 것은 대부의 녹봉을 먹었고, 다음 것은 사士의 녹봉을 먹었다. 외출하면 학들도 대열을 나누어 뒤따르게 했다. 큰 수레를 가져오게 하여 그 수레 앞에 학을 싣고 '학장군鶴將軍'이라고 불렀다. 학을 키우는 사람에게도 일정한 녹봉을 줬다. 백성으로부터 세금을 많이 거두어 학의 양식으로 충당했다. 백성은 굶주리고 동상에 걸렸지만 전혀 보살펴주지 않았다.[4]

대부 석기자石祁子는 바로 석작石碏의 후손 석태중石駘仲의 아들이었다. 그는 충직함으로 유명했고 영장寧莊의 아들 영속寧速과 함께 국정을 장악하고 있었다. 이들은 모두 현신이었다. 두 사람이 누차 간언을 올렸으나 의공

3_ 고제高帝: 중국 남북조시대 남조南朝 제齊나라를 세운 소도성蕭道成.

4_ 애학실중愛鶴失衆: 학을 지나치게 좋아하여 민심을 잃는다는 뜻. 작은 것을 탐하다가 큰 것을 잃음을 비유한다.(『좌전』 민공閔公 2년)

위 의공이 학을 좋아하여 나라를 망치다.

은 듣지 않았다. 공자 훼燬는 바로 위 혜공의 서형庶兄으로 공자 석碩이 선 강宣姜과 관계해서 낳은 아들인데, 이 사람이 위 문공文公이다. 공자 훼는 위나라가 틀림없이 망할 것을 알고 이런저런 핑계를 대고 제나라로 갔다. 제 환공은 같은 종실 공자 규의 딸을 훼에게 시집보냈다. 그래서 그는 결국 제나라에 머물러 살게 됐다. 위나라 사람들은 옛날부터 고인이 된 태자 급자急子의 억울한 죽음을 가련하게 여기면서, 혜공이 복위한 이후 밤낮으로 저주를 퍼부었다.

"천도天道가 있어 급자의 억울한 죽음을 안다면, 틀림없이 저자의 녹봉과 지위를 끝마치지 못하게 할 것이다."

세자 급자와 공자 수壽는 아들이 없었고 공자 석은 일찍 죽었으며 공자 검모黔牟도 벌써 후사가 끊겼다. 오직 공자 훼만 어진 덕이 있어 위나라 민심이 귀의해왔다. 의공이 실정을 계속하자 훼는 외국으로 달아났고 이에 위나라에서 의공에게 원한을 품지 않은 사람이 없었다.

북쪽 오랑캐들은 주周 태왕太王5 때부터 훈육獯鬻6이 매우 강성하여 태왕을 핍박해 도읍을 기岐 땅으로 옮겨가게 했다. 주 무왕이 천하를 통일하자 주공은 남쪽으로 형荊과 서舒를 정벌하고 북으로는 융과 적을 포용하여 중국 땅이 오랫동안 편안했다. 주 평왕이 동쪽 낙양으로 도읍을 옮긴 이후에는 남만과 북적이 방자하게 횡포를 부렸다. 북적의 군주 수만瞍瞞은 궁수 수만 명을 거느리고 항상 중원을 분탕질할 마음을 품고 있었다. 그러던

5_ 태왕太王: 주나라 문왕의 조부 고공단보高公亶父. 원래 빈豳(陝西省 彬縣) 땅에 거주하다가 기산岐山 아래로 옮겨 나라 이름을 주周라고 했다.

6_ 훈육獯鬻: 고대 중국의 북방을 호령한 흉노匈奴. 훈육薰育이라고도 쓴다. 하나라 때는 훈육, 주나라 때는 험윤玁狁, 진·한 때는 흉노라 했다.

중 제나라가 산융을 정벌했다는 소식을 듣고는 수만이 분노를 터뜨리며 말했다.

"제나라 군사가 먼 곳까지 정벌을 나선 것은 틀림없이 나를 우습게 여기는 마음이 있기 때문이다. 마땅히 먼저 군사를 일으켜 제압해야 하리라."

이에 오랑캐 기병 2만을 휘몰아 형邢나라를 쳤다. 형나라를 격파하고는 제나라가 형나라를 구원할 것이라는 소식을 듣고 마침내 군사를 이동시켜 위衛나라로 향했다. 이때 위 의공은 마침 학을 수레에 싣고 궁궐 밖으로 놀이를 나가려던 참이었다.

"적인들이 쳐들어와 노략질을 하고 있습니다."

위 의공은 깜짝 놀라 즉시 군사를 모아 무기를 나눠주고 전투와 수비 대책을 마련하게 했다. 백성은 모두 시골로 도망치며 싸우려 하지 않았다. 의공은 사도司徒를 시켜 그들을 잡아오게 했다. 잠시 후에 100여 명의 사람이 잡혀왔다. 그들에게 도망간 까닭을 물었다. 그러자 사람들이 대답했다.

"주상께서 한 가지 물건만 사용하셔도 오랑캐를 막아낼 수 있을 텐데, 어찌 우리 힘을 사용하려 하시옵니까?"

의공이 물었다.

"그게 무슨 물건이냐?"

"학입니다."

"학으로 어찌 오랑캐를 막아낼 수 있단 말이냐?"

"학이 싸움을 할 수 없다면 아무 쓸모도 없는 물건입니다. 주상께서는 쓸모 있는 것을 버리고 쓸모없는 것을 길렀으니 백성이 복종하지 않는 까닭입니다."

"과인이 이제 죄를 알았다. 학을 흩어서 쫓아버리고 백성을 따르게 하고 싶다. 가능하겠느냐?"

석기자가 말했다.

"주상께서는 급히 시행하시옵소서. 그래도 늦었을까 두렵습니다."

의공은 결국 사람을 시켜 학을 풀어놓게 했다. 그러나 학은 평소에 양육을 받았기 때문에 원래 있던 곳을 배회하며 날아가려 하지 않았다. 석기자와 영속 두 대부가 직접 저잣거리로 가서 의공이 잘못을 뉘우치고 있다는 뜻을 이야기하자 백성이 비로소 조금씩 모여들기 시작했다. 적병狄兵은 이미 형택滎澤(河南省 滑縣 북서)까지 휩쓸고 내려와 잠깐 사이에 급보가 세 번이나 전해졌다. 석기자가 아뢰었다.

"적병은 사납고 용맹하므로 가볍게 대적해서는 안 됩니다. 신이 제나라에 가서 구원병을 청하겠습니다."

의공이 말했다.

"제나라는 지난날 천자의 왕명을 받들고 우리를 정벌하러 왔다가 군사를 그냥 물린 적이 있지만, 우리는 수호修好의 예를 갖춘 적이 없소. 그런데 지금 어찌 우리를 도와주려 하겠소? 차라리 오랑캐와 일전을 겨루어 국가의 존망을 결정하는 것이 좋을 듯하오."

영속이 말했다.

"신이 군사를 거느리고 오랑캐와 대적할 것이니 주상께선 도성을 지키십시오."

의공이 말했다.

"과인이 직접 가지 않으면 백성의 마음이 움직이지 않을까 두렵소."

이에 석기자에게 옥결玉玦7을 내리고 국정을 대신 다스리게 하면서 말했다.

"경이 이 옥결처럼 국정을 결단하기 바라오."

또한 영속에게는 궁시弓矢를 내려주며 전권을 가지고 도성에서 적을 방어하게 했다. 그러고는 이렇게 말했다.

"국내의 일은 모두 두 분에게 맡기오. 과인은 적병에게 승리하지 못하면 돌아오지 않을 것이오."

석기자와 영속 두 대부는 모두 눈물을 흘렸다. 의공은 분부를 마치고 병거와 군사를 크게 소집하여 대부 거공渠孔을 장수로 삼고 우백于伯을 부장으로 삼았다. 또한 황이黃夷를 선봉장으로 삼고 공영제孔嬰齊를 후위 대장으로 삼았다. 행군 내내 병사들이 투덜투덜 원망의 말을 내뱉었다. 의공이 밤에 몰래 가서 살펴보니 군중에서 이런 노랫소리가 들려왔다.

학은 녹봉을 먹고	鶴食祿
백성은 농사에 힘쓰고	民力耕
학은 높다란 수레 타고	鶴乘軒
백성은 전쟁에 나서네	民操兵
오랑캐 예봉 날카로워 맞설 수 없고	狄鋒厲兮不可攖
싸우려 해도 구사일생 살아오기 어려우리	欲戰兮九死而一生
학은 지금 어디에 있나	鶴今何在兮
우리만 황급히 행군에 나섰네	而我瞿瞿爲此行

의공은 노랫소리를 듣고 답답한 마음을 금할 수 없었다. 또 대부 거공이

7_ 옥결玉玦: 일종의 옥고리. 한 곳이 잘리지 않고 완전하게 동그란 것을 옥환玉環이라 하고, 한쪽이 잘린 것을 옥결玉玦이라 한다. 옥결은 대사의 결단이나 관계의 단절이란 의미를 지닌다.

군법을 지나치게 엄격히 시행하자 민심은 더욱 이반되었다. 행군이 형택 가까이에 이르렀을 때 적병 1000여 기가 보였다. 그들은 좌우로 흩어져 말을 달리며 질서가 전혀 없었다. 거공이 말했다.

"사람들이 오랑캐 군사가 용감하다더니 모두 헛된 말이로다."

곧 북을 울리며 진격했다. 적인들은 거짓으로 패한 척하며 위나라 군사를 매복 속으로 끌어들였다. 복병이 일시에 소리를 지르며 뛰어나오자 마치 하늘이 무너지고 땅이 꺼지는 것 같았다. 그들은 위나라 군사를 세 갈래로 끊어서 공격했다. 적군과 아군을 서로 구분할 수도 없을 정도였다. 위나라 군사는 원래 싸울 마음이 없었던 데다 적의 기세가 맹렬한 것을 보고는 모두 무기를 버리고 도망쳤다. 의공은 적병들에게 여러 겹으로 포위되었다. 거공이 말했다.

"사태가 급박합니다. 청컨대 대장기를 눕히고 미복으로 갈아입은 뒤 수레를 내리셔야 탈출할 수 있을 것입니다."

의공이 탄식하며 말했다.

"여러 장수가 과인을 구원하려면 이 대장기를 표지로 삼아야 하오. 그렇지 않다면 대장기를 제거한다 해도 아무 소용이 없을 것이오. 과인은 차라리 한 번 죽어 우리 백성에게 사죄하려 하오."

잠깐 사이에 위나라의 전후 부대가 모두 패배했다. 황이는 전사했고, 공영제는 칼로 스스로 목을 찔러 죽었다. 오랑캐 군사들은 의공을 더 두텁게 포위해왔다. 우백은 화살을 맞고 수레에서 떨어졌으며 의공과 거공도 이를 전후하여 목숨을 잃었다. 오랑캐들은 이들의 시체를 산산조각 냈고 위나라 군사는 모두 몰살당했다. 염옹이 이 일을 시로 읊었다.

날짐승에 빠지지 말라 옛 교훈을 들었더니 　　　　　　　曾聞古訓戒禽荒

학 때문에 나라 망할 줄 그 누가 알았으랴 　　　　　　　一鶴誰知便喪邦

형택 땅에 그 당시 도깨비불 가득했음은 　　　　　　　　滎澤當時遍磷火

아마도 학을 타고 신선세계로 돌아감인가 　　　　　　　可能騎鶴返仙鄉

적인들은 위나라 태사太史 화용활華龍滑과 예공禮孔을 사로잡아 죽이려 했다. 이 두 사람은 오랑캐가 귀신을 믿는다는 걸 알고 그들을 속이며 말했다.

"나는 위나라 태사로 국가의 제사를 관장하고 있소. 내가 먼저 가서 여러분을 위해 우리 신령님께 알려야 하오. 그러지 않으면 귀신이 여러분을 돕지 않아서 위나라를 얻을 수 없을 것이오."

오랑캐 군주 수만이 그 말을 믿고는 마침내 그들을 풀어주고 수레에 태워 보냈다. 도성 안에서 영속은 군장을 하고 성을 순시하다가 저 멀리서 수레 한 대가 치달려오는 것을 보았다. 그들이 태사임을 알아보고 깜짝 놀라 소리쳐 물었다.

"주상께선 어디 계시오?"

태사가 말했다.

"이미 전군이 궤멸되었소. 오랑캐 군사가 아주 강성하니 앉아서 멸망을 기다릴 수 없고 속히 예봉을 피해야 하오."

영속이 성문을 열고 두 사람을 맞아들였다. 예공이 말했다.

"주상과 함께 나갔다가 주상과 함께 돌아오지 못했으니 신하된 도리를 어떻게 말할 수 있으리오? 나는 장차 지하에서 우리 주상을 섬기겠소."

그러고는 결국 칼을 빼서 자신의 목을 찔러 죽었다. 화용활이 말했다.

"역대 태사들께서 기록한 서적을 잃어서는 안 되오."

그러면서 성안으로 들어갔다. 영속은 석기자와 상의한 후 위 의공의 가족 및 공자 신申을 이끌고 밤을 틈타 작은 수레를 타고 도성 동쪽으로 탈출했다. 화용활도 전적典籍을 끌어안고 그 뒤를 따랐다. 백성은 두 대부가 이미 떠났다는 소식을 듣고 남녀노소 손을 잡고 그 뒤를 따라 도망가기에 바빴다. 통곡 소리가 하늘을 진동했다. 적병은 승승장구하며 곧바로 위나라 도성으로 들어왔다. 백성 중 뒤떨어진 사람은 모두 살육당했다. 저들은 또 군사를 나누어 위나라 피란 행렬을 추격했다. 석기자는 의공의 가족을 보호하며 앞서 갔고 영속은 적병의 추격을 차단하느라 싸우면서 그 뒤를 따랐다. 행렬 뒤를 따르는 백성은 반수 이상 오랑캐의 칼날에 화를 당했다. 거의 황하에 당도할 무렵 다행히 송 환공桓公이 군사를 보내 이들을 마중 나와 있었다. 송나라 군사는 배를 준비해두고 밤을 이용해 황하를 건너게 했다. 그제야 오랑캐 군사들은 위나라에서 퇴각했다. 저들은 위나라의 창고 및 민간에 남아 있는 금은보화와 곡식을 깡그리 약탈해갔다. 성곽을 모두 부수고 수레 가득 보물을 싣고 돌아갔다.

한편 위나라 대부 홍연弘演은 앞서 진陳나라에 사신으로 갔다가 돌아올 무렵 위나라가 이미 파멸을 맞은 것을 알았다. 그는 위 의공이 형택에서 죽었다는 소식을 듣고는 시신을 찾으러 그곳으로 갔다. 연도에는 해골이 숱하게 널려 있었고 피와 살점이 낭자해서 비통한 마음을 이길 수 없었다. 한곳에 이르자 황폐한 물가에 대장기가 쓰러져 있었다. 홍연이 말했다.

"대장기가 여기에 있으니 주상의 시신도 멀지 않은 곳에 있을 것이다."

몇 발자국 떼지도 않았는데 신음 소리가 들렸다. 앞으로 가서 보니 어린 내시 하나가 팔이 잘린 채 누워 있었다. 홍연이 물었다.

"주상께서 돌아가신 곳이 어딘지 아느냐?"

내시가 한 무더기 살점을 가리키며 말했다.

"저것이 주상의 시신입니다. 내가 직접 주상이 피살되는 걸 보았소. 나는 팔이 잘려 몹시 아파 걸을 수 없어서 이곳에 누워 있었습니다. 누군가가 주상의 시신을 찾으러 오면 알려줄 생각이었습니다."

홍연이 그 시신을 보니 전신이 갈가리 찢겨 온전한 곳이 없었고, 오직 간肝 하나만 완전한 모습이었다. 홍연은 간을 향해 재배하며 대성통곡했다. 그러고는 그간 앞에서 자신이 진나라로 갔던 일을 보고했다. 그것은 마치 생시에 하던 예와 똑같았다. 보고가 끝나자 홍연이 말했다.

"주상의 시신을 아무도 거두어주지 않았으니 이제 내 몸으로 관棺을 만들 것이다."

그러고는 따라온 시종에게 부탁했다.

"내가 죽으면 나를 저기 수풀 아래에 묻어라. 새 주상이 보위를 이으면 내게 와서 알려다오."

마침내 칼을 빼서 자신의 배를 갈라 자기 손으로 의공의 간을 그곳에 집어넣고, 잠시 후 숨을 거두었다. 시종이 홍연의 말대로 그곳에 시신을 묻고 수레에 어린 내시를 실은 뒤 황하를 건너와 새 주상의 즉위 소식을 수소문했다.

석기자는 공자 신을 모시고 배에 올랐으며, 영속은 유민을 수습하여 그 뒤를 따랐다. 조읍漕邑에 이르러 남녀 백성을 점호하니 살아남은 자가 겨우 720명뿐이었다. 적인들이 자행한 무수한 살육에 어찌 비통하지 않을 수 있겠는가? 두 대부가 상의하며 말했다.

"나라에는 하루라도 임금이 없어서는 안 되오. 그러나 남은 백성이 몹시 적으니 어찌하면 좋겠소?"

이에 공읍共邑(河南省 輝縣市)과 등읍滕邑(河南省 輝縣市) 근처 두 고을 백성 10명 중 3명을 뽑아 모두 4000여 명을 모으고 살아남은 백성 720명을 합쳐 5000명을 채워 조읍에 초가집을 짓고 공자 신을 보위에 올렸다. 이 사람이 위 대공戴公이다. 송 환공 어열御說과 허許 환공桓公 신신新臣은 각각 사신을 보내 의공의 죽음을 조문했다. 대공은 일찍부터 병이 있어 즉위한 지 며칠 만에 세상을 떠났다. 영속이 제나라로 가서 공자 훼燬를 맞아와 보위를 계승하게 했다. 제 환공이 말했다.

"공자께서 우리 나라에서 귀국하여 종묘를 지키실 터인데, 만약 여러 기물이 갖춰지지 못하면 모두 과인을 허물할 것이오."

이에 좋은 말 네 마리가 끄는 수레 한 대와 제례복 다섯 벌, 그리고 소, 양, 돼지, 닭, 개 각각 300마리를 하사했고, 또 어헌魚軒[8]을 훼의 부인에게 증정하여 거기에 아름다운 비단 30단端을 싣게 했다. 그리고 제나라 공자 무휴無虧에게 명하여 수레 300승을 거느리고 배웅하게 했다. 아울러 문을 세울 재목을 싣고 가서 종묘의 문을 세우게 했다. 그리하여 공자 훼가 마침내 조읍에 도착했다. 홍연의 시종과 팔이 잘린 내시가 모두 와서 홍연이 자신의 몸으로 위 의공의 간을 보호한 사실을 자세히 아뢰었다. 훼는 우선 사람을 보내 관을 마련하게 하고 다시 그들을 형택으로 보내 의공의 시신을 거두게 했다. 또 한편으로는 의공과 대공의 장례를 치르게 하고 홍연에게는 벼슬을 추증하며 그 아들을 등용해 그 충성을 널리 알렸다. 제후들은 제 환공의 의리를 소중하게 생각하며 대부분 부의賻儀를 갖고 와서 조

8_ 어헌魚軒: 왕후나 제후의 부인이 타는 화려한 수레.

문했다. 이때가 주 혜왕 18년 겨울 12월이다.

이듬해 봄 정월 위나라 군후 훼가 개원하니 이 사람이 바로 위 문공文公이다. 겨우 30승의 수레로 민간에 함께 거주하는 광경이 몹시도 황량했다. 그러나 문공은 베옷에 헝겊으로 만든 관을 쓰고 거친 음식과 나물국을 먹으면서도 아침 일찍 일어나 한밤중이 되어서야 쉬면서 백성을 어루만졌다. 사람들은 문공의 어짊을 칭송했다. 제나라 공자 무휴는 위나라에 작별을 고하고는 제나라로 돌아왔다. 데리고 간 3000명의 군사는 그곳에 남겨두어 조읍을 지키게 했다. 오랑캐의 침입을 방비하기 위함이었다. 무휴는 돌아와 제 환공을 뵙고 위나라 군주 훼가 나라를 새로 일으키는 상황을 이야기했으며 또 홍연이 자기 몸으로 의공의 간을 모신 사실을 알렸다. 환공이 감탄하며 말했다.

"무도한 임금 밑에도 이 같은 충신이 있단 말인가? 그 나라는 없어지지 않을 것이다."

관중이 앞으로 나서며 말했다.

"지금 우리 군사가 그곳을 지키며 백성을 위로하는 것보다 좋은 땅을 골라 성곽을 쌓아서 영원한 안정을 도모하는 것이 더 나을 것입니다."

환공도 그렇게 생각했다. 그리하여 제후들을 규합해 함께 공사를 시작하려는 참에 갑자기 형나라 사신이 와서 급보를 올렸다.

"적병이 또 본국으로 쳐들어와서 도저히 지탱할 수 없사오니 엎드려 바라옵건대 구원해주시옵소서."

환공이 관중에게 물었다.

"형나라를 구원할 수 있겠소?"

관중이 대답했다.

"제후들이 우리 제나라를 섬기는 까닭은 제나라가 저들의 재난을 구원해줄 수 있기 때문입니다. 위나라를 구원해주지 못했는데, 또 형나라까지 구원해주지 못한다면 패업이 무너질 것입니다."

환공이 말했다.

"그러면 형나라를 구원하는 일과 위나라의 도성을 쌓는 일 중 어느 것이 급하오?"

관중이 대답했다.

"형나라의 국난을 안정시킨 뒤 위나라의 도성을 쌓으면 백대까지 전해질 공적이 될 것입니다."

"좋소."

이에 바로 송, 노, 조曹, 주邾나라에 격문을 띄워 군사를 합하여 형나라를 구원하자고 하고는 섭북聶北(河南省 淸豐 북쪽) 땅에서 함께 모이기로 했다. 송나라와 조나라 군사가 먼저 당도했다. 관중이 또 말했다.

"오랑캐 도적의 힘은 바야흐로 강성하고, 형나라의 힘은 아직 다하지는 않았으나 점차 고갈되어가고 있습니다. 강성한 도적을 대적하면 그 힘이 배로 들고, 고갈되어가는 힘을 도우면 그 공적을 이룸이 적습니다. 차라리 좀 더 기다리는 편이 좋을 것입니다. 형나라가 스스로를 지탱할 수 없으면 반드시 무너질 것이고, 오랑캐가 형나라를 이기면 반드시 피곤해질 것입니다. 피로한 오랑캐를 내몰며 무너진 형나라를 도우면 힘은 적게 들고 공적은 크게 이룰 것입니다."

제 환공은 관중의 계책을 쓰기 위해 노나라와 주邾나라 군사가 당도하기를 기다린다는 핑계를 대고 군사를 섭북에 주둔시켰다. 그리고 세작을 보내 형나라와 오랑캐의 공방 소식을 염탐하게 했다. 이처럼 관중은 형나라와 위나라를 일찍 구원하지 않고 병란을 키워 공적을 탐하는 계책을 냈다. 뒷날 사관이 관중의 계책을 조롱하는 시를 지었다.

환난을 구제함은 긴급한 일이거니　　　　　　救患如同解倒懸
군사를 거느리고 어찌 시간 늦추었나　　　　　提兵那可復遷延
종래로 패업이란 천자의 일에 겸손한 법　　　　從來霸事遜王事
공리는 미뤄두고 도의를 앞세워야지　　　　　功利偏居道義先

제, 송, 조나라 군사들은 섭북에 주둔한 채 대략 두 달을 보냈다. 적병은 밤낮을 쉬지 않고 형나라를 공격했다. 형나라 사람들은 힘이 다해 결국 무너진 방어선으로 탈출하기 시작했다. 세작의 보고가 당도했다. 형나라 남녀들은 마구 몰려나와 모두 제나라 진영으로 달려가 구원을 요청했다. 그중 한 사람이 땅에 엎어져 울었다. 그는 바로 형나라 군주 숙안叔顏이었다. 환공이 그를 부축해 일으켜 위로하며 말했다.

"과인이 일찍 구원해주지 못하여 이 지경에 이르렀소. 그 죄는 모두 과인에게 있소. 송공, 조백과 함께 의논하여 반드시 오랑캐를 몰아내도록 하겠소."

그날로 바로 진채를 거두고 군사를 일으켰다. 북적의 군주 수만은 노략질에만 욕심이 나서 싸움을 계속할 생각이 없었다. 그래서 세 나라의 대군이 공격해온다는 소식이 들리자 성안에 불을 지르고 북쪽을 향해 나는 듯이 도망쳤다. 각국의 군사가 도착했을 무렵에는 성안에 타오르는 불꽃만 가득할 뿐 오랑캐들은 모두 달아난 뒤였다. 환공은 불을 끄라는 명령을 내린 후 형나라 군주 숙안에게 물었다.

"옛 성에 계속 거주할 수 있겠소?"

숙안이 대답했다.

"도망간 백성이 대부분 이의夷儀(山東省 聊城 지방)에 모여 있으니 원컨대 이의로 도읍을 옮겨 백성의 바람에 따를까 하오."

제 환공은 세 나라 군사에게 명령을 내려 판축 도구를 가지고 이의에 성을 쌓게 했다. 그러고는 숙안을 그곳에 거주하게 하고 다시 종묘를 세워줬으며 초가로 짐승 우리와 창고도 지어주었다. 소나 말, 곡식과 옷감 따위는 모두 제나라에서 운반해와 그곳을 채웠다. 형나라 군주와 신하들은 모두 마치 고국으로 돌아온 듯 환호와 축하의 소리를 내질렀다. 그 일이 끝나자 송나라와 조나라 군사들은 제나라에 작별을 고하고 귀국하려 했다. 제환공이 말했다.

"위나라가 아직 안정되지 못했소. 형나라에는 도성을 쌓아주면서 위나라에는 도성을 쌓아주지 않는다면 위나라가 나를 보고 뭐라고 하겠소?"

제후들이 말했다.

"오직 패자이신 제나라 군후의 명령만 따를 뿐이오."

환공이 명령을 내려 군사를 위나라로 향하게 했다. 그리고 삼태기나 삽과 같은 축성 도구를 모두 들고 가게 했다. 위 문공 훼는 멀리까지 마중을 나왔다. 환공은 그가 입은 베웃과 헝겊 관을 보고 아직 상복을 바꿔 입지 않은 것을 알았다. 그래서 오랫동안 측은해하다가 말했다.

"과인은 여러 군후의 힘을 빌려 위나라 군후를 위해 도성을 정해드릴까하오. 그런데 어디가 길지인지 아직 모르겠소."

위 문공이 말했다.

"과인이 이미 길지를 잡아두었는데 그곳은 바로 초구楚邱(河南省 滑縣 동쪽)

라는 곳이오. 그러나 망국의 지경에 처한 우리 나라는 판축 비용을 감당할 수가 없소."

제 환공이 말했다.

"그 일은 과인이 맡을까 하오."

그날로 바로 세 나라 군사에게 명령을 내려 모두 초구로 가서 공사를 시작하라고 했다. 또한 다시 문을 세우는 재목을 운반해와서 종묘를 건설하고 그곳을 '봉위封衛'라 했다. 문공은 나라를 다시 세워준 환공의 은혜에 감격하여 「모과木瓜」9라는 시를 지어 읊었다.

나에게 모과를 주시니	投我以木瓜兮
고운 패옥으로 보답해드리리	報之以瓊琚
나에게 복숭아를 주시니	投我以木桃兮
고운 옥구슬로 보답해드리리	報之以瓊瑤
나에게 오얏을 주시니	投我以木李兮
고운 옥돌로 보답해드리리	報之以瓊玖

당시 망해가는 세 나라의 국운을 존속시켜준 제 환공의 공적에 대해 칭송이 자자했다. 노 희공을 옹립하여 노나라를 존속시킨 것, 이의에 도성을 쌓아 형나라를 존속시킨 것, 초구에 도성을 쌓아 위나라를 존속시킨 것이다. 이 세 가지 공로가 있기 때문에 제 환공을 오패五覇의 으뜸으로 꼽는다. 잠연潛淵10 선생이 이 일을 「독사시讀史詩」로 읊었다.

9_ 모과木瓜: 『시경』 「위풍衛風」에 나온다. 여기에 실린 가사에는 후렴구 "보답이 아니라 영원히 친하게 지내자는 것이네匪報也, 永以爲好也"라는 구절이 모두 빠져 있다.

주 왕실이 동천한 뒤 나라 기강 풀렸는데	周室東遷綱紀摧
제 환공이 제후 규합해 무너진 위신 떨쳤도다	桓公糾合振傾頹
멸망한 명맥 이어 세 나라를 존속시키니	興滅繼絶存三國
대의도 당당하게 오패 중 으뜸일세	大義堂堂五霸魁

이때 초나라 성왕成王 웅운熊惲은 자문子文을 영윤에 임용하여 통치에 힘쓰고 국정을 밝게 이끌며 천하 쟁패에 뜻을 두고 있었다. 그러던 중 제 환공이 형나라를 구해주고 위나라의 국운을 이어주었다는 소문이 들려왔고, 또 환공을 칭송하는 소리가 남쪽 초나라 땅에까지 전해져왔다. 성왕은 마음이 몹시 불쾌하여 자문에게 말했다.

"제나라 군주는 덕을 펼쳐 명성을 얻고 있으며 민심도 그에게 귀의하고 있소. 과인은 한수 동쪽에 엎드려 있으니, 덕망은 사람을 포용하기에 부족하고 위엄은 사람을 두렵게 하기에 부족하오. 지금 형세를 보면 제나라만 있고 초나라는 없는 듯하니 과인은 그것을 치욕스럽게 생각하오."

자문이 대답했다.

"제나라 군주가 패업을 도모한 지는 지금까지 거의 30년이 되었습니다. 제나라 군주는 주 왕실을 드높이는 일을 명분으로 삼고 있어 제후들이 즐겁게 따르고 있습니다. 그러므로 아직 제나라와 대적할 수는 없습니다. 지금 정나라는 남쪽과 북쪽 사이에 자리 잡고 중원의 방패 노릇을 하고 있습니다. 만약 중원을 도모하실 요량이라면 정나라를 얻지 않고는 불가합니다."

10_ 잠연潛淵: 이 『신열국지新列國志』 판본을 정리·완성한 풍몽룡 자신을 가리키는 말. 허신의 『설문해자』에서는 용龍을 풀이하면서 "춘분에는 하늘로 올라가고, 추분에는 연못 속에 잠긴다春分登天, 秋分而潛淵"라고 했다. 풍몽룡 자신의 이름에서 '잠연潛淵'을 연상한 것으로 보인다.

성왕이 말했다.

"누가 과인을 위해 정나라 정벌을 맡아주겠는가?"

대부 투장鬪章이 출전하기를 원했다. 성왕은 그에게 병거 200승을 주어 정나라 원정에 나서게 했다.

한편 정나라는 순문純門에서 초군의 공격을 받은 이후 밤낮으로 초나라 공격에 대비했다. 이에 초나라가 군사를 일으킨다는 소식을 듣고 정백은 몹시 두려웠다. 그래서 대부 담백聃伯을 보내 순문을 지키게 하고 사람을 시켜 밤새도록 제나라로 달려가 긴급한 상황을 보고하게 했다. 제 환공은 바로 격문을 보내 제후들과 정檉(河南省 淮陽 서쪽) 땅에서 큰 회합을 갖고 정 나라를 구원할 일을 함께 상의하자고 했다. 투장은 정나라가 철저하게 대 비하고 있으며 제나라 구원병도 곧 당도할 것이란 소문을 듣고 유리한 형 세를 잃을까 두려워 정나라 경계까지 갔다가 그냥 되돌아오고 말았다. 초 성왕은 불같이 화를 내며 차고 있던 검을 풀어 투염鬪廉에게 주면서 진중 에서 바로 투장의 목을 베어오라고 했다. 그러나 투염은 투장의 형이었다. 진중에 이르러 성왕의 명령을 숨기고는 몰래 동생 투장과 상의했다.

"국법의 처단을 면하려면 반드시 공을 세워 스스로 속죄해야 한다."

투장은 무릎을 꿇고 가르침을 청했다. 투염이 말했다.

"정나라는 네가 군사를 물린 것을 알고 갑자기 다시 돌아올 거란 생각 을 하지 않을 것이다. 만약 군사를 빠르게 몰고 가 습격하면 뜻을 이룰 수 있을 것이다."

투장은 군대를 두 부대로 나누어 자신은 전위 부대를 맡아 앞서 가고 투 염에게는 후위 부대를 맡겨 호응하도록 했다.

투장은 군사들에게 나뭇가지를 물려 말하지 못하게 하고 또 북소리도 내지 못하게 한 채 몰래 정나라 경계로 잠입했다. 그러다가 공교롭게도 국경에서 군사와 말을 점호하던 담백과 마주쳤다. 담백은 적병이 다가오는 소리를 들었지만 어느 나라 군사인지 알지 못해서 황망히 점호를 마치고는 국경에서 적을 맞아 살육전을 벌였다. 그런데 뜻밖에도 투염이 거느린 초나라 후위 부대가 도착해 반대 방향으로 돌아가 정나라 군사의 후방을 쳤다. 그야말로 배와 등에서 협공을 받는 형국이었다. 담백은 힘이 부족하여 계속 지탱하기가 어려웠고 결국 투장의 쇠채찍을 맞고 거꾸러졌다. 투장은 두 손으로 담백을 사로잡았다. 투염은 승세를 타고 정나라 군사를 덮쳤다. 정나라 군사는 거의 절반 이상 전사했다. 투장은 담백을 함거檻車에 태우고 정나라로 쳐들어가려 했다. 그러자 투염이 말했다.

"이번 습격은 네 죽음을 면하려고 도모한 일이다. 지금 어찌 감히 요행으로 일을 처리할 수 있겠느냐?"

이에 곧바로 군사를 철수시켰다. 투장은 초나라로 돌아와 성왕을 뵙고 머리를 조아리며 죄를 청했다. 그가 아뢰었다.

"신이 앞서 회군한 것은 적을 유인하기 위한 계책이지 싸움을 겁낸 것이 아닙니다."

성왕이 말했다.

"적장을 사로잡은 공로가 있으니 잠시 죄를 용서하겠지만 정나라가 아직 항복도 하지 않았는데 무슨 연유로 철군했는가?"

투염이 말했다.

"군사가 부족하여 공을 세우지 못하고 국가의 위엄을 더럽힐까 두려웠기 때문입니다."

성왕이 분노하여 소리쳤다.

"너는 군사가 부족했다고 핑계를 대지만 적을 두려워한 것이 분명하다. 이제 병거 200승을 더해줄 터이니 다시 가거라. 만약 정나라의 항복을 받지 못하면 과인의 얼굴을 볼 생각도 하지 마라."

그러자 투염이 아뢰었다.

"원컨대 우리 형제가 함께 가게 해주시옵소서. 만약 정나라가 항복하지 않으면 정나라 군주를 포박해서라도 주상께 바치겠습니다."

초 성왕은 그 말을 장하게 여겨 형제를 함께 보냈다. 이에 투염을 대장으로 삼고 투장을 부장으로 삼았다. 형제가 함께 병거 400승을 거느리고 다시 정나라를 향해 쇄도해 들어갔다. 사관이 이 일을 시로 읊었다.

초 땅에서 천자 칭해 그 기세가 불꽃같고	荊襄自帝勢炎炎
여러 나라 잠식하고도 만족할 줄 모르도다	蠶食多邦志未厭
정나라는 무슨 죄로 세 번이나 침략받고	溱洧何辜三受伐
재난 구원 애오라지 제 환공만 쳐다보나	解懸只把霸君瞻

정백은 담백이 사로잡혔다는 소식을 듣고는 다시 사람을 제나라로 보내 구원을 요청했다. 관중이 앞으로 나서며 말했다.

"주상께선 여러 해 동안 연나라를 구해주고 노나라를 존속시켰으며, 형나라에 도성을 쌓아주고, 위나라를 지켜주었습니다. 또 백성에게 은덕을 베풀고 제후들에게 대의를 펼쳤습니다. 만약 제후들의 군사를 이용하실 생각이라면 지금이 바로 그때입니다. 주상께서 만약 정나라를 구원하시려면 초나라를 정벌하시는 게 더 좋을 것이고, 초나라를 정벌하려면 반드시 제후들을 크게 규합해야 합니다."

환공이 말했다.

"제후들을 크게 규합하면 초나라도 필시 대비를 할 텐데, 과연 반드시 승리할 수 있겠소?"

관중이 말했다.

"채나라 사람들이 주상께 죄를 지은 적이 있어서, 주상께서 저들을 토벌하려 한 지가 오래되지 않았습니까? 초나라와 채나라는 경계를 맞대고 있습니다. 진실로 채나라를 친다는 핑계를 대고 초나라에까지 쳐들어가면 이것이 바로 『병법兵法』에서 말하는 '예기치 못한 기습'이라는 것입니다."

이보다 앞서 채 목공穆公은 자기 누이동생을 제 환공의 셋째 부인으로 시집보냈다. 하루는 환공과 채희가 작은 배를 타고 연못 위에서 놀면서 연꽃을 따며 즐거워하고 있었다. 채희가 장난으로 물을 환공에게 뿌렸다. 환공은 그러지 말라고 했다. 채희는 환공이 물을 두려워하는 것을 알고는 배를 흔들었다. 그러자 물방울이 환공의 옷에까지 튀었다. 환공이 크게 화를 내며 말했다.

"비천한 첩년 따위가 임금을 섬길 줄 모르도다."

이에 수초를 시켜 채희를 귀국시키게 했다. 목공도 크게 화를 내며 말했다.

"이미 시집보낸 여자를 돌려보내다니 이것은 우리 나라와 우호를 끊겠다는 것이다."

그래서 결국 자기 누이동생을 다시 초나라에 시집보내 초 성왕의 부인이 되게 했다. 환공은 채 목공을 깊이 증오했다. 이 때문에 관중이 앞의 말을 한 것이다. 환공이 말했다.

"강江과 황黃 두 나라가 초나라의 횡포를 견디지 못하고 사신을 보내 우리에게 귀순하려 하고 있소. 과인은 저들과 동맹을 맺고 초나라를 정벌하는 날, 안에서 호응하도록 할 생각이오. 어떻소?"

관중이 말했다.

"강나라와 황나라는 우리 제나라에서는 멀고 초나라에 가깝습니다. 그래서 줄곧 초나라에 복종하면서 겨우 나라의 명맥을 이어왔습니다. 이제 등을 돌려 제나라를 따른다면 초나라가 틀림없이 분노할 것이고, 분노하면 반드시 군사를 보내 토벌할 것입니다. 그때 우리는 저들을 구원하고 싶어도 길이 멀어 방해를 받을 것이고 구원하지 않으면 동맹의 대의를 어기게 될 것입니다. 게다가 중원의 제후들을 대여섯만 모아도 일을 성취할 수 있을 터인데, 하필이면 남방의 작은 나라에 힘을 빌릴 필요가 있겠습니까? 좋은 말로 사양하는 것이 좋을 듯합니다."

환공이 말했다.

"먼 나라가 대의를 사모하여 여기까지 왔는데 사양하면 민심을 잃게 될 것이오."

관중이 말했다.

"주상께서는 벽에다 대고 말하는 것 같다고 생각하시겠지만, 뒷날 강나라와 황나라에도 위급한 일이 발생할 것임을 잊지 말아주십시오."

환공은 마침내 강나라, 황나라와 회맹을 맺고 함께 초나라를 정벌하기로 비밀리에 약속했다. 그 기한은 이듬해 봄 정월로 정했다. 두 나라 군주가 말했다.

"서舒나라 사람들도 초나라를 도와 포악한 짓거리를 마구 저지르며 천하에 형荊·서舒로 병칭되고 있으니 토벌하지 않을 수 없습니다."

환공이 말했다.

"과인이 먼저 서나라를 취하여 초나라의 날개를 꺾겠소."

이에 밀서 한 통을 써서 그 곁에 있는 서徐나라 군주에게 보냈다. 서徐나라와 서舒나라는 거리가 아주 가까웠다. 서徐나라 군주의 딸 서영徐嬴은 제 환공의 둘째 부인이었다. 따라서 서는 제와 혼인으로 우호를 유지하고 있었기 때문에 줄곧 제나라에 귀의하여 나라를 지탱했다. 이에 환공이 서舒나라를 치는 일을 서徐나라에 부탁한 것이다. 과연 서徐나라는 군사를 일으켜 서舒나라를 병탄했다. 환공은 즉시 서徐나라 군주에게 명하여 서舒나라 도성에 군사를 주둔시키게 하고 앞으로 일의 완급에 대비하게 했다. 강·황 두 나라 군주는 각각 본국의 경계를 지키며 군사 파견 요청을 기다리고 있었다. 노 희공은 계우季友를 제나라에 보내 사죄했다.

"우리 노나라는 주邾·거莒 두 나라와 분쟁이 있어서 형邢·위衛를 구원하는 전쟁에 함께 참전할 수 없었습니다. 이제 강·황과 회맹을 한다는 소식이 있어서 특별히 달려와 우호를 맺고자 합니다. 이어서 초나라를 정벌한다면 말채찍을 잡고 선봉에 서고자 합니다."

환공이 그 말을 듣고 몹시 기뻐했다. 그리하여 초나라 정벌에 관련된 일을 비밀리에 노나라와 약속했다. 이때 초나라 군사는 다시 정나라로 쳐들어갔다. 정 문공은 강화를 청해 백성의 참화를 줄일 생각이었다. 그러자 대부 공숙孔叔이 말했다.

"불가합니다. 제나라가 바야흐로 초나라와 싸우려는 것은 우리 정나라를 구원하기 위한 까닭입니다. 다른 나라가 덕을 베풀고 있는데 우리가 그것을 저버린다면 좋지 않은 일입니다. 마땅히 성벽을 굳게 지키며 기다려야 합니다."

이에 다시 제나라에 사신을 보내 긴급 상황을 보고했다. 환공은 사신에게 계책을 마련해주었다. 즉 제나라 구원병이 즉시 도착할 것이라고 소문을 퍼뜨려 초나라의 공격을 늦추게 하고, 약속 날짜에 제나라 군주나 신하가 일군一軍을 이끌고 호뢰관虎牢關으로 나가 상채(河南省 上蔡)에서 제후들과 모여 힘을 합친 뒤 초나라를 공격하겠다고 했다. 이에 송, 노, 진, 위, 조, 허나라 군주와 두루 약속하고 모두 기한대로 군사를 일으키자고 했다. 명목은 채나라 토벌이었지만 사실상 초나라를 토벌하기 위한 일이었다.

이듬해 주 혜왕 13년 봄 정월 초하룻날 제 환공은 새해 하례 인사를 받은 뒤 곧이어 채나라 토벌에 관한 일을 상의했다.[11] 그리고 관중을 대장에 임명하여 습붕, 빈수무, 포숙아, 공자 개방, 수초 등을 거느리게 하고, 병거 300승과 갑사 1만 명을 출동시켜 부대를 나누어 출발하게 했다. 태사가 아뢰었다.

"7일에 출병하면 가장 길합니다."

수초가 청하기를 먼저 자신이 일군을 거느리고 몰래 행군하여 채나라를 친 뒤 그곳에서 각국의 수레와 말을 결집시키자고 했다. 환공이 윤허했다. 채나라 사람들은 초나라만 믿고 전혀 방비를 하지 않고 있었다. 그러다가 제나라 군사에게 직접 공격을 받고서야 군사를 모아 수비 대책을 강구했다. 수초는 성 아래에서 무력을 떨치고 위엄을 과시하며 성을 공격하라고 호령했으며 밤이 되어서야 군사를 물렀다. 채 목공은 수초를 알아봤다. 전에 수초는 제나라 궁궐에서 채희를 극진하게 모시며 은혜를 받은 적이 있었고, 채희가 쫓겨날 때도 수초가 채희를 모시고 갔다. 채 목공은 수초가 자잘한 소인배임을 알아채고 그날 밤이 깊어지자 몰래 사람을 시켜 황금

11_ 『좌전』과 『사기』의 해당 기록에 따르면 제 환공이 채나라를 정벌한 것은 주 혜왕 20년이다.

과 비단 한 수레를 보내 공격을 늦추어달라고 요청했다. 수초는 뇌물을 받고 마침내 환공이 일곱 방면의 제후를 규합해 먼저 채나라를 치고 그다음에 초나라를 칠 것이란 군사 기밀을 비밀리에 자세히 채나라에 알려줬다. 그러고는 이렇게 덧붙였다.

"머지않아 각국의 군사가 당도하여 채나라 도성을 평지처럼 유린할 것이니 일찌감치 도망가는 게 좋을 것이오."

사신이 돌아가 보고하자 채 목공은 깜짝 놀라 그날 밤 바로 친족과 궁인들을 거느리고 초나라로 달아났다. 백성은 임금이 사라진 즉시 뿔뿔이 흩어졌다. 수초는 자신이 모든 공을 세운 것인 양 나는 듯이 환공에게 보고를 올렸다.

채 목공은 초나라에 도착하여 성왕을 만나 수초의 말을 자세히 얘기했다. 초 성왕은 비로소 제나라의 계책을 알고 명령을 내려 병거를 선발하고 싸울 준비를 하라고 명했다. 다른 한편으로는 정나라를 정벌 중인 투장의 군사를 돌아오게 했다. 며칠 뒤 제 환공의 군사가 상채에 당도했다. 수초가 알현을 끝내자 7로七路의 제후가 속속 도착했다. 모두 친히 병거와 군사를 거느리고 전투를 도우러 달려왔기 때문에 각 군의 위세가 매우 장엄했다. 송 환공 어열御說, 노 희공 신申, 진 선공 저구杵臼, 위 문공 훼燬, 정 문공 첩踕, 조 소공 반班, 허 목공 신신新臣의 군대였다. 패주인 제 환공 소백小白의 군대까지 합치면 모두 여덟 방면의 군사였다. 허 목공은 몸이 아픈데도 불구하고 신속하게 군사를 거느린 채 가장 먼저 채 땅에 도착했다. 환공은 그 노고를 아름답게 여겨 서열을 조 소공 위에 두게 했다. 이날 밤 허 목공이 세상을 떠났다. 환공은 목공의 발상을 위해 채 땅에 사흘을 머물면서 허나라 사람들에게 목공의 장례를 후하게 치르도록 했다.

제 환공이 제후들과 연합하여 초나라를 정벌하다.

일곱 나라의 군사는 남쪽을 향해 진군하여 바로 초나라 경계에 도달했다. 그곳에는 일찌감치 어떤 사람이 의관을 단정하게 갖추고 마중을 나와 있었다. 그는 길가에 수레를 멈춘 채 공손하게 허리를 굽히며 말했다.

"지금 오시는 분이 진정 제나라 군후이시옵니까? 초나라 사신이 군후를 기다린 지 오래입니다."

그 사람은 성이 굴屈이고 이름은 완完으로 초나라 공족公族이며 관직은 대부였다. 지금 초왕의 명을 받들고 마중을 나와 제나라 군대를 향해 사신의 역할을 수행하고 있었다. 환공이 말했다.

"초나라 사람이 어떻게 미리 우리 군대가 올 줄 알았소?"

관중이 말했다.

"틀림없이 비밀을 누설한 자가 있을 것입니다. 저들이 사신을 파견했으니 말하고 싶은 바가 있을 것입니다. 신이 대의로 저들을 꾸짖어 스스로 부끄러움을 알고 굴복하게 하겠습니다. 그러면 싸우지 않고도 저들의 항복을 받을 수 있을 것입니다."

관중이 수레를 타고 앞으로 나가 굴완과 수레에서 공수拱手로 인사를 나누었다. 굴완이 입을 열었다.

"우리 주상께서 상국의 병거와 군사가 우리 나라까지 왕림하신다는 소문을 듣고 미천한 신 완을 보내 말씀을 전해달라고 하셨소. 우리 주상께서 신을 보내 전하라는 말씀은 이렇소. '제나라와 초나라는 각각 자기 나라의 임금을 모시고 있소. 제나라는 북해에 자리 잡고, 초나라는 남해 가까이 자리 잡아 서로 소가 닭 보듯 아무 관계없이 살아왔소.[12] 그런데 어찌하여 군후께서 우리 땅으로 오셨는지 모르겠소. 감히 그 까닭을 묻고자 하오.'"

관중이 대답했다.

"옛날 주 성왕께서 우리 선군이신 강태공을 제나라에 봉하신 뒤 소강공召康公[13]을 보내 이런 명령을 내리셨소. '다섯 작위의 제후를 모두 거느리고 구주의 장[14]이 되어 그대는 대대로 정벌 사업을 관장하며 주 왕실을 도우라. 동으로는 바다에 이르기까지, 서로는 황하에 이르기까지, 남으로는 목릉穆陵(山東省 臨朐 穆陵關)에 이르기까지, 북으로는 무체無棣(山東省 無棣 북쪽)에 이르기까지 무릇 주 왕실의 직분에 함께하지 않는 제후가 있으면 그대는 용서하지 말라.' 주 왕실이 동쪽으로 도읍을 옮긴 이래 제후들이 방자해지자 우리 주상께서 왕명을 받들고 맹주가 되어 선대의 왕업을 새로 회복하려 하오. 그대 초나라는 남쪽 형荊 땅에 거주하면서 해마다 포모包茅[15]를 조공으로 바치고 왕실의 제사를 도와야 하오. 그러나 이제 초나라는 포모를 바치지 않고 있어서 제주祭酒를 거를 수 없게 되었소. 이제 우리 주상께서 그것을 징벌하려 하오. 또 주 소왕께서 남쪽으로 정벌 가신 뒤 돌아오지 못한 것도 초나라 때문이오. 그대는 이에 대해 무슨 할 말이 있소?"

12_ 풍마우風馬牛: 원문은 "君處北海, 寡人處南海, 唯是風馬牛不相及也." '풍마우불상급'이란 고사성어가 여기에서 나온다. 제나라와 초나라는 남북으로 멀리 떨어져 있기 때문에 아무 상관이 없다는 뜻. 후세에도 서로 아무런 관계가 없는 사이를 비유한다.(『좌전』 희공僖公 4년)

13_ 소강공召康公: 소공석召公奭, 소백召伯, 주소공周召公, 태보소공太保召公이라고도 부른다. 이름은 석奭. 주 문왕의 아들이며 주공의 동생. 어진 정치로 명망이 높았다. 원래의 봉토가 소召(지금의 陝西省 岐山 서남쪽) 땅에 있어서 흔히 소공이라 불린다. 다시 연燕 땅에 봉해졌으나 자신은 주 왕실의 태보太保 직에 있었기 때문에 아들 극克을 보내 다스리게 했다.

14_ 오후구백五侯九伯: 다섯 작위의 제후와 구주의 장長. 오후는 공公, 후侯, 백伯, 자子, 남南으로 등급이 나뉜 봉건 작위. 모든 제후를 가리킨다. 구백은 중국 구주의 제후를 모두 거느리는 패자. 주 성왕成王이 강태공을 제나라에 봉하면서 전국 제후를 정벌할 수 있는 권한을 부여했다.

15_ 포모包茅: 흔히 청모菁茅라고 부른다. 띠풀의 일종. 고대에는 청모초를 볏단처럼 묶어 그 위에 술을 부어 한 번 걸러진 술로 제사를 지냈다. 특히 청모는 초나라에서 생산되는 특산품이었기 때문에 주나라에서는 초나라에 해마다 청모를 조공으로 바치게 했다.

굴완이 대답했다.

"주 왕실이 기강을 잃어서 천하가 조공을 바치지 않는 것이지, 어찌 우리 남쪽 형 땅만 그러하다 하시오? 비록 그렇지만 포모를 바치지 않은 건 우리 주상께서도 그 잘못을 알고 계시오. 그러니 앞으로 어찌 감히 포모를 바치지 않을 수 있겠소. 이제 군후의 명을 받들 것이오. 소왕이 돌아오지 않은 건 배가 침몰했기 때문이니 그곳 물가에 가서 연유를 물어보시오. 우리 주상께서 그 허물을 떠안을 수는 없는 일이오. 저 완은 우리 주상께 돌아가 오늘 들은 연유를 보고하도록 하겠소."

말을 마치자 굴완은 수레를 몰고 되돌아갔다. 관중이 환공에게 고했다.

"초나라 사람들은 완강하여 말로는 굴복시킬 수 없겠습니다. 국경 안으로 진격하여 압박을 가하십시오."

이에 여덟 나라 군사들에게 함께 출발하도록 명령을 내려 바로 형산陘山 (河南省 新鄭 서남쪽)에 이르렀다. 그곳은 한수에서 멀지 않았다. 관중이 명령을 내렸다.

"이곳에 주둔하고 더 이상 전진하지 마시오."

제후들이 모두 말했다.

"우리 군사들이 이미 초나라 경계 안으로 깊이 들어왔는데, 어찌하여 한수를 건너 결사전을 벌이지 않고 이곳에 머문단 말이오?"

관중이 말했다.

"초나라가 벌써 사신을 파견한 걸 보면 틀림없이 대책을 마련해뒀을 것이오. 군사들 간에 교전이 벌어지면 더 이상 다른 해결 방법이 없게 되오. 이제 우리 군사들을 이곳에 주둔시키고 그 세력을 과시하려는 것이오. 초나라가 우리 대군에 겁을 먹는다면 장차 다시 사신을 파견할 것이오. 그때 우리가 저들과 강화를 맺으면 되오. 초나라를 토벌하러 나와서 초나라를 굴복시키고 돌아가는 것도 좋은 일이 아니겠소?"

제후들은 관중의 말을 별로 신임하지 않았으며 의견이 분분했다.

한편 초 성왕은 이미 투자문鬪子文을 대장으로 삼아 갑병을 모으고 무기를 가다듬은 뒤 한수 남쪽에 진을 치고 제후들이 강을 건너 공격해오기를 기다리고 있었다. 그때 첩보가 올라왔다.

"여덟 나라의 군사들이 형산에 주둔했습니다."

자문이 앞으로 나서며 말했다.

"관중은 병법을 알기 때문에 만전의 대책이 아니면 군사를 움직이지 않을 것입니다. 지금 여덟 나라의 군사들이 진을 치고 진격하지 않는 것을 보면 필시 대책을 마련해둔 듯합니다. 사신을 다시 보내 저들의 강약을 탐지하고 그 의향을 살펴본 뒤 혹은 싸우거나 혹은 강화를 맺는다 해도 늦지 않을 것입니다."

성왕이 말했다.

"이번에는 누구를 사신으로 보내면 좋겠소?"

자문이 말했다.

"굴완이 이미 관중과 면식이 있으므로 다시 보내는 것이 좋겠습니다."

굴완이 아뢰었다.

"포모를 바치지 않는 일에 대해서 신은 지난번에 잘못을 인정했습니다. 주상께서 만약 회맹을 하시려면 신이 사신으로 가서 두 나라 사이의 분쟁을 해결하는 데 힘쓰겠습니다. 그러나 만약 전쟁을 하실 요량이라면 다른 능력자를 보내십시오."

초 성왕이 말했다.

"전쟁을 하든 회맹을 하든 경이 마음대로 결정하시오. 과인은 경을 강제하지 않겠소."

이에 굴완은 다시 제나라 진영으로 갔다. 제나라와 초나라가 결국 어떻게 되는지는 다음 회를 보시라.

제24회

남북 힘의 균형

소릉에서 회맹하여 초나라 대부를 융숭하게 대접하고
규구에서 회합하여 대의로써 주나라 천자를 추대하다
盟召陵禮款楚大夫, 會葵邱義戴周天子.

굴완은 다시 제나라 진영으로 가서 환공을 만나 대화를 나누고 싶다고
요청했다. 관중이 말했다.

"초나라 사신이 다시 왔으니 틀림없이 회맹을 청할 것입니다. 주상께선
예로써 그를 대우하시기 바랍니다."

굴완은 환공을 보고 재배했다. 환공도 답례하며 그가 온 뜻을 물었다.
굴완이 대답했다.

"우리 주상께서 조공을 바치지 않은 까닭에 군후의 토벌을 초래했습니
다. 주상께서 이미 그 잘못을 아십니다. 군후께서 만약 군사를 30리만 물
려주신다면 우리 주상께서 감히 명령을 따르지 않을 수 있겠습니까?"

환공이 말했다.

"대부께서 그대의 군후가 옛 직무를 다시 이행하도록 도와주신다면 과

인도 천자께 말씀을 잘 올리겠소. 그 밖에 또 무엇을 구하리오!"

굴완은 감사의 인사를 올리고 돌아가 초왕을 만났다.

"제나라 군주가 이미 신에게 군사를 물리기로 허락했고 신도 조공을 바치기로 허락했습니다. 주상께선 신의를 잃지 마옵소서."

잠시 후 세작이 보고했다.

"여덟 나라의 군마가 진영을 거두고 모두 출발했습니다."

초 성왕이 다시 사람을 보내 상황을 탐지하게 했다. 금방 보고가 올라왔다.

"30리를 퇴각하여 소릉召陵[1]에 주둔했습니다."

초왕이 말했다.

"제나라 군사가 퇴각한 것은 틀림없이 우리를 두려워하기 때문이다."

그러면서 조공을 바치겠다고 약속한 것을 후회했다. 자문이 말했다.

"저들 여덟 나라의 군주들도 필부 굴완에게 신용을 잃지 않았는데 주상께선 필부로 하여금 저 군주들에게 식언을 하게 하시옵니까?"

초왕은 한동안 아무 말이 없다가 굴완에게 명령을 내려 황금과 비단 여덟 수레를 이끌고 다시 소릉으로 가서 여덟 나라 군사들에게 나눠주라고 했다. 또 청모菁茅 한 수레를 준비하게 하여 제나라 군사 앞에서 견본으로 바치게 했고, 이후 상소문을 갖추어 주나라로 가서 조공을 바칠 심산이었다.

한편 허 목공의 장례 행차가 본국에 당도하자 세자 업業이 보위를 계승하고 상주가 되었다. 이 사람이 허 희공僖公이다. 그는 제 환공의 은덕에 감

1_ 소릉召陵: 소릉은 원래 하남성河南省 누하漯河 소릉구召陵區에 위치해 있었으므로 실제로 한수漢水에서 소릉까지는 300킬로미터 이상의 거리다. 즉 30리를 훨씬 넘는다. 본문에 약간의 착오가 있는 듯하다. 소릉에서 30리 정도 되는 거리는 지금의 하남성 남부 방성方城 근처일 것으로 여겨진다. 이곳이 당시 초나라 국경이 있던 곳이다.

사하며 대부 백타百佗를 시켜 군사를 거느리고 소릉에 가서 힘을 합하게 했다. 환공은 굴완이 다시 온다는 소식을 듣고 제후들에게 분부했다.

"각국의 병거와 군사를 일곱 부대로 나누고 그것을 일곱 방위에 배열하도록 하시오. 제나라 군사는 남방에 주둔하여 초나라의 공격에 맞서도록 하겠소. 제나라 진중에서 북소리가 울리면 일곱 나라 진영에서도 일제히 북을 울리시오. 무기와 갑옷과 투구는 단정하게 가다듬어 중원의 위세를 강력하게 드러내 보이시오."

굴완은 제나라 진영으로 들어가 환공을 만나 싣고 간 예물을 진상했다. 환공은 그 예물을 여덟 나라에 고루 나눠주게 했다. 그는 청모를 실험해보고는 굴완에게 다시 그것을 거두어가서 직접 주 왕실에 조공을 바치라고 했다. 환공이 말했다.

"대부께선 우리 중원의 군사를 구경하신 적이 있으시오?"

굴완이 말했다.

"저는 남쪽 변방 궁벽진 곳에 살고 있어 중원의 성대함을 보지 못했습니다. 원컨대 한번 구경하고 싶습니다."

환공은 굴완과 함께 병거에 올라 군사를 시찰했다. 각국의 군사들이 각 방향마다 진주해 있고 그 군대가 이어진 거리가 10리를 넘었다. 제나라 진중에서 북소리가 한 번 울리자 일곱 나라 진중에서 북소리가 호응했다. 정말 뇌성벽력이 울리듯 하늘과 땅이 진동했다. 제 환공은 얼굴에 기쁜 표정을 드러내며 굴완에게 말했다.

"과인이 이렇게 많은 군사를 거느리고 있으니 전쟁을 한다 해도 어찌 이기지 못할까 근심할 것이며, 공격을 한다 해도 어찌 승리하지 못할까 근심하겠소?"

굴완이 대답했다.

"군후께서는 중원의 맹주로서 천자를 위해 덕망을 펼치시며 백성을 어루만져주십니다. 군후께서 만약 덕으로써 제후들을 편안하게 해주시면 누가 감히 복종하지 않겠습니까? 그런데 만약 많은 군사만 믿고 무력을 뽐내신다면, 초나라가 비록 작은 나라이기는 하지만 방성산方城山을 성곽으로 삼고 한수漢水를 해자로 삼을 것입니다. 그리하여 해자는 깊고 성은 험준하니 비록 백만 군사가 있다 해도 우리 초나라에 그 병력을 사용할 수 있을지 모르겠습니다."

제 환공은 얼굴에 좀 부끄러운 기색을 띠고는 굴완에게 말했다.

"대부께서는 진실로 초나라의 훌륭한 신하요. 과인은 그대 나라와 옛날 선군들처럼 우호를 맺고 싶소. 어떻소?"

굴완이 대답했다.

"군후께서 보잘것없는 우리 나라 사직에 복을 내려주시고, 우리 주상을 동맹에 참여하게 해주셨습니다. 주상께서 지금 외부에 계신데, 그래도 감히 군후 전하와 동맹을 맺을 수 있겠습니까?"

제 환공이 말했다.

"그렇소."

이날 밤 굴완을 제나라 진영에 머물게 하고 잔치를 베풀어 융숭하게 대접했다. 다음 날 소릉에 단壇을 쌓았다. 환공이 희생물인 소의 귀를 잡고 맹주가 되었으며, 관중이 회맹을 진행했다. 굴완은 초나라 군주의 명이라 칭하며 제 환공과 맹세문 앞에 함께 섰다.

"지금부터 대대로 우호할 것을 맹세하노라."

환공이 먼저 희생의 피를 입에 바르자 일곱 나라 제후와 굴완도 차례로

盟召陵禮款
楚大夫

제 환공이 소릉에서 초 굴완과 회맹을 하다.

피를 입에 발랐다. 회맹의 예가 끝나자 굴완이 재배를 올리며 감사를 표했다. 관중은 몰래 굴완에게 담백을 정나라로 돌려보내달라고 요청했다. 굴완도 채나라 군주 대신 사죄를 받아달라고 요청했다. 쌍방이 모두 요청을 허락했다.

관중은 명령을 내려 군사를 철수했다. 도중에 포숙아가 관중에게 물었다.

"초나라의 죄는 스스로 왕을 참칭한 것이 가장 큰데, 자네는 포모를 핑계로 삼았으니 그것을 나는 이해하지 못하겠네."

관중이 대답했다.

"초나라가 왕을 참칭한 것은 벌써 3대째일세. 그래서 나는 저들을 내버려두고 남방 오랑캐와 같다고 생각해온 것일세. 그런데 만약 저들에게 그호칭을 바꾸라고 질책한다면 초나라가 기꺼이 고개를 숙이고 내 말을 듣겠는가? 만약 듣지 않는다면 기세상 교전이 벌어질 수밖에 없을 것이네. 전쟁의 사단이 마련되면 피차 보복하느라 그 참화가 여러 해 동안 이어질 수밖에 없을 것이네. 남과 북이 이로부터 시끄러워지지 않겠는가? 내가 포모를 핑곗거리로 삼은 것은 저들이 쉽게 왕명에 함께 복종하도록 하기 위함이었네. 이제 우리는 진실로 저들이 죄를 자복한 명분을 얻었고 또 제후들의 위력을 과시할 수 있었으니 돌아가 천자께 당당히 보고를 올릴 수 있게 되었네. 이것이 병화가 끊임없이 이어지며 대대로 지속되는 것보다 훨씬 더 낫지 않겠는가?"

포숙아는 감탄을 금치 못했다. 호증胡曾 선생이 이 일을 시로 읊었다.

남해의 초왕 눈엔 주 왕실도 없었는데　　　　　　　　　　楚王南海目無周
중보께서 당년에 계책 운용 잘했도다　　　　　　　　　　仲父當年善運籌

작은 무기도 사용 않고 우호를 성취해서　　　　　　　　不用寸兵成款約

천추만대 패업이라 제 환공을 칭송하네　　　　　　　　千秋伯業誦齊侯

또한 환공과 관중이 당시의 국면을 구차하게 이끌어 초나라에 아무 피해도 주지 않았기 때문에, 제나라 군사가 물러간 뒤 초나라 군사가 여전히 중원을 침략했다. 그러나 환공과 관중은 다시는 초나라를 정벌할 군사를 일으킬 수 없었다. 염옹이 시를 지어 이를 비난했다.

남쪽을 바라보고 주저한 지 수십 년에　　　　　　　　南望躊躇數十年

원교 근합 제각각 대책도 분분했네2　　　　　　　　遠交近合各紛然

죄상을 성토하는 그 계책이 강성할 때　　　　　　　　大聲罪狀謀方壯

악명을 고쳐줬다면 결말이 온전했으리　　　　　　　　直革淫名局始全

주 소왕의 고혼은 끝내 아픔 못 풀었고　　　　　　　　昭廟孤魂終負痛

강과 황의 의거도 허물만 남겼도다　　　　　　　　江黃義舉但貽愆

단 한 번의 삽혈로 무슨 일을 이뤘는가　　　　　　　　不知一歃成何事

여전히 중원에선 피 뿌리며 싸움했네　　　　　　　　依舊中原戰血鮮

진陳나라 대부 원도도轅濤塗는 철군 명령을 듣고 정나라 대부 신후申侯와 상의하며 말했다.

"군사들이 만약 진과 정으로 길을 잡으면 식량과 의복과 신발을 조달하느라 그 비용을 대지 못하고 나라가 반드시 깊이 병들 것이오. 차라리 동

2　원교遠交 근합近合: 먼 나라와는 사귀고 가까운 나라는 공격하여 통합하려는 정책.

쪽 바다 인근 길을 따라 귀환하도록 하여 서徐나라와 거나라에 보급의 비용을 담당하도록 하는 것이 더 좋을 것 같소. 그러면 우리 두 나라는 좀 더 편안해질 수 있지 않겠소?"

신후가 말했다.

"좋소. 대부께서 한번 말씀드려보시오."

원도도가 환공에게 말했다.

"군후께서는 북으로 산융을 정벌하시고 남으로는 초나라를 정벌하셨습니다. 만약 제후들의 군사가 동이東夷(중원의 동쪽) 땅에서 위세를 드러내 보이면 동방의 제후들이 군후의 위엄에 두려움을 갖고 감히 주 왕실에 입조하지 않을 수 있겠습니까?"

환공이 말했다.

"대부의 말씀이 옳소."

잠시 뒤 신후가 제 환공을 뵙기를 청했다. 환공이 그를 불러들였다. 신후가 말했다.

"신은 '군사 일은 시기를 놓쳐서는 안 된다'고 들었습니다. 이는 백성에게 폐를 끼칠까봐 두려워하는 마음입니다. 지금은 봄에서 여름으로 들어가는 계절이라 이슬과 비바람을 맞아 군사들의 힘이 빠져 있습니다. 이번에 만약 진나라와 정나라로 길을 잡으시면 식량과 의복과 신발을 모두 바깥에 있는 창고에서 꺼내 쓰는 것과 마찬가지가 될 것입니다. 그런데 만약 동방으로 나갔다가 동이의 족속들이 길을 막으면 전쟁을 감당하지 않고 어떻게 할 수 있겠습니까? 원도도의 계책은 자기 나라를 구휼하려는 것이니 좋은 계책이 아닙니다. 군후께선 자세히 살피시옵소서."

환공이 말했다.

"대부의 말이 아니었다면 내가 일을 거의 그르칠 뻔했소."

이에 원도도를 잡아 가두라고 명했다. 그리고 정나라 군주를 시켜 호뢰虎牢 땅을 신후에게 포상금으로 주라고 했다. 또 신후에게 그 성읍을 크게 넓혀 남북 사이의 중요한 울타리 역할을 하게 했다. 정 문공文公은 비록 그 명령에 따를 수밖에 없었지만 이때부터 마음속에 신후를 싫어하는 마음이 싹트게 되었다. 진 선공宣公은 제 환공에게 사자를 보내 뇌물을 주고 여러 번 용서를 빌었다. 그제야 제 환공은 원도도를 사면했다. 이후 제후들은 각각 본국으로 돌아갔다. 환공은 관중의 공을 높이 여겨 대부 백씨伯氏의 변읍騈邑(山東省 臨朐) 300호를 빼앗아 관중의 봉토에 더해줬다.

초 성왕은 제후들의 군사가 물러간 것을 보고 포모를 조공으로 바치고 싶지 않았다. 굴완이 말했다.

"제나라에 신용을 잃어서는 안 됩니다. 우리 초나라가 주 왕실과 관계를 끊고 있었기 때문에 제나라가 사사로이 주 왕실을 조종하며 중요한 역할을 맡아온 것입니다. 만약 이번 기회에 우리가 직접 주 왕실과 통할 수 있게 된다면 우리가 제와 대등하게 주 왕실을 조종할 수 있을 것입니다."

초 성왕이 말했다.

"하늘 아래 어찌 왕(천자)이 두 명 있을 수 있겠소."

굴완이 말했다.

"국서를 보낼 때 작위는 적지 마시고, '먼 곳의 신하遠臣' 아무개라고 하면 될 것입니다."

초왕이 그의 의견에 따랐다. 굴완이 사신이 되어 청모 열 수레를 싣고 거기에 황금과 비단까지 더하여 천자에게 바쳤다. 주 혜왕은 크게 기뻐하며 말했다.

"초나라가 신하의 직분에 충실하지 않은 지 오래더니 이제야 이와 같이 순종하는구려. 아마도 선왕의 영령이 도우심인가 하오."

이에 문왕과 무왕의 사당에 고하고 그 제육祭肉을 초나라에 하사하며 굴완에게 말했다.

"남방을 진압하고 중원을 침범하지 말라."

굴완이 재배를 올리고 머리를 조아리며 물러났다.

굴완이 떠나간 뒤 바로 제 환공의 사신 습붕이 초나라를 굴복시킨 일을 알려왔다. 주 혜왕은 습붕을 정중한 예절로 대우했다. 그렇게 주 왕실을 방문한 김에 습붕은 태자 뵙기를 청했다. 혜왕의 얼굴에는 곧바로 불쾌한 기색이 어렸고, 둘째 아들 대帶를 태자 정鄭과 함께 나오게 했다. 습붕은 혜왕의 안색에 당황해하는 표정이 드러나는 것을 슬쩍 엿보았다. 습붕은 주 왕실에서 귀환하여 환공에게 말했다.

"주 왕실이 장차 혼란에 빠져들 것 같습니다."

환공이 말했다.

"무슨 까닭에서요?"

습붕이 말했다.

"천자의 맏아들은 이름이 정鄭인데 돌아가신 왕후 강씨姜氏의 소생이고 이미 동궁으로 정해져 있습니다. 왕후 강씨가 돌아가시자 차비 진규陳嬀가 총애를 받아 왕후의 지위를 이어 아들 대帶를 낳았습니다. 대는 부왕을 잘 시봉하여 부왕도 그를 사랑하며 태숙太叔이라 부릅니다. 그리하여 마침내 태자를 폐위하고 대를 태자로 세우려는 마음을 품고 있습니다. 신은 그 당황하는 안색을 보고 틀림없이 태자를 폐위하는 일을 마음에 두고 있기 때문이라고 생각했습니다. 아마도 「소반小弁」[3] 시에서 읊은 내용을 오늘날 또다시 보게 될 것 같습니다. 주상께선 제후들의 맹주이시므로 불가불 좋은 대책을 강구해야 할 것입니다."

환공이 관중을 불러 대책을 논의했다. 관중이 대답했다.

"태자에게 위기가 닥치면 태자를 따르는 사람들이 외롭게 됩니다. 주상께선 천자께 상소문을 한 장 올려 이렇게 적으십시오. '제후들이 태자를 뵙고자 하니 제후들의 회맹에 태자를 보내주십시오.' 태자가 그 회맹에 나오면 태자와 제후들의 군신관계가 정해지는 것이니, 천자께서 태자를 폐하고 싶어도 실행하기가 어려울 것입니다."

환공이 말했다.

"좋소."

이에 제후들에게 격문을 전하고 이듬해 여름에 수지首止 땅에서 모이기로 약속을 정했다. 그리고 다시 습붕을 주 왕실로 보내 말을 전했다.

"제후들이 태자를 뵙고 왕실을 존중하는 마음을 보여주고 싶어합니다."

주 혜왕은 원래 태자 정을 내보낼 생각이 없었으나 제나라의 세력이 강하고 그들의 말에 명분이 반듯했기 때문에 거절하기가 어려워 허락할 수밖에 없었다. 습붕이 돌아와 그런 사실을 환공에게 보고했다.

이듬해 봄 환공은 진경중을 수지 땅으로 먼저 보내 행궁을 짓게 하고 그곳에서 태자의 수레가 도착하기를 기다리게 했다. 여름 5월 제, 송, 노, 진, 위, 정, 허, 조 등 여덟 나라 제후들이 모두 수지 땅에 모였다. 태자 정도 도착해서 행궁에 여장을 풀었다. 환공이 제후들을 거느리고 문안 인사를

3_ 「소반小弁」: 「시경」 「소아小雅」에 실려 있다. 주 유왕幽王이 포사를 총애하여 태자 의구宜臼를 폐위하고 포사가 낳은 백복伯服을 태자로 세운 일을 풍자한 시.

하려 하자 태자 정은 재삼 사양하며 손님과 주인의 예절로 만나고 싶어했다. 환공이 말했다.

"저 소백 등은 삼가 번국[4]의 지위에 있으므로 태자 마마를 뵙는 것은 천자를 뵙는 것과 같습니다. 어찌 감히 머리를 조아리지 않을 수 있겠습니까?"

태자 정이 사양하며 말했다.

"여러 군후께선 편히 쉬도록 하소서."

이날 밤 태자 정은 사람을 보내 환공을 행궁으로 모셔오도록 했다. 그러고는 태숙 대帶가 태자의 지위를 찬탈하려는 일을 알렸다. 환공이 말했다.

"저 소백은 여러 신하와 회맹을 하고 태자 마마를 추대할 것입니다. 태자 마마께선 걱정하지 마십시오."

태자 정은 끊임없이 감사 인사를 하며 마침내 마음 놓고 행궁에 머물게 되었다. 제후들도 감히 귀국하지 못하고 각각 관사를 잡고 그곳에 묵으며 윤번을 정해 태자에게 술과 음식을 올리고 수레꾼과 시종들에게도 좋은 음식을 대접했다. 태자 정은 여러 나라에 너무 오래 폐를 끼치는 것 같아서 작별 인사를 하고 도성으로 돌아가려고 했다. 환공이 말했다.

"태자 마마와 오래 머물고자 하는 까닭은 우리가 마마를 아끼면서 차마 헤어지기 어려워한다는 사실을 천자께서 아시게 하기 위한 것이고, 그 사악한 음모를 막기 위한 것입니다. 지금은 한여름 더위가 한창이니 시원한 가을이 될 때까지 기다리시면 우리가 수레를 호송하여 조정으로 돌아가도록 해드리겠습니다."

4_ 번국藩國: 중앙 천자의 나라를 보위하는 울타리 나라, 즉 제후국을 가리킨다.

그리하여 마침내 회맹 날짜를 잡게 되었으니 그것은 가을 8월의 길일이었다.

한편 주 혜왕은 태자 정이 오랫동안 돌아오지 않자 환공이 정을 추대하려는 것을 알고 마음이 불쾌했다. 아울러 왕후 및 태숙 대가 아침부터 저녁까지 혜왕 곁에 앉아 온갖 감언이설로 혜왕을 꼬드겼다. 태재인 주공 공孔이 혜왕을 뵈러 왔다. 혜왕이 그에게 말했다.

"제나라 군주는, 말은 초나라를 정벌한다 해놓고 기실은 초나라에 아무 공격도 하지 않았소. 지금 초나라 사람들은 공물을 바치고 순종하며 옛날과는 아주 다르게 행동하고 있소. 짐은 초나라가 제나라보다 못한 점을 아직 보지 못했소. 제나라는 또 제후들을 거느리고 태자를 옹호하고 있소. 그게 무슨 의도인지 모르겠소. 장차 짐을 어떤 지경에 몰아넣으려는 것이오? 짐은 태재에게 번거로운 부탁이 있소. 밀서 한 통을 정백에게 전해주고, 제나라를 버리고 초나라를 따르라고 하시오. 정백이 초나라 군주에게 문후를 하고 우리 주 왕실을 섬기는 데 힘쓰라고 하면 짐의 뜻을 저버리지 못할 것이오."

태재 공이 아뢰었다.

"초나라가 우리에게 순종하는 것은 모두 제나라의 힘 때문입니다. 상감께선 어찌하여 오랫동안 우호를 유지해온 백구伯舅(제 환공)를 버리고 금방 아부해온 남쪽 오랑캐에게 가려 하십니까?"

혜왕이 말했다.

"정백이 먼저 떠나지 않으면 다른 제후들도 흩어지지 않을 것이오. 그동안 제나라 군주가 다른 음모를 꾸미지 않는다고 보장할 수 있겠소? 짐의 뜻은 이미 굳어졌소. 태재는 다른 말을 하지 마오."

태재 공은 감히 더 이상 말을 할 수가 없었다. 주 혜왕은 옥새를 찍은 밀서 한 통을 써서 겉봉을 아주 단단히 봉한 뒤 태재 공에게 비밀리에 전해줬다. 태재 공은 밀서의 내용이 무엇인지 알지 못한 채 사람을 시켜 밤새도록 말을 달려 정백에게 전달하게 했다.

정 문공文公이 밀서를 뜯어 읽어보니 다음과 같은 내용이었다.

태자 정이 부왕의 명령을 어긴 채, 파당을 만들고 사사로운 패거리를 결성하고 있으니 후사의 지위를 감당할 수 없게 되었다. 짐의 마음은 차자 대에게 있도다. 숙부께서 만약 제나라를 버리고 초나라를 따르면서 두 나라가 함께 어린 아들을 보좌해준다면 짐이 국정을 맡기고자 하노라.

정 문공이 기뻐하며 말했다.

"우리 선군이신 무공과 장공께서는 대대로 주 왕실의 경사 직을 역임하시며 제후들의 영수로 활동하셨소. 예기치 않게 중도에 주 왕실의 벼슬이 끊겨 소국으로 쇠약해지고 말았소. 여공厲公께서도 지금의 천자를 복위시킨 공로가 있음에도 불구하고 왕실에 등용되지 못했소. 그런데 지금 천자의 명령이 유독 나에게 내려졌으니 주 왕실의 권력이 나에게 돌아올 것이오. 대부들은 나를 축하해주시오."

그러자 대부 공숙孔叔이 간언을 올렸다.

"제나라는 우리 때문에 초나라에 군사를 보냈습니다. 그런데도 이제 제나라를 배반하고 초나라를 섬기는 것은 은덕을 짓밟는 행위입니다. 하물며 태자를 도와 추대하는 일은 천하의 대의입니다. 주상께서는 어찌하여 혼자서만 다르게 행동하려 하십니까?"

정 문공이 말했다.

"패자를 따르는 것이 어찌 천자를 따르는 것과 같단 말이오? 또한 천자의 뜻은 태자에게 있지 않소. 그럼 내가 누구를 사랑해야 하겠소?"

공숙이 말했다.

"주나라의 종사를 잇는 사람은 오직 적장자뿐입니다. 유왕幽王이 백복伯服을 사랑하고, 환왕桓王이 왕자 극克을 사랑하고, 장왕莊王이 왕자 퇴頹를 사랑했다는 건 주상께서도 아실 것입니다. 그러나 민심이 따르지 않아 몸도 죽고 일도 이루지 못했습니다. 주상께서는 대의를 따르지 않고 어찌하여 다섯 대부5의 전철을 밟으려 하십니까? 뒷날 반드시 후회하실 것입니다."

그러자 대부 신후申侯가 말했다.

"천자의 명령을 누가 감히 어길 수 있겠습니까? 만약 제나라의 회맹에 참여하면 이는 천자의 명령을 어기는 것이 됩니다. 우리가 떠나면 제후들이 틀림없이 의심할 것이고, 의심하게 되면 틀림없이 회합이 분산될 것이며 회맹도 틀림없이 성사되지 못할 것입니다. 또 태자는 밖에 파당이 있고 태숙 대는 안에 파당이 있으니 두 왕자의 성패를 아직 알 수 없습니다. 차라리 잠시 귀국하여 사태의 변화를 관망하시는 것이 좋을 듯합니다."

정 문공은 신후의 말에 따라 국내에 급한 일이 생겼다는 핑계를 대고 작별 인사도 없이 그곳을 떠났다.

제 환공은 정 문공이 도망갔다는 소식을 듣고 진노하여 바로 태자를 받들고 정나라를 토벌하려 했다. 이에 관중이 앞으로 나서며 말했다.

5_ 다섯 대부: 주 장왕莊王 아들 퇴頹를 따르던 위국蒍國, 변백邊伯, 자금子禽, 축궤祝跪, 첨보詹父를 말한다. 왕자 퇴는 이 다섯 대부와 위衛 혜공惠公의 도움을 받아 어린 조카 주 혜왕惠王을 추방하고 천자의 자리에 올랐으나, 나중에 정 여공厲公이 왕자 퇴를 몰아내고 다시 주 혜왕을 복위시켰다.

"정나라는 주 왕실과 경계를 맞대고 있습니다. 이는 필시 왕실의 사람이 와서 유인한 것입니다. 그러나 한 사람의 거취가 우리의 대계大計를 막을 수는 없습니다. 또한 회맹 날짜가 도래했으니 맹약을 맺은 뒤 다시 도모하십시오."

환공이 말했다.

"좋소."

이에 수지의 옛 회맹단에 올라 삽혈을 하고 맹약을 했다. 제, 송, 노, 진, 위, 허, 조 등 모두 일곱 나라 제후가 함께했다. 태자 정은 자리에 임하기는 했지만 삽혈은 하지 않았다. 그것은 제후들이 감히 태자와 적이 되지 않겠다는 의미였다. 맹약문은 다음과 같았다.

우리 모두 힘을 합쳐 동맹을 맺고	凡我同盟
다 함께 주 천자의 후사 도우며	共翼王儲
주 왕실을 바로잡고 안정시키리	匡靖王室
만약에 동맹을 배신한 자는	有背盟者
신명께서 그자를 처단하리라	神明殛之

회맹이 끝나자 태자 정은 계단을 내려와 허리를 숙이고 읍을 하며 감사 인사를 했다.

"여러 군후께서 선왕의 영령을 받들어 주 왕실을 잊지 않고 과인을 살갑게 대해주셨소. 문왕·무왕 이하 선왕들께서도 모두 제후들께 의지하셨는데, 과인이 감히 여러 군후의 은혜를 잊을 수 있겠소?"

제후들이 모두 태자에게 절하며 머리를 조아렸다. 이튿날 태자 정이 귀국하려 하자 각국의 제후들은 모두 병거와 군사를 보내 태자를 호송했고, 제 환공과 위 문공은 친히 위나라 경계까지 나가서 배웅했다. 정은 눈물을 흘리며 작별했다. 뒷날 사관이 시를 지어 찬미했다.

군왕이 서자 편애해 적자가 위태할 때 　　　　君王溺愛冢嗣危

정 문공은 기꺼이 대의를 위반했네 　　　　鄭伯甘將大義違

수지 땅 맹약에 태자 지위 안정됐고 　　　　首止一盟儲位定

윤리 강상 이에 기대 침체를 면했다네 　　　　綱常賴此免淩夷

정 문공은 제후들이 맹약을 맺고 장차 정나라를 정벌할 것이란 소문을 듣고는 감히 초나라를 따르지 못했다.

한편 초 성왕은 정나라가 수지에서 거행된 회맹에 참여하지 않았다는 소식을 듣고 기뻐하며 말했다.

"우리가 이제 정나라의 마음을 얻게 되었도다."

그리하여 마침내 신후에게 기별하여 정나라와 우호를 맺고자 했다. 원래 신후는 일찍이 초나라에서 벼슬한 적이 있었다. 말솜씨가 좋고 탐욕스러우며 아첨을 잘했다. 당시 초 문왕이 그를 총애하고 신임했다. 초 문왕은 임종 무렵에 뒷날 사람들이 신후를 용납하지 못할까봐 걱정이 되었다. 그래서 그에게 흰 구슬白璧을 주고 다른 나라로 도망가서 화를 피하라고 했다. 신후는 정나라로 도망가 역 땅에서 여공을 섬겼다. 정 여공은 신후가 초나라에 있을 때처럼 총애했다. 이후 여공이 보위를 회복했을 때 마침내 신후는 대부가 되었다. 그래서 초나라 신하는 모두 신후와 구면이었다. 그리하여 이제 이 중요한 시기를 맞아 소식을 주고받으며 정 문공을 종용하여 제나라를 배신하고 초나라를 섬기도록 압력을 넣었다. 신후는 비밀리에 정 문공에게 말했다.

"초나라가 아니면 제나라와 대적할 수 없습니다. 게다가 천자의 명령까지 있지 않습니까? 그렇지 않으면 제나라와 초나라가 모두 우리 정나라를 원수로 여길 것입니다. 그러면 정나라는 견딜 수 없게 됩니다."

정 문공은 그 말에 미혹되어 몰래 신후를 초나라에 보내 투항 의사를 밝혔다.

주 양왕 원년 환공은 회맹에 참가한 제후를 이끌고 정나라 원정에 나서 신밀新密(河南省 新密)을 포위했다. 이때 신후는 아직도 초나라에 있다가 성왕에게 말했다.

"정나라가 초나라 지붕 아래 귀의하고자 하는 까닭은 바로 초나라만이 제나라에 대항할 수 있기 때문입니다. 대왕께서 정나라를 구원해주지 않으신다면 신은 귀국하여 보고할 말이 없습니다."

초왕은 신하들과 대책을 논의했다. 영윤 자문이 앞으로 나서며 말했다.

"소릉 전투에서 허 목공이 진중에서 죽자 제 환공이 매우 슬퍼했습니다. 그것은 허나라가 제나라를 가장 부지런히 섬겼기 때문입니다. 상감께서 만약 허나라를 공격하면 제후들이 틀림없이 구원하러 올 것이고, 그러면 정나라에 대한 포위는 저절로 풀릴 것입니다."

성왕이 그의 말에 따라 친히 허나라를 정벌하러 가서 그 도성을 포위했다. 제후들은 허나라가 포위되었다는 소식을 듣고는 과연 정나라를 버리고 허나라를 구원하러 달려갔다. 초나라 군사는 바로 포위를 풀고 군사를 물렸다. 신후는 귀국하여 정나라를 온전히 지킨 공로가 전부 자신에게 있다고 여기며 득의양양하게 봉토를 더해주기를 바랐다. 그러나 문공은 지난번 신후에게 호뢰 땅을 준 것도 과분한 것이라면서 작위나 포상을 더해주지 않았다. 신후는 더러 은연중 원망의 말을 내뱉곤 했다.

이듬해 봄 제 환공은 친히 군사를 거느리고 정나라를 쳤다. 진陳나라 대부 원도도는 초나라 정벌에서 돌아올 때부터 신후와 사이가 벌어져 있었다. 이에 정나라 대부 공숙에게 서찰 한 통을 보내 이렇게 말했다.

신후는 지난번 정나라를 팔아 제나라에 아첨하여 혼자서 호뢰 땅을 상으로 받았소. 지금은 또 정나라를 팔아 초나라에 아첨하면서 대부의 주상을 배은망덕의 길로 이끌어 전쟁을 불러일으키고 그 참화가 백성에게까지 미치게 하고 있소. 반드시 신후를 죽이면 제나라 군사가 싸우지도 않고 물러갈 것이오.

공숙은 그 서찰을 정 문공에게 바쳤다. 문공은 전에 공숙의 말을 듣지 않고 회맹에서 이탈하여 몰래 귀국한 일 때문에 두 번이나 제나라의 공격을 받은 적이 있었다. 이런 연유로 마음속으로 후회하면서 신후에게 잘못을 뒤집어씌우고자 했다. 문공은 신후를 불러 꾸짖었다.

"너는 초나라만이 제나라에 대항할 수 있다고 하더니 지금 제나라 군사가 여러 번 공격해왔는데도 불구하고 초나라 군사는 어디 있느냐?"

신후가 변명하려고 하자 정 문공은 무사를 불러 그를 끌고 나가 참수하게 했다. 그 수급을 상자에 넣어 공숙을 시켜 제나라 진영으로 보냈다. 공숙이 말했다.

"우리 주상께서 지난번 신후의 말을 듣고 제나라 군후와 우호를 맺지 못했습니다. 이제 그자를 주살하여 신을 보내 제나라 군후의 막하에서 죄를 청하게 했습니다. 군후께서는 너그럽게 용서해주시옵소서."

환공은 평소에 공숙의 현명함을 알고 있었기 때문에 정나라와의 화의를 허락했다. 그러고는 마침내 영모寧母(山東省 金鄕 동남)에서 회맹을 갖기로 했다. 그러나 정 문공은 주 혜왕의 명령 때문에 마음을 잡지 못했다. 그리하여 떳떳한 마음으로 대놓고 회맹에 참가할 수 없어 세자 화華를 대신 영모 땅으로 보내 환공의 명령을 듣게 했다.

정 세자 화와 그 동생 장臧은 모두 정실부인 소생이었다. 정실부인은 처음에 총애를 받았기 때문에 맏아들 화를 세자로 세울 수 있었다. 뒤에 다시 두 명의 부인을 더 맞아들여 모두 아들을 두었다. 정실부인은 정 문공의 총애가 점점 식은 뒤 얼마 되지 않아 병으로 죽었다. 또 남연南燕 길씨姞氏의 딸이 정나라 궁궐에 잉첩으로 와서 한 번도 문공을 모시지 못했다. 그런데 어느 날 저녁 꿈에 멋진 장부 한 명이 손에 난초를 들고 있다가 그녀에게 주면서 말했다.

"나는 이름이 백조伯儵인데 네 조상이다. 이제 이 난초를 네게 주어 아들로 삼게 하고 네 나라를 번창하게 하겠노라."

마침내 난초를 그녀에게 주었다. 꿈에서 깨자 온 방에 난향이 가득했다. 꿈 이야기를 하자 그 동료들이 이렇게 놀렸다.

"아이구, 귀한 아들을 낳겠네!"

이날 정 문공이 내궁으로 들어왔다가 길씨의 딸을 보고 마음에 들어했다. 좌우 궁녀들이 서로 얼굴을 쳐다보며 웃었다. 문공이 그 까닭을 묻자 꿈 이야기를 했다. 문공이 말했다.

"그것 참 길몽이로다. 과인이 너를 위해 그 꿈을 이뤄주리라."

그러고는 난초 꽃을 따다가 몸에 차도록 했다. 그러면서 말했다.

"이것을 꿈의 징표로 삼으라."

그날 밤 길씨의 딸을 불러 가까이했다. 바로 임신하여 아들을 낳았고 그 이름을 난蘭이라 했다. 이 여인이 점차 총애를 받아 연길燕姞이라 불리게 됐다. 정 세자 화는 부친이 총애하는 여자가 많은 것을 보고 뒷날 세자의 지위를 뺏길까 두려워 몰래 숙첨에게 고민을 상의했다. 숙첨이 말했다.

"보위를 얻느냐 잃느냐는 천명에 달려 있습니다. 자식된 입장으로는 효도에 힘쓸 수 있을 뿐입니다."

세자는 공숙과도 상의했다. 공숙 역시 효도를 다하라고 권했다. 세자 화는 불쾌한 마음이 되었다. 세자의 동생 장은 기이한 것을 좋아해서 도요새 깃털로 관을 만들어 쓰고 다녔다. 그러자 사숙師叔이 말했다.

"그건 예에 맞지 않는 복장이오. 공자께선 그런 걸 쓰지 마시오!"

공자 장은 그의 직언이 듣기 싫어서 형에게 호소했다. 이 때문에 세자 화는 숙첨, 공숙, 사숙 세 대부에게 모두 앙심을 품게 되었다.

이즈음 정 문공은 화에게 자기 대신 회맹에 참여하라고 했다. 화는 환공이 자신을 나무랄까봐 회맹에 가고 싶지 않았다. 그러자 숙첨이 속히 행차하도록 화를 재촉했다. 화는 마음속으로 더욱 원한을 품고 스스로 대책을 궁리하게 되었다. 화는 환공을 만나자 좌우를 물리쳐달라고 청한 뒤 이렇게 말했다.

"우리 정나라의 정치는 모두 설씨洩氏(도숙堵叔), 공씨孔氏(숙첨叔詹), 자인씨子人氏(사숙師叔)6 세 사람이 좌지우지합니다. 지난번 회맹에서 도망친 일도 이 세 사람이 주도한 일입니다. 만약 군후의 신령한 힘으로 이 세 신하를 제거해주신다면 저는 정나라를 부용국처럼 제나라에 복속시키겠습니다."

환공이 말했다.

"알았소."

그러고는 마침내 정 세자 화의 계책을 관중에게 알렸다. 관중이 연이어 말했다.

"불가합니다. 불가합니다. 제후들이 우리 제나라에 복종하는 까닭은 예의와 신의 때문입니다. 아들이 아버지의 명령을 거스르는 건 예라고 할 수 없습니다. 우호를 맺으러 와서 자기 나라의 혼란을 도모하는 건 신의라고 할 수 없습니다. 또 신이 듣건대 그 세 사람은 모두 어진 대부로 정나라 사람들이 '삼량三良'이라 부른다 합니다. 맹주가 귀하게 여겨야 할 것은 민심을 따르는 일입니다. 민심을 거스르고 스스로의 힘만 뽐내면 반드시 재앙이 미칠 것입니다. 신이 보건대 정나라 세자 화는 장차 재앙에서 벗어날 수 없을 것입니다. 주상께선 그가 청한 일을 허락하지 마십시오."

이에 환공이 화를 불러서 말했다.

"세자의 말씀은 진실로 국가 대사이니 그대 나라 군후께서 도착하시면 함께 의논하도록 해야겠소."

화는 얼굴이 붉어지며 등허리에 식은땀이 흘렀다. 그는 작별 인사를 하고 정나라로 되돌아갔다. 관중은 그의 음모가 사악한 것이라 생각하고 정나라 사람들에게 그 말을 흘렸으며, 어떤 사람이 일찌감치 문공에게 보고했다. 화는 귀국 보고를 하면서 이렇게 거짓말을 했다.

"환공이 아바마마께서 친히 오시지 않은 걸 나무라며 우호를 맺으려 하지 않았습니다. 차라리 초나라를 따르는 것이 좋겠습니다."

6_ 삼량三良: 정나라의 삼량은 보통 숙첨, 도숙, 사숙을 가리킨다. 숙첨은 공씨, 도숙은 설씨, 사숙은 자인씨다. 본문에 나오는 공숙孔叔이 숙첨과 동일인인지, 아니면 도숙과 동일인인지는 분명하지 않다.

정 문공이 고함을 질렀다.

"이 역적 놈이 나라를 팔아먹을 뻔했으면서도 아직도 감히 헛소리를 지껄이느냐?"

그러고는 좌우 시종들을 불러 세자 화를 잡아 밀폐된 방에 가두게 했다. 화는 벽을 뚫고 탈출하려다 들켜서 문공에게 주살되었다. 과연 관중이 예측한 바와 같았다. 화의 동생 장은 송나라로 도망가다가 문공이 보낸 자객에게 중도에 피살되었다. 문공은 환공이 세자 화의 말을 듣지 않은 것에 감사하며 다시 공숙을 제나라로 보내 사례하고 회맹을 맺자고 요청했다. 이것은 주 혜왕 22년의 일이다. 호증 선생이 이를 「영사시詠史詩」로 읊었다.

정이 삼량 등용한 건 집의 기둥 같았으니   鄭用三良似屋楹
하루아침에 기둥 뽑히면 집을 지탱 못 했으리   一朝楹撤屋難撑
세자 화는 어명 어기고 나라 전횡하려다가   子華奸命思專國
몸은 죽고 불효자로 오명만 남겼을 뿐   身死徒留不孝名

이해 겨울 주 혜왕의 병이 위독해졌다. 태자 정은 혜후惠后가 변란을 일으킬까 두려워서 먼저 하사下士 왕자 호虎를 제나라로 보내 어려움을 호소했다. 얼마 지나지 않아 혜왕이 붕어했다. 태자 정은 주공 공孔, 소백召伯 요廖와 상의하여 혜왕의 죽음을 숨기고 장례를 선포하지 않았다. 그러고는 사람을 시켜 밤새도록 말을 달려 먼저 제나라로 간 왕자 호에게 비밀리에 혜왕의 죽음을 알렸다. 왕자 호가 그 사실을 환공에게 말하자 환공은 조洮(山東省 泗水 경내) 땅으로 제후들을 크게 불러 모아 회맹을 했고 정 문공도 직접 회맹에 참여했다. 이때 제, 송, 노, 위, 진, 정, 조, 허 등 모두 여덟 나라 제후가 삽혈에 참여했다. 각각 상소문을 지어 대부를 주 왕실로 보냈다. 주 왕실로 간 대부는 누구인가? 제나라 대부 습붕, 송나라 대부 화수로華秀老, 노나라 대부 공손오公孫敖, 위나라 대부 영속寧速, 진나라 대부 원선轅選, 정나라 대부 자인사子人師, 조나라 대부 공자 무戊, 허나라 대부 백타百佗가 그들이었다. 여덟 나라 대부의 수레가 연이어 당도하자 그 법도 있는 행차가 아주 위풍당당했다. 그들은 천자에게 문안 인사를 한다는 명목으로 왕성 밖에 모였다. 왕자 호가 먼저 말을 달려 성안으로 들어가 소식을 알렸다. 이에 태자 정은 소백 요를 보내 노고를 위로했다. 그런 뒤 바로 장례를 선포했다. 대부들이 새로운 천자의 알현을 요청했다. 주공 공과 소백 요 두 사람은 태자 정을 받들어 장례를 주관하게 했다. 대부들은 편의를 명목으로 각 나라 제후의 명을 받았음을 알리고 상주인 정에게 조문했다. 마침내 정에게 보위를 잇도록 요청하고 백관이 모두 하례를 드렸다. 이 사람이 주 양왕襄王이다. 혜후와 태숙 대는 남몰래 괴로움을 토로했지만 감히 다른 마음을 드러낼 수 없었다. 주 양왕은 이듬해에 개원하고 각국에 유시諭示를 보냈다.

주 양왕 원년 봄 제사가 끝난 뒤 태재인 주공 공을 제나라로 보내 음복 음식인 제육祭肉을 환공에게 하사하고 새 천자를 추대한 공을 표창했다. 환공은 그 소식을 듣고 먼저 약속을 정하여 제후들을 다시 규구로 불러 모아 회맹하고자 했다. 이때 환공은 규구로 가는 길에서 관중과 우연히 주 왕실의 일을 이야기하게 되었다. 관중이 말했다.

"주 왕실에서 적자와 서자를 구분하지 않아 참화가 발생할 뻔했습니다. 지금 전하의 후사도 아직 비어 있으니 하루빨리 세자를 세워 후환을 막으셔야 합니다."

환공이 말했다.

"과인에게는 여섯 아들이 있지만 모두 서출이오. 장자로 말할 것 같으면 무휴無虧이고, 현명하기로 말할 것 같으면 소昭를 꼽을 수 있소. 장위희長衛姬가 과인을 가장 오래 섬겼으므로 과인은 이미 무휴를 세자로 세우기로 허락했었소. 역아와 수초 두 사람도 누누이 그렇게 하라고 말을 하오. 그러나 과인은 소의 현명함을 사랑하기 때문에 아직 결정을 하지 못하고 있소. 지금 중보께서 결정해주시오."

관중은 역아와 수초 두 사람이 간특한 아첨꾼으로 평소 장위희에게 총애받고 있다는 사실을 알고 있었다. 그래서 무휴가 뒷날 보위에 오르면 안팎으로 호응하여 틀림없이 국정을 문란케 할 것이란 걱정이 들었다. 그러나 공자 소는 정희鄭姬의 소생이고 정나라도 이제 막 회맹에 참가했으므로 이 인연을 빌려 우호를 더욱 돈독하게 하면 좋을 것 같았다. 그래서 이렇게 대답했다.

"패업을 이으려면 현명하지 않고는 불가합니다. 주상께서 소 공자의 현명함을 알고 계시므로 그를 후사로 세워도 괜찮겠습니다."

제 환공이 말했다.

"무휴가 장자임을 내세워 보위를 다툴까 걱정이오. 어찌하면 좋소?"

관중이 말했다.

"주 왕실의 보위도 주상께서 정하셨으니, 이번 회맹 때 주상께서 제후 중에서 가장 현명한 사람을 택하여 소 공자를 부탁하시면 무슨 걱정이 있겠습니까?"

환공이 머리를 끄덕였다. 규구 땅에 당도하자 제후들이 모두 모였고 주왕실의 태재 공도 도착하여 각각 관사를 잡았다. 이즈음 송 환공 어열이 세상을 떠나 세자 자보茲父가 나라를 공자 목이目夷에게 양보했다. 그러나 목이가 받지 않아 자보가 다시 즉위했다. 이 사람이 바로 송 양공襄公이다. 양공은 맹주의 명령을 준수하여 비록 새로 상주가 되었음에도 감히 참석하지 않을 수 없다며 검은 상복 차림으로 회맹에 왔다. 관중이 환공에게 말했다.

"송나라 군주가 나라를 양보하는 덕을 보였으니 어질다고 할 만합니다. 또 검은 상복 차림으로 회맹에 참가했으니 우리 제나라를 섬기는 마음이 매우 공손합니다. 주상의 후사를 정하는 일을 맡길 수 있겠습니다."

환공은 그 말에 따라 곧바로 관중을 몰래 송 양공의 관사로 보내 자신의 마음을 알렸다. 그러자 양공이 직접 환공을 만나러 왔다. 환공은 그의 손을 잡고 간절하게 공자 소의 일을 부탁하며 이렇게 말했다.

"뒷날 군후의 주재 아래 내 아들 소를 제나라 사직의 주인이 되게 해주시오."

양공은 감당할 수 없는 일이라고 사양하면서도 자신에게 큰일을 부탁하는 환공의 마음에 감격하여 이미 마음속으로는 그 일을 허락하고 있었다.

회맹 날짜가 되자 아름답고 장엄하게 의관을 차려입은 제후들이 짤랑짤랑 패옥 소리를 울리며 회맹장으로 모여들었다. 제후들은 먼저 천자의 사신을 단상으로 오르게 한 뒤 순서에 따라 차례로 단상에 올랐다. 단상에 천자의 빈자리는 설치하지 않았지만 모든 제후가 북쪽을 향해 절을 올렸다. 그것은 조회 때 천자를 뵙는 의식과 같았다. 그런 뒤 각자 지위에 맞춰 자리에 앉았다. 주 태재 공이 봄 제사의 제육을 받들고 동향을 하고 서서 새 천자의 명령을 전했다.

"짐은 문왕과 무왕의 사당에 제사를 올리고 태재 공을 시켜 백구에게 음복으로 제육을 내리노라."

환공이 계단을 내려가 제육을 받으려 하자 태재 공이 제지하며 말했다.

"천자께서 또 다른 명령을 내리셨소. 백구께서는 연로하심에도 노고를 아끼지 않으시므로 등급을 1급 높여 계단을 내려가지 않아도 된다고 하셨소."

환공이 그 말에 따르려고 하자 관중이 옆에서 슬쩍 말했다.

"천자가 겸양한다고 해서 신하된 제후가 공경하는 모습을 보이지 않아서는 안 됩니다."

이에 환공이 이렇게 대답했다.

"천자의 위엄이 바로 지척에 있는 듯하여 어길 수 없습니다. 이 소백이 감히 왕명을 탐하여 신하의 직분을 버릴 수 있겠습니까?"

그러고는 빠른 걸음으로 계단 아래로 내려가서 재배를 올리고 머리를 조아렸다. 그 뒤 다시 계단 위로 올라와 제육을 받았다. 제후들은 모두 환공의 예의 바른 모습에 탄복했다. 환공은 제후들이 아직 흩어지지 않은 틈에 다시 동맹의 우호를 다지려고 주나라 「오금五禁」을 낭송했다.

물길을 막지 말 것 　　　　　　　　　　　　　　　　　　毋壅泉

재난 지역에서 곡식 매매를 막지 말 것 　　　　　　　　毋遏糴

적자와 서자의 혈통을 바꾸지 말 것 　　　　　　　　　　毋易樹子

첩을 처로 삼지 말 것 　　　　　　　　　　　　　　　　毋以妾爲妻

여자를 국사에 참여시키지 말 것 　　　　　　　　　　毋以婦人與國事

맹세문은 이렇게 썼다.

會
葵
邸
義
戴
周
天
子

규구 회맹에서 주나라 천자를 높이다.

무릇 우리가 동맹함은	凡我同盟
서로 사이좋게 지내기 위함이다	言歸於好[7]

다만 이 맹세문을 희생으로 잡은 소 위에 올리고 사람을 시켜 크게 읽게 했을 뿐 그곳에서 다시 희생을 잡아 삽혈 의식을 하지는 않았다. 제후들 중 신복信服하지 않는 사람이 없었다. 염옹이 이를 시로 읊었다.

춘추시대 얘기하며 불신 반란 분분했다 해도	紛紛疑叛說春秋
초 누르고 주 높이며 이길 대책 마련했지	攘楚尊周握勝籌
제 환공의 공적이 성대하지 않았다면	不是桓公功業盛
누가 능히 삽혈 않고 제후들을 믿게 했으랴	誰能不歃信諸侯

회맹이 끝나자 환공이 문득 태재 공에게 말했다.

"과인이 듣기로 삼대三代[8] 시대에 봉선封禪 의식이 있었다는데 그 전례典禮 행사가 어떤지 들어볼 수 있겠소?"

태재 공이 말했다.

"옛날 태산泰山(山東省 泰山)에서 올리는 제사를 봉封이라 했고, 양보산梁父山(山東省 徂徠山 동남) 기슭에서 올리는 제사를 선禪이라 했습니다. 태산에 제사를 올리는 사람은 흙으로 제단을 쌓고 옥으로 만든 간책簡冊에 봉선문封

7_ 언귀어호言歸於好: 언귀우호言歸于好라고도 한다. 춘추시대의 맹세문에 상투적으로 나오는 문구. 언言은 의미 없는 어조사. 서로 함께 우호로 귀의한다는 뜻. 분쟁 없이 사이좋게 지냄을 비유한다. 악수언환握手言歡과 비슷한 의미로 쓰인다.(『좌전』 희공僖公 9년)

8_ 삼대三代: 중국 고대의 하·은·주 삼대를 말함.

禪文을 써서 금칠을 한 상자에 넣고 제단에 올린 뒤 하늘의 공로에 보답을 드리는 것입니다. 하늘은 높은 곳에 있기 때문에 흙으로 높은 단을 쌓아 그 높음을 상징하는 것입니다. 양보산에 제사를 올리는 사람은 땅을 쓸고 제사를 지내는데 이는 땅의 낮음을 상징하는 것입니다. 부들로 수레를 만들고 풀과 볏짚으로 자리를 만들어 제사를 지낸 뒤 덮어버리는데 그것은 땅의 은혜에 보답하는 방법입니다. 삼대에 천명을 받고 일어난 제왕은 하늘과 땅에서 도움을 받았기 때문에 이 아름다운 보은 의식을 융숭하게 시행했습니다."

제 환공이 말했다.

"하나라는 안읍安邑(山西省 運城 근처)에 도읍했고, 상나라는 박亳에 도읍했으며, 주나라는 풍호酆鎬에 도읍했소. 태산과 양보산은 이들 삼대의 도성으로부터 매우 먼데도 봉과 선의 제사를 지냈소. 지금 두 산은 모두 과인의 봉토 안에 있고 과인은 천자의 총애를 받아 이 성대한 전례 행사를 거행하고 싶소. 여러 군후께서는 어떻게 생각하시오?"

태재 공은 환공이 의기양양해하며 몹시 뻐기는 기색이 있는 것을 보고 이렇게 응대했다.

"군후께서 가능하다고 생각하신다면 누가 감히 불가하다 할 수 있겠습니까?"

환공이 말했다.

"내일 다시 여러 군후와 의논하고 싶소."

제후들이 모두 해산했다. 태재 공이 몰래 관중을 찾아와서 말했다.

"대저 봉선 의식은 제후의 신분으로 말해서는 안 되는 일인데 중보께서 어째서 간언을 올려 그만두게 하지 않으셨소?"

관중이 말했다.

"우리 주상께선 승벽이 있으셔서 은근하게 마음을 돌릴 수는 있지만 정면으로 바로잡기는 어렵소. 제가 오늘 다시 말씀을 올려보겠소."

이에 관중은 밤이 되길 기다려 환공 앞으로 가서 말했다.

"주상께서 봉선을 올리시고 싶은 마음은 진심입니까?"

환공이 말했다.

"어찌 진심이 아니겠소?"

관중이 말했다.

"옛날에 봉선을 올린 임금은 무회씨無懷氏9에서 주 성왕까지 상고할 수 있는 사람이 전부 72명입니다. 이들은 모두 천명을 받은 뒤에 봉선을 올렸습니나."

환공이 얼굴을 붉히며 발끈했다.

"과인은 남쪽으로 초나라를 정벌하기 위해 소릉에까지 이르렀고, 북쪽으로 산융을 정벌했고 영지를 쳤으며 고죽국을 멸망시켰소. 또 서쪽으로는 유사流沙를 건너 태항산太行山에까지 갔지만 제후들 중 아무도 내 뜻을 거스르는 사람은 없었소. 과인은 병거를 거느리고 회맹을 한 것이 세 차례, 정식 의관을 갖추고 우호의 회맹을 한 것이 모두 여섯 차례였소. 그러므로 아홉 차례 제후들과 회맹하여 천하를 하나로 바로잡았소. 비록 삼대의 제왕들이 천명을 받았다 해도 어찌 이보다 더 뛰어날 수 있겠소? 과인이 태산에 봉 제사를 올리고, 양보산에 선 제사를 올려 자손들에게 이 성대한 의식을 보여주는 것이 어찌 불가하다는 것이오?"

9_ 무회씨無懷氏: 중국 고대 신화에 나오는 제왕이다. 『관자管子』 「봉선封禪」에 따르면 "옛날 무회씨가 태산에서 봉선을 행했다昔無懷氏封泰山"고 한다.

관중이 말했다.

"옛날 천명을 받은 제왕은 먼저 상서로운 징조가 나타나고 그 뒤에 온갖 제물을 갖춰 태산에 제사를 올렸는데 그 전례 의식이 매우 융숭했습니다. 호鄗(河北省 高邑)에서 한 줄기에 이삭이 여러 개 달린 기장이 나타났고, 북리 北里에서도 한 줄기에 이삭이 여러 개 달린 벼가 자라고 있어서 그 곡식을 거두어 제기에 담아 올렸습니다. 또 장강과 회수 사이에는 한 뿌리에 세 줄기로 돋아난 띠풀이 자라고 있어서 그것을 영모靈茅라 불렀는데, 임금이 천명을 받으면 자라는 것이라 그것으로 자리를 만들었습니다. 또한 동해에는 비목어比目魚[10]가 몰려왔고, 서해에는 비익조比翼鳥[11]가 날아다녔습니다. 상서로운 동물이 부르지 않아도 몰려온 것이 열다섯 차례나 되었습니다. 그것이 사서에 기록되어 자손들의 영광이 되고 있습니다. 그러나 지금은 봉황과 기린이 오지 않고 솔개와 올빼미만 자주 날아들고 있으며, 아름다운 곡식은 자라지 않고 쑥덤불만 무성하게 번식하고 있습니다. 이러고도 봉선을 올리려 하신다면 아마도 여러 나라의 식자들이 틀림없이 주군을 비웃을 것입니다."

환공은 아무 말도 하지 않고 묵묵히 앉아 있었다. 이튿날 더 이상 봉선에 관한 말을 하지 않았다.

환공은 귀환하여 자신의 공이 비할 데 없이 높다고 떠벌리며 궁궐을 더

10_ 비목어比目魚: 암수가 각각 눈이 하나뿐인 물고기. 따라서 암수가 몸을 나란히 하여 힘을 합쳐야 앞을 정확하게 볼 수 있다고 한다. 흔히 남녀 간의 지고지순한 사랑을 비유하는 말로 쓰인다.

11_ 비익조比翼鳥: 암수가 각각 날개가 하나뿐인 새. 따라서 암수가 몸을 나란히 하여 함께 날갯짓을 해야 날 수 있다. 비목어와 마찬가지로 남녀 간의 사랑을 비유한다. 비목어와 비익조 모두 전설상의 동물이다. 비슷한 의미로 연리지連理枝라는 말도 쓰이며 두 나무의 가지가 이어져 한 나무가 된 것이다.

욱 크게 짓고 더욱 장엄하고 화려하게 꾸미는 일에 힘을 쏟았다. 무릇 수레와 복장 및 호위 무사들도 천자와 비슷하게 했다. 백성은 그 참람된 행동에 대해 수군수군 논란이 많았다. 관중도 자신의 저택 가운데 3층의 누대를 쌓고 '삼귀지대三歸之臺'라고 불렀다. 백성이 귀의하고 제후들이 귀의하며 사방 오랑캐들이 귀의한다는 뜻이라고 했다. 또 집으로 들어오는 입구에 색문塞門을 설치하여 안과 밖을 가렸고, 반점反坫을 만들어 여러 나라의 사신들을 대접했다. 포숙아가 그런 일을 의아해하며 물었다.

"주상께서 사치한다고 자네도 사치하고, 주상께서 참람된 행동을 한다고 자네도 참람된 행동을 한다면 이 어찌 잘못된 일이 아니겠는가?"

관중이 말했다.

"대저 주상께서 수많은 노고를 아끼지 않고 공직을 이루셨으니, 하루 정도 즐거운 일에 빠져드신 것뿐이네. 만약 예법으로만 옭아맨다면 그 괴로움 때문에 나태한 마음이 생길 것이네. 나는 이 때문에 잠시 우리 주상을 위해 그 비방을 나누어 받고자 하는 것이네."

포숙아는 입으로는 '아 그런가'라고 했지만 마음속으로는 그렇게 생각하지 않았다.

이야기가 두 갈래로 나뉜다. 한편 태재 공은 규구에서 작별 인사를 하고 돌아오는 길에 회맹에 참가하기 위해 달려오는 진晉 헌공獻公을 우연히 만났다. 태재 공이 말했다.

"회맹이 이미 끝났습니다."

진 헌공이 발을 구르며 안타까워했다.

"우리 나라는 먼 곳에 있어서 의관을 갖춘 성대한 회맹에 참가하지 못했으니 정말 인연이 없는가보오?"

태재 공이 말했다.

"군후께선 꼭 안타깝게 생각하실 필요가 없습니다. 지금 제나라 군주는 스스로 공이 높다고 으스대면서 교만한 마음을 드러내 보이고 있습니다. 대저 달이 차면 기울고 물이 가득 차면 넘친다고 했습니다. 제나라도 이제 기울고 넘치는 때가 금방 닥칠 것이니 어찌 애석해할 필요가 있겠습니까?"

이에 진 헌공은 수레를 돌려 서쪽으로 다시 돌아갔다. 그러다 도중에 병을 얻어 진나라로 돌아가자마자 세상을 떠났다. 그리하여 진晉나라는 큰 혼란에 빠지게 된다. 진나라 혼란의 시말을 알고 싶으면 다음 회를 보시라.

제25회

망국의 길

지혜로운 순식은 길을 빌려 괵을 멸망시키고
곤궁에 처한 백리해는 소를 먹이다 재상에 임명되다

智荀息假道滅虢, 窮百里飼牛拜相.

　　진晉 헌공獻公은 안으로 여희驪姬에게 빠져들고 밖으로는 양오梁五와 동관 오東關五에게 미혹되어 더욱 세자 신생申生을 멀리하고 해제奚齊를 총애했다. 다만 신생이 조심스럽게 순종하고 있는 데다 여러 번 군사를 거느리고 공을 세웠기 때문에 처치할 기회를 잡을 수 없었다. 여희는 우시優施[1]를 불러 흉금을 털어놓았다.

　　"지금 세자를 폐하고 해제를 세자로 세우려는데 어떤 대책을 쓰면 좋겠는가?"

　　우시가 말했다.

　　"세 공자 모두 먼 변방에 있는데 누가 감히 부인의 뜻을 거역하겠습

1_ 우시優施: 궁궐에서 음악과 연희를 담당하던 광대優로 이름이 시施. 여기서는 편의상 우시優施로 지칭한다.

니까?"

"그들은 모두 나이가 한창이며 세상 경험이 깊고 조정에도 측근이 많기 때문에 내가 감히 손을 쓸 수가 없다."

"그러면 차례대로 제거할 수밖에 없습니다."

"누구를 먼저 제거해야 하느냐?"

"반드시 신생을 먼저 제거해야 할 것입니다. 신생은 위인이 원래 인자하고 정결한 자입니다. 정결한 자는 자신에 대한 오욕을 부끄럽게 여기고, 인자한 자는 다른 사람 해치기를 꺼립니다. 자신에 대한 오욕을 부끄럽게 여기면 울분을 참지 못하고, 다른 사람 해치기를 꺼리면 쉽게 스스로를 해치게 됩니다. 그러나 세자는 지금 비록 먼 곳에서 배척당하고 있지만 주상께서 세자의 사람됨을 잘 알고 있습니다. 그러니 다른 계책으로 세자를 비방하면 주상께서 틀림없이 믿지 않을 것입니다. 그러므로 부인께서는 반드시 한밤중에 울면서 주상께 하소연하십시오. 만약 세자를 칭찬하는 듯하다가 차차 모함을 하면 아마도 부인의 말씀이 먹혀들 것입니다."

과연 여희는 한밤중에 흐느껴 울었고 헌공은 깜짝 놀라 까닭을 물었다. 그러나 여러 번 물어도 대답을 하려 하지 않았다. 헌공이 다그치자 그제야 여희가 대답했다.

"신첩이 말씀을 드려도 주상께서는 틀림없이 믿지 않으실 것입니다. 신첩이 우는 까닭은 오래도록 주상을 모시는 기쁨을 누릴 수 없을까봐 두렵기 때문입니다."

헌공이 말했다.

"어찌 그런 불길한 말을 입에 담소?"

여희는 눈물을 닦고 대답했다.

"신첩이 들기로 신생은 사람됨이 밖으로 인자하고 안으로는 참을성이 많다고 합니다. 그래서 지금 곡옥曲沃에서도 백성에게 은혜를 두텁게 베풀어 백성이 그를 위해 기꺼이 죽을 정도라고 합니다. 아무래도 앞으로 유용하게 쓰고자 하는 바가 있는 듯합니다. 또 신생은 매번 사람들에게 주상께서 신첩에게 미혹되어 반드시 나라를 어지럽게 만들 것이라고 한다 합니다. 지금 온 조정이 그 소문을 듣고 있는데 주상께서만 듣지 못하고 계십니다. 이제 나라를 안정시킨다는 명목으로 변란이 일어나 그 참화가 주상에게 미쳐서는 안 될 것입니다. 그러므로 주상께선 어찌 신첩을 죽여 신생에게 사과하고 그 계략을 막지 않으십니까? 신첩 하나 때문에 백성을 혼란에 빠뜨리지 마시옵소서."

"신생이 백성에게 어진 정치를 펴면서 어찌 이 아비에게만 불인한 행동을 하겠소?"

"신첩도 의심스러웠습니다. 그러나 신첩이 대궐 밖 사람의 말을 들어보니 필부가 어진 행동을 하는 것과 윗사람이 어진 행동을 하는 것은 다르다고 합니다. 필부는 가족 사랑을 인仁으로 삼지만 윗사람은 나라를 이롭게 하는 걸 인仁으로 삼는다는 것입니다. 만약 나라에 이로움이 있다면 가족이 무슨 상관이 있겠습니까?"

"그놈은 결백한 삶을 좋아하는데 오명을 남기는 걸 두려워하지 않겠소?"

"옛날 유왕께서 태자 의구를 죽이지 않고 신으로 추방하자, 신후가 견융을 불러와 여산 아래서 유왕을 죽이고 의구를 보위에 올렸습니다. 이분이 평왕으로 동주東周의 시조입니다. 오늘에 이르러 유왕의 악행은 더욱더 많이 드러나고 있지만 평왕에게 누가 다시 불결하다는 말을 뒤집어씌울 수 있겠습니까?"

헌공은 모골이 송연하여 결국 옷을 걸치고 일어나 앉으며 말했다.

"부인의 말이 그렇다면 어떻게 하면 좋겠소?"

"주상께선 늙음을 핑계로 나라를 세자에게 내주십시오. 세자가 나라를 얻어 욕심을 만족시키면 주상을 놓아줄지도 모를 일입니다. 또 옛날에 곡옥曲沃이 익翼을 병합할 때도 서로 골육 간이 아니었습니까? 곡옥의 무공武公께서 골육지친을 돌아보지 않았기 때문에 지금의 진晉나라를 이룰 수 있었습니다. 주상께선 세자에게 나라를 양보하십시오."

"안 되오. 나는 무력과 위엄으로 제후들에게 임해왔소. 지금 내가 임금의 몸으로 나라를 잃는다면 무력이 강하다고 할 수 없으며 자식에게 이기지 못하면 위엄을 세울 수 없소. 무력과 위엄을 잃으면 다른 사람이 나를 제압할 것이오. 그건 살아도 죽은 것과 같소. 부인께선 걱정 마시오. 내가 장차 그놈을 처리할 것이오."

"지금 적적赤狄 고락씨皐落氏[2]가 누차 우리 나라를 침범하고 있는데, 주상께서 어찌 세자를 보내 고락씨를 토벌하게 하면서 세자의 용병 능력을 살피지 않으십니까? 만약 이기지 못하면 죄를 줄 명분이 생길 것이고, 이긴다면 진실로 군사들의 신망을 얻게 될 것입니다. 그러면 세자가 자기 공적을 믿고 반드시 다른 음모를 꾸밀 터이니 그때 세자를 처리하시면 백성이 틀림없이 복종할 것입니다. 대저 적에게 이겨 변방을 안정시킬 수 있고 또 세자의 능력도 알아볼 수 있는데, 주상께선 어찌 그 일을 시키지 않으십니까?"

"좋소."

---

2 고락씨皐落氏: 북방 이민족狄族의 일파로 산서성山西省 경내로 들어와 정착해 살고 있었다. 지금의 태원太原 동남쪽에 살다가 나중에는 더 남쪽인 강성絳城 근처로 이동했다.

이에 전령을 보내 신생으로 하여금 곡옥의 군사를 이끌고 고락씨를 정벌하라고 했다.

그때 소부少傅 이극里克이 조정에 있다가 간언을 올렸다.

"세자는 임금의 분신과 같습니다. 이 때문에 임금께서 멀리 원정을 떠나면 세자가 나라를 보살피는 것입니다. 대저 아침저녁으로 임금을 보살피고 식사를 올리는 것이 세자의 직분입니다. 지금 멀리 떨어져 있는 것도 불가한 일이거늘 하물며 군사를 거느리고 전쟁터로 나가라 하십니까?"

헌공이 말했다.

"신생은 이미 여러 번 군사를 거느린 경험이 있소."

이극이 말했다.

"지난번은 수상전하를 따라간 것이지만 지금은 혼자서 군사를 제어하는 것이니 진실로 불가합니다."

헌공은 하늘을 우러러 탄식하며 말했다.

"과인에게는 아들이 아홉이나 있지만 아직도 어느 놈을 세자로 세워야 할지 정하지 못하고 있소. 경은 여러 말 하지 마오."

이극은 더 이상 아무 말도 하지 못하고 물러나와 호돌狐突에게 이 사실을 알렸다. 호돌이 말했다.

"아, 세자께서 위험하도다!"

이에 신생에게 서찰을 보내 전쟁에 나서지 말라고 권하면서 전쟁에서 이기더라도 더욱 많은 시기를 받을 것이니 차라리 도망치라고 했다. 신생은 서찰을 받고는 탄식했다.

"아바마마께서 나에게 군사 일을 시킨 것은 나를 좋아하지 않아 내 마음을 떠보려는 것이다. 아바마마의 명령을 어기면 내 죄가 더 커진다. 그러나 차라리 싸우다 죽으면 아름다운 이름을 남길 수 있을 것이다.”

이에 고락씨와 직稷(山西省 聞喜 稷王山), 상桑(山西省 臨猗 근처) 땅에서 큰 싸움을 벌였고 고락씨를 패퇴시킨 후 승리를 헌공에게 바쳤다. 여희가 말했다.

“세자가 과연 군사를 잘 부리니 어찌하면 좋습니까?”

헌공이 말했다.

“죄가 아직 드러나지 않았소. 잠시 기다려보시오.”

호돌은 진나라가 장차 혼란에 빠질 것을 짐작하고 병을 핑계로 두문불출했다.

이때 우虞나라와 괵虢나라는 같은 성씨를 쓰는 나라로 이웃해서 살며 입술과 이빨처럼 의지해 있었다. 두 나라의 땅은 모두 진晉나라 경계와 이어져 있었다. 괵공의 이름은 추醜로 전쟁을 좋아하고 교만해서 누차 진나라의 남쪽 경계를 침범했다. 남쪽 변방 사람들이 위급을 알리자 진 헌공은 괵나라 정벌책을 세우게 했다. 여희가 다시 청했다.

“어찌 다시 신생을 보내지 않으십니까? 신생의 위엄과 명성이 평소에 널리 알려졌으니 다시 군사를 부려도 반드시 성공할 수 있을 것입니다.”

헌공은 여희의 말을 들으면서도 신생이 괵나라에 승리하여 그 위세를 더욱 제압하기 어렵게 될까봐 결정을 유예하며 대부 순식荀息에게 물었다.

“괵나라를 정벌할 수 있겠소?”

순식이 대답했다.

“우나라와 괵나라는 화목하게 지내고 있으므로 우리가 괵을 공격하면 우는 반드시 괵을 도울 것입니다. 만약 군사를 이동시켜 우를 공격해도 괵이 또 구원에 나설 것입니다. 한 나라가 두 나라를 적대하면 신은 이길 수 없다고 생각합니다."

헌공이 말했다.

"그러면 과인이 괵을 어떻게 할 수 없단 말이오?"

순식이 대답했다.

"신이 듣기로 괵나라 군주는 여색에 탐닉한다 합니다. 주상께서는 나라 안의 미녀를 구하시어 가무를 가르치고 수레와 의복을 한껏 아름답게 꾸며 괵나라에 진상하고는 겸손한 말로 우호를 청하십시오. 괵공이 틀림없이 기뻐하며 받을 것입니다. 그가 여색에 빠져들면 장차 정사를 게을리할 것이고 충성스러운 신하를 배척할 것입니다. 그런 뒤 신이 다시 견융에게 뇌물을 주고 괵나라 경계를 침탈해달라고 한 연후에 그 틈을 파고들어 계책을 쓰면 괵나라를 멸망시킬 수 있을 것입니다."

헌공은 순식의 대책을 써서 음악에 능한 미녀를 괵나라에 보냈다. 괵공이 그것을 받으려고 하자 대부 주지교舟之僑가 간언을 올렸다.

"이는 진나라가 우리 괵에게 던지는 미끼인데, 주상께선 어찌하여 그것을 삼키려 하십니까?"

괵공은 그 말을 듣지 않고 결국 진나라와 우호를 맺었다. 이때부터 괵공은 낮에는 음란한 음악을 듣고 밤에는 아름다운 여인과 접촉하며 조정 일을 소홀히 하게 되었다. 주지교가 다시 간하자 괵공은 화를 내면서 그에게 하양관下陽關(山西省 平陸 북쪽)을 지키라며 외직으로 내보냈다.

얼마 지나지 않아 견융이 진나라의 뇌물에 혹하여 과연 괵나라 국경을 침범했다. 그러나 견융의 군사는 위수渭水 근처 괵 땅까지 왔다가 괵나라 군사에게 패하여 물러갔다. 그러자 견융의 군주는 마침내 온 나라 군사를 동원하여 쳐들어왔고, 괵공은 앞서의 승리에 힘입어 군사를 거느리고 상전

桑田(河南省 靈寶 북쪽) 땅에서 견융과 대치했다. 진 헌공이 순식에게 다시 물었다.

"지금 견융과 괵이 대치하고 있으니 과인이 괵을 쳐도 되지 않겠소?"

"우나라와 괵나라의 우호관계가 아직 끊어지지 않았습니다. 신이 가진 한 가지 계책을 사용하면 오늘은 괵을 취할 것이고 내일은 우를 취할 수 있을 것입니다."

"경의 계책이 무엇이오?"

"주상께서 우나라에 후한 뇌물을 주고 괵을 치게 길을 빌려달라고 하시옵소서."

"우리는 새로 괵나라와 화친해서 괵을 칠 명분이 없소. 그런데도 우나라가 우리를 믿어주겠소?"

"주상께서 우리 북쪽 변방3 사람을 시켜 괵나라에 사단事端을 만들면 괵나라의 변방 관리는 반드시 우리에게 욕을 할 것입니다. 신이 이를 빌미로 우나라에 길을 빌려달라고 해보겠습니다."

헌공이 또 그의 계책을 사용하자 괵나라의 변방 관리가 과연 욕을 하며 달려들었고 쌍방은 마침내 군사를 동원하여 서로 공격까지 하게 되었다. 그러나 괵공은 바야흐로 견융의 공격을 받고 있어서 변방의 작은 일에 신경 쓸 겨를이 없었다. 헌공이 말했다.

"이제 괵을 치는 데 명분이 없다고 걱정할 건 없지만 우나라에 무슨 뇌물을 줘야 할지 모르겠소."

순식이 대답했다.

3_ 북쪽 변방: 괵나라는 진晉나라의 남쪽에 있으므로 남쪽 변방의 잘못인 듯하다.

"우나라 군주는 성격이 탐욕스럽지만 지극한 보물이 아니면 마음을 움직이지 않을 것입니다. 반드시 두 가지 보물을 가지고 가야 할 것입니다. 다만 주상께서 내놓으시지 않을까 걱정입니다."

"경이 사용하고자 하는 것이 무슨 보물인지 말해보오."

"우나라 군주가 제일 좋아하는 것은 둥근 옥璧과 좋은 말입니다. 주상께선 수극垂棘4 땅에서 난 둥근 옥과 굴산屈産5 땅에서 생산된 좋은 말이 있지 않습니까? 청컨대 이 두 가지 보물을 주고 우나라에 길을 빌리면 우공은 옥구슬과 명마에 욕심이 나서 우리 계책에 빠져들 것입니다."

"그 두 가지 물건은 모두 내가 지극히 아끼는 보물이오. 어찌 차마 다른 사람에게 줄 수 있단 말이오?"

"신도 원래부터 주상께서 내놓지 않으시리란 걸 알고 있었습니다. 그렇지만 우리가 길을 빌려 괵나라를 정벌하게 되면 지금 괵은 우나라의 도움을 받을 수 없으므로 반드시 망할 것입니다. 괵이 망하면 우도 홀로 생존할 수 없을 터이니 옥구슬과 명마가 어디로 가겠습니까? 대저 외부 창고에 옥을 맡겨놓았고 외부 마구간에 명마를 맡겨놓았다고 생각하시옵소서. 그것도 잠시 맡겨두는 것일 뿐입니다."

대부 이극이 말했다.

"우나라엔 궁지기宮之奇와 백리해百里奚라는 두 명의 현명한 신하가 있소.

4_ 수극垂棘: 둥근 옥이 생산되는 진晉나라의 지명으로 정확한 위치는 미상이다. 수극지벽垂棘之璧은 고귀한 보물을 가리킨다.

5_ 굴屈: 굴산지승屈産之乘에서 굴을 지명으로 보는 설과 굴산을 지명으로 보는 설 두 가지가 있다. 굴을 지명으로 보면 굴성屈城이 그곳인데, 지금의 산서山西성 석루石樓 동북쪽으로 진晉 공자 이오夷吾가 지키던 곳이다. 굴산屈産은 지금의 산서성 석루 동남쪽으로 아직 굴산천屈産泉이란 지명이 남아 있다. 명마의 생산지는 대체로 후자로 본다.

그 두 사람이 사리에 밝으므로 아마도 간언으로 우리 계책을 방해할 것인데, 어찌할 작정이오?"

순식이 말했다.

"우나라 군주는 탐욕스럽고 어리석으므로 간언을 올려도 틀림없이 따르지 않을 것입니다."

헌공은 곧 둥근 옥과 좋은 말을 순식에게 주고 우나라로 가서 길을 빌리게 했다. 우나라 군주는 처음에 진나라가 길을 빌려 괵나라를 칠 것이란 소식을 듣고 매우 화를 냈다. 그러나 옥구슬과 명마를 보자 자신도 모르게 분노를 가라앉히며 기쁜 표정을 지었다. 그러고는 손으로 옥구슬을 잡고 눈으로는 명마를 바라보며 순식에게 물었다.

"이것은 그대 나라의 지극한 보물로 천하에 드문 것이오. 그런데 어째서 과인에게 은혜를 베풀려 하는 것이오?"

"우리 주상께서 군후의 어진 품성을 사모하고 군후의 강력한 힘을 두려워하여 감히 혼자의 보배로만 삼지 못하고 대국의 환심을 사고자 하는 것입니다."

"그렇더라도 틀림없이 과인에게 무슨 할 말이 있는 것 같소."

"괵나라 사람들이 누차 우리 나라 남쪽 변경을 침범하고 있어, 우리 주상께서는 사직을 보존하기 위해 뜻을 굽히고 화친을 청했습니다. 그러나 지금 그 회맹의 피가 아직 식지도 않았는데, 우리를 질책하는 사신이 날마다 답지하고 있습니다. 그래서 우리 주상께서는 귀국의 길을 빌려 저들의 죄를 문책하고자 하는 것입니다. 만약 다행히 괵에게 승리하면 모든 노획물을 군후께 드리겠습니다. 우리 주상께서는 군후 전하와 대대로 동맹을 돈독하게 하기를 원하십니다."

우공이 크게 기뻐했다. 그러자 궁지기가 간언을 올렸다.

"주상께서는 허락하지 마십시오. 속담에 이르기를 '입술이 없어지면 이빨이 시리다脣亡齒寒'[6]고 했습니다. 진나라가 동성同姓의 나라를 병탄한 것이 한둘이 아닙니다. 그러나 유독 우나라와 괵나라에 군사 공격을 감히 하지 못한 것은 우리가 입술과 이빨처럼 서로 돕고 있기 때문입니다. 괵나라가 오늘 망하면 내일은 그 참화가 우리 우나라에 닥쳐올 것입니다."

우공이 말했다.

"진나라 군주가 귀중한 보물을 아끼지 않고 과인과 화친을 맺고자 하는데, 과인이 이 작은 오솔길을 아낄 필요가 있겠소? 또 진나라는 괵보다 열 배나 강하오. 이제 괵을 잃는다 해도 진을 얻게 되는데 무슨 불리할 게 있겠소? 경은 물러나 있으시오. 과인의 일에 간섭하지 말고."

궁지기가 다시 나아가 간언을 올리려 하자 백리해가 그의 옷자락을 잡아당기며 제지했다. 궁지기가 조정에서 물러나오며 백리해에게 말했다.

"대부께서는 내가 한마디 하는 걸 도와주지는 못할망정 나를 제지하다니 어찌 된 연유요?"

백리해가 말했다.

"내가 듣건대 어리석은 사람 앞에서 좋은 말을 해주는 것은 길에다 고운 구슬을 버리는 것과 같다고 했소. 걸왕이 관용방關龍逄을 죽이고, 주왕이 비간比干을 죽인 건 모두 강력한 간언에서 연유한 것이었소. 궁 대부도 위태로워질까 걱정이 되어 그렇게 한 거요."

6_ 순망치한脣亡齒寒: 입술이 없어지면 이가 시리다. 서로 가까이 의지하던 나라나 단체 혹은 개인 중에서 어느 하나가 사라지면 나머지 하나도 결국 망하거나 피해를 입게 되는 것을 비유한다. 우나라와 괵나라가 서로 이웃해서 의지하며 돕고 살다가 결국 진나라의 가도멸괵假途滅虢 술책에 의해 괵나라가 망하게 되었고 이어서 바로 우나라도 멸망했다.(『여씨춘추呂氏春秋』「권훈權勳」)

순식이 가도멸괵의 계책을 쓰다.

"그럼 우나라가 반드시 망할 거란 말인데, 우리는 어디로 가야 하오?"

"대부께서 떠나시려면 그냥 떠나시오. 한 사람을 더 데려가면 대부의 죄가 더 무거워지지 않겠소? 나는 차라리 천천히 기회를 보겠소."

궁지기는 모든 가족을 데리고 떠났다. 어디로 가는지 아무에게도 알리지 않았다.

순식은 돌아와 진 헌공에게 보고했다.

"우공이 이미 옥구슬과 명마를 받고 길을 빌려주기로 허락했습니다."

헌공은 친히 군사를 거느리고 괵을 정벌하려고 했다. 이때 이극이 들어와서 말했다.

"괵을 치는 건 쉬운 일입니다. 번거롭게 주상께서 직접 가실 필요까지는 없습니다."

"괵을 멸망시키려면 어떤 대책을 써야 하오?"

"괵은 상양上陽(河南省 三門峽)에 도성이 있고 그 성문은 하양下陽에 있어서 하양만 깨뜨리면 괵이 온전하지 못할 것입니다. 신이 비록 재주는 없사오나 미미한 노고라도 다하겠습니다. 만약 공을 세우지 못한다면 죄를 달게 받겠습니다."

이에 헌공은 이극을 대장에 임명하고 순식을 부장에 임명하여 병거 400승을 거느리고 괵을 치게 했다. 그리고 먼저 우나라에 사람을 보내 군사가 도착할 날짜를 알렸다. 군사가 도착하자 우공이 말했다.

"과인은 귀중한 보물을 받고도 보답할 방법이 없었소. 이제 우리 군사를 보내 진나라 군사의 뒤를 따르도록 하겠소."

순식이 말했다.

"우나라의 군사를 우리 군사의 뒤에 따르게 하기보다는 하양의 관문을 우리에게 주십시오."

"하양은 괵나라 군사가 지키는 곳이오. 과인이 어떻게 그곳을 드릴 수 있겠소?"

"신이 듣건대 괵나라 군주는 지금 상전에서 견융과 큰 싸움을 벌이며 아직 승부를 내지 못하고 있다 합니다. 군후께서 전투를 돕는단 핑계를 대시고 병거를 바치면서 우리 진나라 병사를 함께 들어가게 해주시면 하양의 관문을 얻을 수 있을 것입니다. 신에게 철엽거鐵葉車7 100승이 있으니 군후께서 사용하시기 바랍니다."

우공이 순식의 계책에 따랐다. 괵나라 수비대장 주지교는 우나라의 말만 믿고 관문을 열어 병거를 받아들였다. 병거 속에 진나라 갑사들이 숨어 있다가 관문을 통과하자 일제히 뛰쳐나왔다. 황급히 관문을 닫으려 했으나 이미 때는 늦었다. 이극은 군사를 휘몰아 곧바로 공격해 들어갔다. 주지교는 하양을 잃자 괵공의 문책이 두려워 군사를 이끌고 진나라에 항복했다. 이극은 그를 길잡이로 삼아 상양을 향해 출발했다.

한편 괵공은 상전에서 전투를 하다가 진나라 군사가 하양관을 깨뜨렸다는 소식을 듣고는 서둘러 군사를 거두다가 견융의 군사에게 한바탕 습격을 받아 대패하고 말았다. 자신을 따르는 병거는 겨우 수십 승에 불과했다. 서둘러 상양으로 달려가 성을 수비하고자 했으나 망연한 상태에서 아무 대책도 세울 수 없었다. 그때 진나라 군사가 당도하여 길게 성을 포위했다. 8월에서 12월까지 포위가 계속되자 성안에는 땔감이 모두 떨어졌고 계속된 전쟁에도 승리하지 못한 병졸들은 피로에 지쳐 쓰러졌으며 백성은 밤

7_ 철엽거鐵葉車: 수레 표면에 납작한 철편鐵片을 붙인 전투용 병거.

낮으로 소리 내어 울었다. 이극은 주지교에게 편지를 쓰게 하여 화살에 매달아 성안으로 쏘아 보냈다. 괵공에게 항복을 권유하는 내용이었다. 편지를 읽고 괵공이 말했다.

"우리 선군께선 주 왕실의 경사셨다. 나는 저 제후 따위에게 항복할 수 없다."

그러고는 밤을 틈타 가족 등 권속을 데리고 도성 문을 열고 도망쳤다. 이극 등은 그들을 추격하지 않았다. 백성은 향불과 촛불을 밝혀 이극의 입성을 맞았다. 이극은 백성을 안심시키고 추호도 범하지 못하게 하면서 성을 수비하기 위해 군사를 머물게 했다. 공실 창고의 보물은 모두 수레로 실어냈다. 그 보물의 10분의 3과 모든 무희舞姬는 우공에게 바쳤다. 우공은 더욱더 기뻐했다.

이극은 한편으로 파발마를 띄워 헌공에게 일의 상황을 보고하고 자신은 몸이 아프단 핑계를 대며 군사들을 성 밖으로 보내 쉬게 했다. 그리고 병이 나으면 귀국하겠다고 했다. 우공은 불시에 약을 지어 끊임없이 문병했다. 그렇게 한 달여가 흘렀다. 갑자기 우나라 조정에 첩보가 당도했다.

"진나라 군주가 군사를 거느리고 교외에까지 왔습니다."

우공이 그가 온 뜻을 물었다. 세작이 말했다.

"아마도 괵나라를 정벌하는 데 아무 성과가 없을까봐 진나라 군주가 직접 와서 지원을 하려는 것 같습니다."

우공이 말했다.

"과인은 진나라 군주와 직접 얼굴을 맞대고 이야기를 나누고 싶었다. 이제 직접 왔으니 과인의 소원이 이루어진 셈이다."

그리하여 황급히 교외로 나가 음식을 보낸 뒤 두 군주가 서로 만나 감사의 인사를 나눴다. 진 헌공은 우공과 기산箕山에서 사냥 내기를 하기로 약속했다. 우공은 진나라 사람들에게 자신의 사냥 솜씨를 과시하기 위해 성안의 갑사 및 병거 그리고 좋은 말을 모두 동원하여 진나라 군주와 말을 달리며 승리를 다투었다.

이날 진시辰時(아침 7~9시)에서 신시申時(오후 3~5시)까지 사냥을 하며 아직 포위도 풀지 않았는데 갑자기 보고가 올라왔다.

"도성 안에 불이 났습니다."

헌공이 말했다.

"이는 필시 민간의 실화일 듯하오. 금방 꺼지지 않겠소?"

그러고는 다시 한번 짐승을 포위하자고 청했다. 대부 백리해가 비밀리에 아뢰었다.

"전해온 소식에 의하면 성안에서 변란이 일어났다 하니 주상께서 여기에 더 머무시면 안 됩니다."

이에 우공은 헌공에게 작별 인사를 하고 먼저 사냥터를 떠났다.

도중에 백성이 분분히 도망치는 모습이 보였다. 그들이 말했다.

"성은 벌써 진나라 군사에게 습격당해 함락되었습니다."

우공이 진노하여 소리쳤다.

"수레를 급히 몰아라."

성 가까이에 당도하니 성루에 한 대장이 난간에 기대어 서 있는 것이 보였다. 갑옷과 투구가 선명했고 위풍당당한 모습이었다. 그가 우공을 향해 소리쳤다.

"전에는 제게 길을 빌려주는 은혜를 베푸시더니 오늘은 다시 제게 나라까지 빌려주셨습니다. 삼가 감사드리옵니다."

우공은 화가 치밀어 성문을 공격하려 했다. 그러나 성 위에서 펑 하는 신호음이 들리더니 화살이 비 오듯 쏟아졌다. 우공은 속히 병거를 물리라고 명령을 내리고는 사람을 시켜 뒤편에 따라오는 병거와 기마병을 빨리 오도록 재촉했다. 군사가 와서 보고했다.

"후군 중에 행군이 지체된 자는 모두 진나라 군사에게 가로막혀 혹은 항복하고 혹은 참살되었으며, 병거와 말은 모두 진나라가 가져갔습니다. 진나라의 대군이 금방 당도할 것입니다."

우공은 진퇴양난의 곤경에 처해 탄식을 뱉어냈다.

"궁지기의 간언을 듣지 않은 것이 후회막심이로다."

그러고는 백리해를 돌아보며 말했다.

"그때 경은 어찌하여 아무 말도 하지 않았소?"

백리해가 대답했다.

"주상께서 궁지기의 말도 듣지 않으시는데 어찌 제 말을 들으시겠습니까? 신이 아무 말도 하지 않은 것은 바로 오늘 같은 날 주상의 곁에 머물기 위함입니다."

우공이 위급한 상황에 처해 있을 때 뒤에서 병거 한 대가 치달려오는 것이 보였다. 자세히 보니 바로 괵나라의 항복한 장수 주지교였다. 우공은 자기도 모르게 부끄러운 마음에 얼굴이 화끈거렸다. 주지교가 말했다.

"군후께선 적의 말을 잘못 듣고 괵나라를 버리셨소. 그러나 그 실수는 이미 지나간 일이오. 오늘의 계책은 다른 나라로 도망가기보다는 진나라에 귀의하는 것이 좋겠다는 것이오. 진 군후께선 덕망 있고 관후하신 분이라 틀림없이 해를 끼치진 않을 것이오. 또 군후를 가엾게 여겨 융숭하게 대접할 것이니 군후께선 의심하지 마시기 바라오."

우공이 주저하며 결정하지 못하고 있는 사이에 진 헌공이 뒤이어 당도하여 사람을 보내 우공과 만나고 싶다는 말을 전했다. 우공은 부득불 가지 않을 수 없었다. 헌공이 웃으며 말했다.

"과인이 이곳에 온 것은 지난번에 드렸던 옥구슬과 명마를 도로 찾아가기 위함이었소."

그러고는 뒤 수레에 명령을 내려 우공을 싣고 가서 진중에서 묵었다. 백리해는 우공을 바짝 따라 수행했다. 어떤 자가 그의 거취를 조롱하자 백리해는 이렇게 말했다.

"나는 우리 주상의 녹봉을 먹은 지 오래여서 이렇게라도 보답하고자 하는 것이다."

진 헌공은 성안으로 들어가 백성을 안심시켰다. 순식은 왼손으로는 옥구슬을 받쳐 들고 오른손으로는 말고삐를 잡고는 앞으로 나서며 말했다.

"신의 계획이 모두 실행되었으므로 이제 구슬은 공실 창고로, 명마는 공실 구유로 반환하고자 합니다."

헌공이 크게 기뻐했다. 염옹이 이 일을 시로 읊었다.

구구한 구슬과 말이 지극한 보배라지만	璧馬區區雖至寶
국가 사직과 어떻게 비교할 수 있겠는가	請將社稷較何如
순식에게 계교가 많다 과장하지 말지니	不誇荀息多奇計
우공이 진정으로 어리석었다 비웃으라	還笑虞公眞是愚

진 헌공은 우공이 귀의해왔지만 그를 죽이려 했다. 그러나 순식이 말했다.

"그자는 멍청한 자일 뿐인데 무얼 할 수 있겠습니까?"

이에 문객을 대하는 예로 대우하고 또 지난번에 주었던 구슬 및 명마도 다시 돌려주었다. 그러고는 말했다.

"나는 길을 빌려준 은혜를 잊지 않고 있노라."

주지교는 진나라로 가서 대부에 임명되었다. 주지교는 백리해의 현명함을 알고 추천했다. 헌공이 백리해를 등용하려고 주지교를 보내 의사를 물었다. 백리해가 대답했다.

"옛 주상이 세상을 뜨셔야 가능한 일이오."

주지교가 나갈 때 백리해가 혼잣말로 탄식했다.

"군자는 자기 나라를 떠나더라도 원수의 나라에는 가지 않는 법인데, 하물며 나에게 벼슬까지 하란 말인가? 나는 벼슬을 하더라도 진나라에서는 하지 않으리라."

주지교는 밖으로 나가다가 언뜻 그 말을 듣고는 자기 단점을 빈정댄 것으로 여기고 마음속으로 몹시 불쾌하게 생각했다.[8]

당시 진秦 목공穆公 임호任好는 즉위한 지 6년이 되었지만 아직 정실부인이 없었다. 그래서 대부 공자 칩縶을 진晉나라로 보내 혼인을 요청하고 헌공의 장녀인 백희伯姬를 부인으로 맞으려 했다. 헌공은 태사 소蘇에게 시초蓍草점을 쳐보게 했다. 그 결과 「뇌택귀매雷澤歸妹」의 제6효를 얻었다.

8_ 가도멸괵假途滅虢: 진나라가 우나라에게 길을 빌려 괵나라를 멸망시키고 다시 우나라까지 쳐 없앤 고사가 바로 위의 대목에서 나온 것이다. 원래 의도를 숨기고 상대방에게 도움을 요청한 후 나중에 자신의 목적을 달성하고 나서는 도움을 준 상대방에게까지 피해를 끼치는 행위를 비유한다.(「좌전」 희공 2년)

남자가 양을 찔렀으나	士刲羊
또한 피가 나지 않도다	亦无盇也
여자가 광주리로 받았으나	女承筐
또한 들어 있는 게 없도다	亦无貺也
서쪽 이웃이 질책하지만	西鄰責言
보상할 수가 없도다	不可償也[9]

태사 소는 이 점괘의 효사를 음미한 뒤 진秦나라가 서쪽에 있고 질책이 있다고 했기 때문에 서로 화목하지 못할 조짐이라고 생각했다. 게다가 귀매歸妹괘는 여자가 시집가는 일을 드러내고 있지만, 상괘上卦인 진괘震卦가 변하여 이괘離卦가 되면, 그 괘는 규暌괘가 된다.[10] 규와 이는 모두 좋은 괘가 아니므로 이 혼인을 허락해서는 안 된다고 아뢰었다. 진 헌공은 다시 태복太卜인 곽언郭偃에게 거북점을 쳐보라고 시켰다. 태복 언이 조짐을 올리며 아주 길하다고 했다. 점사占辭는 다음과 같았다.

| 소나무와 잣나무가 이웃이 되니 | 松柏爲鄰 |
| 대대로 혼인을 맺으리로다 | 世作舅甥 |

9_ 이 『주역周易』 「귀매歸妹」의 효사는 현재 통용 판본과는 다소 차이가 있다. 현재의 판본은 다음과 같다. "女承筐, 无實, 士刲羊, 无血, 無攸利."

10_ 「귀매歸妹」는 '䷵'으로 상괘는 진震(雷)이고 하괘는 태兌(澤)로 되어 있다. 태사 소蘇가 점을 쳐서 귀매괘의 제6효, 즉 맨 위의 효를 얻었으므로 그것은 진괘震卦(☳)의 맨 위 음효를 가리킨다. 제6효를 얻었으면 그 효의 움직임을 보아야 하므로 진괘의 맨 위 음효가 양효로 동하면 이괘離卦(☲)로 변한다. 따라서 전체 괘는 상괘가 이離(火)이고 하괘가 태兌(澤)인 규괘暌卦(䷥)가 된다.

우리 임금을 세 번 정해주나니　　　　　　　　　　三定我君

혼인함은 이롭고　　　　　　　　　　　　　　　　利於婚媾

적이 됨은 이롭지 않도다　　　　　　　　　　　不利寇

태사 소는 자신의 점괘에 근거해 논쟁을 벌이려 했다. 헌공이 말했다.

"옛날 말에도 '시초점을 따르는 것보다 거북점을 따르는 것이 더 낫다'고 했소. 거북점이 길하게 나왔으니 어찌 어길 수 있겠소? 과인이 듣건대 진秦나라는 천자의 명을 받고 나서부터 강대하게 되었다고 하오. 혼인을 거절해서는 안 되오."

그리하여 마침내 진秦과의 혼인을 허락했다.

공자 칩이 그 일을 보고하려고 귀국하다가 우연히 어떤 사람을 만났다. 그는 얼굴이 핏빛처럼 붉고 콧대가 우뚝했으며 곱슬곱슬한 수염을 기르고 있었다. 양손에 괭이를 한 자루씩 들고 밭을 가는데, 괭이가 몇 자씩이나 땅속으로 깊이 박혔다. 그 괭이를 구경하려고 가져와보라고 명령을 내렸지만 좌우 시종들이 모두 들어 올릴 수 없었다. 공자 칩이 그 사람의 성명을 물었다. 그가 대답했다.

"성은 공손씨公孫氏이고 이름은 지枝이며 자는 자상子桑이오. 진晉나라 군주의 먼 친척이외다."

칩이 말했다.

"그대는 이 같은 재능을 지녔으면서 어찌하여 밭두렁에서 굴욕을 당하며 살고 있소?"

공손지가 대답했다.

"천거해주는 사람이 없었소."

"나를 따라서 진秦나라에 함께 가시려오?"

"'선비는 자기를 알아주는 사람을 위해 죽는다'고 하오. 만약 이끌어주신다면 진실로 함께 가길 원하오."

공자 칩이 그를 수레에 태워 함께 진나라로 가서 목공에게 천거하자 목공은 그를 대부로 삼았다. 목공은 헌공이 혼인을 허락했다는 소식을 듣고 다시 공자 칩을 진晉나라로 보내 납폐를 드리고 마침내 백희를 정실부인으로 맞이했다. 진 헌공이 신하들에게 신부를 따라갈 남녀 몸종들이 다 정해졌는지 물었다. 주지교가 앞으로 나서며 말했다.

"백리해는 우리 진나라에서 벼슬하기를 원하지 않으니 그 마음을 추측하기가 어렵습니다. 차라리 멀리 보내는 것이 좋겠습니다."

이에 백리해를 신부의 몸종으로 따라가게 했다.

한편 백리해는 우나라 사람으로 자는 정백井伯이었다. 나이는 30여 세였으며 두씨杜氏를 아내로 맞아 아들 하나를 두었다. 백리해는 집안이 가난하고 불우하여 외지로 나가 벼슬을 구하고 싶어도 처자식이 의지할 데가 없을까 걱정이 되어 집을 떠날 수 없었다. 아내 두씨가 말했다.

"첩이 듣기로 '남자는 사방 여러 나라에서 뜻을 펼쳐야 한다'고 합니다. 그런데 당신은 장년에 이르도록 외지로 나가 벼슬 구할 생각은 하지 않으니, 끝내 구구하게 처자식이나 지키며 곤궁하게 사시겠습니까? 첩은 혼자서도 자급할 수 있습니다. 염려하지 마세요!"

그리하여 두씨는 집에서 기르던 씨암탉을 잡아 남편을 전별하려고 했다. 그러나 부엌에 땔감이 없어서 문빗장을 뽑아 불을 지피고 시든 채소 반찬에 조밥을 지었다. 백리해는 한 끼 밥을 배불리 먹고 처자식과 이별했다. 아내 두씨가 아들을 안고 백리해의 소매를 잡으며 울었다.

"부디 부귀하게 되더라도 처자식을 잊지 마세요."

백리해는 마침내 집을 떠났다. 제나라로 가서 양공襄公을 섬기고자 했지만 아무도 추천해주는 사람이 없었다.

그렇게 시간이 오래 지나면서 백리해는 곤궁이 겹쳐 질銍(安徽省 宿州 서쪽) 땅에서 걸식을 하며 살아가게 되었다. 그때 백리해의 나이 마흔이었다. 질 땅에 마침 건숙蹇叔이라는 사람이 있었다. 그는 백리해의 모습을 기이하게 바라보며 물었다.

"그대는 걸식할 사람이 아니오."

성명을 묻고 나서 자기 집에 머물게 하고 밥을 주었다. 그리고 시국을 토론하는데 백리해의 내답이 청산유수 같았고, 일을 처리하려는 방안도 질서 있고 조리가 분명했다. 건숙이 감탄하며 말했다.

"그대의 이 같은 재주로도 곤궁하게 살고 있으니 이 어찌 운명이 아니겠소?"

마침내 자신의 집에 백리해를 머물게 하고 결의형제를 맺었다. 건숙이 백리해보다 한 살이 많아서 백리해는 건숙을 형님이라고 불렀다. 건숙의 집도 가난해서 백리해는 그 마을에서 다른 사람의 소를 길러주며 식비에 보탰다. 공자 무지無知가 제 양공을 시해하고 새로 보위에 올랐을 때 방을 내걸고 어진 이를 초청했다. 백리해가 그 초청에 응할 생각이었으나 건숙이 말했다.

"선군의 아들이 국외에 있는데, 무지는 분수도 모르고 보위를 훔쳤으니 결국 성공하지 못할 것이네."

백리해는 마침내 출사를 그만두었다.

그 뒤에 주나라 왕자 퇴穨가 소를 좋아하여 소를 잘 먹이는 사람에게는 모두 많은 양식을 준다는 소문을 듣고 건숙에게 작별 인사를 하고 주나라로 가려 했다. 건숙이 경계하며 말했다.

"장부는 다른 사람에게 가볍게 몸을 맡기지 않는 법이네. 벼슬을 하다가 자신의 주상을 버리면 불충이 되고, 그렇다고 어리석은 주상과 환난을 함께하는 건 지혜롭지 못한 행위일세. 아우는 이번 행차를 신중하게 생각하시게. 나도 집안일을 처리해놓고 갈 테니 주나라에서 함께 만나세나."

백리해는 주나라로 가서 왕자 퇴를 알현하고 소 먹이는 기술을 아뢰었다. 왕자 퇴는 매우 기뻐하며 가신으로 삼으려고 했다. 그때 마침 건숙이 질 땅에서 주나라로 왔다. 백리해는 그와 함께 왕자 퇴를 만났다. 건숙은 물러나와 백리해에게 말했다.

"왕자 퇴는 뜻만 크고 재주는 없는 사람이네. 그와 함께 있는 사람도 모두 아첨꾼에 불과해 앞으로 반드시 분수에 넘치는 일을 저지를 것이네. 나는 그가 실패할 사람임을 금방 알아보았네. 속히 이곳을 떠나는 것이 좋겠네."

백리해는 처자식과 이별한 지가 오래되어 고향인 우나라로 가보고 싶었다. 건숙이 말했다.

"우나라엔 현신 궁지기가 있는데 나의 옛 친구일세. 그와 헤어진 지 오래되어 나도 가보고 싶네. 아우가 우나라로 돌아간다면 나도 동행하도록 하겠네."

그리하여 마침내 건숙과 백리해는 함께 우나라로 갔다. 그때 백리해의 아내 두씨는 극심한 가난으로 먹고살 수가 없어서 벌써 다른 지방으로 떠난 뒤였다. 백리해는 슬픔을 금치 못했다.

건숙은 궁지기와 만나 백리해의 현명함을 이야기했고 마침내 궁지기가 우공에게 그를 추천했다. 우공은 백리해를 중대부에 임명했다. 건숙이 말했다.

"내가 보기에 우나라 군주는 견식이 모자라고 자기 생각만 내세우는 사람일 뿐만 아니라 함께 유용한 일을 할 사람이 못 되는 것 같네."

백리해가 말했다.

"이 아우는 빈곤에 시달린 지 너무 오래되었소. 비유하자면 물고기가 땅 위에 떨어진 격이어서 물을 길어 스스로 몸을 적시는 일이 아주 시급하오."

건숙이 말했다.

"아우가 가난 때문에 벼슬을 하겠다면 이 형도 막기가 어렵네. 뒷날 나를 찾으려면 송나라 명록촌鳴鹿村(河南省 鹿邑 서쪽)으로 오시게. 그곳은 땅이 그윽하여 나는 징차 그곳에서 살아갈 작정이네."

건숙은 백리해와 작별하고 그곳을 떠났다. 백리해는 마침내 우나라에 남아 우공을 섬겼다. 우공이 나라를 잃고 나서도 그는 우공의 수발을 들며 곁을 떠나지 않았다. 그는 이렇게 말했다.

"나는 지혜롭지 못한 사람이지만 어찌 감히 충성을 다하지 않을 수 있겠는가?"

이때 진晉나라는 백리해를 백희伯姬의 몸종으로 삼아 진秦나라로 보냈다. 백리해가 탄식했다.

"나는 천하를 구제할 뜻을 품었건만 밝은 임금 밑에서 큰 뜻을 펼쳐보지 못했다. 게다가 노년이 다가오는 지금 다른 사람의 몸종이 되어 노예와 마찬가지의 신세로 전락했으니 이보다 더 큰 치욕은 없다."

백리해는 행차가 중간쯤에 이르렀을 때 행렬에서 도망쳐 송나라로 가려 했다. 그러나 길이 막혀 결국 초나라로 갔다. 완성宛城(河南省 南陽 宛城區)에 당도했을 때 그곳 시골 사람들이 사냥을 하다가 백리해를 세작으로 의심하여 잡아 묶었다. 백리해가 말했다.

"나는 우나라 사람이오. 나라가 망하여 여기까지 피란을 오게 됐소."

그곳 사람들이 물었다.

"무엇을 잘하는가?"

"소를 잘 치오."

그러자 백리해의 포박을 풀어주고 소를 먹이게 했다. 백리해가 먹이는 소가 날마다 살이 찌자 그곳 시골 사람들이 매우 기뻐했고, 소문은 초나라 임금에게까지 들어갔다. 초왕이 백리해를 불러서 물었다.

"소를 먹이는 데에도 무슨 도道가 있느냐?"

백리해가 대답했다.

"때 맞춰 여물을 주고, 그 힘을 아껴주면서 소와 마음으로 하나가 되는 것입니다."

초왕이 말했다.

"훌륭한 말이로다. 소뿐만 아니라 말에게까지 적용할 수 있겠구나."

이에 어인圉人 직에 임명하여 남해에서 말을 방목하게 했다.

진秦 목공은 백희의 몸종 중에 백리해란 이름만 있고 사람은 없는 것을 보고는 괴이하게 생각했다. 그러자 공자 칩이 말했다.

"우나라의 신하였는데, 지금은 도주했습니다."

목공이 공손지에게 말했다.

"자상子桑(공손지의 자)은 진晉나라에 있었으니 틀림없이 백리해를 알 것이오. 대체 어떤 사람이오?"

공손지가 대답했다.

"현인입니다. 우공에게 간언을 올릴 수 없음을 알고 아무 말도 하지 않았으니 지혜로운 사람입니다. 또 우공을 따라 진나라에 가서도 진나라 신하 노릇을 하지 않았으니 충성스러운 사람입니다. 그는 세상을 경륜할 재주를 품고 있지만 때를 만나지 못했을 뿐입니다."

목공이 말했다.

"과인이 어떻게 하면 백리해를 등용할 수 있겠소?"

공손지가 말했다.

"신은 듣건대 백리해의 아내가 초나라에 있다 합니다. 그래서 백리해도 틀림없이 초나라로 도망쳤을 것입니다. 어찌 사람을 초나라로 보내 백리해를 찾지 않으시옵니까?"

사자使者가 초나라로 갔다가 돌아와서 보고했다.

"백리해가 바닷가에서 초나라 임금을 위해 말을 기른다 합니다."

목공이 말했다.

"과인이 후한 예물을 주고 백리해를 데려오고자 하면 초나라가 내주겠소?"

공손지가 말했다.

"백리해는 올 수 없을 것입니다."

"무슨 까닭에서요?"

"초나라에서 백리해에게 말을 방목하게 한 것은 그의 현명함을 모르기 때문입니다. 그런데 지금 주상께서 후한 예물을 주고 그를 데려오려 하면 초나라도 백리해의 현명함을 알게 될 것입니다. 초나라가 백리해의 현명함을 알게 되면 틀림없이 자신들이 직접 등용하려 하지 우리에게 내주려 하겠습니까? 주상께서는 도망친 몸종의 죄를 묻는다 하시고 헐값으로 그를

백리해가 소를 먹이다가 재상에 임명되다.

사면해달라 하십시오. 이것은 관중이 노나라의 소굴에서 벗어난 계책이기
도 합니다."

"좋소!"

그리하여 사람을 시켜 염소 가죽 다섯 장을 가지고 초나라로 가서 초왕
에게 아뢰게 했다.

"우리 나라의 비천한 종놈 백리해라는 자가 귀국으로 도망쳐왔소. 과인
은 그자를 잡아 죗값을 치르게 하여 도망자들에게 경종을 울리고자 하오.
청컨대 염소 가죽 다섯 장으로 사면해주시기 바라오."

초왕은 진나라의 환심을 잃을까 걱정되어 동해 사람을 시켜 백리해를
묶어 내주게 했다.

백리해가 떠날 무렵 동해 사람은 그기 처형되는 줄 알고 붙잡으며 울었
다. 백리해가 웃으면서 말했다.

"내가 듣건대 진나라 군주는 패왕의 포부를 품고 있다고 하오. 그런데
어찌 나 같은 몸종 하나를 구하기 위해 급급하겠소. 대저 나를 초나라에
서 빼가는 것은 장차 등용하기 위함일 것이오. 이번에 가서는 부귀를 누리
게 될 터인데, 어찌하여 눈물을 흘린단 말이오?"

그러고는 서둘러 함거를 타고 떠났다. 진나라 경계에 이르자 목공이 공
손지를 시켜 백리해를 마중하게 했다. 먼저 그를 풀어준 뒤 목공이 백리해
를 불러서 물었다.

"올해 춘추가 어찌 되시오?"

"겨우 일흔입니다."

"애석하게도 연로하셨구려."

"신에게 나는 새를 쫓고 맹수와 격투를 벌이라면 신은 이미 늙었다고 할

수 있습니다. 그러나 만약 신에게 앉아서 국사를 맡아보라 하시면 신은 아직도 젊다고 말씀 올리겠습니다. 옛날 여상呂尙은 나이 여든에 위수渭水 가에서 낚시를 하다가 문왕의 수레를 타고 조정으로 가서 상보尙父가 되어 주나라의 기틀을 안정시켰습니다. 신이 오늘 주상전하를 만난 건 여상과 비교해봐도 10년이나 젊지 않습니까?"

목공이 그 말을 장하게 여기면서 낯빛을 바로잡고 물었다.

"우리 나라는 융과 적 사이에 끼어 있어서 중원의 회맹에는 참가하지도 못하고 있소. 어르신께선 과인에게 어떤 가르침을 내려주시어 우리 나라가 다른 제후국에 뒤처지지 않게 할 수 있겠소? 그렇게만 해주신다면 이보다 큰 다행이 없겠소."

백리해가 대답했다.

"주상께서 신을 망국의 포로나 쇠약한 늙은이로 생각지 않고 마음을 비우고 하문하시니 신이 어찌 감히 어리석은 생각이나마 다 바치지 않을 수 있겠습니까? 대저 옹雍 땅과 기岐 땅은 문왕과 무왕이 일어난 곳입니다. 산은 개 이빨처럼 날카롭게 솟아 있고 들판은 긴 뱀처럼 길게 뻗어 있습니다. 그러나 주 왕실이 이 땅을 지킬 수 없어서 진秦나라에 물려준 것입니다. 이는 하늘이 진나라에게 크나큰 행운을 열어준 것입니다. 또한 융과 적 사이에 자리 잡고 있기 때문에 군사가 강하고 회맹에 참여하지 않았기 때문에 힘을 모을 수 있었습니다. 지금 서융들 사이에는 수십 개 이상의 나라가 난립해 있습니다. 그 땅을 병합하면 농사를 지을 만하고, 그 백성을 호적에 올리면 전쟁에 동원할 수 있습니다. 그곳은 중원의 제후가 주상과 다툴 수 없는 곳입니다. 주상께서 덕으로 저들을 위무하고 힘으로 정벌하시면 서쪽 변방을 전부 점유하실 수 있을 것입니다. 그런 뒤 산천의 험난

함에 의지하여 중원으로 나아가 제후국들의 빈틈이 생기기를 기다려 공격하면 그 은혜와 위엄이 주상전하의 손바닥 위에 놓일 것이니 장차 패업도 이룰 수 있을 것입니다."

목공은 자기도 모르게 벌떡 일어나며 말했다.

"과인에게 정백井伯(백리해의 자)이 있는 것은 제 환공에게 중보가 있는 것과 같도다."

그리하여 사흘 동안이나 계속해서 이야기를 나눔에 뜻이 맞지 않는 것이 없었다. 마침내 상경으로 삼고 국정을 맡겼다. 이로 인해 진나라 사람들은 모두 백리해를 오고대부五羖大夫라 불렀다. 또 전하는 말에 의하면 목공이 소의 주둥이 아래에서 백리해를 등용했다고도 한다. 백리해가 일찍이 초나라에서 밀을 먹이고 있었는데, 진나라가 염소 가죽 다섯 장으로 그를 데려왔기 때문에 그런 이름이 붙었다. 염옹이 이를 시로 읊었다.

죄수에게 재상 임용 진기한 일이거니와	脫囚拜相事眞奇
관중에 이어 또다시 백리해 소문 들었도다	仲後重聞百里奚
이로부터 진나라는 명성이 혁혁하니	從此西秦名顯赫
몸값은 염소 가죽 다섯 장에 불과했네	不虧身價五羊皮

백리해는 상경의 지위를 사양하는 대신 어떤 사람을 추천했다. 추천한 사람이 누구인지는 다음 회를 보시라.

제26회

백리해여, 현명한 자여

문빗장 노래를 듣고 백리해는 아내를 알아보고
진보를 사로잡아서 진 목공은 꿈을 증명하다
歌扊扅百里認妻, 獲陳寶穆公證夢.

진 목공은 백리해의 재주를 깊이 알아보고 상경 직에 임명하려 했으나 백리해가 사양하며 말했다.

"신의 재주는 신의 벗 건숙의 10분의 1에도 못 미칩니다. 주상께서 국가를 다스리시려면 건숙을 벼슬에 임명하시고 신이 그를 돕게 하시옵소서."

목공이 말했다.

"그대의 재주는 과인이 보아서 사실이란 걸 알겠으나 건숙이 현명하다는 건 아직 들어본 적이 없소."

백리해가 대답했다.

"건숙의 현명함을 어찌 주상께서만 듣지 못하셨겠습니까? 비록 제나라, 송나라 사람이라도 듣지 못했을 것입니다. 그러나 신만은 그의 현명함을 알고 있습니다. 신이 일찍이 제나라로 가서 공자 무지에게 몸을 맡기려 했는데 그때 건숙이 신을 말리며 '안 된다'고 했습니다. 이에 신은 제나라를 떠나 무지의 변란에서 벗어날 수 있었습니다. 이어서 신은 주나라로 가서 왕자 퇴에게 몸을 맡기려 했습니다. 건숙이 또 신을 말리며 '안 된다'고 했습니다. 그래서 신은 또 주나라를 떠나게 되었고 이에 왕자 퇴의 재앙에서 벗어날 수 있었습니다. 뒤에 또 신은 우나라로 돌아가 우공에게 몸을 맡기려 했습니다. 그때도 건숙은 '안 된다'며 신을 말렸습니다. 그러나 그때 신은 몹시 가난하여 벼슬로서 생계의 도움을 받으려고 잠시 머물러 우공을 섬기다가 결국 진晉나라의 포로가 되었습니다. 대저 두 차례 그의 말을 들었을 때는 참화에서 벗어났고, 한 차례 그의 말을 듣지 않았을 때는 거의 죽을 뻔했습니다. 이를 보아도 그의 지혜가 보통 사람보다 훨씬 뛰어나다는 것을 알 수 있습니다. 지금 그는 송나라의 명록촌에 숨어 살고 있으니 조속히 초빙하십시오."

목공은 이에 공자 칩을 장사치로 꾸며 후한 폐물을 가지고 송나라 건숙을 찾아가게 했다. 백리해도 직접 서찰을 써서 자신의 마음을 전했다.

공자 칩은 행장을 수습하여 송아지가 끄는 수레 두 대를 몰고 바로 명록촌으로 갔다. 여러 사람이 밭을 갈다가 밭두렁에서 쉬며 노래를 부르고 있었다. 서로 번갈아가며 노래를 화답하는데 그 내용은 이러했다.

산이 높아 좇아갈 수도 없고	山之高兮無攆
길은 질척한데 촛불도 없네	途之濘兮無燭
서로 함께 밭두렁에 오르니	相將隴上兮
샘물은 달고 땅은 비옥하네	泉甘而土沃
내 손발로 부지런히 일하니	勤吾四體兮

내게 오곡을 나눠주는구나	分吾五穀
삼시 세 때 거르지 않으니	三時不害兮
아침밥 저녁밥이 풍족하네	饔飧足
이렇게 천명을 즐기나니	樂此天命兮
영화도 없고 치욕도 없네	無榮辱

공자 칩은 수레에서 노랫소리를 들었다. 티끌세상과 단절된 운치가 담겨 있었다. 이에 감탄하며 수레꾼에게 말했다.

"옛말에 이르기를 '마을에 군자가 있으면 비천한 풍속도 교화된다'고 했다. 지금 건숙의 마을에 들어서니 밭 가는 사람도 고결한 은사의 기풍을 지니고 있다. 진실로 그분은 현인이로다."

이에 수레를 내려 밭 가는 사람에게 물었다.

"건숙 선생 댁은 어디에 있소?"

밭 가는 사람이 대답했다.

"뭐하러 그걸 물으시오?"

공자 칩이 말했다.

"그분의 친구 백리해라는 사람이 서찰을 써서 저더러 좀 전해달라고 했소."

밭 가는 사람이 한곳을 가리키며 말했다.

"저 앞 대나무 숲이 우거진 곳으로 가시오. 왼쪽에는 샘물이 있고 오른쪽에는 기암괴석이 있으며 그 중간에 작은 초가집이 있소. 바로 그곳이오."

공자 칩은 공수拱手로 감사를 표시했다. 다시 수레에 올라 반 리를 더 가니 바로 그곳이었다. 공자 칩의 눈에 과연 그윽하고 우아한 풍경이 가득 들어왔다. 뒷날 농서거사隴西居士가 은거시隱居詩를 읊었다.

비취색 대숲 속이 경치 가장 그윽해라	翠竹林中景最幽
인생살이 이 즐거움 어디에서 또 구하리	人生此樂更何求
여러 개 흰 바위에선 뭉게구름 피어나고	數方白石堆雲起
한 줄기 맑은 샘물 골짝으로 흘러드네	一道清泉接澗流
한적한 취미 얻어 원숭이와도 함께 즐기고	得趣猿猴堪共樂
세상 추이 잊고 보니 사슴과도 함께 노네	忘機麋鹿可同遊
세상 티끌 한결같이 하늘 가득 날려 보내고	紅塵一任漫天去
높이 누운 선생께선 아무런 근심 없네	高臥先生百不憂

공자 칩은 초가집 밖에 수레를 멈추고 시종을 시켜 사립문을 두드렸다. 한 동자가 문을 열고 물었다.

"손님께선 어찌 오셨어요?"

공자 칩이 말했다.

"나는 건 선생님을 뵈러 왔느니라."

"주인장께선 지금 안 계십니다."

"어디 가셨느냐?"

"이웃집 어르신과 석량石梁에 샘물 구경하러 가셨는데, 잠시 후에 돌아오실 겁니다."

공자 칩은 감히 가벼이 그 집으로 들어갈 수 없어서, 초가집 옆 바위에 앉아 기다렸다. 동자는 문을 반쯤 닫고 집 안으로 들어가버렸다. 잠시 후 거한 한 명이 나타났다. 짙은 눈썹에 부리부리한 눈을 가졌고 네모난 얼굴에 키도 아주 컸다. 등에는 사슴 다리 두 짝을 메고 밭두둑 서쪽에서 걸어왔다. 공자 칩은 그 사람의 용모가 비범한 것을 보고 몸을 일으켜 인사를 했다. 그 거한은 땅에다 사슴 다리를 내려놓고는 공자 칩에게 인사를 했다. 공자 칩이 성명을 물었다. 거한이 대답했다.

"성은 건씨蹇氏이고 이름은 병丙이며 자는 백을白乙입니다."

"건숙 선생과 젊은이는 어떤 사이요?"

"제 가친이시옵니다."

공자 칩이 거듭 인사를 하며 말했다.

"춘부장에 대한 말씀은 많이 들었소."

"족하께선 뉘시온지요? 또 무슨 일로 오셨습니까?"

"건숙 선생의 친구이신 백리해 선생이 지금 진나라에서 벼슬을 하시는데, 제게 서찰을 써주면서 댁의 어르신께 좀 전해달라고 했소."

"선생께선 초당으로 들어가 잠시만 앉아 계시지요. 가친께서 금방 오실 것입니다."

말을 마치고는 사립문을 열고 공자 칩을 먼저 들어가게 했다. 건병도 사슴 다리를 둘러메고 초당으로 들어갔다. 동자가 사슴 다리를 받았다. 건병은 다시 인사를 하고 빈객의 자리에 앉았다. 공자 칩은 건병과 농사와 양잠에 관한 이야기를 나누었다. 이어서 무예에 관한 이야기를 나눌 때는 건병의 말이 아주 조리 있고 질서정연했다. 공자 칩은 몰래 기이하다고 여기며 이렇게 생각했다.

'그 아비에 그 아들이로다. 정백(백리해)의 추천이 헛말이 아니었구나.'

바야흐로 차 한 잔을 다 마실 때가 되자 건병은 동자를 시켜 문 앞에서 자신의 부친을 기다리게 했다. 잠시 후 동자가 보고했다.

"어르신께서 돌아오십니다."

건숙과 이웃집 노인 두 사람은 어깨를 나란히 하고 집으로 오다가 문 앞에 수레 두 대가 서 있는 것을 보고 깜짝 놀라며 말했다.

"우리 마을에 어떻게 이런 수레가 있단 말이냐?"

건병이 대문 밖으로 달려나가 먼저 그 까닭을 알렸다. 건숙과 두 노인은 초당으로 들어가 공자 칩과 각각 인사를 나누고 차례대로 자리를 잡고 앉았다. 건숙이 말했다.

"우리 아이가 말하기를 내 동생 정백의 서찰을 가져오셨다는데 보여주시오."

공자 칩은 백리해의 서찰을 받들어 올렸다. 건숙이 봉함을 뜯고 편지를 읽었다.

해奚는 형님의 말씀을 듣지 않아 우나라의 망국에 휩쓸려들었소. 다행히 진秦나라 군후께서 현인을 좋아하여 이 해를 방목의 노예에서 사면시켜주시고 진나라의 정치를 맡기셨소. 이 해가 스스로 생각건대 재주와 지혜가 형님에 미치지 못하므로 형님을 추천하여 함께 일하고자 하오. 진나라 군후께선 마치 기갈 들린 것처럼 형님을 존경하며 사모하고 있소. 이에 특별히 대부 공자 칩에게 명령을 내려 폐백을 갖추어 형님을 받들어 뫼시게 한 것이오. 바라옵건대 속히 하산하시어 평생 못다 한 뜻을 펼치시길 바라오. 만약 형님께서 계속 산림에 연연하신다면 이 해도 벼슬을 버리고 명록촌으로 가서 형님을 따르겠소.

건숙이 말했다.

"정백이 어떻게 진나라 군후를 만나게 된 것이오?"

공자 칩이 백리해가 몸종이 되었다가 초나라로 도망갔으며, 진나라 군주가 그의 현명함을 듣고 염소 가죽 다섯 장으로 사면한 자초지종을 한바탕이야기했다.

"그래서 우리 주상께서 상경에 임명하고자 하셨지만 정백은 스스로 선생의 현명함에 못 미친다고 하면서 선생께서 진나라로 오셔야 벼슬을 하겠다고 했습니다. 그래서 우리 주상께서 보잘것없는 폐백을 갖추고 저를 시켜 명령을 전하라고 하신 것입니다."

말을 마치고 좌우 시종들을 불러 수레에서 초빙 서찰과 예물을 들어내게 하고 그것을 초당 마당에 펼쳐놓았다. 이웃집 노인은 모두 산골의 농부들이라 여태껏 이런 성대한 예물을 본 적이 없었다. 그래서 서로 얼굴을 쳐다보며 놀란 표정으로 공자 칩에게 말했다.

"우리는 귀인께서 오신 줄도 몰랐소. 자리를 피해드리고자 하오."

공자 칩이 말했다.

"그 무슨 말씀입니까? 우리 주상께서 건 선생의 왕림을 마치 마른 싹이 비가 내리기를 바라듯 하십니다. 수고스럽겠지만 두 어르신께서도 한마디 권유의 말씀을 해주시면 정말 감사하겠습니다."

두 노인이 건숙에게 말했다.

"진나라가 이처럼 현인을 소중히 여기니 귀인께서 오신 뜻을 헛되게 하지 마시오."

건숙이 말했다.

"지난번 우나라 군주는 정백을 중히 쓰지 않아 패망에 이르고 말았소. 만약 진나라 군후께서 허심탄회하게 현인에게 벼슬을 준다면 정백 한 사람으로 충분하오. 노부는 세상에 나가고자 하는 마음을 끊은 지 오래되어서 함께 갈 수가 없소. 내려주신 예물은 부디 거두어주시고 대부께선 내가 물러날 수 있도록 잘 도와주시오."

공자 칩이 말했다.

"선생께서 가지 않으시면 정백도 틀림없이 진나라에 혼자 머물지 않을 것입니다."

건숙은 한참이나 침통하게 신음하다가 탄식하며 말했다.

"정백이 회재불우懷才不遇하여 벼슬을 구한 지 오래됐소. 이제 마침 밝은 군주를 만났으니 내가 그 뜻을 이루도록 돕지 않을 수가 없겠소. 지금은 정백을 위해 한번 가보겠지만 오래지 않아 다시 이곳으로 돌아와 농사나 지을 것이오."

동자가 보고했다.

"사슴 다리가 다 익었어요!"

건숙은 상머리에 새로 담근 술을 가져오라 하고 그것으로 손님을 접대했다. 공자 칩이 서쪽에 앉고 두 노인이 자리를 함께했다. 옹기 잔에 나무 젓가락으로 주인과 손님이 서로 술과 음식을 권하며 즐거운 마음으로 취하도록 마셨다. 서로 깨닫지도 못하는 사이에 시간이 늦어져서 마침내 공자 칩은 편안히 초당에서 하룻밤을 묵었다. 이튿날 아침 두 노인이 또 술동이를 갖고 와서 작별 연회를 열자고 하여 어제처럼 앉아 마셨다. 한참 시간이 지난 뒤 칩은 백을白乙(건숙의 아들 건병)의 재주를 칭찬하면서 함께 진나라로 가게 해달라고 청했다. 건숙이 허락했다. 건숙은 또 진나라 군주가 하사한 예물을 두 노인에게도 나누어주고 집 안을 돌아보며 말했다.

"이번에 갔다가 오래지 않아 돌아올 테니 그때 다시 회포를 푸시지요."

또 가족들에게도 분부했다.

"농사일에 힘써 논밭을 황폐하게 하지 말라!"

두 노인도 진중하게 작별을 고했다. 건숙이 수레에 오르자 건병이 함께 타고 말고삐를 잡았다. 공자 칩은 혼자서 다른 수레를 몰고 나란히 출발했다. 밤에는 자고 새벽부터 수레를 휘몰아 진秦나라 근교에 당도했다. 공자 칩이 먼저 입조하여 목공을 뵙고 말했다.

"건 선생께서 이미 교외에 당도했고, 그 아들 건병도 뛰어난 재주를 지닌 인재인지라 신이 함께 데리고 왔습니다. 사자使者를 보내 맞으시기 바라옵니다."

목공은 매우 기뻐하며 백리해를 보내 그들을 마중하게 했다.

건숙이 조정에 이르자 목공은 계단을 내려와 예의를 표시하고 좌석을 권하며 물었다.

"정백이 자주 선생의 현명함을 이야기했소. 선생께선 과인에게 무슨 가르침을 내려주시겠소?"

건숙이 대답했다.

"진나라는 서쪽에 치우쳐 있어 융적과 가깝습니다. 땅은 험하고 군사는 강해 나아가면 싸울 만하고, 물러나면 지킬 만합니다. 그러나 중화中華에 들지 못하는 까닭은 위엄과 덕망이 미치지 못하기 때문입니다. 위엄이 없으니 어찌 두려워할 것이며, 덕망이 없으니 어찌 사모하겠습니까? 다른 나라가 두려워하지 않고 사모하지 않는데 어떻게 패업을 이룰 수 있겠습니까?"

목공이 말했다.

"위엄과 덕망 중 어느 것이 우선이오?"

"덕망을 근본으로 하고 위엄으로 도움을 받아야 합니다. 덕망이 있으면서도 위엄이 없으면 그 나라는 외부로부터 땅이 깎이고, 위엄이 있으면서도 덕망이 없으면 그 백성이 내부로부터 무너집니다."

"과인은 덕망을 펼치고 위엄을 세우고 싶소. 어떻게 하면 가능하겠소?"

"진나라엔 오랑캐 풍속이 섞여 백성이 예교를 아는 자가 드뭅니다. 그래서 아래위 위엄도 분별하지 못하고 신분의 귀천도 명확하지 못하니, 신은 청컨대 군후께서 먼저 교화를 펼치신 뒤 형벌을 시행하시길 바랍니다. 교화가 시행되면 백성이 윗사람을 존경할 줄 알게 되고, 그런 뒤에 은혜를 베풀면 감사할 줄 알고 다시 형벌을 시행하면 두려워할 줄 압니다. 그렇게 되면 상하관계가 마치 사람의 머리와 손발처럼 움직이게 될 것입니다. 이것이 바로 관중이 절제된 군사로 천하를 호령하며 무적의 패업을 이루고 있는 까닭입니다."

"진실로 선생의 말씀과 같이 하면 천하의 패업을 이룰 수 있겠소?"

"아직은 부족합니다. 대저 천하의 패자가 되기 위해서는 세 가지를 경계해야 합니다. 탐욕하지 말아야 하고, 분노하지 말아야 하며, 조급해하지 말아야 합니다. 탐욕에 빠지면 잃는 것이 많아지고, 분노에 빠지면 어려움이 많아지며, 조급증에 빠지면 실패가 많아집니다. 대저 일의 대소를 자세히 살펴 계획을 세워야 하니 어찌 탐욕에 빠질 수 있겠습니까? 상대방과 나를 잘 저울질해서 베풀어야 하니 어찌 분노할 수 있겠습니까? 일의 완급을 잘 참작해서 시행해야 하니 어찌 조급할 수 있겠습니까? 군후께서 이 세 가지를 경계할 수 있으면 패업에 가까워졌다 할 수 있겠습니다."

"훌륭하도다! 그 말씀이여! 청컨대 과인에게 지금 시행해야 할 일의 완급 순서를 일러주시오."

"진나라가 서융 땅에 나라를 세운 건 화도 되고 복도 될 수 있습니다. 지금 제 환공은 이미 늙어서 패업이 쇠약해지고 있습니다. 군후께서 성심으로 옹雍과 위渭[1]의 백성을 어루만지고 여러 융족을 불러 모으며 불복하는 오랑캐를 정벌하십시오. 여러 오랑캐를 복종시킨 연후에 군사를 모아 중원의 변란을 기다리시며, 제나라의 유업을 수습하고 덕망과 대의를 펼치십시오. 그러면 군후께서 패자가 되고 싶지 않아도 사양할 수가 없을 것입니다."

목공이 크게 기뻐하며 말했다.

"과인이 두 어르신을 모시게 됨은 진실로 서민의 장長을 얻은 것과 같소."

이에 건숙을 우서장右庶長에 임명하고 백리해를 좌서장左庶長에 임명했다. 그 품계가 모두 상경이었으므로 이상二相이라 불렀다. 아울러 건병에게도 대부의 벼슬을 내렸다. 두 재상이 함께 정사를 맡아 법을 세우고 백성을 다스리면서 유익한 일을 일으키고 해로운 일을 없애자 진나라가 크게 다스려졌다. 후세의 사관이 이를 시로 읊었다.

공자 칩은 백리해를 백리해는 건숙 천거   子縶薦奚奚薦叔

번갈아 끌어주며 진 조정에 경륜 폈네   轉相汲引布秦庭

어진 선비 좋아함을 목공같이 할 수 있다면   但能好士如秦穆

인걸 탄생을 어찌 하필 지령에만 물어보리   人傑何須問地靈

진 목공은 인재가 다른 나라에서 많이 나타나는 것을 보고 더욱더 방문에 힘썼다. 공자 칩이 진나라 현인 서걸술西乞術을 천거하자 목공은 또 그를 불러 등용했다. 백리해는 평소 진晉나라 사람 유여繇余[2]가 뛰어난 경륜가라

1_ 옹雍과 위渭: 진秦나라 도읍 옹성과 옹성 근처를 흐르는 위수渭水를 가리키므로 지금의 섬서陝西성 관중關中 지역을 가리킨다.

는 소문을 듣고 몰래 공손지에게 물어보았다. 공손지가 대답했다.

"유여는 진晉나라에서 불우하여 지금은 벌써 서융에서 벼슬을 하고 있다 하오."

백리해는 애석함을 금치 못했다.

한편 백리해의 아내 두씨는 남편이 외지로 떠난 뒤 길쌈으로 생활을 영위하다가 나중에 기황을 만나 살아갈 수 없게 되자 아들을 데리고 타향으로 가서 밥벌이를 하게 되었다. 이곳저곳을 떠돌며 고생하다가 마침내 진秦나라로 들어가서 남의 집 빨래를 해주며 살아가고 있었다. 그 아들 시視는 자가 맹명孟明으로 날마다 마을 사람들과 사냥 내기에 빠져서 생활을 돌보려 하지 않았다. 어머니 두씨가 여러 번 타일러도 듣지 않았다. 백리해가 진나라의 재상이 되자 두씨는 남편의 성명을 들었다. 수레를 타고 있는 모습을 멀리서 보았으나 아직 감히 아는 체하지 못했다. 백리해의 집에서 빨래하는 아낙네를 구하자 두씨가 자원해서 그 집으로 들어가 빨래 일을 하게 되었다. 아주 부지런히 빨래를 해주자 그 댁 사람들이 모두 좋아했다. 그러나 아직 백리해의 얼굴을 보지는 못했다. 하루는 백리해가 마루 위에 앉아 있고 악공樂工들은 회랑에서 음악을 연주하고 있었다. 두씨가 그 댁 사람들에게 말했다.

"노첩이 음률을 좀 아니 회랑 옆에 가서 들어보고 싶습니다."

회랑 옆에 데려다주고 악공에게 이야기를 했다. 악공들이 무슨 음악을 잘하는지 물었다. 두씨가 대답했다.

2_ 유여繇余: 유여由余로도 쓰므로 '繇'는 '유'로 읽어야 한다.

"금琴3도 탈 줄 알고 노래도 할 줄 압니다."

이에 금을 주어 연주를 해보게 했다. 두씨가 금을 타며 노래를 불렀다. 노랫소리가 처연하고 한스러웠다. 악공들이 모두 조용히 귀 기울여 들으며 자신들은 미칠 수 없는 솜씨라고 했다. 다시 한번 연주를 청하자 두씨가 말했다.

"노첩은 유리걸식하며 이곳에 오기까지 노래를 해본 적이 없는데, 원컨대 상군相君께 말씀을 올려 마루로 올라가 노래를 하도록 해주시옵소서."

악공이 백리해에게 아뢰자 백리해가 마루 왼쪽에 서서 노래하도록 했다. 두씨는 얼굴을 숙이고 소매를 앞으로 모은 채 노래를 불렀다.

백리해여! 염소 가죽 다섯 장이여	百里奚, 五羊皮
이별할 때 떠오르네, 씨암탉을 삶았지	憶別時, 烹伏雌
시든 채소 국 끓일 때, 문빗장으로 불을 땠지	春黃齏, 炊扊扅
오늘은 부귀하여 이 몸을 잊으셨나	今日富貴忘我爲

백리해여! 염소 가죽 다섯 장이여	百里奚, 五羊皮
아비는 쌀밥에 고깃국, 아들은 배고픔에 울부짖네	父粱肉, 子啼饑
남편은 수놓은 비단옷, 아내는 빨래하는 하녀로다	夫文繡, 妻浣衣
슬프다	嗟乎
부귀하여 이 몸을 잊으셨나	富貴忘我爲

---

3 금琴: 보통 '거문고'로 번역하나, 엄밀히 말하여 금琴은 중국 악기 칠현금七絃琴이지 한국 악기 거문고가 아니다. 칠현금은 일곱 줄, 거문고는 여섯 줄, 가야금은 열두 줄로 이루어져 있으므로 모두 다른 악기다. 이에 따라 일관되게 '금琴'으로 옮겼다.

歌戾里妻
百認

문빗장 노래를 듣고 백리해가 아내를 알아보다.

백리해여! 염소 가죽 다섯 장이여	百里奚, 五羊皮
그 옛날 당신이 떠날 때 나는 울었지	昔之日, 君行而我啼
오늘날 당신은 높이 앉았고 나는 떨어져 있네	今之日, 君坐而我離
슬프다	嗟乎
부귀하여 이 몸을 잊으셨나	富貴忘我爲

백리해는 노래를 듣고 깜짝 놀라 앞으로 나아가 두씨를 불러 물어보니 바로 그의 아내였다. 마침내 서로 부여잡고 대성통곡했다. 한참 지나서 그가 물었다.

"우리 아들은 어디 있소?"

"마을에서 사냥을 하고 있습니다."

백리해는 사람을 시켜 아들을 불러오게 했다. 이날 부부와 부자가 다시 함께 만나게 되었다. 목공은 백리해가 아내와 아들을 모두 만났다는 소식을 듣고 곡식 1000종鍾과 황금 및 비단 한 수레를 하사했다. 이튿날 백리해는 아들 맹명을 데리고 조정으로 들어가 감사 인사를 드리게 했다. 목공은 그에게 대부의 벼슬을 내리고 서걸술, 건병 등과 함께 장군으로 호칭하게 했으며 또 세 사람을 병칭하여 삼수三帥(세 장군)로도 부르게 했다. 이들은 모두 오로지 군사 정벌에 관한 일만 맡아보았다.

강융姜戎의 군주 오리吾離가 함부로 침략해오자 삼수가 군사를 거느리고 출정했다. 오리는 패배하여 진晉나라로 달아났고, 진秦나라는 마침내 과주瓜州(甘肅省 서북부) 땅을 모두 차지하게 되었다. 이때 서융의 군주 적반赤斑은 진나라가 강성한 것을 보고 사신 유여繇余를 보내 목공의 사람됨을 살펴보게 했다. 목공은 유여를 데리고 궁궐 동산에서 거닐었다. 삼휴대三休臺로 올라가 궁궐 동산의 아름다움을 자랑했다. 유여가 말했다.

"군후께서 이 누대를 만들 때 귀신을 부렸습니까? 아니면 사람을 부렸습니까? 귀신을 부렸다면 귀신을 피로하게 했을 것이고, 사람을 부렸다면 사람을 피로하게 했을 것입니다."

목공은 그 말을 기이하게 생각하고는 물었다.

"그대들 융이戎夷는 예악과 법도가 없다는데 무엇으로 나라를 다스리오?"

유여가 웃으며 말했다.

"예악과 법도는 중국을 어지럽히는 원인입니다. 옛날 성인들이 법제를 만들어 백성을 단속한 이래 겨우 작은 다스림을 얻었습니다. 그러나 그 후 나닐이 교만하고 음란해지자 예악의 이름을 빌려 자신의 몸을 장식했고, 법도의 위엄을 빌려 아랫사람을 감독하며 질책했습니다. 백성이 이를 원망하면서 찬탈이 생겨나게 되었습니다. 융이는 그렇지 않습니다. 윗사람은 순후한 덕으로 아랫사람을 대우하고 아랫사람은 충성과 신의로 윗사람을 섬깁니다. 위아래가 한 몸이 되어 행동으로 서로 속이지 않고 법률로 서로 간섭하지 않습니다. 겉으로는 다스려지지 않는 것 같아도 지극한 치세가 이루어지고 있습니다."

목공은 아무 말도 하지 못하고 물러나와 그 이야기를 백리해에게 했다. 백리해가 대답했다.

"그는 진晉나라의 위대한 현인으로 신은 벌써부터 그의 이름을 귀에 익숙하게 듣고 있었습니다."

목공은 전전긍긍 불쾌해하는 모습으로 말했다.

"과인이 듣건대 '이웃 나라에 성인이 있으면 그 적국에는 근심거리다'라고 하오. 지금 유여가 현명하여 오랑캐에게 등용되었으니 장차 우리 진나라에 근심거리가 되면 어찌하오?"

백리해가 대답했다.

"내사內史 요廖에게 특이한 지혜가 많으니, 주상께선 함께 의논해보시옵소서."

목공이 내사 요를 불러 그 까닭을 말했다. 요가 대답했다.

"융적의 군주는 궁벽하고 황폐한 땅에 살고 있어서 아직 중국의 아름다운 음악을 들어보지 못했을 것입니다. 주상께서 화려한 여악女樂을 보내 융주의 마음을 빼앗아보시기 바라옵니다. 그리고 유여는 보내지 말고 돌아갈 날짜를 늦추어보십시오. 만약 저들이 정사에 태만하고 상하가 서로 의심하면 나라까지도 빼앗을 수 있을 것인데, 하물며 그 신하야 말해 무엇하겠습니까?"

목공이 말했다.

"좋도다!"

이에 목공은 유여와 자리를 함께하고 한 그릇으로 음식을 먹으며, 항상 건숙, 백리해, 공손지 등에게 번갈아가며 유여를 수행하게 하고, 오랑캐 땅의 험준함과 군사의 강약을 탐문하게 했다. 또 다른 한편으로는 음악에 능한 미인 여섯 명을 아름답게 장식하여 내사 요를 서융으로 보내 그 여인들을 융주에게 바치게 했다. 융주 적반은 몹시 기뻐하며 낮에는 음악을 듣고 밤에는 여인들을 가까이했다. 그러다 마침내 정사를 소홀히 하게 되었다. 유여는 진나라에 머문 지 1년 만에 돌아왔다. 융주는 유여가 너무 늦게 돌아온 걸 의심했다. 유여가 말했다.

"신은 밤낮으로 돌아오길 요청했으나 진나라 군주가 고집스럽게 잡아끌며 보내주지 않았습니다."

융주는 유여가 다른 마음을 품고 있다고 의심해 그를 아주 소원하게 대했다. 유여는 융주가 여자와 음악에 빠져 정사를 돌보지 않는 것을 보고 마음을 다해 여러 번 간언을 올렸으나 융주는 그의 말을 거절할 뿐 전혀 받아들이지 않았다. 목공은 사람을 보내 그를 몰래 초청했다. 유여는 마침내 서융을 버리고 진나라로 귀의했다. 목공은 그에게 아경亞卿 벼슬을 주고 이상(건숙과 백리해)과 같은 일을 하게 했다. 유여는 마침내 서융을 정벌할 계책을 헌상했다. 삼수(서걸술, 건병, 백리시)는 군사를 이끌고 서융의 경계에 당도했다. 이미 완연하게 길을 알고 있었으므로 융주 적반은 이들을 당해낼 수 없어서 마침내 진나라에 항복했다. 후세 사람이 이를 시로 읊었다.

백리해 말 거스르다 우공은 포로 되었고　　　　　　　虞違百里終成虜

융주는 유여 잃고 나라도 잃었다네　　　　　　　戎失繇余亦喪邦

필경은 어진 인재가 나라를 지탱하나니　　　　　　畢竟賢才能幹國

패업 이룬 제와 강한 진을 보시라　　　　　　　請看齊霸與秦強

서융의 군주 적반은 여러 융족의 두령이어서 지난날 모든 융족이 그에게 복종했다. 그러다가 적반이 진나라에 귀의했다는 소식을 듣고 두려워하지 않는 족속이 없었다. 이에 땅을 바치고 신하를 칭하는 자들이 끊임없이 이어졌다. 목공은 논공행상을 하고 신하들에게 큰 잔치를 베풀었다. 신하들도 번갈아가며 목공의 만수무강을 축원했다. 목공은 자신도 모르게 만취하여 침전으로 돌아가 누운 뒤 깨어나지 않았다. 나인들은 대경실색했다. 이 일이 궐 밖으로 소문이 나자 신하들이 모두 궁궐로 들어와 목공의 안부를 물었다. 세자 앵罃은 태의를 입궁케 하여 진맥하도록 했다. 맥박과 호흡은 평상시와 같았지만 눈을 감은 채 아무 말도 하지 못했고 몸을 조금도 움직이지 못했다. 태의가 말했다.

"귀신이 붙은 것입니다."

내사 요에게 명령을 내려 기도를 하게 하려 했지만 내사 요가 말했다.

"지금은 인사불성 상태로 틀림없이 이상한 꿈을 꾸고 있으니 스스로 깨어나시길 기다려야 합니다. 놀라지 마십시오. 기도를 한다 해도 아무 소용이 없습니다."

세자 앵은 침대 곁에 지키고 서서 자나 깨나 자리를 떠나지 않았다. 닷새째 되는 날 목공이 드디어 깨어났다. 이마에서 땀을 비 오듯 흘리며 연이어 소리쳤다.

"기이하도다! 기이해!"

앵이 무릎을 꿇고 물었다.

"아바마마! 옥체 만강하시옵니까? 어찌 이리 오래 주무셨습니까?"

목공이 말했다.

"잠깐 잠이 들었을 뿐이니라."

세자가 말했다.

"잠이 드신 뒤 벌써 닷새가 지났습니다. 이상한 꿈이라도 꾸셨습니까?"

목공이 깜짝 놀라며 물었다.

"네가 그걸 어떻게 아느냐?"

앵이 말했다.

"내사 요가 말해주었습니다."

목공은 바로 내사 요를 탑전으로 불러서 일렀다.

"과인은 오늘 꿈에 한 부인을 보았다. 얼굴 화장과 몸치장이 완연히 궁궐 비빈과 같았고 얼굴은 단아했으며 피부는 백설 같았다. 손에는 천부天符를 들고 상제의 명령을 받들었다고 하면서 과인을 불렀다. 과인이 그 부인을 따라가자 갑자기 몸이 구름 속으로 들어갔고, 끝없이 아득한 곳을 날아 한 궁궐에 이르렀다. 단청이 찬란하고 옥 계단이 아홉 자나 되었으며 위에는 주렴이 걸려 있었다. 그 부인이 과인을 계단 아래로 인도했고 잠깐 사이에 주렴이 걷히더니 한 궁전이 보였다. 황금 기둥이 늘어선 궁전 벽에는 수놓은 비단 장막이 드리워져 있고 거기서 찬란한 빛이 반짝여서 눈도 뜨지 못할 지경이었다. 그 가운데에 한 임금께서 면류관에 곤룡포 차림으로 옥제 의자에 기대 앉아 있었으며, 좌우에 시립한 시종들도 위엄이 정말 대단했다. 임금께서 명령을 내렸다. '받아라!' 그러고는 내시와 같은 자가 벽옥 술잔으로 과인에게 술을 따라주었다. 그 달콤한 향기가 무엇에도 비할 수 없이 감미로웠다. 임금께서 또 죽간竹簡 한 편을 좌우 시종에게 주었고 바로 당상에서 과인의 이름을 부르는 소리가 들려왔다. '임호任好는 성지聖旨를 잘 들으라. 너는 진晉나라의 혼란을 평정할 것이니라.' 이 말을 두 번이나 반복했다. 마침내 부인이 과인에게 감사의 절을 올리도록 시킨 뒤 다시 궁궐 밖으로 데리고 나왔다. 과인이 부인에게 성명을 물었다. 부인이 대답했다. '첩은 보부인寶夫人이라고 합니다. 태백산太白山[4] 서쪽 기슭에 살고 있으니 군후의 영토 안이 됩니다. 군후께선 듣지 못하셨습니까? 첩의 부군인 섭군葉君은 따로 남양南陽(河南省 南陽)에 살고 있는데 한두 해 만에 한 번씩 첩을 만나러 옵니다. 군후께서 첩을 위해 사당을 세워주시면 첩은 군후를

4_ 태백산太白山: 중국 섬서성陝西省 서안西安 남부를 가로지르는 진령산맥秦嶺山脈의 주봉이다.

獲陳寶穆
公證夢

진 목공이 보부인 꿈을 꾸다.

패자로 만들어 그 이름이 만세토록 전해지게 하겠습니다.' 과인이 또 물었다. '진晉나라에 장차 어떤 혼란이 발생하여 과인이 그것을 평정한단 말이오?' 보부인이 말했다. '그것은 천기天機여서 미리 말씀드릴 수 없습니다.' 이윽고 닭 우는 소리가 들리더니 뇌성벽력 같은 큰 소리가 울리고 과인이 마침내 놀라 깨어났느니라. 이게 대체 무슨 조짐인지 모르겠다."

내사 요가 대답했다.

"진晉나라 군주가 지금 여희驪姬를 총애하여 태자를 멀리하고 있으니 난리가 없을 수 있겠습니까? 이제 천명이 전하께 내렸으니 이는 전하의 홍복입니다."

목공이 물었다.

"보부인은 어떤 사람이냐?"

내사 요는 다음과 같은 이야기를 들려주었다.

"신은 선군이신 문공文公 때의 일로 들었습니다. 진창陳倉의 어떤 사람이 땅속에서 기이한 동물을 잡았는데, 그 모양이 마치 가득 찬 주머니 같고 색깔은 황색과 백색이 섞여 있었으며 짧은 꼬리에 많은 다리가 있고 부리는 날카로웠다 합니다. 그 진창 사람은 그것을 선군에게 바치러 가다가 중도에 두 동자를 만났는데 그들이 박수를 치며 이렇게 말했다 합니다. '네가 죽은 사람에게 포악하게 굴더니 이제 산 사람의 손에 잡혔구나.' 진창 사람이 두 동자에게 그 까닭을 묻자 이렇게 말했다 합니다. '이 동물은 이름이 위蝟인데, 땅속에서 죽은 사람의 뇌를 먹고 그 정기를 얻어 여러 모양으로 변할 수 있으니 조심해서 끌고 가야 할 것이오.' 그러자 위도 부리를 벌리고 갑자기 사람 목소리를 내며 이렇게 말했다 합니다. '이 두 동자는 하나는 암컷이고, 하나는 수컷으로 이름은 진보陳寶라 하며 바로 들꿩의 정령이오. 수컷을 잡으면 천자가 되고 암컷을 잡으면 패자가 되오.' 진창 사람은 마침내 위를 버리고 동자를 뒤쫓았으며, 두 동자는 문득 꿩으로 변해 날아가버렸다 합니다. 진창 사람이 선군께 그 사실을 보고하자 선군께선 죽간에 그 일을 기록하여 궁궐 서고에 감춰두게 했습니다. 신이 이제 서고를 관장하면서 그 죽간을 열어볼 수 있었습니다. 대저 진창은 바로 태백산 서쪽입니다. 주상께서 태백산과 진창산 두 산 사이로 사냥을 가시어 그 자취를 찾아보면 분명하게 알 수 있을 것입니다."

목공은 문공이 감춰둔 죽간을 가져오게 하여 열람했다. 과연 내사 요의 말과 같았다. 그리하여 목공은 요에게 자신이 꾼 꿈의 내용도 자세히 기록하게 하여 함께 궁궐 서고에 보관했다.

다음 날 목공은 조회를 열었고 신하들이 모두 하례를 드렸다. 목공은 마침내 수레를 대기시키라 명하고는 바로 태백산으로 사냥을 갔다. 구불구불 이어진 길을 따라 서쪽으로 가다가 거의 진창산에 당도할 무렵 사냥꾼이 그물로 꿩 한 마리를 잡았다. 아무 잡티도 섞이지 않은 옥색이었고 그 광채가 사람을 비출 정도였다. 순식간에 돌닭石鷄으로 변했으나 색깔과 광택은 조금도 변하지 않았다. 사냥꾼이 그것을 목공에게 바쳤다. 내사 요가 축하의 말씀을 올렸다.

"이것이 바로 보부인입니다. 암컷을 얻으면 패자가 된다 했으니 아마도 주상께서 패자가 될 징조일 것입니다. 주상께서 진창에 사당을 세우면 틀림없이 복을 받으실 것입니다."

목공은 크게 기뻐하며 난초 물로 목욕을 시킨 뒤 비단 이불에 싸서 옥 상자에 담으라고 명했다. 그러고는 그날로 바로 대목을 시켜 나무를 베어 산 위에 사당을 세우게 하고 사당 이름을 '보부인사寶夫人祠'라고 했다. 또 진창산의 이름을 바꾸어 보계산寶鷄山이라 하고 1년에 봄가을 두 번씩 제사를 올리게 했다. 매번 제사를 올리는 새벽마다 산 위에서 닭 우는 소리가 나며 그 소리가 3리 밖까지 맑게 들렸다. 그사이 1년 혹은 2년 사이에 멀리서 붉은빛이 10여 길이나 치솟는 것이 보이고 우렛소리도 우르릉우르릉 들리기도 했다. 이는 바로 섭군이 보부인을 만나러 오는 때였다. 섭군은 수꿩의 신이고 소위 남양 땅에 살고 있다는 정령이다. 400여 년 뒤 한漢나라 광무제光武帝가 남양 땅에서 태어나 군사를 일으켜 왕망王莽을 주살하고 한나라 사직을 다시 일으켰다. 광무제는 후한後漢의 황제였으므로 바로 수꿩을 잡으면 천자가 된다는 예언이 맞았다고 할 수 있다. 결국 목공이 어떻게 진晉나라의 혼란을 평정하는지는 다음 회를 보시라.

제27회

갈비뼈가 통뼈인 사람

여희는 교묘한 계교로 신생을 죽이고
진 헌공은 임종을 맞아 순식에게 후사를 부탁하다
驪姬巧計殺申生, 獻公臨終囑荀息.

진 헌공이 우와 괵 두 나라를 병합하자 신하들이 모두 하례를 올렸지만 오직 여희만 마음이 즐겁지 않았다. 그녀의 의도는 원래 세자 신생을 파견하여 괵나라를 정벌하려는 것이었지만 이극이 대신 가서 일거에 공을 세우니 한동안 어떻게 해볼 방법이 없었다. 이에 다시 우시와 상의하며 말했다.

"이극은 신생의 패거리로 공적은 현저하고 품계는 드높다. 내가 대적할 수 없으니 어찌하면 좋겠느냐?"

우시가 말했다.

"순식은 좋은 옥구슬 하나와 좋은 말 한 필로 우와 괵 두 나라를 멸망시켰습니다. 그 지혜는 이극의 윗길이며 그 공도 이극의 아래에 있지 않습니다. 만약 순식을 해제奚齊와 탁자卓子의 사부로 삼을 수 있다면 이극과 대적하고도 남음이 있을 것입니다."

그리하여 여희는 헌공에게 청하여 순식을 해제와 탁자의 사부로 삼았다. 여희가 또 우시에게 말했다.

　"순식은 이미 우리 사람이 되었지만 이극이 조정에 있으면 틀림없이 나의 계책을 간파할 것이다. 어떻게 하면 그자를 제거할 수 있겠느냐? 이극을 제거해야 신생도 도모할 수 있을 것이다."

　우시가 말했다.

　"이극은 사람됨이 밖으로는 강하지만 안으로는 생각하는 것이 많습니다. 만약 이해관계로써 그를 움직이면 반드시 양극단을 고려할 것인즉 그런 뒤 그를 우리 편으로 거두어들이거나 우리 일에 이용할 수 있을 것입니다. 이극은 술을 좋아하므로 부인께서 제게 어린 양고기를 마련해주시옵소서. 세가 함께 술을 마시며 말로 넌지시 마음을 떠보겠습니다. 그가 우리 편으로 들어오면 부인의 복이시고, 들어오지 않는다 해도 잠시 장난질로 얼버무리면 될 터이니 무슨 죄가 되겠습니까?"

　여희가 말했다.

　"좋은 계책이구나."

　이에 우시를 대신해서 음식을 장만했다.

　우시는 미리 이극을 뵙고 싶다고 하면서 말했다.

　"대부께서는 이번에 우나라와 괵나라 사이에서 말을 치달리며 아주 많은 수고를 하셨습니다. 그래서 제가 술 한잔 올리며 대부께 잠깐이나마 즐거움을 드리고자 합니다. 어떠하오신지요?"

　이극이 허락했다. 이에 술을 가지고 이극의 집에 가서 이극과 그의 아내 맹孟 부인을 모두 서쪽 자리에 모시고 빈객이 되게 했다.[1] 우시는 재배하고 술잔을 올렸다. 두 부부 곁에서 음주 시중을 들고 우스갯소리를 하며 비위를 맞췄다. 술자리가 반쯤 무르익었을 때 우시는 일어나 춤을 추며 만수무강을 빌었다. 그리고 맹 부인에게 말했다.

"제게 음식을 내려주시면 새로 지은 노래를 불러드리겠습니다."

맹 부인은 커다란 무소 술잔에 술을 부어 우시에게 하사하고 양의 내장요리를 안주로 내려주었다. 그러고는 물었다.

"새로 지은 노래 제목이 무엇인가?"

우시가 대답했다.

"「안락함暇豫」이란 노래입니다. 대부께서 이 노래의 뜻을 알고 주상을 섬기시면 부귀를 보존할 수 있을 것입니다."

이내 목소리를 가다듬고 노래를 불렀다.

안락하다고 남들을 멀리하기보다	暇豫之吾吾兮
함께 노래하며 친밀하게 지냄이 더 나으리	不如鳥鳥
모두들 수풀 우거진 동산에 모여드는데	衆皆集於菀兮
그대는 홀로 마른 나무에 남아 있네	爾獨於枯
수풀 우거진 동산은 찬란하고 무성한데	菀何榮且茂兮
마른 나무는 도끼에 찍혀나가겠네	枯招斧柯
도끼가 마른 나무를 찍어내면	斧柯行及兮
그대와 마른 나무는 어찌하리오	奈爾枯何[2]

1_ 원래 이곳은 이극의 집이어서 이극이 주인이 되어야 하지만, 우시가 음식을 장만해서 이극 부부를 높이 대접한다는 의미로 두 부부를 빈객의 자리에 모신 것이다.

2_ 이 노래는 『국어國語』 「진어晉語 2」에 실려 있다.

노래가 끝나자 이극이 웃으며 물었다.

"수풀 우거진 동산은 무엇이고, 마른 나무는 무엇인가?"

우시가 대답했다.

"사람에 비유하자면 그 어머니는 정실부인이 되고, 그 아들은 군주가 되는 것입니다. 뿌리가 깊어지고 가지가 무성하면 새들이 깃들어 살게 되니 이것이 이른바 수풀 우거진 동산입니다. 그 어머니가 죽고 그 아들도 비방을 받게 되면 참화가 닥칠 것입니다. 그러면 뿌리는 흔들리고 잎은 다 떨어져서 새들도 깃들 곳이 없게 되니 이것이 바로 마른 나무입니다."

말을 마치고는 바로 문을 나서 떠나갔다.

이극은 마음이 불편하여 바로 상을 치우라 하고 몸을 일으켜 서재로 들어갔다. 그리고는 홀로 방 안을 걸으며 오래도록 서성였다. 이날 밤 저녁도 먹지 않고 등불을 켠 뒤 자리에 들었으나 이리 뒤척 저리 뒤척 잠을 이루지 못한 채 온갖 생각에 잠겼다.

'우시는 안팎으로 총애를 받으며 궁궐을 출입하는 자다. 오늘 부른 노래도 아무 의미 없이 부른 노래는 아닐 것이다. 그자가 말을 하려다 마치지 않고 가버렸으니 내일 날이 밝으면 다시 불러서 물어봐야겠다.'

한밤중이 되자 이극은 더 이상 참을 수가 없어서 마침내 좌우 시종에게 분부했다.

"몰래 우시를 불러오너라. 내가 물어볼 말이 있다."

우시는 이미 그 까닭을 짐작하고 시종을 따라 바로 이극의 침소로 들어왔다. 이극이 우시를 불러 침대에 앉게 하고는 그의 무릎을 쓰다듬으며 말했다.

"아까 말한 '수풀 우거진 동산과 마른 나무' 이야기는 내가 이미 대략 그 뜻을 알았다. 그것이 곡옥曲沃에 계신 세자와 관계된 일이 아니냐? 너는 틀림없이 들은 바가 있을 것이니 내게 자세히 말을 해다오. 아무것도 숨겨서는 안 되느니라."

우시가 대답했다.

"오래전부터 말씀드리려 했지만 대부께서 세자의 사부이신지라 감히 직언을 올릴 수 없었습니다. 제가 꾸지람을 당할까 두려웠습니다."

이극이 말했다.

"자네가 내게 참화를 면하는 방법을 미리 알려줄 요량이었다면 그건 나를 아껴주는 마음인데, 내가 어떻게 꾸지람을 하겠는가?"

이에 우시는 머리맡까지 머리를 숙이고는 목소리를 낮추어 말했다.

"주상께서 이미 부인께 허락하신 일입니다. 지금 세자를 죽이고 해제를 새로운 세자로 세운다 하여 그 계획이 이미 다 마련되어 있다 합니다."

이극이 말했다.

"아직 중지시킬 수도 있지 않겠느냐?"

"군부인께서 주상의 총애를 받고 있고, 중대부 양오梁五와 동관오東關五도 주상의 총애를 받고 있다는 건 대부께서도 알고 계시지요? 부인께서 안에서 일을 주관하시고, 중대부 두 사람이 밖에서 일을 주관하는데 중지시킬 수가 있겠습니까?"

"주상의 뜻을 따르며 세자를 죽이는 건 차마 못 할 일이다. 또 세자를 보필하면서 주상의 뜻에 항거하는 것도 내가 할 수 없는 일이다. 중립을 지키며 두 곳 모두에 가담하지 않으면 참화에서 벗어날 수 있겠느냐?"

"가능한 일입니다."

우시가 물러가고 나서 이극은 앉은 채로 아침을 맞았다. 그러고는 바로 옛날 곽언郭偃과 태사 소蘇의 점괘를 써둔 죽간을 가져와서 살펴보았다. 손가락으로 햇수를 꼽아보니 올해가 꼭 10년째였다. 이극이 감탄하며 말했다.

"복서卜筮의 이치가 어찌 이리도 신통하단 말이냐?"

그리하여 마침내 대부 비정보丕鄭父의 집에 가서 좌우를 물리치고 은밀히 이야기했다.

"태사 소와 곽언의 점괘가 오늘에 이르러 징험이 있게 되었소."

"무슨 소문이라도 있소?"

"지난밤에 우시가 내게 와서 알려줬소. 주상께서 세자를 죽이고 해제를 새 세자로 세우려 한다고 말이오."

"대부께선 뭐라 하셨소?"

"나는 중립을 지키겠다고 했소."

"대부의 말씀은 마치 불 위에 땔나무를 끼얹는 격이 되었소. 대부께선 겉으로 짐짓 저들의 말을 믿지 못하겠다는 모습을 보였어야 했소. 저들이 대부의 미심쩍어하는 태도를 봤다면 틀림없이 마음속으로 거리낌이 생겨서 그 음모를 늦추었을 것이오. 그러고 나서 대부께서 세자의 편에 설 사람을 많이 만들어서 세자의 지위를 튼튼히 해야 했소. 그런 다음 시기를 봐서 간언을 올리고 주상의 마음을 되돌렸다면 일의 성패를 아직 단정하지 못했을 것이오. 그러나 이제 대부께서 중립을 지키겠다고 하셨으니 세자께서 외로운 처지에 빠져 가만히 선 채 참화를 당하시게 생겼소."

이극이 발을 구르며 말했다.

"좀 더 일찍 비 대부와 상의하지 못한 것이 참으로 안타깝소."

이극은 작별 인사를 하고 수레에 올라 집으로 돌아가다가 일부러 수레에서 떨어졌다. 그리고 다음 날 결국 다리를 다쳤다 핑계를 대고 조회에도 나가지 않았다. 사관이 이를 시로 읊었다.

어린 양고기 함께 먹고 광대는 춤을 추며	特羊具享優人舞
세자와 단절하라는 한 곡조 노래 불렀네	斷送儲君一曲歌
우습다 대신이여 멀리 보는 식견도 없이	堪笑大臣無遠識
중립을 지킨다며 병화를 도왔구나	卻將中立佐操戈

우시가 돌아와 여희에게 보고하자 여희는 몹시 기뻐했다. 그날 밤 헌공에게 말했다.

"세자가 곡옥에 있은 지도 오래되었사온데, 어찌하여 한번 부르지 않으십니까? 신첩이 세자를 보고 싶다고 전해주시옵소서. 신첩이 세자에게 덕을 베풀어 조만간 닥칠 위기에서 벗어나고 싶습니다. 신첩의 생각이 어떠한지요?"

헌공이 과연 그 말대로 신생을 불렀다. 신생은 부름을 받고 당도하여 먼저 헌공을 뵙고 재배를 올리며 문안 인사를 했다. 상견례가 끝나자 다시 중궁으로 들어가서 여희를 뵜다. 여희는 잔치를 열어 세자를 대접했고, 아주 기쁨에 겨운 듯 세자와 이야기를 주고받았다. 이튿날 신생은 다시 중궁으로 들어가 전날 잔치에 감사 인사를 올렸다. 여희는 또 신생을 잡고 식사를 하게 했다. 이날 밤 여희가 또 헌공에게 눈물을 흘리며 말했다.

"신첩은 세자의 마음을 돌리려고 그를 불러 예禮로써 대했건만, 뜻밖에도 세자는 무례함이 더욱 심합니다."

헌공이 말했다.

"무슨 일이오?"

여희가 말했다.

"신첩이 오늘 세자에게 점심을 대접했는데 술을 달라고 했습니다. 술이 반쯤 취하자 신첩을 희롱하며 이런 말을 했습니다. '옛날 우리 조부께서 연로하시자 우리 모친 강씨姜氏를 우리 부친께 물려주셨소. 지금 우리 부친께서 연로하시니 틀림없이 물려주실 게 있을 것이오. 그것이 그대가 아니면 누구겠소?' 그러고는 앞으로 다가오며 신첩의 손을 잡으려 하기에 신첩이 뿌리쳐서 겨우 모면했습니다. 주상께서 믿을 수 없으시면 신첩이 궁궐 동산에서 세자와 함께 놀 때 주상께서 누대 위에 올라 몰래 엿보시옵소서. 틀림없이 목도하시는 바가 있을 것입니다."

헌공이 말했다.

"좋소."

날이 밝자 여희는 신생을 불러 궁궐 동산에서 함께 놀았다. 여희는 미리 벌꿀을 머리에 발랐다. 꿀벌이 어지럽게 날아들며 모두 여희의 머리에 모였다. 여희가 말했다.

"세자는 어찌하여 이 벌들을 쫓아버리지 아니하오?"

신생은 여희 뒤에서 소매를 휘둘렀다. 헌공이 멀리서 보고는 정말 세자가 여희를 희롱하는 걸로 생각했다. 헌공이 진노하여 바로 신생을 잡아 참형에 처하려 했다. 그때 여희가 무릎을 꿇고 아뢰었다.

"신첩이 세자를 부른 사이에 세자가 죽는다면, 이는 신첩이 세자를 죽인 것이 됩니다. 또한 궁중의 애매한 일은 외부 사람이 모르오니 잠시 참으시옵소서."

이에 헌공은 신생을 곡옥으로 돌려보내고 사람을 시켜 몰래 그의 다른 죄를 찾게 했다.

며칠 후 헌공은 적환翟桓으로 사냥을 떠났다. 여희는 우시와 상의하여 세자에게 사람을 보내 일렀다.

驪姬
巧計
殺申生

여희가 신생을 함정에 빠뜨리다.

"주상께서 꿈에 세자의 생모 제강 부인이 나타나 '배가 너무 고프다'라고 하는 말을 듣고 조속히 세자더러 제사를 지내라고 하셨소."

곡옥에는 따로 제강의 사당이 있어서 신생이 바로 제수를 차리고 생모 제강에게 제사를 지냈다. 그러고는 사람을 시켜 그 제육을 헌공에게 바쳤다. 그러나 헌공이 아직 사냥에서 돌아오지 않아 제육을 궁중에 두었다. 엿새 후 헌공이 궁궐로 돌아왔다. 여희는 짐독鴆毒을 술에 타고 독약을 제육에 섞어 헌공에게 바치며 말했다.

"신첩의 꿈에 제강 부인이 나타나 배가 고파서 참을 수 없다고 하기에 주상께서 마침 출타 중이시라 제가 세자에게 알리고 제사를 지내게 했습니다. 이제 여기 세자가 바친 제육이 있사온데, 주상께서 돌아오시길 기다린 지 오래되었습니다."

헌공이 술잔을 들고 술을 마시려 하자, 여희가 무릎 꿇고 제지하며 말했다.

"외부에서 들여온 술과 음식은 시식을 하지 않을 수 없습니다."

"그렇구려."

이에 술을 땅에 뿌리자 땅이 바로 부풀어 올랐다. 또 개를 불러 제육을 떼어 던져주자 개가 고기를 먹고 즉사했다. 여희는 거짓으로 믿을 수 없다는 표정을 지으며 다시 어린 내시를 불러서 술과 고기를 시식하도록 했다. 어린 내시가 먹지 않으려 하자 강제로 먹이고 목구멍으로 넘게 했다. 그러자 몸의 일곱 구멍으로 피를 쏟고 바로 죽었다. 여희는 짐짓 대경실색하며 당하堂下로 달려 내려가서 울부짖었다.

"하늘이시여! 하늘이시여! 이 나라가 원래 세자의 나라입니까? 주상께서 연로하신데 어찌 그 짧은 기간도 기다리지 못하고 임금을 기어이 시해하려 한단 말입니까?"

말을 마치고는 두 눈에 눈물을 흘리며 다시 헌공 앞에 무릎을 꿇고 목이 메어 울부짖었다.

"세자가 이런 계략을 짠 까닭은 오직 신첩의 모자 때문입니다. 원컨대 주상께서는 이 술과 고기를 신첩에게 내려주시옵소서. 신첩 차라리 주상 대신 죽어서 세자의 마음을 기쁘게 하겠습니다."

그러고는 술을 빼앗아 마시려 했다. 헌공은 그것을 빼앗아 뒤엎으며 기가 막혀 말도 하지 못했다. 여희는 울며 땅바닥에 쓰러져 저주를 퍼부었다.

"세자는 정말 잔인하군요. 자기 아버지까지도 시해하려 하는데, 하물며 다른 사람이야! 처음에 주상께서 세자를 폐하고자 할 때 신첩은 그래서는 안 된다고 했습니다. 나중에 동산에서 나를 희롱할 때 주상께서 또 세자를 죽이려 했지만 신첩이 힘써 말렸습니다. 그런데도 오늘 우리 주상께서 거의 시해당할 뻔했으니, 이는 신첩이 주상전하를 심하게 잘못 모셨기 때문입니다."

헌공은 한참이 지나서야 말을 하며 손으로 여희를 부축했다.

"일어나시오. 과인이 바로 이 일을 신하들에게 알리고 그 역적 놈을 주살하도록 하겠소."

그러고는 바로 조당으로 나가서 대부들을 불러 이 일을 논의하게 했다. 그러나 호돌狐突은 오랫동안 두문불출 중이라 참석하지 않았고, 이극은 발이 아프단 구실을 댔으며, 비정보는 출타해서 돌아오지 않았단 핑계를 대고 나오지 않았다. 그 나머지는 모두 조당에 모였다.

헌공은 신생의 역모 사실을 신하들에게 알렸다. 신하들은 헌공의 계획이 오래된 것을 알고 모두 서로 얼굴을 쳐다보기만 할 뿐 감히 대책을 아뢰지 못했다. 그러자 동관오가 앞으로 나서며 말했다.

"세자가 이처럼 무도하니, 신이 주상전하를 위해 토벌하겠습니다."

이에 헌공은 동관오를 장수로 삼고 양오를 부장으로 삼아 병거 200승을 거느리고 곡옥으로 가서 세자를 토벌하게 했다. 그러면서 이렇게 당부했다.

"세자는 여러 번 군사를 거느려봐서 용병을 잘하니, 신중하게 대처하기 바라노라."

호돌은 비록 두문불출하고 있었지만 시시각각 사람을 보내 조정의 일을 탐문하고 있었다. 그러다가 동관오와 양오가 병거를 점호하고 있단 소식을 듣고 저들이 틀림없이 곡옥을 치러 갈 것이라 짐작했다. 이에 급히 사람을 세자 신생에게 보내 몰래 이 사실을 보고했고, 신생은 또 태부 두원관杜原款에게 알렸다. 두원관이 말했다.

"제육이 이미 궁중에서 엿새를 묵은즉 거기에 독을 섞은 것이 분명합니다. 세자께서 사건의 진상을 스스로 밝히시면 신하들 중에서 돕는 자가 어찌 없겠습니까? 속수무책으로 죽음을 맞아서는 안 됩니다."

신생이 말했다.

"아바마마께선 희씨姬氏가 없으면 평소 거처에서도 불안해하시고 수라도 배불리 드시지 않으시오. 내가 스스로 해명을 해도 진상이 밝혀지지 않으면 내 죄만 더할 뿐이오. 다행히 밝혀졌다 해도 아바마마께선 희씨를 감싸며 죄를 주지 않을 것이 분명하오. 그러면 아바마마의 마음만 아프게 될 것이오. 차라리 내가 죽는 것이 낫소."

두원관이 말했다.

"잠시 타국으로 가셔서 후일을 도모하는 것은 어떻겠습니까?"

신생이 말했다.

"아바마마께서 나의 죄 없음을 살피지 않고 토벌군을 보내시는데, 내가 아버지를 시해하려 했다는 누명을 쓰고 타국으로 나가면 사람들이 나를 올빼미 같은 불효자라 생각할 것이오. 만약 출국한 뒤 내가 진실을 말해 아바마마께 죄를 귀착되게 한다 해도 그것은 아바마마를 미워하는 행위가 되오. 이렇게 군부君父의 죄악을 널리 드러내면 틀림없이 제후들에게 비웃음을 당할 것이오. 안으로 부모에게 곤경을 당하고 밖으로 또 제후들에게까지 곤경을 당한다면 이는 이중의 곤경을 당하는 셈이오. 군부를 버리고 자신의 죄를 벗어나려는 건 기실 죽음을 도피하려는 행위요. 나는 '어진 사람은 군주를 미워하지 않으며, 지혜로운 사람은 이중의 곤경을 당하지 않고, 용기 있는 사람은 죽음을 도피하지 않는다'고 들었소."

이에 신생은 호돌에게 다음과 같은 답장을 썼다.

신생에게 죄가 있으니 감히 죽음을 아끼지 않겠소. 아바마마께서는 연로하시지만 지금 곁에 있는 아들은 어리니 국가에 환난이 많을 것이오. 대부께서 국가를 보좌하는 데 힘써주시오. 신생은 지금 죽지만 대부의 보살핌을 실로 많이 받았소.

그러고는 북향 재배를 올리고 스스로 목을 매어 죽었다. 죽은 다음 날 동관오의 군사가 당도해서 신생이 이미 죽은 것을 알고 두원관을 잡아 함거에 싣고 가서 헌공에게 보고했다.

"세자는 죄에서 벗어날 수 없음을 알고 먼저 자결했습니다."

헌공은 두원관에게 세자의 죄를 자백하게 했다. 그러자 두원관이 고함을 치며 말했다.

"하늘이시여, 원통합니다! 원관이 죽지 않고 포로가 된 까닭은 태자의 진상을 밝히려는 마음 때문이었습니다. 제육이 엿새 동안이나 궁중에 묵었는데, 처음에 독이 들어 있었다면 어떻게 그렇게 오랫동안 고기가 변하지 않았겠습니까?"

여희가 그 말을 듣고 병풍 뒤에서 다급하게 소리를 질렀다.

"원관은 세자를 무도하게 가르친 자인데 어찌 빨리 죽이지 않으십니까?"

헌공은 역사를 시켜 철퇴로 두원관의 머리를 때려죽였다. 신하들이 모두 남몰래 눈물을 흘렸다.

양오와 동관오가 우시에게 말했다.

"중이重耳와 이오夷吾도 세자와 한 패거리요. 세자는 비록 죽었지만 두 공자가 아직 살아 있으니 우리는 그것이 걱정이오."

우시는 여희에게 이 말을 전하고 두 공자까지 이 사건에 연루시키도록 했다. 여희는 한밤중에 또 헌공에게 읍소했다.

"신첩이 듣건대 중이와 이오도 신생과 공모를 했다 합니다. 신생의 죽음에 대해서도 두 공자는 신첩에게 죄를 돌리며 온종일 군사를 조련한다 합니다. 그리고 진晉을 기습하여 신첩을 죽인 뒤 큰일을 도모하려 한다니 주상께선 자세히 살피시옵소서."

헌공은 처음에 미심쩍어하며 그 말을 믿지 않았다. 그런데 이른 아침 근신近臣이 보고를 올렸다.

"포蒲 땅과 굴屈 땅의 두 공자가 주상전하를 뵈러 오다가 관문에 이르러 세자의 변란 소식을 듣고 즉시 수레를 돌려 돌아갔다 합니다."

헌공이 말했다.

"하직 인사도 없이 간 것을 보니 공모를 한 것이 틀림없다."

이에 시인寺人(내시) 발제勃鞮를 시켜 군사를 거느리고 포 땅으로 가서 공자 중이를 잡아오게 했고, 또 가화賈華를 굴 땅으로 보내 공자 이오를 잡아오게 했다. 그때 호돌은 둘째 아들 호언狐偃을 불러놓고 이렇게 말했다.

"공자 중이는 갈비뼈가 하나의 통뼈騈脇로 되어 있고 눈동자가 두 개重瞳인 사람으로, 모습이 비범하고 또 평소에 현명한 자질을 지니고 있었으니, 훗날 틀림없이 큰일을 성취할 수 있을 것이다. 게다가 세자가 죽었으므로 그다음 동생이 뒤를 잇는 것이 마땅하다. 너는 조속히 포 땅으로 가서 중이 공자를 도와 외국으로 달아나거라. 그리고 네 형 모毛와 한마음으로 중이 공자를 보좌하여 훗날을 도모해야 하느니라."

호언은 부친의 명령을 받들고 밤새워 포(陝西省 隰縣 서북) 땅으로 달려가 중이에게 몸을 맡겼다. 중이가 대경실색하며 방금 도착한 호모, 호언 형제와 외국으로 도피할 일을 상의하고 있는데, 발제의 병거가 벌써 당도했다. 포 땅 사람들이 성문을 굳게 닫고 항거하려 하자 중이가 말했다.

"군주의 명령에는 항거할 수 없는 법이다."

발제는 포 땅으로 치고 들어가 중이의 집을 포위했다. 중이와 호모 형제는 후원으로 달아났고 발제는 칼을 빼들고 그들을 추격했다. 호모 형제가 먼저 담장으로 뛰어올라 중이를 끌어올리려 했다. 그때 발제가 중이의 옷소매를 잡아 쥐고 칼을 휘둘렀다. 옷소매가 잘리며 중이는 담장을 넘었고, 발제는 옷소매를 가지고 돌아와 보고했다. 세 사람은 마침내 적翟나라로 도망갔다.

적나라 군주는 푸른 용이 성 위에 똬리를 틀고 있는 꿈을 꾸고 난 뒤 진晉나라 공자가 온 것을 보고 기쁘게 그를 받아들였다. 잠시 후 성 아래에 작은 수레 몇 대가 연이어 도착해서 몹시 다급하게 성문을 열어달라고 소리를 질렀다. 중이는 추격병이 온 것으로 의심하고 성 위 군사들에게 화살을 쏘게 했다. 그러자 성 아래에서 또 큰 소리가 들려왔다.

"우리는 추격병이 아니고 중이 공자를 따라온 진晉나라 신하들이오."

중이가 성 위로 올라가 내려다보니 맨 앞에 아는 사람이 서 있었다. 그의 성은 조씨趙氏, 이름은 최衰,3 자는 자여子餘로 대부 조위趙威의 동생인데 진나라에서 대부 벼슬을 하고 있었다. 중이가 말했다.

"자여가 여기까지 와주니 내가 아무 근심이 없소."

그러고는 바로 문을 열고 들여보내라며 명령을 내렸다. 나머지 사람들은 서신胥臣, 위주魏犨, 호야고狐射姑,4 전힐顚頡, 개자추介子推, 선진先軫 등 모두 명망 있는 인사였다. 이외에도 말채찍이라도 잡고 봇짐이라도 지면서 중이를 따라 수고를 아끼지 않겠다는 사람이 호숙壺叔 등 수십 명이나 되었다. 중이가 깜짝 놀라며 물었다.

"경들은 조정에 있어야 할 사람들인데 어찌하여 여기까지 왔소?"

조최 등이 일제히 소리쳤다.

"주상께서 덕을 잃고 요망한 계집을 총애하면서 세자를 죽였습니다. 나라에 조만간 반드시 대란이 일어날 것입니다. 평소에 공자께서 지위가 낮은 선비에게까지 너그럽게 어진 마음을 베푸신다는 소문을 듣고 그 뒤를 따르고자 도망쳐 나온 것입니다."

적나라 군주도 성문을 열고 이들을 모두 들어오게 했다. 이들은 모두 성안으로 들어와 적나라 군주와 중이를 알현했다. 중이가 울면서 말했다.

3_ 조최趙衰: 조최趙崔라고도 쓰므로 '衰'를 '최'로 읽어야 한다.

4_ 호야고狐射姑: 호야고狐夜姑로도 쓰므로 '射'를 '야'로 읽어야 한다.

"여러 군자께서 마음을 합쳐 도와주시니 마치 앙상한 뼈에 살이 붙은 듯하오. 나는 살거나 죽거나 절대 이 은덕을 잊지 않겠소."

이때 위주가 팔뚝을 휘두르며 앞으로 나섰다.

"공자께서 수년간 포 땅에 거주하신 이래 포 땅 사람들은 모두 공자를 위해 기꺼이 죽고자 합니다. 만약 적인狄人들에게서 도움을 빌리고 포 땅의 군사를 이용하여 진晉의 도읍 강주성絳州城으로 쇄도해 들어가면 조정에도 울분이 깊이 쌓여 있기 때문에 틀림없이 안에서 호응하는 사람이 있을 것입니다. 그리하여 주상 곁의 악인들을 없앤 뒤 사직을 안정시키고 백성을 위무하면 정처 없는 길을 떠돌며 망명객이 되는 것보다 어찌 더 낫지 않겠습니까?"

중이가 말했다.

"그대의 말은 심히 장하오만 군부君父를 놀라게 하는 건 망명 중인 자식이 감히 할 도리가 아니오."

위주는 용기가 뛰어난 장부인지라 중이가 자신의 말을 따르지 않는 것을 보고는 마침내 이빨을 갈고 발을 구르며 소리쳤다.

"공자께서는 맹호나 독사 같은 여희 패거리를 두려워하면서 어느 날에 큰일을 이룰 수 있겠습니까?"

이때 호언이 위주에게 말했다.

"공자께서는 여희를 두려워하시는 것이 아니라 명분과 의리를 잃을까 두려워하시는 것이오."

그러자 위주는 더 이상 아무 말도 하지 않았다. 옛사람이 고체시古風 한 수를 지어 많은 신하가 중이를 따르는 광경을 읊었다.

포 땅의 중이 공자 참소의 변란 당해　　　　　　　　　　蒲城公子遭讒變

수레 몰고 서쪽으로 번개처럼 달아났네　　　　　　　　輪蹄西指奔如電

봇짐 지고 칼을 메고 따른 사람 얼마였나　　　　　　　擔囊仗劍何紛紛

그 영웅들 모두가 산서의 준걸이었네　　　　　　　　　英雄盡是山西彦

산서의 준걸들이 다투어 따랐나니　　　　　　　　　　山西諸彦爭相從

구름 삼키고 비 토하며 뭇 별도 품었다네　　　　　　　吞雲吐雨星羅胸

문신은 높이 솟아 하늘을 지탱했고　　　　　　　　　　文臣高等擎天柱

무신은 웅혼하게 바다 무지개 타고 앉았네　　　　　　武將雄誇駕海虹

그대는 보지 못했는가? 조성자5가　　　　　　　　　　君不見, 趙成子

겨울날 자기 온기를 다른 사람의 뼛속까지 스며들게 한 일을　　冬日之溫徹人髓

또 보지 못했는가? 사공계6가　　　　　　　　　　　　又不見, 司空季

육도삼략으로 나라의 경영을 풍요롭게 만든 일을　　　六韜三略饒經濟

이호7는 폐부 깊이 충효를 함께 지녀　　　　　　　　二狐肺腑兼尊親

기책으로 변화 대처 원만하게 처리했네　　　　　　　出奇制變圓如輪

위풍당당 위주는 인간 중의 범이었고　　　　　　　　魏犨矯矯人中虎

힘센 장사 가타는 삼만 근도 가벼워했네　　　　　　　賈佗強力輕千鈞

전힐은 비범하게 고고한 뜻 품었고　　　　　　　　　顚頡昂藏獨行意

올곧도다 선진은 흉금도 막힘없었네　　　　　　　　　直哉先軫胸無滯

개자추의 곧은 절개 그 누구와 짝하랴　　　　　　　　介子推節誰與儔

5_ 조성자趙成子: 조최의 시호가 성계成季이므로 흔히 조성자趙成子로 일컬어진다.

6_ 사공계司空季: 서신胥臣의 자가 계자季子이므로 그가 역임한 사공 벼슬을 붙여서 흔히 사공계
자司空季子 또는 사공계라 부른다. 또는 구臼 땅에 봉해졌으므로 구계臼季라 부르기도 한다.

7_ 이호二狐: 호모와 호언 형제.

담금질 백 번에 다시 갈아낸 쇠와 같네	百煉堅金任磨礪
위아래로 오르내리고 고굉처럼 보필하며	頡頏上下如掌股
진·제·초 세 나라를 두루두루 편력했네	周流遍歷秦齊楚
가고 서고 먹고 마실 때 떨어지지 않으면서	行居寢食無相離
환난 속에서 군신관계 단단히 맺었다네	患難之中定臣主
옛날부터 참된 군주 온갖 신령이 도왔나니	古來眞主百靈扶
바람엔 범이 구름엔 용이 따르듯 외롭지 않았다네	風虎雲龍自不孤
오동나무 심으면 봉새 난새 모여드는데	梧桐種就鸞鳳集
우거진 숲과 마른 나무 어찌하여 물어봤나	何問朝中菀共枯

중이는 어려서부터 선비들에게 겸손하여 열일곱 살 때부터 벌써 호언을 아버지처럼 섬겼고, 조최를 스승으로 모셨으며, 호야고를 형으로 섬겼다. 무릇 조야朝野의 이름난 선비들과 교분을 나누지 않는 사람이 없었다. 이 때문에 중이는 비록 출국하여 망명의 길로 나섰지만, 환난이 닥칠 때마다 중이를 따르려는 사람이 매우 많았다.

한편 대부 극예郤芮[8]와 여이생呂飴甥은 마음을 함께하는 동지였고, 또 괵 사虢射는 이오夷吾의 외삼촌이었다. 이에 이 세 사람은 굴 땅의 이오에게로 갔다. 상견례를 하면서 가화賈華의 군사가 조만간 닥칠 것이라고 알려줬다. 이오는 즉시 영을 내려 군사를 모으고 성을 지킬 계책을 마련했다. 가화는

8_ 극예郤芮: '극郤'과 '각郤(却)'은 형태는 비슷하지만 완전히 다른 글자다. 성姓이나 고을 이름으로 쓰이는 '극郤'은 발음이 '綺戟切'(극)으로 '隙'(극)과 같다. 『강희자전康熙字典』 두예杜預의 『춘추경전집해春秋經傳集解』 희공 6년에서도 '극예郤芮'의 '郤'에 발음을 달아 '去逆切'이라고 했으므로 역시 '극'으로 읽은 것이다.

원래 이오를 잡아갈 생각이 없었다. 그래서 군사를 몰고 와서도 포위를 느슨하게 하고는 몰래 이오에게 사람을 보내 말했다.

"공자께서는 조속히 이곳을 떠나십시오. 그러지 않으면 진나라 군사가 계속 몰려와 감당할 수 없게 될 것입니다."

이오가 극예에게 말했다.

"중이 형님이 적翟나라로 갔다니 우리도 이제 적나라로 가면 어떻겠소?"

극예가 말했다.

"지금 주상께선 두 공자가 공모했다는 말을 하며 이것을 토벌의 빌미로 삼고 있습니다. 서로 다른 땅에서 도망쳐 함께 다닌다면 여희가 또 온갖 이간질을 해서 진군이 적나라로 몰려올 것입니다. 양梁나라로 가는 것이 더 좋겠습니다. 양은 진秦과 가깝고 또 진은 바야흐로 강성해지고 있는 나라일 뿐만 아니라 우리와는 혼인으로 맺어졌습니다. 공자께서 100년 후에라도 저들의 힘을 빌려 귀국을 도모할 수 있을 것입니다."

이에 이오는 양나라로 도망갔다. 가화는 추격할 수 없었다고 가장한 뒤 결국 이오가 도망쳤다고 보고했다. 헌공이 진노하여 소리쳤다.

"두 놈 중 한 놈도 잡지 못했단 말이냐? 무슨 군사를 그렇게 부리느냐?"

그러고는 좌우 시종을 질책하여 가화를 잡아다 참형에 처하라고 했다. 그때 비정보가 아뢰었다.

"주상께서 전에 사람을 보내 포와 굴 땅에 성을 쌓게 했고 또 군사를 보내 그곳을 지키게 했기 때문에 두 공자를 잡지 못한 것이니 이것은 가화의 죄가 아닙니다."

양오도 아뢰었다.

"이오는 재주가 용렬하므로 근심할 것이 없습니다. 다만 중이는 어질다는 명성이 있어 많은 선비가 그를 따라갔기 때문에 조정이 일시에 텅 빌 지경입니다. 또 적나라는 대대로 이어진 우리 원수이니 적나라를 정벌하여 중이를 없애지 않으면 뒷날 틀림없이 우환거리가 될 것입니다."

이 말을 듣고서야 헌공은 가화를 용서하고 발제를 불렀다. 발제는 가화가 거의 참형을 면치 못하게 되었다는 소문을 듣고는 군사를 거느리고 적나라를 정벌하겠다고 자청했다. 헌공이 이를 윤허했다. 발제가 거느린 군사가 적성翟城에 당도했다. 적나라 군주도 대군을 거느리고 채상采桑(山西省吉縣 동쪽)에 진을 쳤다. 그렇게 서로 대치하여 두 달을 넘겼다. 비정보가 나아가 아뢰었다.

"부자 사이는 서로 은혜의 의리를 끊을 수 없습니다. 두 공자는 그 죄악이 아직 분명하게 드러나지 않았고 이미 다른 나라로 도주했는데 기필코 추격하여 죽인다면 너무 심한 처사가 아닙니까? 게다가 적나라와 싸워서 반드시 이긴다는 보장도 없습니다. 그런데도 우리 군사만 지치게 만든다면 이웃 나라의 웃음거리만 될 것입니다."

그 말을 듣고 헌공은 다소간 마음을 돌려 발제의 군사를 소환했다.

헌공은 그 밖의 여러 공자도 대부분 중이와 이오의 파당이어서 뒷날 틀림없이 해제의 근심거리가 될 것이라 생각하고 모두 외국으로 쫓아내라고 명했다. 이에 진나라 공족公族 중에 국내에 남아 있으려 하는 사람이 하나도 없었다. 그런 뒤 해제를 세자로 세웠다. 동관오와 양오 및 순식을 제외하고는 백관들 중 몰래 주먹을 쥐고 분노하지 않는 사람이 없었다. 그들은 대부분 병이나 늙음을 핑계 대고 조정에 나오지 않았다. 이때가 주 양왕 원년, 진 헌공 26년이었다.

이해 가을 9월 헌공은 규구의 회맹에 참여하려다 뜻을 이루지 못하고 도중에 병을 얻어 궁궐로 돌아왔다. 여희가 그 발치에 앉아 울면서 말했다.

"주상께선 골육인 친자식에게 배신을 당하신 뒤 공족을 모두 쫓아내고 신첩의 아들을 세자로 세웠습니다. 그런데 어느 날 만약 주상께서 먼 길을 떠나시면 신첩은 연약한 아녀자이고 해제는 아직 어린데, 여러 공자가 나라 밖에서 힘을 합쳐 쳐들어오면 신첩의 모자는 누구에게 의지해야 합니까?"

헌공이 말했다.

"부인은 걱정하지 마오. 태부 순식은 충신이오. 충신은 두마음을 먹지 않으니 과인이 어린 세자의 앞날을 그에게 부탁하겠소."

그리하여 순식을 탑전으로 불러서 물었다.

"과인이 듣건대 '선비의 몸가짐은 충忠과 신信을 근본으로 삼는다'는데 충과 신이 대체 무엇이오?"

순식이 대답했다.

"마음을 다해 임금을 섬기는 것을 '충'이라 하고, 죽어도 약속을 어기지 않는 것을 '신'이라 합니다."

헌공이 말했다.

"과인은 약하고 어린 자식을 대부에게 맡기려 하오. 대부께선 내게 허락해주시겠소?"

순식이 머리를 조아리며 대답했다.

"어찌 감히 사력을 다하지 않겠습니까?"

헌공은 자기도 모르게 눈물을 흘렸고 여희도 장막 밖에서 흐느껴 울었다. 며칠 뒤 헌공이 세상을 떠났다. 여희는 해제를 안고 와서 순식에게 주었다. 이때 해제의 나이 겨우 열한 살이었다. 순식은 헌공의 유명을 받들어 해제를 상주로 세웠고 백관들은 모두 자리를 잡고 일제히 곡을 했다.

진 헌공이 순식에게 유언을 남기다.

여희도 헌공의 유언에 따라 순식을 상경에 임명하고 양오와 동관오를 좌우 사마에 임명하여 군사를 거느리고 나라 안을 돌며 비상사태에 대비하게 했다. 나라 안의 대소사는 모두 순식에게 아뢴 후 시행하게 했다. 다음 해를 새 임금 원년으로 삼는다 공포하고 국외 제후들에게 부고를 보냈다. 과연 해제가 며칠 동안 임금 노릇을 할지 다음 회를 보시라.

제28회

어미의 악행으로
아들까지 죽다

이극은 두 어린 임금을 죽이고
목공은 첫 번째로 진의 혼란을 평정하다
里克兩弑孤主, 穆公一平晉亂.

순식이 공자 해제를 옹립하자 백관은 모두 빈소로 나와 곡을 했다. 다만 호돌狐突만이 병이 위독하단 핑계를 대고 나오지 않았다. 이극이 몰래 비정보에게 말했다.

"어린아이를 결국 보위에 올렸지만, 장차 망명 중인 공자들은 어찌 되는 것이오?"

비정보가 말했다.

"그 일은 오로지 순식에게 달린 일이니 슬쩍 그 마음을 떠보기로 하시지요."

두 사람은 수레를 타고 함께 순식의 집으로 갔다. 순식이 그들을 맞아들였다. 이극이 말했다.

"주상께서 세상을 뜨신 후 중이와 이오가 모두 국외에 있는데, 대부께선 나라의 대신이 되어 장자인 중이를 맞아오지 않고 후궁의 아들을 보위에 올렸으니 어떻게 사람들이 승복하겠소? 또 세 공자[1]를 따르는 무리는 해제 모자를 원망하는 마음이 골수에 사무쳐 있지만 주상의 힘에 가로막혀 있었을 뿐이오. 이제 주상께서 세상을 떠나셨다는 변고를 들었을 터이니 틀림없이 다른 생각을 품고 있을 것이오. 진秦나라와 적나라가 밖에서 저들을 돕고 백성이 안에서 저들에게 호응한다면 대부께선 무슨 대책으로 저들을 막을 수 있겠소?"

순식이 말했다.

"나는 선군의 고명을 받고 해제 공자의 스승이 되었으니 해제 공자가 바로 나의 주상이오. 그 밖에 또 다른 사람이 있다는 건 나는 모르오. 만에 하나 내 힘이 모자란다면 죽음으로 선군에게 보답할 따름이오."

비정보가 말했다.

"그 죽음이 아무 도움도 되지 못할 터인데 어찌 생각을 바꾸지 않는 것이오?"

순식이 말했다.

"나는 충과 신으로 선군께 내 마음을 허락했소. 비록 아무 도움이 되지 못한다 하더라도 어찌 감히 식언을 할 수 있겠소?"

두 사람이 여러 번 권유해보았지만 순식의 마음은 철석과 같아서 끝내 말을 바꾸지 않았다. 이에 작별 인사를 하고 물러나왔다. 이극이 비정보에게 말했다.

"나는 순식에게 동료로서의 우의를 갖고 있기 때문에 앞으로의 이해득

1_ 세 공자: 신생, 중이, 이오.

실을 밝게 알려줬건만 저 사람이 저렇듯 마음을 굳게 먹고 말을 듣지 않으니 어찌하면 좋겠소?"

비정보가 말했다.

"저 사람은 해제를 위하고 나는 중이를 위하면서 각자 자기 뜻을 성취하면 그만이오. 그것이 어찌 불가한 일이겠소."

그리하여 두 사람은 비밀리에 약속하고 심복 역사들을 시켜 거사를 시행하게 했다. 이들 역사는 변복을 하고 호위 군사들 속에 섞여 들어가 해제가 빈청에 있을 때 점괴苫塊2 옆에서 그를 칼로 찔러 죽였다. 그때 우시가 해제 곁에 있다가 칼을 빼들고 구출하러 왔지만 그 역시 피살되었다. 한순간 상막喪幕이 아수라장으로 변했다. 순식은 빈청에서 곡을 하고 물러나오려다 참변 소식을 듣고 대경실색하여 급히 달려들어가 시신을 끌어안고 대성통곡하며 말했다.

"나는 어린 주상을 보살펴달라는 고명을 받았건만 지켜주지 못했다. 이것은 모두 내 죄다."

그러고는 바로 기둥에 머리를 부딪혀 죽으려 했다. 여희가 급히 사람을 시켜 순식을 가로막게 하고는 말했다.

"주상의 관이 아직 빈청에 있다는 걸 대부께서는 어찌 생각지 않으시오? 또 해제는 죽었지만 아직 탁자卓子를 보살펴야지요."

순식은 상막을 지키던 군사 수십 명을 주살하고 그날로 바로 백관 회의를 주재하여 탁자를 임금으로 세웠다. 그때 탁자의 나이 겨우 아홉 살이었다.

이극과 비정보는 짐짓 아무것도 모르는 척 회의에 참석하지 않았다. 양

---

2 점괴苫塊: 옛날 부모상을 당한 상주가 상례 기간 동안 사용하던 거적자리와 흙으로 만든 베개. 우리나라에서는 흔히 흙이 아니라 짚으로 베개를 만들어 사용했다.

오가 말했다.

"어린 임금의 죽음은 기실 이극과 비정보 두 사람이 죽은 신생 태자를 위해 복수한 것이오. 지금 회의에 참석하지 않은 것을 보면 그 증거가 명백하오. 군사를 일으켜 토벌할 것을 요청드리는 바요."

순식이 말했다.

"두 사람은 우리 나라의 노신이오. 그 집안의 뿌리가 깊고 파당도 결속이 단단하오. 역대로 칠여대부七輿大夫3의 절반이 그들 집안에서 나왔소. 토벌에 나섰다가 이기지 못하면 대사를 그르치게 되오. 차라리 잠시 모른 척하며 저들의 마음을 안심시킨 뒤 그 음모를 늦추는 것이 좋을 것이오. 상례를 마치고 개원하여 보위를 바로잡고 나서 밖으로 이웃 나라와 우호를 맺고 안으로 저들의 파당을 흩어버린 연후에야 일을 도모할 수 있을 것이오."

양오는 조정에서 물러나오다가 동관오에게 말했다.

"순 대부는 충성스럽지만 지략은 모자라오. 일을 처리하는 것도 너무 지지부진하여 믿을 수가 없소. 이극과 비정보는 서로 동지이긴 하지만 이극은 죽은 세자 신생의 사부였기 때문에 유독 원한을 깊게 품고 있소. 만약 이극을 죽여버린다면 비정보의 마음도 약해질 것이오."

"어떤 계책으로 죽일 수 있겠소?"

"이제 장례 날짜가 다가오니 갑사를 동문에 매복시켰다가 그가 발인 행차를 보러 나올 때 갑자기 공격하면 한 사람의 힘으로도 죽일 수 있을 것이오."

3_ 칠여대부七輿大夫: 옛날 중국에서 제후가 행차할 때, 제후의 수레 바로 뒤를 일곱 대의 수레가 수행했는데, 바로 이 일곱 대의 수레에 탄 고위 관리를 칠여대부라고 한다.

"좋소. 내 문객 중에 도안이屠岸夷란 자가 있소. 9만 근의 무게를 지고도 땅에 발이 닿지 않고 치달릴 수 있을 정도요. 만약 적당한 벼슬을 준다면 그를 부릴 수 있을 것이오."

이에 도안이를 불러 비밀리에 임무를 주었다.

도안이는 평소에 대부 추천騅遄과 친밀하게 지냈다. 그는 비밀리에 추천에게 자신의 임무를 털어놓으며 물었다.

"이 일을 하는 것이 좋겠습니까?"

추천이 말했다.

"돌아가신 신생 태자의 원통함은 온 나라 사람이 통탄해하지 않는 사람이 없네. 그것은 모두 여희 모자 때문이었네. 지금 이극과 비정보 두 대부께서는 여희의 파당을 섬멸하고 중이 공자를 모셔와서 보위에 올리려 하네. 이것은 의로운 거사라네. 자네가 만약 간신을 도와 충신을 죽이는 불의를 저지른다면 우리는 절대로 자네를 용납하지 않을 것이네. 이 일은 만대에 오명을 남기는 일이니 결코 해서는 안 되네."

도안이가 말했다.

"저 같은 소인배는 아무것도 몰랐습니다. 지금이라도 거절하면 어떻겠습니까?"

"거절하면 틀림없이 다시 다른 사람을 보낼 것이네. 자네는 모른 척 승낙하고 있다가 반대로 저들 역적을 주살하게. 내가 새 임금을 맞아오는 공을 모두 자네에게 주겠네. 그러면 자네는 부귀를 잃지 않을 뿐만 아니라 아름다운 이름까지 남길 수 있을 것이네. 불의를 위해 목숨을 바치는 것과 어느 것이 더 낫겠는가?"

"대부의 가르침이 옳습니다."

"자네 마음이 변하지 않겠는가?"

"대부께서 의심하신다면 맹약을 하겠습니다."

이에 닭을 잡아 그 피를 입에 바르고 맹세했다. 도안이가 돌아간 뒤 추천은 바로 비정보에게 알렸고, 비정보는 또 이극에게 이야기했다. 그리하여 두 사람은 각각 집안의 사병을 정돈하고 장례일에 일제히 거병하기로 약속했다.

장례일이 되었지만 이극은 병을 핑계로 장례에 나오지 않았다. 도안이가 동관오에게 말했다.

"여러 대부가 모두 묘지에 나왔는데 오직 이극만 집에 남아 있습니다. 이는 하늘이 그자의 목숨을 뺏기 위한 것입니다. 청컨대 제게 갑사 300명만 주시면 그자의 집을 포위하고 숙여버리겠습니다."

동관오가 크게 기뻐하며 갑사 300명을 줬다. 도안이는 거짓으로 이극의 집을 포위했다. 이극은 고의로 묘지에 사람을 보내 자기 집에 변고가 생겼음을 알렸다. 순식이 놀라 그 까닭을 물었다. 동관오가 말했다.

"소문에 이극이 장례를 틈타 반란을 꾀한다기에 제가 우리 집 문객을 보내 군사를 거느리고 지키게 한 것입니다. 일이 잘되면 모두 대부의 공로가 될 것이고, 잘되지 못하더라도 대부께는 아무런 누가 되지 않을 것입니다."

순식은 바늘방석에 앉은 것처럼 불안한 마음으로 대강 장례를 마쳤다. 동관오와 양오에게 군사를 거느리고 가서 이극을 공격하는 일에 도움을 주라고 했지만, 자신도 퇴청하지 못하고 탁자를 받들고는 조당에 앉아 좋은 소식이 오기를 기다렸다. 동관오의 군사가 먼저 동쪽 시장 거리에 당도했을 때 도안이가 오는 것이 보였다. 그는 아뢸 일이 있다는 핑계를 대고 다가와서 창졸지간에 동관오의 목을 잡아 뺐다. 목이 부러지며 땅에 떨어지자 군사들이 큰 혼란에 빠졌다. 도안이가 큰 소리로 부르짖었다.

"중이 공자께서 진나라와 적나라의 군사를 거느리고 성 밖에 와 계신다. 나는 이극 대부의 명령을 받들고 돌아가신 신생 태자의 원한을 갚기 위해 간신배들을 주살하며 중이 공자를 맞아들여 보위에 모시고자 한다. 너희 중 나를 따르고자 하는 자는 모두 남고 원하지 않는 자는 스스로 이곳을 떠나라."

군사들은 중이를 보위에 모신다는 말을 듣고 환호작약하며 모두 그 뒤를 따르고 싶어했다. 양오는 동관오가 피살되었다는 소식을 듣고는 황급히 조당朝堂으로 달려가서 순식과 함께 탁자를 받들고 밖으로 도망치려다가 도안이의 추격에 잡히고 말았다 이극, 비정보, 추천도 각각 자기 집안 사병을 이끌고 한꺼번에 들이닥쳤다. 양오는 포위를 벗어날 수 없음을 알고 칼을 빼서 자결하려 했지만 뜻을 이루지 못하고 결국 도안이의 한 손에 사로잡히게 되었다. 이극이 그 틈을 이용해 칼을 휘두르자 양오의 몸은 두 조각이 나고 말았다. 이때 좌행대부左行大夫 공화共華도 사병을 이끌고 도움을 주러 달려왔다. 이들 군사가 일제히 대궐 문으로 쇄도해 들어갔다. 이극이 칼을 빼들고 앞장섰고 나머지 사람들이 모두 그 뒤를 따랐다. 대궐을 지키던 좌우 군사들은 모두 놀라 흩어졌다. 그러나 순식은 표정에 아무런 변화도 없이 왼손으로 탁자를 안고 오른손 소매로 탁자의 얼굴을 가렸다. 탁자는 두려움에 떨며 울었다. 순식이 이극에게 말했다.

"이 어린 것이 무슨 죄가 있소? 차라리 나를 죽이고 선군의 이 한 점 혈육은 살려주길 바라오."

이극이 말했다.

"신생 태자는 지금 어디 있소? 그분도 선군의 혈육이었소."

이극이 도안이를 돌아보며 소리를 질렀다.

"아직도 손을 쓰지 않고 있느냐?"

도안이는 순식의 손에서 탁자를 빼앗아서 계단 뒤로 던졌다. 철퍼덕 소리가 들리더니 널부러진 고깃덩이로 변했다. 순식은 진노하여 칼을 뽑아들고 이극과 전투를 벌였지만 역시 도안이에게 참수되고 말았다. 군사들이 마침내 궁중으로 난입하자 여희는 먼저 가군買君의 궁전으로 뛰어 들어갔다. 그러나 가군은 문을 닫아걸고 들여보내지 않았다. 여희는 결국 후원으로 뛰어 들어가 다리 위에서 연못에 몸을 던져 죽었다. 이극은 그 시체를 참하라고 명했다. 여희의 동생 소희少姬는 비록 탁자의 생모였지만 총애도 받지 못했고 권력도 없었기 때문에 죽이지는 않고 별실에 감금했다. 이오二五(동관오와 양오) 및 우시의 무리는 깡그리 섬멸당했다. 엄선聲仙이 시를 지어 여희를 탄식했다.

신생을 모함하여 죽인 뜻이 무엇인가	譖殺申生意若何
어린 아들 거느리고 강산을 잡으려 했네	要將稚子掌山河
하루아침에 모자가 함께 주살되었으니	一朝母子遭駢戮
당년의 「가예」 노래 가소롭기 짝이 없네	笑殺當年暇豫歌

또한 임금의 잘못된 명에 따라 서자를 보위에 올렸다가 죽어서도 칭찬을 듣지 못한 순식을 한탄한 시가 있다.

혼군의 잘못된 명을 어찌하여 따랐던가	昏君亂命豈宜從
그래도 고집스럽게 충성 바쳐 죽는다 했네	猶說硜硜效死忠

里克
兩弑
張主

이극이 두 어린 군주를 죽이다.

옥구슬과 좋은 말 그 지략은 어디 갔나 壁馬智謀何處去

군신이 속수무책 일장춘몽 되었도다 君臣束手一場空

이극은 백관을 조당에 불러 모으고는 의논했다.

"이제 서자는 제거되었소. 공자 중에서는 중이가 나이도 가장 많고 현명하니 그를 옹립해야 할 것이오. 마음을 함께하는 대부들께서는 죽간에 서명해주시기 바라오."

비정보가 말했다.

"이 일은 호돌 노대부의 의견을 들어보지 않으면 안 되오."

이극은 사람을 보내 수레로 호돌을 맞아오게 했다. 호돌이 사양하며 말했다.

"노부의 두 아들이 망명한 중이 공자를 따라갔으니, 만약 그를 맞아온다면 이는 이번 시해에 함께 참여한 것이 되오. 나는 늙었으니 대부들의 명령에 따르고자 하오."

그리하여 이극이 마침내 붓을 들어 먼저 자신의 이름을 쓰자 비정보가 그 뒤를 이었다. 그다음으로 공화, 가화, 추천 등 모두 30여 명이 서명했다. 뒤에 온 사람은 모두 서명할 겨를도 없었다. 이극은 임시로 상사上士의 직함을 도안이에게 주어 표문表文을 받들고 적나라로 가서 공자 중이를 맞아오게 했다. 중이는 표문에 호돌의 서명이 없는 것을 보고 의심스러워했다. 옆에서 위주가 말했다.

"이렇게 주군을 맞으러 왔는데도 가지 않는다는 건 망명객 노릇을 더 오래 하시겠다는 것입니까?"

중이가 말했다.

"그대는 잘 모를 것이오. 여러 공자가 아직도 많이 생존해 있는데 하필이면 나란 말이오? 또 두 어린 공자가 주살을 당했고 그 파당이 아직 다 제거되지 않은 판이니, 내가 들어갔다가 다시 나오게 되는 상황이 된다면 무어 얻을 게 있단 말이오? 하늘이 만약 내게 천명을 내려주신다면 어찌 지금 나라 없음을 근심하리오?"

호언도 상사喪事와 난리에 편승하는 건 모두 좋은 명분이 아니라고 하면서 중이에게 들어가지 말라고 권했다. 이에 중이가 사자에게 말했다.

"나 중이는 선친에게 죄를 지어 사방으로 도망 다니는 사람이라 살아생전에 문안 인사와 음식 수발도 다하지 못했고 돌아가셨을 때도 염을 지켜보며 곡도 하지 못했소. 그런데 지금 어찌 본국의 혼란을 틈타 나라를 넘볼 수 있겠소? 대부께서는 다른 공자를 모시길 바라오. 중이는 감히 되돌아갈 수가 없소."

도안이는 할 수 없이 돌아와 들은 그대로 보고했다. 이극은 다시 사람을 파견하고자 했지만 대부 양유미梁繇靡4가 말했다.

"공자라면 누가 보위에 오를 수 없겠소? 어찌 이오 공자를 맞아오지 않는 것이오?"

이극이 말했다.

"이오는 탐욕스럽고 잔인하오. 탐욕스러우면 신의가 없고, 잔인하면 백성과 친할 수 없소. 중이만 못하오."

양유미가 말했다.

"다른 공자에 비하면 그래도 낫지 않소?"

4_ 양유미梁繇靡: 양유미梁由靡로도 쓰므로 '繇'는 '유'로 읽어야 한다.

여러 대신이 모두 그렇다고 하자 이극도 어쩔 수 없었다. 이에 도안이에게 양유미를 보좌하여 양나라로 가서 이오를 맞아오게 했다.

한편 이오는 양나라에서 양백梁伯의 딸을 아내로 맞아 어圉라는 아들 하나를 두었다. 이오는 양나라에서 편안한 생활을 영위했다. 그러나 밤낮으로 본국에 변란이 일어나기를 바라며 그 기회를 틈타 귀국할 수 있기를 학수고대했다. 그때 헌공이 세상을 떠났다는 소식을 듣고 여이생에게 굴성屈城을 습격하여 점거하게 했다. 순식은 나라 안의 일이 바빠서 변방의 혼란을 따져 물을 겨를이 없었다. 그러던 중 해제와 탁자의 피살 소식을 들었다. 국내의 대부들이 중이를 맞으러 떠나자 여이생이 서찰로 이오에게 그 사실을 보고했다. 이오는 국내로 들어와 보위를 쟁탈하고자 괵사, 극예와 긴밀히 상의했다. 그때 홀연 양유니가 사신을 맞으러 온 설 보고 손을 이마에 대고 말했다.

"하늘이 중이에게서 나라를 빼앗아 나에게 주는구나."

이오는 자기도 모르는 사이에 희색이 만면했다. 극예가 앞으로 나서며 말했다.

"중이도 나라를 얻는 걸 싫어하지는 않을 것입니다. 그럼에도 귀국하지 않는 것을 보면 필시 의심할 만한 점이 있는 것 같습니다. 공자께서도 가볍게 믿지 마시옵소서. 대저 국내에 있으면서 국외에서 임금을 찾는 자들은 모두 큰 욕심을 품고 있습니다. 지금 진晉나라 신하 중에서 힘을 쓸 수 있는 자는 이극과 비정보가 으뜸입니다. 공자께선 저들에게 의당 후한 뇌물을 내리셔야 하오나 그렇다 하더라도 아직 위험이 남아 있습니다. 대저 호랑이 굴에 들어가려면 반드시 날카로운 무기를 지니셔야 합니다. 그러므로 공자께서 입국하시려면 강한 나라의 힘을 빌리지 않으면 불가능한 일입니다. 지금은 진秦나라가 최강인데, 공자께선 어찌하여 겸손한 말로 화친을 청하지 않으십니까? 진나라가 우리 요청을 받아들인다면 귀국이 가능할 것입니다."

이오는 그 말을 듣고 이극에게 분양汾陽(山西省 汾陽) 땅 100만 전田을, 비정보에게는 부규負葵5 땅 70만 전을 하사한다고 하면서 그것을 모두 문서로 작성해 봉함한 후 먼저 도안이를 귀국시켜 보고하게 했다. 또 양유미를 잠시 머무르게 하여 진秦나라에 서찰을 전달하게 하고 아울러 이오를 맞아 오려는 진晉나라 대부들의 뜻을 전하게 했다.

진 목공이 건숙에게 말했다.

"진晉나라의 혼란을 과인이 평정해야 한다고 상제께서 꿈에 알려주셨소. 과인이 듣건대 중이와 이오가 모두 현명한 공자라고 하니 과인은 그 둘 중에서 하나를 가려 보위에 올릴 것이오. 그러나 누가 더 나은지 모르겠소."

건숙이 말했다.

"중이는 적나라에 있고 이오는 양나라에 있다 하니 모두 우리 진에서 가깝습니다. 그런데도 주상께서는 어찌하여 사람을 보내 저들 선군의 죽음을 조문하면서 두 공자의 사람됨을 살펴보지 않으십니까?"

목공이 말했다.

"그렇게 하겠소."

이에 공자 칩을 먼저 중이에게 보내 조문하게 하고 다시 이오에게도 보내 조문하게 했다. 공자 칩은 적나라로 가서 중이를 만나 진나라 군주의

5_ 부규負葵: 산서성山西省 분하汾河와 황하黃河가 합류하는 일대의 연안 지역. 대체로 섬서성陝西省 한성韓城에서 산서성 신강新絳까지 분하汾河 하류 일대의 땅을 부규라 한다.

명으로 조문을 왔다고 했다. 조문 절차가 끝나자 중이는 바로 물러나 집 안으로 들어가버렸다. 공자 칩은 문지기를 통해 말을 전하게 했다.

"공자께서 이 시기를 빌려 귀국할 의향이 있으시면, 우리 주상께서 보잘 것없는 군대나마 동원하여 공자의 선봉이 되겠다고 하셨습니다."

중이가 그 말을 조최에게 알렸다. 그러자 조최가 말했다.

"국내 대부들의 영입은 물리치고 외국의 총애를 빌려 귀국한다면 비록 귀국했다 하더라도 빛이 나지 않을 것입니다."

이에 중이가 밖으로 나와 사자를 보며 말했다.

"진나라 군후께서 망명객 중이에게 조문의 은혜를 베풀어주셨지만 뒷 부분의 하명은 받들지 못하겠소. 저 같은 망명객은 아무 보배도 없고 다 만 어질게 친분을 쌓는 걸 보배로 삼고 있소. 또 지금 아버지께서 돌아가 신 상황에서 무슨 말을 할 수 있겠소. 나는 감히 다른 마음을 먹을 수가 없소."

그러고는 마침내 땅에 엎드려 대성통곡한 후 머리를 조아리고 물러갔다. 사사로운 말은 한마디도 하지 않았다. 공자 칩은 중이가 말을 듣지 않는 것 을 보고 그의 어진 마음을 짐작하고는 탄식하며 그곳을 떠났다.

결국 양나라로 가서 이오에게도 조문을 했다. 서로 예가 끝나자 이오가 먼저 공자 칩에게 말했다.

"대부께서는 귀국 군후의 명으로 이 보잘것없는 망명객을 조문하러 오 셨는데, 제게 무슨 가르침을 내려줄 것이 있으시오?"

공자 칩은 중이에게 한 말과 마찬가지로 이오에게도 이번 기회를 빌려 귀국하면 도움을 주겠다고 했다. 그러자 이오는 머리를 조아리며 거듭 감 사를 표했다. 그러고는 바로 안으로 들어와 극예郤芮에게 말했다.

"진秦나라가 나를 보위에 올려주기로 약속했소."

극예가 말했다.

"진나라가 어찌 사사롭게 우리를 돕겠습니까? 장차 우리에게 취하고자 하는 바가 있을 것입니다. 분명 사사로운 마음을 먹고 있을 것입니다. 공자께선 반드시 큰 땅을 떼어서 저들에게 뇌물을 먹이시옵소서."

이오가 말했다.

"큰 땅을 떼주면 우리 진晉나라에 손해가 아니오?"

극예가 말했다.

"공자께서 귀국하지 못하면 이곳 양산의 한 필부에 지나지 않습니다. 그러니 진나라에 한 치의 땅인들 가질 수 있겠습니까? 다른 사람의 땅을 공자께선 어찌 그렇게 아까워하십니까?"

이에 이오가 다시 나와 공자 칩을 만나 손을 잡고 말했다.

"이극과 비정보도 모두 나의 등극을 허락했소. 나는 망명객이지만 그들에게 모두 보답했소. 그리고 또 그 보답을 박하게 할 수 없었소. 만약 귀국 군후의 은총을 빌려 귀국한 뒤 사직의 주인이 된다면 귀국 군후께서 동쪽으로 다니시기 편리하게 하외河外6의 다섯 성을 드리고자 하오. 그 땅은 동쪽으로 모든 괵(河南省 三門峽 일대) 땅을 포괄하고 남쪽으로 화산華山(陝西省 華山)에 이르며, 안으로는 해량解梁(山西省 永濟 開張鎭)을 경계로 삼고 있소. 귀국 군후께 바치고 그 은덕의 만분의 일이라도 보답하고자 하오."

그리고는 소매 속에서 땅문서를 꺼내면서 덕스러운 표정을 지어 보였다.

6_ 하외河外: 진晉(山西省)과 진秦(陝西省)의 경계를 이루는 황하 하류 서쪽 지역에서 황하 남쪽 연안 지역. 지금의 섬서陝西성 한성韓城에서 위하渭河와 황하가 합수하는 지역을 말한다. 흔히 하서河西라고도 한다.

칩이 막 겸양의 말을 하려는 순간 이오가 또 말했다.

"이 망명객에게 그래도 황금 40일鎰과 백옥 노리개 여섯 쌍이 있소. 이 건 공자께 드리는 것이니 받아주시오. 부디 공자께서 귀국 군후께 잘 말씀 드려주시면 제가 은혜를 잊지 않겠소."

칩은 이 모든 예물을 다 받았다. 사관이 이 일을 시로 읊었다.

중이는 친상당해 아버지를 슬퍼했으나	重耳憂親爲喪親
이오는 나라 탐해 희색이 만면했네	夷吾利國喜津津
조문받는 그 모습이 너무도 현격해서	但看受吊相懸處
두 사람의 성패가 분명하게 정해졌네	成敗分明定兩人

칩은 목공에게 귀국 보고를 올리며 두 공자를 직접 상면한 소감을 자세하게 이야기했다. 목공이 말했다.

"중이의 어진 성품은 이오보다 훨씬 뛰어난 듯하오. 내 반드시 중이를 보위에 올리겠소."

칩이 말했다.

"주상께서 진晉나라 군주를 세워주려는 것은 진나라를 걱정해서입니까? 아니면 천하에 이름을 날리기 위한 것입니까?"

"진나라가 내게 무슨 상관이란 말이오? 과인은 천하에 이름을 날리고 싶소."

"주상께서 만약 진나라를 걱정하신다면 어진 군주를 선택하시옵소서. 그러나 단지 천하에 명성을 날리실 요량이라면 어질지 못한 군주를 세우는 것이 더 좋을 것입니다. 어진 군주는 우리 위에 군림하겠지만 어질지 못

한 군주는 우리 아래에 처하게 될 것이니, 두 가지 중 어느 것이 우리에게
유리하겠습니까?"

"경의 말을 들으니 내 폐부가 환히 열리는 것 같소."

이에 목공은 공손지에게 병거 300승을 주어 이오를 진晉나라 보위에 올
렸다. 목공의 부인 목희穆姬는 진나라 세자 신생의 여동생이었다. 어려서
헌공의 차비 가군賈君의 궁전에서 교육을 받아 아주 어진 덕을 갖추고 있었
다. 목희는 공손지가 이오를 진나라 보위에 올린다는 소식을 듣고 서찰 한
통을 써서 이오에게 보냈다. 그 내용은 이러했다.

공자가 귀국하여 진나라 군후가 되시면 반드시 가군을 잘 보살펴주시오.
또 여러 공자가 난리를 피해 외국으로 도망 다니고 있지만 모두 죄가 없소.
듣건대 잎이 무성한 나무는 뿌리가 튼튼하다 하오. 반드시 다른 공자들도
모두 귀국시키도록 하시오. 이것은 진나라의 울타리를 튼튼하게 하기 위한
방법이오.

이오는 목희의 관심을 잃을까 걱정되어 손수 답서를 써서 하나하나 모
두 명령대로 하겠다고 했다.

한편 제 환공은 진나라에 변란이 발생했다는 소식을 듣고 제후들을 모
아 대처 방안을 마련하고자 했다. 그리하여 친히 고량高粱(山西省 臨汾 동북)
땅으로 가다가 진秦나라 군사가 이미 출병했다는 소식을 들었다. 이때 주
혜왕[7]도 대부 왕자 당黨에게 군사를 거느리고 진晉나라로 출병하게 했다.

7_ 혜왕惠王: 원문에는 혜왕惠王으로 되어 있지만 양왕襄王이 되어야 옳다.

이에 제 환공은 공손습붕을 시켜 주 왕실 및 진秦나라 군사와 함께 이오를 보위에 올리게 했다. 여이생도 굴성에서 와서 합류했다. 마침내 환공은 제나라로 회군했다. 이극과 비정보가 국구8인 호돌에게 이번 일을 주관해달라고 간청하자, 호돌은 신하들을 거느리고 어가를 준비하여 진晉나라 경계에서 이오를 맞아들였다. 이오는 강주성絳州城으로 들어가서 보위에 올랐다. 이 사람이 바로 진 혜공惠公이다. 혜공은 그해를 바로 원년으로 삼으니 주 양왕 2년이었다. 진나라 백성은 평소에 중이의 어진 품성을 사모하여 그가 보위에 오르기를 바랐으나 중이는 오지 않고 이오가 왔다는 소식을 듣고는 모두 크게 실망했다.

혜공은 즉위 후 마침내 아들 어圉를 세자로 삼았다. 그리고 호돌과 괵사는 상대부로 심았고, 여이생과 극예는 중대부로 삼았으며, 도안이는 하대부로 삼았다. 그 나머지 국내에 있던 신하들은 모두 옛날 관직을 그대로 유지하게 했다. 양유미는 왕자 당黨을 따라 주 왕실로 사신을 가게 했고, 한간韓簡은 습붕을 따라 제나라로 사신을 가게 하여 각각 진나라 보위 결정에 베풀어준 은혜에 감사를 표했다. 그러나 진秦나라 사신 공손지만 하서河西 다섯 성을 받기 위해 여전히 진晉나라에 남아 있었다. 혜공은 차마 땅을 떼어주기가 싫어서 신하들을 소집하여 상의하게 했다. 괵사가 여이생에게 눈짓을 하자 여이생이 앞으로 나서서 말했다.

"주상께서 그 땅을 진秦나라에 뇌물로 줄 때는 아직 귀국하기 전이어서 이 나라가 주상의 나라가 아니었습니다. 지금은 귀국하셨으므로 이 나라

8_ 국구國舅: 왕비의 친정 부친을 가리킴. 진晉 헌공獻公의 첫째 부인 호희狐姬가 바로 호돌狐突의 딸이고, 나중에 진晉 문공文公이 되는 공자 중이重耳는 호희가 낳은 아들이다. 따라서 호돌의 아들인 호모狐毛와 호언狐偃은 중이의 외삼촌이 된다.

진秦 목공이 진晉나라 난리를 첫 번째로 평정하다.

가 주상의 나라입니다. 이제 그 땅을 진나라에 주지 않는다 해도 진나라가 주상을 감히 어찌하겠습니까?"

이극이 말했다.

"주상께서 나라를 얻은 초기에 강한 이웃에게 신의를 잃어서는 안 됩니다. 차라리 주는 것이 나을 것입니다."

극예가 말했다.

"그 다섯 성을 떼주는 것은 우리 진나라의 반을 떼주는 것과 같습니다. 진나라가 비록 강력한 군사를 갖고 있다 해도 그 다섯 성을 우리에게서 빼앗지는 못할 것입니다. 또 그 땅은 선군께서 온갖 전투를 하여 비로소 소유한 곳이오니 버려서는 안 됩니다."

이극이 말했다.

"선군의 땅임을 알면서 어찌하여 주겠다고 약속한 것입니까? 약속을 하고서도 주지 않으면 진나라가 노하지 않겠습니까? 또 선군께서 곡옥에서 나라를 세울 때 그 땅은 아주 작았지만 오직 정치에 힘을 쏟았기 때문에 작은 나라를 병합하여 큰 나라를 이룰 수 있었습니다. 주상께서 정치를 개선하고 이웃 나라와 친선을 유지한다면 어찌 다섯 성이 없다고 근심할 게 있겠습니까?"

그러자 극예가 고함을 질렀다.

"이극은 지금 진나라 핑계를 대고 있지만 그렇지 않은 것 같습니다. 기실은 지난번 주상께서 하사하신 분양 땅 100만 전을 받기 위한 수작에 불과합니다. 주상께서 그 땅을 주시지 않을까 걱정이 되어 진나라를 그 사례로 거론하는 것입니다."

이때 비정보가 팔꿈치로 이극을 슬쩍 찌르자 이극은 결국 다시 반박하려던 입을 닫았다. 혜공이 말했다.

"그 땅을 주지 않으면 신의를 잃을 것이고, 주자니 나라가 약해질 것이니 한두 성만 주는 건 어떻겠소?"

여이생이 말했다.

"한두 성을 준다고 신의를 온전히 지킬 수 있는 것이 아니라 오히려 진나라의 부아만 돋우는 꼴이 되고 말 것입니다. 차라리 모두 거절하는 것이 더 나을 것입니다."

혜공은 여이생에게 명을 내려 진나라 요구에 거절하는 국서를 쓰게 했다. 그 내용은 이렇다.

처음에 나 이오는 하서 땅 다섯 성을 군후께 드리기로 약속했소. 지금 다행히 귀국하여 사직을 지킬 수 있게 되어 이오는 군후의 은혜를 생각해 즉시 약속을 실천하려고 했소. 그런데 대신들이 모두 이렇게 말했소. "그 땅은 선군께서 마련한 땅인데 주상께서 외국 망명 중에 어찌 독단으로 다른 나라에 줄 수 있단 말입니까?" 과인은 대신들과 논쟁했으나 동의를 얻을 수 없었소. 군후께서 기한을 조금 늦추어주시면 과인이 절대 잊지 않을 것이오.

혜공이 물었다.

"누가 과인을 위해 진나라에 사죄할 수 있겠소?"

비정보가 가겠다고 하여 혜공은 그 말에 따랐다.

원래 혜공은 앞서 귀국을 도모할 때 비정보에게도 부규 땅 70만 전을 하사하기로 약속했다. 그러나 혜공이 진나라에도 땅을 주지 않기로 한 이상 어찌 이극과 비정보에게만 땅을 줄 수 있겠는가? 비정보는 입으로는 아무 말도 할 수 없었지만 마음속으로는 원한을 품고 특별히 이번 사신의 기회를 빌려 진나라에 가서 호소할 작정이었다. 비정보는 공손지를 따라 진나라로 가서 목공을 알현하고 국서를 바쳤다. 목공은 국서를 다 읽고 나서 책상을 치며 진노했다.

"과인은 원래 이오가 임금 재목이 아니라는 걸 알고 있었는데, 오늘 과연 그 도적놈에게 사기를 당했구나!"

그러고는 비정보를 참수하라고 했다. 그러자 공손지가 이렇게 아뢰었다.

"그건 비정보의 죄가 아닙니다. 주상께선 그를 용서해주시옵소서."

목공은 그래도 화가 풀리지 않는지 이렇게 물었다.

"어느 놈이 이오를 부추겨 과인을 배신하게 했느냐? 과인이 그놈을 잡아 손수 베어 죽일 것이다."

비정보가 말했다.

"군후께서 좌우를 물리쳐주시면 신이 말씀을 올리겠습니다."

그러자 목공의 안색이 다소 부드러워지며 좌우 신하를 잠깐 주렴 밖으로 물러나게 하고는 비정보에게 읍을 하며 물었다. 비정보가 대답했다.

"진나라 대부들 중 군후의 은혜에 감사하며 땅을 떼어주자고 주장하지 않는 사람은 아무도 없습니다. 다만 여이생과 극예 두 사람만 조정에서 계속 훼방을 놓고 있습니다. 군후께서 만약 후한 폐백을 주고 두 사람에게 문안 인사를 한 뒤 좋은 말로 부르시면 두 사람이 진秦나라로 올 것입니다. 그때 두 사람을 죽이시옵소서. 그러고 나서 군후께서 중이를 보위에 올리시면 신과 이극은 안에서 이오를 내쫓아 군후께 호응하겠습니다. 그리고 대대로 군후를 섬기겠습니다. 어떻습니까?"

목공이 말했다.

"그 계책이 참으로 묘하오. 진실로 과인의 본심을 알아주셨소."

이에 대부 냉지泠至에게 비정보를 따라 진晉나라에 사신을 가게 했다. 그리고 여이생과 극예를 유인해오게 한 뒤 죽일 작정이었다. 여이생과 극예의 목숨이 어떻게 되는지 다음 회를 보시라.

제29회

도륙된 신하들

진 혜공은 신하들을 크게 주살하고
관중은 병석에서 다음 재상감을 논하다
晉惠公大誅群臣, 管夷吾病榻論相.

이극은 원래 공자 중이를 받들어 모시려는 생각을 하고 있었다. 그러나 중이가 사양하며 귀국하지 않았고, 또 이오가 많은 뇌물로 귀국을 요청했기 때문에 대신들의 의견에 따라 일을 처리하고 말았다. 그러나 누가 알았으리오? 혜공이 즉위한 후 약속한 땅을 한 뼘도 주지 않았을 뿐만 아니라 또 괵사, 여이생, 극예와 같은 심복들만 임용하고 선대의 대신들은 모두 멀리할 줄이야. 이에 이극은 벌써 불복의 마음을 품게 되었다. 진나라에 약속한 땅을 할양하자고 혜공에게 권할 때도 분명히 사심 없이 이야기를 했지만 오히려 극예는 그 말을 이극 자신의 사욕이 개입된 말이라고 했다. 조당에서는 분노를 드러낼 수 없어서 아무 말도 하지 못하고 화를 꾹꾹 참을 수밖에 없었다. 그러나 대궐을 나서는 그의 얼굴에는 원망의 표정이 가득 드러나 있었다. 그때 비정보가 진나라로 사신을 가겠다고 하자 극예는 그가 이극과 무슨 모의를 할까 걱정되어 몰래 사람을 시켜 비정보의 동정을 염탐했다. 비정보도 극예 패거리의 염탐을 염려하여 결국 이극에게는 작별 인사도 하지 않고 진나라로 떠났다. 이극도 비정보에게 할 말이 있다고 사람을 보내 만나자고 초청했으나 비정보는 벌써 도성을 나가고 없었다. 이극은 혼자서 비정보를 뒤쫓아갔으나 만나지 못하고 돌아왔다. 그의 동정은 일찌감치 극예에게 보고되었다.

극예는 혜공을 만나 뵙기를 청하고 이렇게 아뢰었다.

"이극은 주상께서 자신의 권력을 빼앗았다고 하고 또 분양 땅을 주지 않는다면서 원망을 품고 있습니다. 오늘 소문을 들어보니 비정보가 진나라로 사신을 가는데 이극이 수레를 타고 뒤쫓아가다가 돌아왔다고 합니다. 그러니 저들 사이에 틀림없이 별도의 모략이 있을 것입니다. 신은 평소에도 이극이 중이에게 좋은 마음을 갖고 있으며 주상을 옹립한 것은 그의 본의가 아니라는 말을 들었습니다. 그러므로 만에 하나 그가 중이와 내통하여 호응하면 어떻게 막을 수 있겠습니까? 그를 죽여 후환을 끊는 것이 좋을 것입니다."

혜공이 말했다.

"이극은 과인을 위해 공을 세웠는데 지금 무슨 핑계로 그를 죽일 수 있겠소?"

극예가 말했다.

"이극은 해제를 시해하고 탁자도 시해했으며 게다가 고명을 받은 신하 순식까지도 죽였으므로 그 죄가 막대합니다. 그가 주상전하를 옹립한 것은 사사로운 공로지만, 시역의 죄를 성토하는 것은 공명정대한 대의입니다. 밝으신 주상께서는 사사로운 공로만 생각하느라 공명정대한 대의를 막아서는 안 됩니다. 신이 주상의 명령을 받들어 이극을 토벌하겠습니다."

"그럼 대부께서 그렇게 하도록 하시오."

극예는 마침내 이극의 집으로 가서 이렇게 말했다.

"주상께서 명령을 내려 나를 대부께 보냈소. 주상께서 이렇게 말씀하셨소. '그대가 없었다면 과인은 보위에 오를 수 없었을 것이오. 과인은 그대의 공로를 잊을 수 없소. 그러나 그대는 두 임금을 시해했고 한 대부를 죽였소. 그대의 임금이 된 나로서는 정말 곤란한 일이오. 이제 과인은 선군의 유명을 받들고자 하오. 그러므로 사사로운 공로만 생각하고 공명정대한 대의를 막을 수는 없소. 그대 스스로 일을 잘 매듭짓기 바라오.'"

이극이 말했다.

"서들을 폐위하지 않았다면 지금의 주상이 어떻게 일어날 수 있었겠소. 내게 죄를 주기로 마음먹었다면 어찌 핑곗거리가 없겠소? 신하는 주상의 명령에 따라야겠지요."

극예가 다시 다그치자 이극은 칼을 뽑아 들고 땅을 박차며 크게 울부짖었다.

"하늘이여! 원통합니다! 충성을 다하다 죄를 얻었습니다. 죽어서도 혼령이 있다면 내 무슨 면목으로 순식을 만나볼 수 있으리오?"

그러고는 마침내 칼로 자신의 목을 찔러 죽었다. 극예가 돌아와 혜공에게 보고하자 혜공이 몹시 기뻐했다. 염선이 이 일을 시로 읊었다.

기껏해야 이오 옹립, 몸은 칼을 맞았으니	才入夷吾身受兵
당초에 어찌하여 신생 위해 죽지 않았나	當初何不死申生
완전한 계책이란 중립 아님을 알았으리	方知中立非完策

혜공이 이극을 죽이자 불복하는 신하가 많았다. 기거祁擧, 공화共華, 가화賈華, 추천騅遄 등은 모두 원망을 쏟아냈다. 혜공은 이들도 죽이려 했다. 그러자 극예가 말했다.

"비정보가 국외에 사신을 가 있는 동안 많은 사람을 죽이면 그가 의심 끝에 반역의 마음을 품게 될 것이니 지금은 불가합니다. 주상께선 잠시 참으시옵소서."

혜공이 말했다.

"진나라 군부인께서 과인에게 가군을 잘 보살펴주고 망명 중인 공자들을 모두 받아들이라는 말씀을 하셨는데, 어찌하면 좋겠소?"

극예가 말했다.

"공자들 중 누가 보위를 다툴 마음이 없겠습니까? 받아들여서는 안 됩니다. 그러나 가군을 잘 보살피라는 진나라 군부인의 말씀에 보답하는 건 가능한 일입니다."

이에 혜공은 내궁으로 가군을 만나러 갔다. 이때 가군은 아직도 아름다운 용모가 시들지 않아서, 혜공은 가군을 보자 갑자기 음란한 마음이 일었다. 혜공이 가군에게 말했다.

"진나라 군부인께서 과인에게 그대와 즐겁게 지내란 부탁을 하셨으니, 그대는 거절하지 마시오."

이에 바로 들어가서 가군을 안았다. 나인들이 모두 웃음을 흘리며 자리를 피했다. 가군은 혜공의 위세가 두려워 억지로 명령에 따를 수밖에 없었다. 일이 끝나자 가군은 눈물을 흘리며 말했다.

"신첩은 신세가 불행하여 선군을 끝까지 모시지도 못했는데, 오늘 또 주상께 몸을 잃고 말았습니다. 다만 저는 오늘 돌아가신 태자 신생의 원한을 풀어주시길 부탁드리옵니다. 신첩이 다행히 다시 진나라 군부인을 만나뵐 수 있으면 몸을 지키지 못한 죄에 대해 용서를 빌까 합니다."

혜공이 말했다.

"어린 두 공자가 죽었으니, 돌아가신 세자의 원한은 이미 밝혀진 것이오."

가군이 말했다.

"소문을 들으니 신생 세자의 유해가 아직도 잡초에 싸여 신성에 묻혀 있다 합니다. 주상께선 반드시 무덤을 옮기시고 그분께 시호를 추증하여 원한을 풀어주기 바라옵니다. 이 일은 또한 백성이 주상께 바라는 일입니다."

혜공이 그 일을 허락하고 극예의 사촌 동생 극걸郤乞에게 명하여 곡옥으로 가서 좋은 땅을 골라 묘지를 옮기라고 했고, 또 태사를 시켜 시호를 논의하게 했다. 그리고 마침내 그 효성스럽고 공경스러운 마음을 기려 '공세자共世子'란 시호를 내렸다. 또 호돌을 그곳에 보내 제사를 올리고 그 사실을 공세자의 무덤에 아뢰게 했다.

극걸이 곡옥으로 가서 따로 수의, 관곽 및 명기明器와 목우木偶 등을 마련함에 지극정성을 다했다. 그리고 신생의 무덤을 파니 얼굴 모습이 마치 살아 있는 듯했다. 그러나 시신에서 풍기는 악취가 견딜 수 없을 정도여서 일꾼들이 모두 코를 막고 구토를 하느라 일을 할 수 없었다. 극걸이 향불을 피우고 재배를 올리며 말했다.

"세자께서는 살아서 깨끗하게 절개를 지키셨습니다. 그런데 돌아가셨다고 깨끗함을 지키지 않겠습니까? 만약 깨끗하지 않다면 세자가 아니오니, 원컨대 사람들을 놀라게 하지 마시옵소서."

말을 마치자 악취가 멈추면서 기이한 향기로 변했다. 마침내 다시 염을 하고 입관하여 고원高原에 장사 지냈다. 곡옥 사람들은 모두 성을 비우고 달려와 신생을 전송하며 눈물을 흘리지 않는 사람이 없었다. 장례를 치른 지 사흘 만에 호돌은 제수를 갖추어 묘지로 가서 혜공의 명령을 받들어 비석을 세우고 제사를 올렸다. 묘비에는 '진공태자지묘晉共太子之墓'라고 새겼다. 일을 마치고 호돌은 도성으로 돌아가려고 했다. 그때 갑자기 깃발이 쌍쌍이 나부끼고 창을 든 갑사들이 겹겹이 늘어선 채 한 무리 수레와 병마가 몰려오는 것이 보였다. 호돌은 그것이 누구의 군대인지 몰라서 황망히 자리를 피하려고 했다. 그러자 주인을 호위하던 어떤 사람이 수레를 몰고 다가왔다. 수염과 머리칼이 반백이었고 관복과 홀을 단정하게 갖춘 채 조용히 수레에서 내려 호돌의 앞으로 다가와 읍을 했다.

　"세자께서 할 말이 있으니 잠시 모셔오라고 하오. 청컨대 국구께서는 저쪽으로 좀 가주실 수 있겠소?"

　호돌이 자세히 살펴보니 바로 태부 두원관杜原款이었다. 호돌은 정신이 아득해진 가운데 그가 이미 죽었다는 사실도 잊고 이렇게 물었다.

　"세자께서 어디 계시오?"

　두원관이 뒤쪽의 큰 수레를 가리키며 말했다.

　"저것이 바로 세자께서 타신 수레요."

　호돌은 두원관을 따라 수레 앞으로 갔다. 세자 신생이 관모를 단정히 쓴 채 칼을 차고 있는 모습이 보였다. 그 모습이 완연히 생전의 모습과 같았다. 수레를 모는 시종에게 호돌을 이끌어 수레에 태우게 하고 물었다.

　"국구께선 아직도 신생을 기억하고 계시오?"

　호돌이 눈물을 흘리며 대답했다.

"세자 저하의 원통함이야 길 가는 사람도 듣고 눈물을 흘리지 않는 사람이 없습니다. 이 호돌이 어떤 사람이기에 세자 저하를 잊을 수 있겠습니까?"

신생이 말했다.

"상제께서 나의 어질고 효성스러움을 가엾게 여기시어 내게 교산喬山의 주인이 되라고 명을 내리셨소. 이오가 가군에게 무례한 짓을 한 걸 알고 나는 그 불결한 행동이 싫어서 이번 장례를 거절하려고 했소. 그러나 여러 백성의 뜻을 어길까봐 내 뜻을 잠시 멈추었소. 지금 진秦나라 군주가 매우 어질다고 하니 나는 우리 진晉나라를 진秦나라에 주고 진秦나라 사람들을 시켜 내 제사를 받들게 할 생각이오. 국구께선 어떻게 생각하시오?"

호돌이 대답했다.

"세자께선 진晉나라 임금이 싫으시겠지만 그 백성은 무슨 죄가 있습니까? 또 진나라 선군들께선 무슨 죄가 있습니까? 세자께서 동성의 나라를 버리고 타성의 나라에서 제사를 받으시겠다는 것은 그 어질고 효성스러운 덕망에도 어긋나는 일인가 합니다."

신생이 말했다.

"국구의 말씀도 옳소. 그러나 나는 이미 이 모든 계획을 상제께 아뢰었소. 지금 또다시 아뢰고자 하니 국구께선 잠시 이레 동안만 머물러 계시기 바라오. 신성新城의 서쪽 변두리에 무당이 하나 있소. 내가 그 무당에게 부탁하여 국구께 다시 말을 전하도록 하겠소."

두원관이 수레 아래에서 호돌을 불렀다.

"국구께선 이제 작별하셔야 하오."

호돌을 수레에서 끌어내리는 순간 호돌이 발을 헛디뎌 땅에 엎어졌다. 그 순간 수레와 병마가 모두 보이지 않았다. 호돌은 신성 바깥 관사에 누워 있었다. 호돌이 깜짝 놀라 좌우 시종에게 물었다.

"내가 어찌하여 여기 누워 있느냐?"

좌우 시종들이 말했다.

"국구께서 제사를 다 마치고 축문을 사른 후 신위에 작별 인사를 하시다가 갑자기 땅에 쓰러지셨습니다. 아무리 불러도 깨어나지 않으시어 저희가 부축하여 수레에 싣고 이곳으로 모셨습니다. 이제 아무 탈이 없으셔서 다행입니다."

호돌은 그것이 꿈인 것을 알고 남몰래 기이하게 생각하면서도 다른 사람에게는 아무런 이야기도 하지 않았다. 다만 몸이 좀 불편하다고 하고 계속 관사에 머물렀다. 이레째 되는 날 미시未時(오후 1~3시)와 신시申時(오후 3~5시)가 교차되는 시각에 문밖에서 보고가 올라왔다.

"신성 서쪽에 사는 무당이 뵙기를 청합니다."

호돌이 불러들이라 한 뒤 좌우를 물리치고 무당을 맞았다. 무당이 들어와서 말했다.

"저는 평소에 귀신과 이야기를 나눌 수 있습니다. 지금 교산의 주인이 바로 진나라 세자 신생이온데, 제게 몇 마디 부탁을 하며 국구께 전해달라고 했습니다. 그 말은 이렇습니다. '내가 이미 상제께 다시 아뢰었소. 다만 그자의 몸을 욕되게 하고 그 자식을 죽여서 그자의 죄만 징벌할 것이고 진나라에는 아무 해도 없이 할 것이오.'"

호돌은 짐짓 아무것도 모른 체하고 물었다.

"징벌이라니, 누구의 죄를 징벌한단 말이냐?"

무당이 말했다.

"세자께서 이 말만 전하라고 영을 내리셨습니다. 저도 무슨 일인지 모르겠습니다."

호돌은 좌우 시종에게 황금과 비단을 무당에게 주라고 하고 절대로 망언을 하지 말도록 당부했다. 무당은 머리를 조아리며 감사 인사를 하고 물러갔다. 호돌은 도성으로 돌아와 몰래 비정보의 아들 비표조豹에게 그가 겪은 이야기를 했다. 비표가 말했다.

"주상의 거둥이 정상을 벗어나 있으니 틀림없이 좋은 결말을 맞지 못할 것입니다. 앞으로 진晉나라를 영유할 사람은 중이가 될 것 같습니다."

이렇게 이야기를 나누고 있는 사이에 문지기가 와서 보고했다.

"비 대부께서 이미 진秦나라에서 귀국하시어 지금 조정에서 임무를 보고하고 있습니다."

이에 두 사람은 각기 인사를 나누고 헤어졌다.

한편 비정보는 진秦나라 대부 냉지泠至와 함께 여러 수레에 예물을 싣고 진晉나라로 돌아가고 있었다. 행차가 강주성絳州城 교외에 이르렀을 때 갑자기 이극이 주살되었다는 소식이 들려왔다. 비정보는 의심스럽고 걱정이 되어 진나라로 수레를 돌리려 했다. 그러다 다시 생각해보니 아들 비표가 강주성에 남아 있었다. 그래서 '내가 지금 떠나면 반드시 표가 연루될 것이다'라고 생각했다. 이 때문에 오도 가도 못하는 곤란한 지경에 빠져 주저하고 있었다. 그때 마침 대부 공화를 교외에서 우연히 만나 함께 이야기를 나누게 되었다. 비정보가 이극이 주살된 연유를 묻자 공화는 하나하나 자세히 이야기해주었다. 비정보가 말했다.

"내가 지금 조정으로 들어가도 되겠소?"

공화가 말했다.

"이극과 뜻을 함께하던 사람이 아직도 많고 나도 그런 사람 중 한 명이오. 지금은 이극 한 사람을 죽이는 것으로 그쳤고 나머지 사람들에게는 화가 미치지 않을 것 같소. 하물며 대부께선 진나라로 사신을 가셨으니 아무것도 모른다고 하면 될 것이오. 만약 두려워서 조정으로 들어가지 않으면 자신의 죄를 스스로 인정하는 모양이 될 것이오.”

비정보는 그 말에 따라 수레를 재촉하여 도성으로 들어갔다. 비정보는 먼저 사신 임무에 관한 보고를 올리고는 다시 냉지를 들어오게 하여 국서와 예물을 바치게 했다. 혜공이 국서를 뜯어보니 대략 다음과 같은 내용이었다.

진晉과 진秦은 혼인으로 맺어진 나라이니, 진晉나라에 있는 땅은 진秦나라에 있는 것과 같소. 대부들도 각각 자기 나라에 충성을 다하고 있소. 과인이 어찌 감히 반드시 땅을 얻겠다고 우기며 대부들의 논의를 해칠 수 있겠소. 다만 과인은 영토와 관계된 일을 여이생과 극예 두 대부와 서로 만나 의논하고 싶소. 조만간 한번 행차하시어 과인의 소망을 이루어주시면 참으로 다행이겠소.

국서 말미에는 또 ‘원래의 땅 문서는 돌려드리겠소’라는 한 줄이 쓰여 있었다. 혜공은 식견이 좁은 사람이라 진나라가 보낸 융숭한 예물과 반환한 땅문서를 보고는 몹시 기뻐서 곧 여이생와 극예를 진나라에 보내려고 했다. 그러자 극예가 몰래 여이생에게 말했다.

“이번에 진나라가 사신을 보낸 건 호의가 아니오. 예물이 너무 융숭하고 말도 지나치게 달콤하오. 아마도 우리를 유인하려는 것 같소.[1] 우리가 가면

1_ 폐중언감幣重言甘: 예물이 융숭하고 말이 달콤함. 어떤 목적을 달성하기 위해 많은 뇌물로 유인함을 비유한다.(『좌전』 희공 10년)

틀림없이 우리를 협박해서 땅을 되찾으려는 수작이오."

여이생이 말했다.

"나도 진나라가 우리 나라에 보내는 환심이 이 정도에 이르지는 않을 거라 생각하오. 이것은 필시 비정보가 이극의 주살 소식을 듣고 스스로 혐의를 벗지 못할까 두려워서 진나라와 함께 이번 음모를 꾸며 진나라 사람들로 하여금 우리를 죽이게 한 뒤 반란을 일으키려고 하는 일이오."

극예가 말했다.

"비정보와 이극은 함께 공을 세우고 한 몸같이 지낸 사이인데, 이제 이극이 죽었으니 비정보가 어찌 두렵지 않겠소. 자금子金(여이생의 자)의 생각이 맞소. 지금 신하들도 반은 이극과 비정보의 파당이오. 만약 비정보의 음모가 있다면 틀림없이 함께 모의한 자가 있을 것이오. 이제 우선 진나라 사신을 돌려보내고 천천히 저들의 동정을 살펴봐야겠소."

"좋소."

이에 혜공에게 먼저 냉지를 진나라로 돌려보내라고 하면서 이렇게 말했다.

"지금 나라가 아직도 안정되지 못하고 있으니 우리 두 사람이 여가가 날 때까지 좀 기다려주시면 즉시 명령을 따르겠습니다."

그리하여 냉지는 진秦나라로 돌아갈 수밖에 없었다. 여이생과 극예 두 사람은 심복에게 매일 밤 비정보의 대문 근처에 매복하여 그 동정을 엿보게 했다. 그러나 비정보는 여이생과 극예가 전혀 진나라로 갈 낌새가 없는 걸 보고 비밀리에 기거, 공화, 가화, 추천 등을 초청했다. 그들은 밤중에 비정보의 집으로 와서 여러 가지 일을 의논한 후 오경五更(새벽 3~5시)의 북소리가 울리고 나서야 모두 집으로 돌아갔다. 심복이 돌아가 여차여차한 상황을 보고했다. 극예가 말했다.

"저들에게 무슨 해결하기 어려운 일이 있겠느냐? 이것은 필시 역모다."

이에 여이생과 상의한 후 사람을 시켜 도안이를 오게 해서 이렇게 일렀다.

"자네에게 참화가 미치게 생겼으니 어찌하면 좋은가?"

도안이가 대경실색하며 말했다.

"참화라니, 무슨 까닭입니까?"

극예가 말했다.

"자네가 지난번 이극을 도와 어린 임금을 시해한 사실을 이번에 이극이 자복하고 말았다네. 주상께서 자네를 성토하려 하는 걸 우리가 이번에 주상을 옹립하는 데 자네가 큰 공을 세웠다고 말씀을 올려서 차마 자네를 죽이지는 못하신 것이네. 이런 까닭에 자네에게 사실을 알려주는 바일세."

도안이가 울며 말했다.

"저는 한갓 용기만 있는 범부에 불과하여 다른 사람의 말만 듣고 행한 일입니다. 저의 죄가 무엇인지도 모르니 대부께서 목숨을 살려주시길 바랍니다."

극예가 말했다.

"주상의 분노는 풀 수가 없네. 다만 참화에서 벗어날 한 가지 계책만 있을 뿐이네."

도안이는 무릎을 꿇고 그 계책이 무엇인지 물었다. 극예는 도안이를 황망히 일으켜 세우며 비밀리에 말했다.

"지금 비정보는 이극의 패거리와 내통하며 다른 공자를 옹립할 마음을 품고 있네. 그자는 여러 대신과 몰래 반란을 모의하며 주상을 쫓아내고 공자 중이를 맞아들일 심산일세. 자네는 짐짓 주살을 당할까 두렵다고 하면서 비정보를 만나 저들과 함께 모의에 참가하게. 만약 저들의 사정을 모두 알게 되면 먼저 그 일을 알려주기 바라네. 그러면 비정보에게 주기로 약속한 부규負葵 땅 중에서 30만 전을 할양하여 자네의 공로에 보답할 것이네. 또 자네는 장차 관직에도 중용될 것이니 어찌 지난번에 지은 죄를 근심할 필요가 있겠는가?"

도안이가 기뻐하며 말했다.

"제가 죽음에서 다시 살아난 건 대부의 은혜인데, 어찌 감히 전력을 다하지 않을 수 있겠습니까? 다만 저는 말을 잘하지 못하니 어찌하면 좋겠습니까?"

여이생이 말했다.

"내가 자네에게 가르쳐주겠네."

이에 문답하는 말을 모두 일러주면서 도안이에게 잘 기억하라고 했다.

그날 밤 도안이는 마침내 비정보 집의 대문을 두드리며 비밀리에 아뢸 일이 있다고 했다. 비정보는 술에 취해 잠이 들었단 핑계를 대고 만나주지 않았다. 그러나 도안이는 문간을 지키며 밤이 깊었는데도 돌아가지 않았다. 비정보는 할 수 없이 그를 맞아들였다. 도안이는 비정보를 보자마자 무릎을 꿇고 말했다.

"대부께서 제 목숨을 살려주십시오."

비정보는 깜짝 놀라 그 까닭을 물었다. 도안이가 대답했다.

"주상께서 내가 이극을 도와 탁자를 죽였다고 나를 죽이려 합니다. 어찌하면 좋겠습니까?"

비정보가 말했다.

"여이생과 극예 두 사람이 지금 정권을 잡고 있는데 어찌 그들에게 부탁하지 않는가?"

도안이가 말했다.

"그것이 모두 여이생과 극예가 꾸민 계략입니다. 나는 지금 두 사람의 살점을 씹어먹지 못해 한이 되는 사람입니다. 그들에게 부탁해봐야 무슨 도움이 되겠습니까?"

비정보는 그래도 믿을 수가 없어서 또 물었다.

"자네는 어떻게 할 생각인가?"

도안이가 말했다.

"중이 공자께선 어질고 효성스러운 성품으로 선비들의 마음을 얻고 있고, 백성도 모두 그분을 보위에 모시고 싶어합니다. 또한 진秦나라 사람들은 이오의 약조 위반을 증오하며 중이 공자를 옹립하려 하고 있습니다. 이때 만약 대부께서 서찰을 써주신다면 제가 밤새도록 중이 공자에게 달려가서 진秦나라와 적翟나라 군사의 힘을 합하도록 하겠습니다. 그리고 돌아가신 신생 세자의 당여를 규합하고 안에서 의거를 일으켜 먼저 여이생과 극예의 머리를 벤 뒤 현 군주를 쫓아내고 중이 공자를 옹립한다면 대사를 성취하지 못할 이유가 없을 것입니다."

비정보가 말했다.

"자네의 마음이 변하지는 않겠는가?"

도안이는 손가락을 깨물어 피를 낸 후 이렇게 맹세했다.

"이 도안이가 만약 두마음을 품는다면 온 가족이 주살되어도 좋습니다."

그제야 비정보는 도안이를 신뢰하게 되었다. 그리하여 다음 날 삼경에 다시 모여서 회의하기로 약속을 정했다. 약속 시간이 되어 도안이는 다시 비정보의 집으로 갔다. 기거, 공화, 가화, 추천이 먼저 와 있었고 또 숙견叔

堅, 누호累虎, 특궁特宮, 산기山祈 네 사람도 연이어 왔다. 이들은 모두 죽은 태자 신생의 문하에 있던 사람이었다. 여기에 비정보, 도안이가 함께하니 모두 10명이 되었다. 이들은 다시 하늘을 향해 삽혈을 하며 다 함께 공자 중이를 옹립하자고 맹세했다. 후인이 이 일을 시로 읊었다.

도안이의 구조 요청을 의심만 했을 뿐	只疑屠岸來求救
그 누가 여·극 간계를 생각이나 했겠는가	誰料奸謀呂郤爲
뛰는 놈 위에 또다시 나는 놈이 있었으니	強中更有強中手
한 사람의 속임수로 아홉 사람 위태롭네	一人行詐九人危

비정보는 보인 사람을 융숭하게 집대했고 모두 만취하여 헤어졌다. 도안이는 몰래 극예에게 이 사실을 보고했다. 극예가 말했다.

"자네의 말은 증거가 없으니 반드시 비정보의 서찰을 손에 넣어야 저들을 단죄할 수 있을 것이네."

도안이는 이튿날 밤 다시 비정보의 집으로 가서 중이를 맞으러 갈 수 있도록 서찰을 써달라고 했다. 비정보는 벌써 서찰을 써둔 채 기다리고 있었다. 서찰 뒤에 서명해야 할 사람은 모두 열 명이었는데, 아홉 사람은 모두 먼저 서명을 해놓고 있었고, 열 번째가 바로 도안이 차례였다. 도안이도 붓을 달라고 하여 서명을 했다. 비정보는 서찰을 단단하게 잘 봉하여 도안이에게 전해주며 부탁했다.

"일이 새나가지 않도록 각별히 조심하게."

도안이는 서찰을 손에 넣자 마치 고귀한 보물을 얻은 듯 곧바로 극예의 집으로 달려가서 서찰을 바쳤다. 극예는 도안이를 자신의 집에 숨기고 서찰을 소매에 넣은 뒤 여이생과 함께 국구 곽사虢射의 집으로 가서 여차여차한 상황을 자세히 얘기했다.

"만약 일찌감치 제거하지 않으면 예측할 수 없는 변란이 발생할 것이오."

곽사는 그날 밤 바로 궁궐 문을 두드려 열고 혜공을 만나 비정보의 음모를 자세히 아뢰었다.

"내일 아침 조회에 얼굴을 마주하고 저들의 죄를 단죄할 때 이 서찰이 증거가 될 수 있을 것입니다."

다음 날 혜공은 일찍 조회에 나왔고, 여이생과 극예 등은 미리 무사를 벽 휘장 뒤에 매복시켰다. 백관들과의 인사가 끝나자 혜공이 비정보를 불러서 말했다.

"과인을 축출하고 중이를 맞아오려 한 네놈의 음모를 알고 있다. 이제 그 죄를 물을 것이다."

비정보가 변명하려고 하자 극예가 칼을 빼들고 고함을 쳤다.

"네놈이 도안이를 시켜 중이에게 서찰을 보내려 했지만, 우리 주상께서 홍복이 있으시어 도안이는 벌써 우리에게 잡혀 성 밖에 대기하고 있다. 그 편지를 조사해본즉 공모자가 열 놈이었다. 지금 도안이가 벌써 다 자백했으므로 네놈들은 굳이 변명할 필요가 없다."

혜공이 서찰을 탑상 아래로 내던지자 여이생이 그것을 주워 들고 서찰에 적힌 순서대로 하나하나 이름을 부르며 무사들에게 잡아 묶으란 명령을 내렸다. 공화만 휴가를 얻은 관계로 본가에 있었을 뿐 나머지는 모두 포박되었다. 여덟 사람은 모두 서로의 얼굴을 쳐다보았다. 정말 입이 있어도 말을 할 수가 없었고 어떤 요행도 바랄 수 없는 처지가 되었다. 그때 혜공이 고함을 질렀다.

"궁궐 문밖으로 끌고 나가 참수하라."

그 가운데서 가화가 크게 소리쳤다.

"신이 전에 명령을 받고 굴 땅을 치러 갔을 때 몰래 전하를 놓아준 일이 있는데 제발 이번에 목숨만 살려주시옵소서."

여이생이 말했다.

"네놈은 선군을 섬기면서 몰래 우리 주상을 놓아주었고, 이번에는 우리 주상을 섬기면서 또다시 중이와 내통했다. 이처럼 변덕이 죽 끓듯 하는 소인배는 도륙을 당해야 마땅한 법이다."

가화는 말문이 막혔고, 여덟 사람은 속수무책으로 사형을 당했다.

한편 공화는 본가에 있다가 비정보 등의 계획이 탄로 나서 모두 주살되어 있다는 소식을 듣고 서둘러 시당에 하직 인사를 한 뒤 조정으로 들어가 죄를 받을 생각이었다. 그러자 그의 동생 공사共賜가 말했다.

"지금 가시면 죽습니다. 어찌 도피하지 않으시오?"

공화가 말했다.

"비 대부가 이번 일에 참여하게 된 것은 기실 나의 권유 때문이었다. 사람을 사지에 빠뜨리고 나 혼자만 산다는 건 장부가 할 짓이 아니다. 나도 내 목숨이 아깝지 않은 것은 아니지만 감히 비 대부를 배반할 수는 없다."

그러고는 마침내 체포병이 당도하는 걸 기다리지 않고 조정으로 달려가 죽음을 청했다. 혜공도 그를 참수했다. 비표는 부친이 주살되었다는 소식을 듣고 나는 듯이 진秦나라로 달아났다. 혜공은 이극과 비정보의 가족을 모두 죽일 심산이었다. 그러자 극예가 말했다.

"죄인의 처자식에게 죄를 주지 않는 것이 옛날 법도입니다. 역도들을 주살한 것만으로도 많은 사람에게 경종을 울렸을 것입니다. 그러니 하필 더

晉惠公大誅羣臣

진 혜공이 신하들을 도륙하다.

많은 사람을 죽여 백성을 두렵게 할 필요가 있겠습니까?"

이에 혜공은 그 가족을 사면하고 죽이지 않았다. 도안이는 중대부로 승진했고 또 부규 땅 30만 전을 상으로 받았다.

비표는 진나라에 당도하여 목공을 뵙고 땅에 엎드려 대성통곡했다. 목공이 그 까닭을 묻자 비표는 자기 부친의 계획 및 주살된 연유를 자세히 아뢰고 한 가지 계책을 올렸다.

"진晉나라 군주는 진秦나라의 큰 은혜를 배반하고 국내의 작은 원한을 다스리고 있습니다. 이에 백관은 두려움에 떨고 백성은 불복하고 있습니다. 만약 작은 군대라도 파견하여 정벌하시면 틀림없이 저들 내부로부터 붕괴가 일어날 것이니, 지금의 군주를 그대로 두시든 폐위하시든 군후의 마음대로 처리하실 수 있을 것입니다."

목공은 신하들에게 대책을 물었다. 건숙이 대답했다.

"비표의 말에 따라 진晉나라를 치는 것은 저들의 신하를 도와 군주를 치는 것이니 대의로 볼 때 불가한 일입니다."

백리해도 말했다.

"만약 저들의 백성이 불복하고 있다면 틀림없이 내란이 발생할 것입니다. 주상께선 그 변란을 기다리셨다가 일을 도모하시옵소서."

목공이 말했다.

"과인도 그 말이 의심스러웠소. 저들이 하루아침에 아홉 대부를 죽여서 민심이 따르지 않는데도 아직 저렇게 멀쩡하오. 하물며 우리가 군사를 움직였다가 저들 내부에서 호응이 없으면 과연 완전한 승리를 얻을 수 있겠소?"

비표는 결국 진秦나라에 남아 대부 벼슬을 받았다. 이때가 진晉 혜공 2년, 주 양왕 3년이었다.

이해에 주 왕실의 왕자 대帶가 이伊(河南省 伊河)와 낙雒(河南省 洛河) 근방에 거주하는 융족에게 뇌물을 주어 낙양을 치게 하고 자신은 안에서 호응하기로 했다. 융족이 마침내 주나라로 침입하여 왕성을 포위했다. 주공 공과 소백 요가 힘을 합쳐 튼튼하게 수비했기 때문에 왕자 대는 융족 군사와 호응할 수 없었다. 양왕은 제후들에게 사신을 보내 긴급 상황을 알렸다. 진 목공과 진 혜공도 모두 주 왕실과 친선을 맺으려고 각각 군사를 거느리고 달려와 융족을 공격했다. 융족은 제후들의 군사가 온다는 사실을 알고 도성의 동문을 불사르고 물러갔다. 혜공은 목공을 만나자 얼굴에 부끄러운 기색이 역력했다. 혜공은 또 목희가 보낸 밀서를 받았다. 그 밀서에서 목희는 진후晉侯(혜공)가 가군에게 무례한 행동을 하고 망명 중인 공자들을 받아들이지 않는 등 많은 잘못을 저질렀음을 거론하며, 조속히 이전의 잘못을 회개하고 진秦나라와 맺은 오랜 우호관계를 해치지 말라고 훈계했다. 그러자 혜공은 마침내 진秦나라의 의도를 의심하고 급급히 군사를 거두어 되돌아갔다. 비표는 목공에게 진晉나라 군사를 야습하자고 건의했다. 목공이 말했다.

"함께 주 왕실을 지키러 여기까지 왔는데 사사로운 원한이 있다고 가볍게 군사를 움직일 수는 없노라."

이에 각각 자신의 나라로 되돌아갔다.

이때 제 환공도 관중에게 군사를 거느리고 주 왕실을 구원하게 했다. 그러나 융족의 군사가 벌써 해산했다는 소식을 듣고 사람을 보내 융족의 군주를 질책했다. 융족의 군주는 제나라 군사의 위세가 두려워 사신을 보내 사과했다.

"우리 군사가 어찌 감히 도성을 침범할 수 있겠습니까? 왕자 대가 우리를 부른 것입니다."

주 양왕은 왕자 대를 축출했고 대는 제나라로 도망갔다. 융족의 군주는 주 왕실에 사신을 보내 죄를 청하고 강화를 맺자고 했다. 양왕이 이를 윤허했다. 양왕은 자신의 보위를 안정시켜준 관중의 공을 생각하고 또 융족과 화의를 맺게 해준 노고에 보답하기 위해 관중에게 큰 잔치를 베풀어 상경의 예로 대우하려 했다. 관중이 사양하며 말했다.

"국의중國懿仲과 고혜高傒2 같은 분도 계신데 신이 어찌 감당할 수 있겠습니까?"

관중은 재삼 사양한 뒤 결국 하경下卿의 예우를 받고 돌아갔다.

이해 겨울 관중이 병이 들자 환공이 친히 문병을 갔다. 환공은 관중이 매우 수척해진 모습을 보고 그의 손을 잡으며 말했다.

"중보께서 병환이 이렇게 위독하신데 불행하게도 일어나지 못하시면 과인은 누구에게 정사를 맡겨야 하겠소?"

당시는 벌써 영척과 빈수무가 앞서거니 뒤서거니 모두 세상을 떠난 뒤였다. 관중이 탄식하며 말했다.

"아깝도다! 영척이여!"

"영척 말고도 어찌 사람이 없겠소? 나는 포숙아에게 정사를 맡기려 하오. 어떻소?"

"포숙아는 군자입니다. 그러하오나 정사를 맡길 수는 없습니다. 그 사람은 선과 악을 지나치게 분명하게 판단합니다. 대저 선을 좋아하는 건 그래

2_ 국의중國懿仲과 고혜高傒: 이 두 사람은 원래 주 왕실의 상경 직에 있다가 제나라로 파견되어 정사를 도우며 제나라의 명문거족이 되었다. 제 환공의 즉위 및 주 왕실과 노나라 보위 안정에 많은 공을 세웠을 뿐만 아니라 이후 제 환공 사후에도 제나라의 정국 안정에 큰 역할을 했다.

管夷吾
病榻相論

관중이 병상에서 재상감을 논의하다.

도 괜찮지만 악을 미워함이 심하면 어느 누가 그 정치를 감당할 수 있겠습니까? 포숙아는 다른 사람의 한 가지 악을 보면 평생토록 잊지 않습니다. 이것이 그의 단점입니다."

"습붕은 어떻소?"

"아마도 가능할 것 같습니다. 습붕은 아랫사람에게 묻기를 부끄러워하지 않고 자신의 집에서도 공무를 잊지 않습니다."

이렇게 말을 마치더니 관중은 슬프게 탄식했다.

"하늘이 습붕을 탄생시켜서 제 혓바닥 노릇을 하게 했습니다. 신이 죽으면 혓바닥이 어떻게 홀로 살아갈 수 있겠습니까? 아마도 주상께서 습붕을 임용하시더라도 오래갈 수 없을 것입니다."

"그러면 역아는 이떻소?"

"주상께서 묻지 않으셔도 신이 말씀드리려 했습니다. 역아, 수초, 개방 세 사람은 가까이해서는 안 됩니다."

"역아는 제 아들을 삶아서 과인의 입맛에 맞추었소. 이것은 과인을 제 아들보다 더 사랑하는 행동인데 어떻게 의심할 수 있단 말이오?"

"사람의 인정으론 누구나 자기 자식을 가장 사랑합니다. 자기 자식조차 함부로 죽일 수 있는 사람인데 주상께 무슨 짓인들 못 하겠습니까?"

"수초는 스스로 생식기를 거세하고 과인을 섬겼소. 이것은 과인을 자신의 몸보다 더 사랑하는 행동인데 어떻게 의심할 수 있단 말이오?"

"사람의 인정으론 누구나 자기 몸을 가장 귀중하게 여깁니다. 자기 몸조차 함부로 할 수 있는 사람인데 주상께 무슨 짓인들 못 하겠습니까?"

"위衛나라 공자 개방은 천승지국의 세자 자리를 버리고 과인의 신하가 되어 과인의 사랑에 행복해하고 있소. 부모가 죽었을 때도 장례에 가지 않앉으니 이는 과인을 자신의 부모보다 더 사랑한다는 것이오. 이를 의심할 수는 없을 것이오."

"사람의 인정으로 누구나 자기 부모를 가장 친하게 여기는 법입니다. 자기 부모도 함부로 대할 수 있는 사람인데 주상께 무슨 짓인들 못 하겠습니까? 또한 천승의 나라를 받는 것은 사람의 큰 욕망입니다. 천승의 나라조차 버리고 주상께 온 것은 천승의 나라보다 더 큰 소망이 있기 때문일 것입니다. 주상께선 반드시 저들을 내치고 가까이하지 마십시오. 가까이하면 틀림없이 나라가 혼란스러워질 것입니다."

"이 세 사람은 과인을 섬긴 지 오래되었소. 중보께선 어찌 평소에는 이들에 대해 한마디 말씀도 없으셨소?"

"신이 저들에 대해 말씀을 드리지 않은 것은 주상의 뜻에 맞추기 위해서입니다. 물에 비유하자면 신이 스스로 제방이 되어 저들이 범람하지 않도록 막을 수 있었습니다. 이제 제방이 무너지면 사나운 물결이 몰아칠 터이니, 주상께선 저들을 반드시 멀리하셔야 합니다."

환공은 아무 말도 하지 않고 물러갔다. 결국 관중의 목숨이 어떻게 될지는 다음 회를 보시라.

제30회

진 혜공의 배은망덕

진秦과 진晉은 용문산에서 크게 싸우고
목희는 높은 누대에 올라 진후의 사면을 요구하다
秦晉大戰龍門山, 穆姬登臺要大赦.

관중은 병석에서 환공에게 역아, 수초, 개방 세 사람을 멀리하라고 당부
하고는 습붕을 추천하여 정사를 맡기게 했다. 좌우에서 그 말을 들은 자
가 역아에게 고자질을 했다. 역아가 포숙아를 만나서 말했다.

"중보가 재상이 된 것은 포 대부께서 추천하셨기 때문이오. 지금 중보
가 환후 중이라 주상께서 문병을 가셨는데 중보는 포 대부에게 정사를 맡
길 수 없다고 했다 하오. 그리고 습붕을 추천했다 하니 제 생각엔 심히 불
공평한 처사인 듯하오."

포숙아가 웃으면서 말했다.

"그 때문에 이 포숙아가 관중을 천거한 것이오. 관중은 나라를 위해 충
성하지 친구를 위해 사사로운 일을 하지 않소. 나를 사구司寇 직에 임명했
다면 간신배들을 몰아내는 데 넉넉한 힘을 발휘할 수 있었을 것이오. 그리

고 만약 나라의 정사를 맡는다면 내가 그대들을 용납할 수 있겠소?"

역아는 크게 부끄러움을 느끼고는 물러갔다. 하루를 넘겨 환공은 다시 관중을 보러 갔다. 관중은 벌써 말을 할 수 없을 정도로 위독했다. 포숙아와 습붕도 모두 눈물을 흘렸다. 이날 밤 관중이 세상을 떠났다. 환공이 통곡하며 울부짖었다.

"슬프다! 중보시여! 하늘이 나의 팔을 꺾었도다."

이에 상경 개방에게 장례를 감독하게 하고 의례를 모두 후하게 하도록 했다. 생전의 봉토는 모두 관중의 아들에게 주고 또 대대로 그 자손들이 대부 벼슬을 역임하게 했다. 이때 역아가 대부 백씨伯氏에게 말했다.

"옛날 주상께서 변읍骈邑에 있는 백 대부의 땅을 빼앗아 중보에게 상으로 주었소. 이제 중보가 죽었는데 대부께선 어찌하여 주상께 그 땅을 돌려달라고 말씀드리지 않는 것이오? 내가 옆에서 대부를 돕겠소."

백씨가 울면서 말했다.

"나는 아무 공도 세우지 못하여 그 땅을 잃은 것이오. 중보께서 비록 돌아가셨지만 중보의 공로는 아직 남아 있소. 내가 무슨 면목으로 주상께 그 땅을 돌려달라고 할 수 있겠소."

역아가 감탄하며 말했다.

"중보는 죽어서도 백씨를 심복케 하는구나. 나 같은 놈은 정말 소인배로다."

환공은 관중의 유언을 생각하고 공손습붕에게 정사를 맡겼다. 그러나 한 달도 채 못 되어 습붕 역시 병으로 세상을 떠났다. 환공이 말했다.

"중보는 정말 성인이었던가? 어떻게 내가 습붕을 오래 등용하지 못할 것을 알았단 말인가?"

이에 포숙아에게 습붕의 지위를 대신하게 했지만 포숙아가 끝끝내 사양했다. 환공이 말했다.

"지금 온 조정을 통틀어 경보다 나은 사람이 없소. 경은 누구에게 양보하려는 것이오?"

포숙아가 대답했다.

"신이 선을 좋아하고 악을 미워하는 건 주상께서도 잘 아실 것입니다. 주상께서 꼭 신을 쓰시겠다면 우선 역아, 수초, 개방을 멀리하시옵소서. 그러면 신이 감히 명령을 받들겠습니다."

환공이 말했다.

"중보께서도 원래 그렇게 말씀하셨으니 과인이 따르지 않을 수 있겠소?"

그날로 바로 세 사람을 파직하고 조정으로 들어오는 것을 허락하지 않았다. 이에 포숙아는 정사를 관장하게 되었다. 이때 회이淮夷가 기杞나라를 침범하자 기나라 사람들이 제나라에 위급함을 알렸다. 제 환공은 송, 노, 진陳, 위, 정, 허, 조 등 일곱 나라 군주들과 힘을 합하여 친히 기나라를 구원하고 그 도읍을 연릉緣陵(山東省 濰坊 남쪽)으로 옮겨줬다. 제후들이 여전히 제나라의 명령에 따른 것은 포숙아를 등용하여 관중의 정책을 바꾸지 않았기 때문이었다.

이야기가 두 갈래로 나뉜다. 진晉나라는 혜공이 즉위한 이후로 해마다 곡식이 익지 않았고 5년째 되던 해에는 다시 큰 흉년이 들어 창고가 텅텅 비고 민간에서는 먹을 것이 끊어졌다. 이에 혜공은 다른 나라에 식량 원조를 요청해볼 심산이었다. 그는 진秦나라가 가까운 거리의 이웃일 뿐만 아니라 서로 혼인으로 맺어진 인척간이라는 데 생각이 미쳤지만 지난번에 약속을 어기고 땅을 할양하지 않았기 때문에 말을 꺼내기가 쉽지 않았다. 그러자 극예가 앞으로 나서며 말했다.

"우리는 진秦나라와의 약속을 어긴 것이 아니라 다만 기한을 늦추어달라고 했을 뿐입니다. 만약 우리가 식량 원조를 요청했는데도 진나라가 주지 않으면 진나라가 먼저 우리와 수교를 끊는 것이 됩니다. 그러면 우리에게도 땅을 할양하지 않아도 될 명분이 생기옵니다."

혜공이 말했다.

"경의 말이 옳소."

이에 대부 경정慶鄭에게 보옥을 가지고 진나라로 가서 식량 원조를 요청하게 했다. 진 목공은 신하들을 소집해서 회의를 열었다.

"진나라가 약속한 다섯 성을 주지도 않고 지금 기아를 빌미로 식량 원조를 요청해왔소. 주는 것이 좋겠소? 주지 않는 것이 좋겠소?"

건숙과 백리해가 이구동성으로 대답했다.

"천재지변의 발생이 어느 나라인들 없겠습니까? 재난을 구제하고 이웃을 돕는 것은 변함없는 순리입니다. 이에 순리를 행하시면 하늘이 반드시 우리에게 복을 주실 것입니다."

목공이 말했다.

"우리는 진나라에 이미 많은 것을 베풀었소."

공손지가 대답했다.

"많이 베풀면 다시 보답을 받을 것인데, 우리 진秦나라에 무슨 손해가 있겠습니까? 혹시 보답을 받지 못하더라도 잘못은 저들에게 있는 것입니다. 백성이 자신의 임금을 증오하게 되면 누가 우리와 대적할 수 있겠습니까? 주상께선 꼭 식량을 저들에게 원조해주시옵소서."

비표는 부친의 원수를 생각하고 팔뚝을 휘두르며 말했다.

"진나라 군주가 무도하여 하늘이 재앙을 내린 것입니다. 저들의 기아를 틈타 쳐들어가면 멸망시킬 수 있을 것입니다. 이 좋은 기회를 놓쳐서는 안 됩니다."

그러자 유여縣余가 말했다.

"어진 사람은 남의 위기를 틈타 자신의 이익을 취하지 않으며, 지혜로운 사람은 요행수에 기대어 성공을 도모하지 않습니다. 식량을 지원해주는 것이 마땅한 일입니다."

목공이 말했다.

"우리를 배반한 자는 진나라 군주이고, 지금 굶주리는 사람은 진나라 백성이오. 나는 임금 때문에 참화가 백성에게까지 옮겨가는 것을 참을 수가 없소."

이에 곡식 수만 곡斛[1]을 위수(陝西省 渭河)로 운반하여 곧바로 황하와 분수 汾水(山西省 汾河)로 그리고 옹雍(진秦 도성)에서 강絳(진晉 도성)으로 도달하게 했다. 식량을 실은 배가 강물 가득 이어져서 이 장관을 '범주지역泛舟之役'[2]이라 불렀고, 마침내 진나라의 기황을 구제할 수 있었다. 진나라 사람 중 이를 기뻐하지 않는 사람이 없었다. 사관이 시를 지어 목공의 선행을 칭찬했다.

진군이 무도하여 천재를 내렸더니	晉君無道致天災
옹성에서 강주성으로 식량 지원 분분하네	雍絳紛紛送粟來

1_ 곡斛: 열 말斗이 1곡斛이다.

2_ 범주지역泛舟之役: 강물 위에 배가 가득 덮인 큰 행사였다는 의미.(『좌전』 희공 13년)

미운 자에게 그 누가 은혜 베풀려 하겠냐만　　　　　　誰肯將恩施怨者

진 목공의 덕과 도량 진정으로 기이하네　　　　　　　　穆公德量果奇哉

이듬해 겨울 이번에는 진秦나라에 기황이 들었고, 진晉나라는 큰 수확을 거두었다. 목공이 건숙과 백리해에게 말했다.

"과인이 오늘 지난번 두 분의 말씀을 생각해보니 과연 풍년과 흉년이 번갈아 오는 듯하오. 만약 과인이 지난겨울 진나라에 식량 보내는 일을 거절했다면 지금 우리 나라의 흉년에 저들에게 식량 원조를 해달라고 하기가 어려울 뻔했소."

비표가 말했다.

"진나라 군주는 탐욕스럽고 신의가 없기 때문에 우리가 원조를 요청해도 틀림없이 식량을 보내주지 않을 것입니다."

목공은 그렇게 생각하지 않고 냉지에게 보옥을 가지고 진나라로 가서 식량 원조를 요청하게 했다. 혜공은 진나라의 요청에 응하여 하서 땅의 곡식을 보내려고 했다. 그러자 극예가 앞으로 나서며 말했다.

"주상께서 지금 진나라에 곡식을 보내려 하시는데, 그러면 지난번 그 땅도 돌려주려 하시는 것입니까?"

혜공이 말했다.

"과인은 단지 곡식만 보내려는 것이오. 어찌 땅까지야 돌려줄 수 있겠소?"

극예가 말했다.

"주상께서 곡식을 주려 하시는 건 무엇 때문입니까?"

"지난번 '범주지역'에 보답하려는 것이오."

"만약 지난번 식량 원조를 진나라의 은덕으로 생각하신다면, 옛날 저들이 주상을 보위에 올려준 일은 그보다 더 큰 은덕입니다. 주상께서 큰 은덕은 버려두고 작은 은덕에만 보답하려는 건 무슨 까닭에서입니까?"

경정이 말했다.

"신이 작년에 명령을 받들고 진나라에 식량 원조를 요청하러 갔을 때, 진나라 군주는 한마디로 승낙하고 아무 조건도 달지 않았습니다. 진정 그 뜻이 심히 아름다웠습니다. 그런데 이제 우리가 식량을 묶어두고 보내지 않는다면 진나라가 우리를 원망할 것입니다."

여이생呂飴甥이 말했다.

"진秦나라가 우리에게 식량을 원조한 건 우리 진과 우호를 지속하려는 것이 아니라 땅을 찾아가기 위한 것입니다. 식량을 주지 않아도 진나라는 원망할 것이고, 식량만 주고 땅을 주지 않아도 진나라는 원망할 것입니다. 두 가지 경우 모두 원망을 들을 텐데, 무엇 때문에 식량을 원조해야 한단 말입니까?"

경정이 말했다.

"다른 사람의 재난을 다행스럽게 여기는 건 어질지 못한 일입니다. 다른 사람의 은혜를 배반하는 것 역시 의롭지 못한 일입니다. 의롭지 못하고 어질지도 못한 행동으로 어떻게 나라를 지킬 수 있겠습니까?"

한간韓簡이 말했다.

"경정의 말이 옳습니다. 만약 작년에 진나라가 우리에게 식량을 보내주지 않았다면 주상의 마음이 어떠했겠습니까?"

괵사가 말했다.

"작년에 하늘은 우리 진晉에 기황을 내려 우리 나라를 이웃 진에 넘겨주려 했으나, 진은 그걸 취할 줄도 모르고 우리에게 식량을 빌려주었습니다.

그건 심히 어리석은 짓이었습니다. 올해 하늘은 오히려 진에 기황을 내려 저들 나라를 우리 진에 넘겨주려 하고 있습니다. 우리 진이 어찌 하늘의 뜻을 거스르며 받지 않을 수 있겠나이까? 신의 어리석은 생각으로는 양나라와 힘을 합쳐 기회를 보아 진을 정벌한 뒤 그 땅을 나누어 갖는 것이 상책일 듯합니다."

혜공은 괵사의 말을 좇아 냉지의 요청을 물리치며 말했다.

"우리 나라도 연이은 기근으로 백성이 사방으로 흩어지고 말았소. 올겨울은 다소 수확이 좋아 유랑자들이 조금씩 고향으로 돌아오고 있지만 겨우 자급자족할 정도이니, 이웃 나라를 도울 수가 없소."

냉지가 말했다.

"우리 주상께서는 혼인으로 맺어진 우의를 생각하시어 지난번 땅을 달라고 질책도 하지 않았고, 식량 원조도 막지 않았습니다. 그러면서 '환난을 함께하며 서로 도와야 한다'고 말씀하셨습니다. 우리 주상께서 그처럼 군후의 위급함을 구제해주셨는데도, 이제 군후에게서 아무런 보답도 받지 못한다면 소신이 돌아가 보고를 드리기가 참으로 어렵습니다."

그러자 여이생과 극예가 고함을 쳤다.

"너는 전에 비정보와 공모하여 많은 폐물로 우리를 유인했다. 다행히 하늘이 그 간계를 폭로하여 네 계략에 빠지지 않았다. 그런데도 이번에 또 그 혓바닥을 함부로 놀린단 말이냐? 돌아가 네 주상께 전하여라. 우리 진나라의 식량을 먹으려면 군사를 동원하지 않고는 빼앗지 못할 것이라고."

냉지는 울분을 품고 물러갔다. 경정은 조정에서 물러나오다가 태사 곽언郭偃에게 말했다.

"우리 진나라 군주가 은덕을 배반하고 이웃 나라를 노하게 했으니 바로 참화가 닥칠 것이오."

곽언이 말했다.

"금년 가을에 사록산沙鹿山이 무너져서 초목이 모두 뽑혔소. 대저 산천은 나라의 주인이오. 그러니 진나라에 망국의 화가 닥칠 조짐이 바로 이것이 아니겠소?"

사관이 시를 지어 진 혜공을 풍자했다.

먼 길에도 배를 띄워 기황 구제해줬건만	泛舟遠道賑饑窮
진나라 기황에는 그 마음이 달랐다네	偏遇秦饑意不同
옛날부터 많은 이가 배은망덕 저질렀지만	自古負恩人不少
진 목공을 저버린 진 혜공엔 못 미쳤네	無如晉惠負秦公

냉지가 돌아와 목공에게 보고를 올렸다.

"진이 우리에게 식량 원조를 하지 않을 뿐만 아니라 오히려 양나라와 힘을 합쳐서 우리를 정벌할 군사를 일으킨다 합니다."

목공이 진노하여 말했다.

"인간의 무도함이 이런 지경에 이를 줄은 생각도 하지 못했다. 과인은 먼저 양나라를 격파한 뒤 진나라를 정벌하겠노라."

백리해가 말했다.

"양나라 군주는 토목 사업을 좋아하여 나라 안의 넓은 땅엔 모두 성을 쌓고 궁궐을 지어 백성이 살 곳이 없을 지경입니다. 이에 모든 백성이 원망하고 있기 때문에 그들을 동원하여 진晉나라가 도움을 받을 수 없음은 명백한 사실입니다. 진나라 군주가 비록 무도하기는 하지만 여이생과 극예가 자국의 강력한 힘을 자신하며 강주絳州(山西省 新絳)의 군대를 동원한다면 틀림없이 우리의 서쪽 변방이 시끄러워질 것입니다. 『병법兵法』에 이르기를 '먼저 군사를 일으켜 적을 제압하라先發制人'고 했습니다. 이제 전하의 어진 품성으로 대부들에게 명하시고, 친히 진나라로 가시어 저들 군주의 배은 망덕한 죄를 성토하시면 반드시 승리할 수 있을 것입니다. 내친김에 여세를 몰아 양나라의 폐정을 공격한다면 마치 마른 나뭇잎을 흔들어 떨어뜨리듯 대사를 성취할 수 있을 것입니다."

목공은 그렇게 생각하고 바로 크게 삼군을 불러일으켰다. 건숙과 유여는 도성에 남겨두고 태자를 도와 나라를 지키게 했다. 그리고 맹명孟明[3]에게는 군사를 이끌고 변경을 순찰하면서 여러 융족을 막게 했다. 목공은 백리해와 함께 중군을 이끌면서 서걸술西乞術[4]과 백을병白乙丙[5]을 시켜 어가를 보호하게 했다. 또 공손지에게는 우군을 이끌게 했고 공자 칩에게는 좌군을 이끌게 했다. 모두 병거 400승의 부대가 호호탕탕하게 진나라로 쇄도해 들어갔다.

진晉나라 서쪽 변방으로부터 혜공에게 급보가 전해졌다. 혜공이 신하들에게 물었다.

"진나라가 아무 까닭도 없이 군사를 일으켜 우리 경계를 침범했다 하오. 어떻게 방어하면 좋겠소?"

경정이 앞으로 나서며 말했다.

"진나라는 주상께서 은덕을 배신했기 때문에 성토하러 오는 것입니다.

3_ 맹명孟明: 백리해百里奚의 아들. 이름은 시視이고 자가 맹명孟明이어서 흔히 맹명시로 불린다.

4_ 서걸술西乞術: 이름은 술術이고 자가 서걸西乞, 또는 성이 서西 이름이 술術 자가 걸乞이라고도 한다.

5_ 백을병白乙丙: 건숙蹇叔의 아들. 이름은 병丙이고 자가 백을白乙이어서 흔히 백을병으로 불린다.

어째서 아무 까닭이 없다고 하십니까? 신의 어리석은 소견으로는 우리 죄를 인정하고 강화를 청하면서 다섯 성을 할양하여 저들에게 온전한 믿음을 주어야 전쟁의 참화에서 벗어날 수 있을 것입니다."

혜공이 크게 화를 내며 말했다.

"우리는 당당한 천승지국인데 땅을 떼어주고 강화를 청하고서야 과인이 무슨 면목으로 임금 노릇을 할 수 있겠는가?"

그러면서 고함을 질렀다.

"먼저 경정을 참수하라. 그 뒤에 군사를 일으켜 적을 맞을 것이다."

괵사가 말했다.

"군사를 일으키기도 전에 먼저 장수를 베는 것은 군의 사기에 불리한 일입니다. 잠시 죄를 용시하고 출정시킨 뒤 공을 세워 죄를 감하도록 하십시오."

혜공이 그 말에 따랐다. 그날로 병거와 군마를 크게 사열하고 병거 600승을 선발하여 극보양郤步揚, 가복도家僕徒, 경정, 아석蛾晰에게 군대를 좌우로 나누어 거느리게 했다. 그리고 혜공 자신과 괵사는 중군을 맡아 전체 군사를 조율하면서 도안이를 선봉장으로 삼았다. 이렇게 하여 진나라 군사는 강주를 떠나 서쪽을 향해 출발했다. 혜공의 수레를 끄는 말은 이름이 '소사小駟'⁶로 정나라에서 바친 말이었다. 그 네 마리 말은 몸집이 작아도 영리했으며, 갈기에 윤기가 흘렀고, 발걸음이 빠르면서도 안정감이 있었다. 그래서 혜공은 평소에 소사를 매우 총애했다. 그러나 경정이 또 간언을 올렸다.

"옛날부터 큰 싸움에 출전할 때는 반드시 본국에서 생산된 말을 탔습니

6_ 소사小駟: 고대의 병거 한 대는 보통 말 네 마리가 끈다. 따라서 소사는 작은 말 네 마리가 이끄는 병거다.

다. 본토에서 생산된 말이라야 사람의 마음을 이해하여 주인의 가르침에 잘 따르고 또 길도 익숙하게 알기 때문입니다. 이에 전투를 할 때 마음대로 부려도 주인의 뜻을 거스르지 않습니다. 그런데 지금 주상께서는 적의 대군을 맞이한 상황에서 이국의 말을 몰고 계시니 장차 이롭지 못한 일이 생길까 두렵습니다."

그러나 혜공은 경정을 꾸짖었다.

"이 말은 내가 평소에 익숙하게 몰던 것이다. 여러 말 하지 말라!"

한편 진秦나라 군사는 벌써 황하 동쪽으로 건너와 세 번 싸워 세 번 모두 이겼다. 국경을 수비하던 장수들은 모두 도주했다. 진나라 군사는 먼 길을 거침없이 치달려 바로 한원韓原(山西省 稷山 근처)에 이르러 진채를 세웠다. 혜공은 진秦나라 군사가 한원에 도착했다는 소식을 듣고는 이마를 찌푸리며 말했다.

"저 도적놈들이 벌써 이렇게 깊숙이 침투했으니 어찌하면 좋소?"

경정이 또 말했다.

"주상께서 자초한 일이온데, 무엇을 물으십니까?"

혜공이 말했다.

"경정은 심히 무례하도다. 뒤로 물러나라."

진晉나라 군사는 한원에서 10리 정도 떨어진 곳에 진채를 세우고 한간을 보내 진秦나라 군사의 규모를 탐지하게 했다. 한간이 돌아와 보고했다.

"진나라 군사가 우리보다 숫자는 적지만 그 사기가 우리의 열 배는 되는 듯합니다."

혜공이 말했다.

"무슨 까닭에서요?"

한간이 대답했다.

"주상께선 애초에 진秦나라와 거리가 가깝다고 양나라로 망명했고, 이어서 진나라의 도움으로 우리 진晉나라의 주인이 되셨으며, 다시 진나라의 식량 원조로 기황을 면했습니다. 그러므로 우리는 세 번이나 진의 도움을 받고도 한 번도 보답하지 않은 경우가 되었습니다. 이 때문에 저들 나라의 군신은 울분을 품고 우리 나라를 정벌하러 오는 것입니다. 저들의 삼군이 모두 우리의 배신을 질책하는 마음을 품고 있으므로 그 사기가 심히 날카롭습니다. 그것이 어찌 열 배에 그치겠습니까?"

혜공이 발끈하며 말했다.

"그건 경정의 말과 똑같구나. 정백定伯7도 그런 말을 하는가? 과인은 진나라와 목숨을 걸고 싸울 것이다."

그러고는 마침내 한간에게 진나라 진영 앞으로 가서 싸움을 걸도록 명령을 내렸다. 한간이 혜공을 대신해 목공에게 소리쳤다.

"과인은 무장한 병거 600승을 거느리고 군후를 기다리고 있소. 과인의 소원은 군후께서 군사를 물리시는 것이오. 만약 물리시지 않으면 과인이 군후를 피하고 싶어도 우리 삼군의 군사들이 어찌 가만히 있겠소?"

목공이 그 말을 비웃으며 말했다.

"어린놈이 어찌 저리도 교만한가?"

이에 공손지를 시켜 대신 대답하게 했다.

7_ 정백定伯: 한간韓簡은 시호가 정定이어서 흔히 후세에 한정백韓定伯으로 불렸다. 시호는 죽은 후에 내리는 것이 일반적이므로 본문에서 진 혜공이 한간을 정백이라고 부른 것은 착오로 보인다. 아마도 이 소설의 저자 풍몽룡이 명나라 사람이었기 때문에 사람의 호칭에 혼동이 생긴 듯하다.

"군후께서 나라를 원하시기에 과인이 보위에 올려줬고, 군후께서 식량이 필요하다기에 과인이 또 보내줬소. 이제 군후께서 전쟁을 원하시니 과인이 어찌 그 명령을 거역할 수 있겠소?"

한간이 물러나며 말했다.

"진나라의 군주의 말이 올바르니 내가 죽을 곳을 알지 못하겠다."

혜공은 태복 곽언을 시켜 거우車右[8]에 누구를 임명하면 좋을지 점을 쳐보게 했다. 모든 사람이 불길하다고 나왔는데, 오직 경정만 길하다고 나왔다. 혜공이 말했다.

"경정은 진나라와 한 패거리인데 어찌 거우에 임명할 수 있겠소?"

이에 가복도를 거우로 삼고 극보양에게는 수레를 몰게 하여 한원에서 진군을 맞아 싸우게 했다.

진秦나라 군영에서는 백리해가 보루에 올라 멀리 진晉나라 대군을 바라보며 목공에게 말했다.

"진후는 우리에게 죽게 될 터이니, 주상께선 직접 전투에 나서지 마십시오."

목공은 하늘을 가리키며 말했다.

"진나라가 우리를 배신함이 저렇듯 심한데, 하늘의 올바른 도가 없으면 모를까 하늘이 이 모든 사실을 알고 있다면 우리가 반드시 이길 것이오."

이에 용문산龍門山[9] 아래에서 전열을 가다듬고 진晉나라 군사를 기다렸다. 잠시 후 진나라 군사도 당도하여 진영을 펼쳤다. 두 진영이 둥그렇게 마

8_ 거우車右: '거우車右'는 고대에 수레를 탈 때 동승同乘 방법의 하나. 즉 존귀한 사람은 왼쪽에, 수레를 모는 사람은 중간에, 호위하는 사람은 오른쪽에 탄다. 그 오른쪽에 타는 사람을 참승驂乘 또는 거우라고 한다. 옛 수레를 어거御車, 병거兵車 등과 같이 '거車'로 읽기 때문에 수레의 동승자인 '車右'도 '차우'가 아니라 '거우'로 읽는다.

9_ 용문산龍門山: 분하汾河와 황하가 만나는 지점인 산서성山西省 하진河津 북쪽에 있는 산.

주한 가운데 각 중군에서 북을 울리며 군사를 진격시켰다. 진나라 도안이는 자신의 용기를 믿고 손에는 혼철창渾鐵槍[10]을 든 채 공격을 시작했다. 그 무게가 어찌 100근에 그치겠는가? 그는 선봉에서 진秦나라 진영으로 쳐들어가 닥치는 대로 적을 찔렀다. 진나라 군사들이 무너지기 시작했다. 그때 진나라 진영에서 달려나온 백을병을 만났다. 두 사람은 서로 맞붙어 싸웠지만 50여 합을 겨루어도 승부가 나지 않았다. 그러면서도 살기등등하게 각자 병거에서 뛰어내려 서로 몸을 잡고 한 덩어리가 되었다. 도안이가 말했다.

"내가 네놈과 생사를 걸고 싸울 것이다. 내가 다른 사람의 도움을 받는다면 장부가 아니다."

백을병도 말했다.

"오냐, 내가 맨손으로 네놈을 사로잡아야 영웅이란 칭호를 들을 것이다."

그러고는 주위 군사들에게 분부했다.

"모두 다가오지 마라!"

두 사람은 손으로 치고 발로 차며 바로 진영 뒤로 밀려났다. 혜공은 도안이가 적진에 빠져드는 것을 보고, 급히 한간과 양유미梁繇靡를 불러 적진의 왼쪽을 공격하게 했고 자신은 가복도를 데리고 그 오른쪽으로 짓쳐 들어가서 적의 중군에서 힘을 합치기로 했다. 목공은 적이 군사를 두 갈래로 나누어 쳐들어오는 것을 보고 자신도 두 갈래로 적을 맞아 싸웠다.

그러던 중 혜공의 병거가 공손지와 맞닥뜨렸다. 혜공은 가복도를 시켜 맞서 싸우게 했다. 그러나 공손지는 만 명의 군사로도 막을 수 없는 용력

10_ 혼철창渾鐵槍: 창날이 길고 뾰족하며 둥근 자루까지 강철로 된 공격용 창.

秦晉大戰龍門山

진총과 진晉이 용문산에서 크게 싸우다.

을 지녔는데, 가복도가 어찌 당해낼 수 있으랴? 그러자 혜공이 극보양에게 일렀다.

"말고삐를 잘 잡고 있으라! 과인이 직접 도와주러 가겠다!"

그때 공손지는 창을 비스듬히 움켜잡고 고함을 질렀다.

"싸울 줄 아는 놈은 한꺼번에 덤벼라!"

이 한마디 고함 소리가 천둥소리처럼 하늘에 울려 퍼졌다. 진秦나라 국구 곽사는 이 소리에 깜짝 놀라 수레에 엎어져 숨도 제대로 쉬지 못했다. 혜공이 총애하는 말 소사도 전투를 경험한 적이 없어서 깜짝 놀라 허둥지둥 주인의 말을 듣지 않고 앞을 향해 어지럽게 날뛰다가 마침내 진흙탕 속에 빠지고 말았다. 극보양이 힘을 다해 채찍질을 해보았지만 말은 작고 힘은 약해 말굽도 쳐들지 못한 채 위급한 상황에 빠져들고 말았다. 이때 마침 경정의 병거가 앞으로 지나가고 있었다. 혜공이 경정을 불렀다.

"경정은 속히 과인을 구하라!"

경정이 말했다.

"곽사는 어디 두고 저를 부르십니까?"

혜공은 다급하여 다시 경정을 불렀다.

"경정은 속히 병거를 몰고 와서 과인을 실으라."

경정이 말했다.

"주상께선 편안히 소사를 타고 계시옵소서. 신이 다른 사람을 불러와서 주상을 구조하겠습니다."

그러고는 결국 자신의 병거를 왼쪽으로 돌려 그곳을 떠났다. 극보양이 다른 수레를 찾아보았지만 적군이 겹겹이 포위해 들어오니 어찌하리오! 끝내 포위를 벗어날 수 없었다.

한편 한간이 거느린 부대는 진秦나라 진영으로 쳐들어가서 마침 목공의 중군을 만났다. 그는 장수 서걸술과 교전하며 30여 합을 겨루었으나 승부를 내지 못하고 있었다. 그때 아석이 거느린 부대가 당도하여 양쪽에서 협공하자 서걸술이 당해내지 못하고 한간의 창에 찔려 병거 아래로 떨어졌다. 그러자 양유미가 소리쳤다.

"패배한 적장은 아무 쓸모가 없소. 어서 힘을 합쳐 진秦나라 군주를 잡읍시다."

이에 한간은 서걸술을 돌아보지 않고 군사를 휘몰아 목공이 탄 수레를 덮치며 사로잡으려 했다. 목공이 탄식하며 말했다.

"내가 오늘 오히려 진나라의 포로가 되게 생겼으니 천도는 어디에 있단 말인가?"

이렇게 탄식을 내뱉고 있는데 서쪽 모서리에서 300여 명의 용사가 치달려오는 것이 보였다. 그들이 소리쳤다.

"은혜로운 우리 군주를 해치지 말라!"

목공이 고개를 들어 바라보니 300여 명의 사람이 봉두난발에 맨 어깨를 드러낸 채 발에는 짚신을 신고 나는 듯이 달려오고 있었다. 손에는 모두 날이 넓은 대도大刀를 들고 허리에는 활과 화살을 차고 있었다. 그들은 마치 혼세마왕混世魔王이 수하의 귀신들을 거느리고 들이닥친 것처럼 발길 닿는 곳마다 닥치는 대로 적군을 베었다. 한간과 양유미는 황급히 그들을 맞아 싸우러 갔다. 그때 또 한 장수가 북쪽에서 나는 듯이 수레를 몰고 달려왔다. 바로 경정이었다. 그가 고함을 질렀다.

"이곳 싸움에 연연해하지 마시오. 주상께서 용문산 진흙탕에서 진秦나라 군사에게 포위되셨소. 속히 가서 어가를 구출하시오."

한간 등은 더 이상 적을 죽일 마음이 사라져서 방금 쳐들어온 장사들을 내버려둔 채 급히 혜공을 구출하기 위해 용문산으로 달려갔다. 그러나 누가 알았으리오? 혜공은 벌써 공손지에게 사로잡혀 있었다. 아울러 가복도, 곽사, 극보양 등도 모두 포박되어 진채로 잡혀간 뒤였다. 한간이 발을 구르며 말했다.

"진秦 군주를 사로잡았으면 서로 대등한 입장이 되었을 것을, 경정이 우리를 망쳤도다!"

양유미가 말했다.

"주상께서 저곳에 사로잡혀 계신데 우리가 어디로 돌아간단 말인가?"

그러고는 마침내 한간과 함께 각기 무기를 버리고 진나라 진영에 투항해서 혜공과 한곳에 감금되었다.

한편 그 300여 명의 장사는 목공을 구출한 뒤 다시 서걸술도 구출했다. 진秦나라 군사들이 승기를 잡고 쇄도해 들어가자 진晉나라 군사들은 궤멸되고 말았다. 용문산 아래에 시체가 산처럼 쌓였고 병거 600승 가운데 살아 돌아간 간 것은 겨우 열 대 중 두세 대에 불과했다. 경정은 군주가 사로잡혔다는 소문을 듣고는 마침내 적진의 포위를 뚫고 몰래 도주했다. 도중에 부상을 당한 채 땅바닥에 쓰러져 있는 아석을 만나 수레에 싣고 함께 성으로 돌아갔다. 염옹이 시를 지어 한원에서 벌어진 대전을 읊었다.

용문산 아래 널브러진 병거와 시체 한탄하노니　　　龍門山下歎輿屍
어리석은 군주가 보답 못 한 때문이었네　　　只爲昏君不報施
선악으로 양국 간에 승패가 갈렸으니　　　善惡兩家分勝敗
밝고 밝은 천도를 어찌하여 몰랐던가　　　明明天道豈無知

목공은 진채로 돌아와 백리해에게 말했다.

"경의 말을 듣지 않았다가 진나라의 웃음거리가 될 뻔했소."

이때 300여 명의 장사가 일제히 진영 앞으로 달려와 머리를 조아렸다. 목공이 물었다.

"그대들은 누구시기에 과인을 위해 목숨까지 바치려 했소?"

장사들이 대답했다.

"군후께선 지난날 양마良馬에 관한 일을 기억하지 못하시옵니까? 우리는 모두 당시 그 말고기를 먹던 사람들입니다."

이전에 목공은 양산梁山(陝西省 乾縣 근처)으로 사냥을 나간 적이 있었다. 그때 한밤중에 양마 여러 필을 잃어버려 관리를 시켜 찾도록 했다. 관리가 기산岐山 아래에 도착했을 때 야인野人 300여 명이 한데 모여 말고기를 먹고 있었다. 관리는 그들이 눈치 채지 못하게 가만히 달려와 목공에게 보고했다.

"속히 군사를 보내시면 모두 사로잡을 수 있습니다."

목공이 탄식하며 말했다.

"말이 이미 죽었는데 그로 인해 다시 사람을 죽인다면 백성이 과인을 가리켜 가축은 귀하게 여기면서 사람은 천하게 여긴다고 할 것이다."

이에 군사들이 갖고 온 좋은 술 열 동이를 구하여 사람을 시켜 기산 아래로 싣고 가서 진나라 군주의 명령이라며 하사했다.

"우리 주상께서 말씀을 전하라 하셨소. '말고기를 먹으면서 술을 마시지 않으면 몸이 상하느니라. 이에 지금 좋은 술을 너희에게 하사하노라.'"

야인들은 머리를 조아리며 은혜에 감사를 표했다. 그러고는 술을 나누어 마시며 모두 감탄했다.

"말도둑에게 죄를 묻지도 않고 몸이 상할까 염려하여 좋은 술까지 내려주시니 군후의 은혜가 참으로 크다. 어떻게 보답을 드려야 하나?"

그러던 중 목공이 진나라를 정벌한다는 소식을 듣고 이들 300여 명의 장사는 모두 목숨을 걸고 진나라를 돕기 위해 한원으로 달려왔다. 그때 마침 목공이 포위되자 일제히 용기를 발휘하여 군주를 구출했다. 진정 다음의 시에서 읊은 바와 같다.

외 심은 데 외 나고	種瓜得瓜
콩 심은 데 콩 나네	種豆得豆
박하게 베풀면 박하게 받고	施薄報薄
후하게 베풀면 후하게 받네	施厚報厚
은혜를 받고도 보답할 줄 모르면	有施無報
날짐승 길짐승과 무엇이 다르리	何異禽獸

목공은 하늘을 우러러 탄식하며 말했다.

"야인들조차 은덕을 갚을 줄 아는데, 진나라 군주는 대체 어떤 자인가?"

이에 그 야인들에게 물었다.

"벼슬하고 싶은 사람이 있으면 과인이 관직을 내려주겠노라."

장정들이 일제히 대답했다.

"우리는 야인들이지만 군후의 은혜를 갚으려 했을 뿐입니다. 벼슬은 원치 않습니다."

목공은 각자에게 황금과 비단을 하사했지만 모두 받지 않고 돌아갔다. 목공은 탄식을 그치지 않았다. 후세 사람이 이를 시로 읊었다.

한원의 산 아래서 두 나라가 교전할 때 韓原山下兩交鋒

진군이 겹겹으로 목공을 포위했네 晉甲重重困穆公

만약에 지난날 말도둑을 죽였다면 當日若誅牧馬士

어떻게 오늘날 포위를 벗어났으리 今朝焉得出樊籠

목공이 장수들 중 빠진 사람이 없는지 점호해보니 백을병 한 사람만 보이지 않았다. 군사들을 시켜 곳곳을 두루 수색하게 했다. 그때 한 구덩이에서 신음 소리가 들려왔다. 달려가서 보니 바로 백을병과 도안이가 서로 붙잡고 구덩이 속에 떨어져 있었다. 두 사람은 각각 기진맥진한 상태였지만 여전히 서로를 단단히 틀어잡고 놓아주지 않고 있었다. 군사들은 두 사람을 떼어낸 뒤 병거 두 대에 나누어 싣고 본채로 돌아왔다. 목공이 백을병에게 상황을 물었으나 대답도 못 할 지경이었다. 그러자 두 사람이 목숨을 걸고 싸운 일을 목격한 한 병사가 여차여차한 상황을 목공에게 아뢰었다. 목공이 감탄하며 말했다.

"두 사람 모두 대단한 장사로다!"

그러고는 좌우에게 물었다.

"진나라 장수의 성명을 아는 사람이 있는가?"

공자 칩이 그 병거로 다가가 살펴보고 아뢰었다.

"이자는 바로 진나라의 용사 도안이입니다. 신이 전에 진나라 두 공자를 조문하러 갔을 때 도안이가 본국 대신의 명을 받들고 마중을 나왔습니다. 그때 객점에서 만난 적이 있어서 얼굴을 알고 있습니다."

목공이 말했다.

"이자를 붙잡아두고 우리 진나라를 위해 등용하면 어떻겠소?"

공자 칩이 말했다.

"탁자卓子를 시해하고 이극里克을 죽인 자가 바로 이자입니다. 그러니 오늘 마땅히 하늘의 명령에 따라 참수해야 합니다."

이에 목공은 명령을 내려 도안이를 참수했다. 그러고 나서 친히 비단 용포를 벗어 백을병을 덮어주고, 백리해에게 명령을 내려 먼저 백을병을 편안한 수레에 태워 도성으로 보내 의원에게 치료를 받게 했다. 백을병은 약을 먹고 피를 여러 말斗이나 토한 뒤 반년이 지나서야 건강을 회복했다. 물론 이것은 나중의 일이다.

목공은 대승을 거둔 뒤 진채를 거두어 군사를 출발시키며 사람을 보내 진 혜공에게 말했다.

"군후께서 과인을 해치는 일을 피하지 않았으니, 과인도 이제 군후를 해치는 일을 피할 수가 없게 되었소. 바라건대 우리 나라로 돌아가 그 죄를 정할 것이오."

혜공은 고개를 숙이고 아무 말도 하지 못했다. 목공은 공손지에게 병거 100승을 거느리고 혜공을 압송하게 했다. 괵사, 한간, 양유미, 가복도, 극보양, 곽언, 극걸 등도 모두 봉두난발에 때가 낀 얼굴로 풀밭을 걷다가 이슬을 맞고 자며 그 뒤를 따랐다. 그것은 마치 초상집 행렬과 같았다. 목공은 다시 사람을 보내 진나라 대부들을 위로하며 말했다.

"그대 나라 군신들은 나에게 진나라 식량을 먹으려면 군사를 동원해 빼앗아가라 했소. 과인이 당신들 군주를 잡아가는 건 진나라의 식량을 가져오기 위함일 뿐이오. 이를 심한 일이라 할 수 있겠소? 여러 대부는 이제 어리석은 임금이 없어졌거늘 어찌 근심하시오? 너무 슬퍼 마시오!"

한간 등이 재배를 올리며 말했다.

"군후께서 우리 주상의 어리석음을 불쌍히 여겨 관대한 정치를 행하시니 이는 심한 일이 아닙니다. 저 하늘과 땅도 모두 군후의 말씀을 들었을 터이니 신들이 어찌 감히 은혜를 받들지 않을 수 있겠습니까?"

군대가 옹주雍州 경계에 이르렀을 때 목공이 군신 회의를 소집하여 말했다.

"과인은 상제의 명을 받들어 진나라의 혼란을 평정하고 이오를 옹립했소. 그런데 지금 그가 과인의 은덕을 배반하고 상제께 죄를 지었소. 과인은 진나라 군주의 목을 베어서 상제께 교사郊祀를 올리고 하늘의 베풂에 보답하고자 하오. 어떻겠소?"

공자 칩이 말했다.

"주상의 말씀이 지당하시옵니다."

그러자 공손지가 앞으로 나서며 말했다.

"불가합니다. 진나라는 대국입니다. 우리가 저들의 백성을 포로로 잡아도 원한을 품을 것인데, 만약 임금을 죽인다면 그 원한이 더 심해질 것입니다. 그러면 저들 나라가 우리 진나라에 보복하려는 마음이 지금 우리가 저들에게 보복한 것보다 더 심해질 것입니다."

칩이 말했다.

"신의 생각으로는 지금 진나라 군주를 죽이고 그 대신 공자 중이를 세우는 것이 좋을 듯합니다. 무도한 자를 죽이고 올바른 사람을 세워주면 그 나라 사람들이 우리 은덕에 감사하기에도 겨를이 없을 텐데 어찌 원망을 하겠습니까?"

공손지가 또 말했다.

"공자 중이는 어진 사람이지만, 부자지간과 형제지간은 불과 한 칸 건너에 있는 가까운 사이입니다. 중이는 부친이 죽었을 때도 자신의 이익을 취하려 하지 않았는데, 동생이 죽었다고 자신의 이익을 취하려 하겠습니까? 만약 중이가 돌아가지 않으려 한다면 다른 사람을 보위에 올려야 할 것입니다. 그러면 이오와 무슨 차이가 있겠습니까? 만약 돌아간다 해도 틀림없이 동생을 위해 우리에게 복수하려 할 것입니다. 그러면 주상께서 이오에게 베푼 지난 은덕은 모두 사라지고 중이와 새로 원수를 맺게 될 것입니다. 신의 생각으로는 그건 불가한 일입니다."

목공이 말했다.

"그렇다면 다른 나라로 쫓아내는 것이 좋겠소? 우리 나라에 구금해두는 것이 좋겠소? 아니면 다시 복위시켜주는 것이 좋겠소? 세 가지 중 어느 것이 우리에게 유리하오?"

공손지가 대답했다.

"한 필부를 구금해둔다고 우리에게 무슨 도움이 되겠습니까? 만약 다른 나라로 쫓아내면 틀림없이 복위를 모의할 것입니다. 차라리 우리가 복위시켜주는 것이 좋겠습니다."

"그렇게 하면 이번에 우리가 애쓴 공이 사라지지 않겠소?"

"신의 생각으로는 이오를 복위시켜주는 데 그치지 말고 반드시 하서의 다섯 성을 할양받아야 할 뿐만 아니라 세자 어圉를 우리 나라에 인질로 잡아둔 뒤 우호를 맺어야 할 듯합니다. 이와 같이 하면 진나라 군주가 종신토록 감히 우리를 미워하지 못할 것입니다. 또 뒷날 그 아비가 죽고 아들이 보위를 계승하더라도 우리가 세자에게 덕을 베푼 것이 되니 대대로 우리를 떠받들게 됩니다. 어느 쪽이 이익이 크겠습니까?"

"자상子桑(공손지의 자)의 생각은 몇 대 뒤에까지 미치고 있구려!"

이에 혜공을 영대산靈臺山의 이궁에 안치하고 1000명의 군사를 동원해 지키게 했다.

목공이 혜공을 영대산으로 보내고 막 군사를 출발시키려 할 때 궁궐의 한 내시가 상복을 입고 달려오는 것이 보였다. 목공은 마음속으로 부인 목희에게 변고가 생겼음을 짐작하고 까닭을 묻고자 했다. 그때 내시가 부인의 명을 자세히 얘기했다.

"하늘이 재앙을 내려 진秦과 진晉 두 군주가 우호관계를 버리고 전쟁을 하게 했습니다. 진晉 군주가 포로가 된 건 신첩에겐 수치입니다. 만약 그가 아침에 잡혀오면 신첩은 아침에 죽을 것이고, 저녁에 잡혀오면 저녁에 죽을 것입니다. 그리하여 지금 특별히 내시를 시켜 상복을 입고 주상전하의 군사를 맞이하게 했습니다. 만약 사면해주신다면 그건 신첩을 사면해주는 것과 같습니다. 주상전하의 재가를 바라옵니다."

목공은 깜짝 놀라 물었다.

"지금 부인께선 궁궐에서 어떻게 하고 계시더냐?"

내시가 아뢰었다.

"군부인께선 진나라 군주가 사로잡혔다는 소식을 듣고 바로 태자를 데리고 상복으로 갈아입은 뒤 도보로 궁전을 나서서 후원의 높은 누대에 올라 초막을 엮어 그곳에 거주하고 계십니다. 또 누대 아래에는 수십 층의 땔나무를 쌓아놓고 있어서 수라를 올리는 자들도 그 땔나무를 밟고 오르내리고 있습니다. 군부인께선 이렇게 분부했습니다. '진나라 군주가 사로잡혀서 도성으로 들어오면 누대 위에서 자결할 것이니 그러면 바로 땔나무에 불을 놓아 내 시체를 태워라. 그렇게 남매간의 정을 표시할 것이다.'"

목공이 탄식하며 말했다.

穆姬登臺要救大

목희가 진 혜공의 사면을 요청하다.

"자상이 내게 진나라 군주를 죽이지 말라고 권했기에 망정이지 그렇지 않았다면 부인의 목숨을 잃을 뻔했도다."

이에 내시에게 상복을 벗게 하고 목희에게 달려가 보고하게 했다.

"과인이 조만간 진후를 돌려보낼 것이오."

목희가 그제야 궁전으로 돌아갔다. 내시가 무릎을 꿇고 목희에게 물었다.

"진나라 군주는 이익만 보고 대의를 망각하여 우리 주상께 한 약속도 지키지 않다가 오늘날 스스로 죄수가 되는 치욕을 당했습니다. 그런데 부인께서는 어찌하여 그렇게 애통해하십니까?"

목희가 말했다.

"내가 듣건대 '어진 사람은 원망이 있더라도 친족을 잊지 않으며 노여움이 있더라도 예의를 버리지 않는다仁者雖怨不忘親, 雖怒不棄禮'고 했다. 만약 진나라 군주가 우리 나라에서 죽는다면 나에게도 죄가 있는 것이다."

이 말을 듣고 내시들은 군부인의 어진 덕을 칭송하지 않는 사람이 없었다. 진나라 군주가 어떻게 귀국하는지는 다음 회를 보시라.

제31회

개자추의 충심

진 혜공은 분노하여 경정을 죽이고
개자추는 넓적다리 살을 베어 주군에게 먹이다
晉惠公怒殺慶鄭, 介子推割股啖君.

진 혜공은 영대산靈臺山에 구금되어 다만 목희가 자신의 잘못을 질책할
까봐 걱정만 할 뿐, 앞서 목희가 상복을 입고 목공의 뜻을 거스르며 자신
을 구원한 일에 대해서는 아무것도 알지 못하고 있었다. 그리하여 마침내
한간韓簡에게 이렇게 말했다.

"옛날 선군께서 진秦나라와 혼사를 거론할 때, 태사 소蘇가 점을 쳐서
'서쪽 이웃에게 질책을 들을 것이니 혼인하는 것은 이롭지 못하다'란 점사
占辭를 얻었소. 만약 그 말에 따랐다면 틀림없이 오늘의 참사는 없었을 것
이오."

한간이 대답했다.

"선군의 패덕敗德이 어찌 진秦나라와의 혼사에 있겠습니까? 또한 진나라
가 우리와의 혼인관계를 생각지 않았다면 주상께서 어떻게 귀국하여 보위

에 오를 수 있었겠습니까? 보위에 오르고도 자신을 공격하고 우호를 원수로 갚을 줄 알았다면 진나라가 틀림없이 그렇게 하지 않았을 것입니다. 주상께선 자세히 살피시지요."

혜공은 아무 말도 할 수 없었다. 얼마 지나지 않아 목공은 공손지를 영대산으로 보내 혜공의 안부를 묻게 하고 귀국을 허락한다고 했다. 공손지가 말했다.

"우리 나라 신하 중 군후에게 고까운 마음을 품지 않은 사람이 없소. 그러나 주상께서 유독 군부인이 누대에 올라 목숨을 걸고 간청한 까닭에 혼인의 우의를 상하게 할 수 없다고 생각하여 군후를 석방하는 것이오. 전에 약속한 하외河外 다섯 성을 조속히 할양하고 또 세자 어圉를 인질로 보내면 군후께선 귀국하실 수 있소."

혜공은 그제야 목희가 인정에 호소한 걸 알고는 부끄러운 마음에 몸 둘 바를 몰랐다. 그리하여 바로 대부 극걸郤乞을 진晉나라로 보내 여생呂省[1]을 시켜 땅을 할양하고 세자를 인질로 보내라고 분부했다.

여생은 특별히 옹성으로 가서 목공을 만났다. 그는 다섯 성의 지도 및 그곳에서 생산되는 곡식량과 호구 숫자가 적힌 문서를 바친 후 인질을 보낼 테니 자신들의 군주를 귀국시켜달라고 인정에 호소했다. 목공이 물었다.

"세자는 어찌하여 함께 오지 않았소?"

여생이 대답했다.

"나라 안이 아직 불안정하여 세자를 잠시 국내에 머물게 하고 있습니다.

1_ 여생呂省: 여이생呂飴甥으로 자는 자금子金. 『사기』에서는 여생呂省, 『좌전』에서는 여생呂甥으로 쓰고 있다. 또 음陰 땅, 여呂 땅, 하瑕 땅에 봉해졌기 때문에 여이생呂飴甥, 하여이생瑕呂飴甥, 음이생陰飴甥, 하생瑕甥이라고도 부른다.

니다."

목공이 말했다.

"귀국이 어찌하여 아직 불안정하오?"

여생이 대답했다.

"군자들은 스스로 우리 죄를 알고 진秦나라의 은덕에 감사하고 있습니다만, 소인배들은 우리 죄를 알지 못하고 오직 진나라에 복수할 마음만 품고 있습니다. 이러한 까닭에 국내 정세가 불안정합니다."

목공이 말했다.

"그대 나라에서는 군주가 돌아오기를 바라고 있소?"

여생이 대답했다.

"군자들은 반드시 돌아오리라 생각하고 세자를 보내 진나라와 우호 맺기를 바라고 있습니다. 그러나 소인배들은 절대로 돌아오지 못할 거라 생각하고 세자를 굳게 옹립하여 진나라에 대항하려 합니다. 신의 어리석은 소견으로는 진나라가 우리 군주를 잡아갔으니 이미 위신을 세운 것이며, 이제 풀어주시면 다시 은덕을 베푸는 것입니다. 은덕과 위신을 겸비하면 패주가 되어 제후들에게 행세하실 수 있습니다. 그러나 군자들의 마음을 상하게 하고 소인배들의 분노를 불러일으키면 진나라에 무슨 도움이 되겠습니까? 그것은 공로를 내던져버리고 패업까지 팽개치는 일이 될 것입니다. 신은 군후께서 그러지 않으시리라 생각합니다."

목공이 웃으며 말했다.

"과인의 뜻이 여 대부의 말과 딱 부합하오."

그러고는 바로 맹명孟明에게 명하여 다섯 성의 경계를 확정하고 진나라 관청을 설치한 후 그곳을 지키게 했다. 또 혜공을 교외의 공관으로 옮기고 빈객의 예로 대우하며 칠뢰七牢를 잡아 융숭하게 대접했다. 이어서 바로 공손지를 시켜 군사를 거느리고 여생과 함께 혜공의 귀국을 호송하게 했다. 무릇 소, 양, 돼지 각 한 마리를 일뢰라 하므로 칠뢰를 잡은 것은 아주 두터운 예를 베푼 것이다. 이것은 목공이 진晉나라와 우호관계를 회복하겠다는 뜻이다.

혜공은 9월에 전쟁에서 패하여 진나라에 구금된 이래 11월에야 석방되었다. 환난을 함께한 신하들도 모두 함께 귀국했지만 괵사만 진나라에서 병으로 죽어 귀국하지 못했다. 아석蛾晰은 혜공이 귀국한다는 소식을 듣고는 경정에게 말했다.

"지난번 전쟁에서 대부께선 주상을 구출하는 일로 한간의 전공을 그르쳤고, 주상은 그로 인해 포로가 되었소. 이제 주상께서 귀국하시면 대부께선 죄를 면치 못할 것이오. 그런데 어째서 다른 나라로 도피하지 않으시오?"

경정이 말했다.

"군법에는 '싸움에서 패하면 죽어야 하고, 포로가 될 경우에도 죽어야 한다'고 되어 있소. 하물며 주상을 그르쳐 크나큰 치욕을 안겨드렸으니 죄 중에서도 아주 심한 죄라고 할 수 있소. 주상께서 만약 돌아오시지 못한다면 나도 가족을 데리고 진나라에 가서 죽을 작정이었소. 그런데 지금 주상께서 돌아오신다니 나는 형벌을 피하지 않을 것이오. 나는 이곳에 머물러 주상께서 내리는 형벌을 달게 받아 그 마음을 기쁘게 해드릴 것이며, 신하 된 자가 죄를 지으면 도피할 곳이 없다는 사실을 널리 알릴 것이오. 어찌 도피할 수 있단 말이오?"

아석은 탄식하며 물러갔다.

혜공이 강주성絳州城에 당도할 무렵 세자 어가 호돌, 극예, 경정, 아석, 사마열司馬說, 시인寺人 발제勃鞮 등을 거느리고 교외까지 마중을 나왔다. 혜공은 수레 안에서 멀찌감치 경정을 알아보고 노여움이 치솟아 올라 가복도家僕徒를 시켜 그를 앞으로 불러오게 하여 물었다.

"경정, 네놈이 어찌 감히 과인을 보러 온단 말이냐?"

경정이 대답했다.

"주상께서 애초에 신이 진나라에 식량 원조를 보내야 한다는 간언을 따르셨다면 틀림없이 진이 공격해오지 않았을 것입니다. 이어서 또 신의 간언에 따라 진나라와 강화했다면 틀림없이 이번 전쟁이 일어나지 않았을 것입니다. 또한 신의 간언에 따라 '소사'를 타지 않았다면 틀림없이 전투에 패배하지 않았을 것입니다. 신은 주상께 충성을 다 바쳤는데 어찌 주상을 뵈러 오지 못하겠습니까?"

혜공이 말했다.

"네놈이 아직도 무슨 망발을 지껄이는 게냐?"

경정이 대답했다.

"신은 세 가지 죽을죄를 지었습니다. 충언이 있으면서도 주상께서 따르도록 아뢰지 못한 것이 그 죄의 하나입니다. 신이 거우車右가 되는 것이 길하다는 점괘가 나왔을 때 주상께서 신을 꼭 임용하도록 하지 못한 것이 그 죄의 둘입니다. 주상을 구출하기 위해 다른 장수를 부르러 간 사이에 주상이 적에게 사로잡혔는데, 그것을 막지 못한 것이 그 죄의 셋입니다. 신은 이제 형벌을 받겠사오니 죄를 명백하게 밝혀주시옵소서."

혜공은 대답할 수가 없어서 양유미梁繇靡를 시켜 경정의 죄를 대신 나열하게 했다. 양유미가 말했다.

"경정, 네 말대로라면 너는 죽을죄를 지은 것이 아니다. 그러나 네가 진정으로 세 가지 죽을죄를 지은 걸 네 자신이 모른단 말이냐? 주상께서 진흙탕에 빠져서 황급히 너를 불렀을 때 돌아보지 않았으니, 이것이 첫 번째 죽을죄다. 내가 진나라 군주를 거의 사로잡게 되었을 때 네가 주상을 구출해야 한다고 하여 그 일을 그르쳤으니 이것이 두 번째 죽을죄다. 여러 장수가 모두 사로잡혔을 때 너는 힘써 싸우지도 않으며 얼굴에 상처 하나 입지 않고 도망쳤으니 이것이 세 번째 죽을죄다."

경정이 말했다.

"삼군의 장수가 모두 이 자리에 있으니 이 경정의 말을 한마디만 들어주시오. 지금 여기 앉아서 형벌을 기다리는 제게 힘써 싸우지 않았다고 말할 수 있는 것이오?"

아석이 간언을 올렸다.

"경정은 사형에 처해지더라도 형벌을 피하지 않고 있으니 용기 있다고 할 수 있습니다. 주상께서 이 사람을 사면하시어 한원 싸움의 원수를 갚도록 해주시옵소서."

양유미가 말했다.

"전투에 패배하고 죄인을 등용하여 원수를 갚으려 한다면 천하 사람들이 모두 진나라에 인재가 없다고 비웃을 것입니다."

가복도도 간언을 올렸다.

"경정은 세 번이나 충언을 올렸으니 죽이지는 마시옵소서. 주상께서 법률을 집행하여 그를 죽이기보다는 어진 은덕을 베푸시어 용서해주는 것이 좋겠습니다."

양유미가 또 아뢰었다.

"나라가 강해지는 방법은 엄격하게 법을 집행하는 데 있습니다. 형벌을 잘 시행하지 못하고 법률이 문란해지면 누가 두려운 마음을 갖겠습니까? 경정을 죽이지 않으면 앞으로 더 이상 군사를 부릴 수 없을 것입니다."

그러자 혜공이 사마열을 돌아보며 말했다.

"속히 형을 집행하라."

경정은 목을 늘어뜨리고 형벌을 받았다. 염선이 시를 지어 경정을 용서하지 못한 혜공의 좁은 도량을 탄식했다.

진의 은덕에 식량 끊으라 그 누가 시켰던가	閉糴誰教負泛舟
간신배는 용납하고 충신을 죽였도다	反容奸佞殺忠謀
혜공은 편협하여 임금 덕망 없으니	惠公褊急無君德
영대산에서 길이길이 죄수 노릇 딱 맞았네	只合靈臺永作囚

당시에 양유미는 진 목공을 포위하고 반드시 사로잡을 수 있다고 생각하고 있었다. 그런데 경정이 달려와서 "어서 주상을 구하라!"라고 소리를 지르는 바람에 결국 목공을 버려두고 그곳을 떠났다. 이 때문에 양유미는 경정에게 깊은 원한을 품고 기필코 그를 죽이려고 했다. 경정이 죽자 천지가 캄캄해지고 태양도 빛을 잃었다. 대부들 중에서도 많은 사람이 눈물을 흘렸다. 아석이 그 시체를 거두어 장사를 지내겠다고 하면서 말했다.

"대부께서 나를 구해 수레에 태워준 은혜를 이렇게 갚는구려!"

혜공은 귀국하고 나서 결국 세자 어에게 공손지를 따라 진나라에 인질로 들어가게 했다. 그러고는 이에 겸하여 진나라에 도안이의 시체를 달라고 하여 상대부의 예로 장례를 지내고 그 아들에게 중대부의 지위를 계승

晉惠公怒殺慶鄭

진 혜공이 경정을 죽이다.

하게 했다.

혜공이 어느 날 극예에게 말했다.

"과인이 진나라에 3개월 있는 동안 걱정한 것은 오직 중이重耳였소. 이번 변란을 틈타 귀국하여 보위에 오를까봐 두려웠는데, 이제야 과인이 다시 돌아와 마음을 놓게 되었소."

극예가 말했다.

"중이가 외국에 있으면 끝끝내 마음속 고질이 될 것입니다. 반드시 제거해서 후환을 끊으십시오."

"누가 과연 과인을 위해 중이를 죽여줄 수 있겠소? 후한 상을 아끼지 않으리다."

"시인寺人(내시) 발제가 지난번 포蒲 땅을 공격할 때 중이의 옷소매를 잘라온 적이 있습니다. 그래서 발제는 늘 중이가 귀국하여 자신의 죄를 다스릴까봐 두려워하고 있습니다. 주상께서 중이를 죽이시려면 이 사람을 빼고는 다른 누구도 찾을 수 없을 것입니다."

이에 혜공은 발제를 불러 비밀리에 중이를 죽일 일을 알려줬다. 발제가 대답했다.

"중이는 적나라에 12년이나 있었습니다. 그사이 적나라는 고여咎如[2]를 정벌하여 그곳 군주의 딸 숙외叔隗와 계외季隗를 얻었는데 모두 용모가 아름다웠다 합니다. 이에 계외는 중이의 아내로 주고, 숙외는 조최趙衰의 아내로 주었다 합니다. 그리하여 각각 아들을 낳아 두 군신이 가정의 안락함

2_ 고여咎如: 장고여廧咎如라고도 한다. 외성隗姓으로 적적赤狄의 별종. 지금의 산서山西성 태원太原 일대에 거주했다. '咎'는 지명이나 부족명으로 읽을 때 발음이 '고'다.(『사기색은史記索隱』「진세가晉世家」)

을 즐기느라 더 이상 우리의 공격을 걱정하는 마음이 없는 듯합니다. 신이 지금 군사를 거느리고 가서 적나라를 정벌하면 적나라 사람들은 중이를 도와 군사를 일으켜 항거할 터인데, 그럼 승패를 알 수 없게 됩니다. 원컨대 힘센 장사 몇 명을 구해 몰래 적나라로 가서 중이가 외유를 나올 때 칼로 찔러 죽이고자 합니다."

혜공이 말했다.

"그 계책이 참으로 기묘하도다!"

그러고는 마침내 발제에게 황금 100일을 주어 힘센 장사를 구해 스스로 일을 처리하라고 하면서 이렇게 말했다.

"사흘 안에 바로 출발하도록 하라. 일을 잘 마무리하면 마땅히 관직에 중용하리라."

옛날부터 이런 말이 있다.

"다른 사람이 모르게 하려면 내가 아무 짓도 하지 않으면 되고, 다른 사람에게 소문내지 않으려면 내가 아무 말도 하지 않으면 된다."

혜공은 비록 발제 한 사람에게 중이를 죽이라는 부탁을 했지만, 내시들 중에는 그들의 모의를 엿들은 사람이 많았다. 호돌은 발제가 황금을 마구 뿌리며 힘센 장사를 구한다는 소문을 듣고 마음속으로 의심이 들어 비밀리에 그 까닭을 탐문하게 했다. 또 호돌은 진나라의 노련한 국구였으니 어떤 내시가 그 노대부를 모르겠는가? 그래서 결국 그 비밀 모의는 호돌의 귀에까지 새어나가지 않을 수 없었다. 호돌은 대경실색하여 즉시 서찰 한 통을 썼다. 그러고는 바로 사람을 시켜 밤새도록 적나라로 달려가 중이에게 보고하게 했다.

한편 중이는 이날 마침 적나라 군주와 위수 가에서 사냥을 하고 있었다. 그때 갑자기 어떤 사람이 포위망을 뚫고 달려와 호씨 형제3를 찾으며 말했다.

"국구의 서찰을 가져왔습니다."

호모狐毛와 호언狐偃이 말했다.

"우리 부친께서는 평소에 밖으로 서찰을 보내지 않으시는데 지금 서찰을 보내셨다고 하니 틀림없이 나라 안에 큰일이 있는 것 같소."

이에 바로 앞으로 불렀다. 그 사람이 서찰을 바치고 고개를 한 번 조아린 뒤 몸을 돌려 떠났다. 호씨 형제는 의혹에 젖어 서찰을 뜯어 읽었다. 내용은 이러했다.

이곳 군주가 중이 공자를 죽일 모의를 하고 벌써 내시 발제에게 사흘 안에 그곳으로 떠나라고 했다. 너희 형제는 공자께 이 사실을 아뢰고 속히 다른 나라로 떠나도록 해라. 오래 지체하다가는 화를 당할 것이다.

호씨 형제는 깜짝 놀라 서찰을 중이에게 보였다. 중이가 말했다.

"나는 처자식이 모두 이곳에 있소. 이곳이 바로 내 집이오. 장차 어디로 가란 말이오?"

호언이 말했다.

"우리가 여기에 와 있는 건 가정을 꾸리기 위한 것이 아니라 장차 국사를 도모하기 위함입니다. 당시에는 멀리까지 갈 힘이 없어서 잠시 이곳에 발을 멈춘 것입니다. 이제 이곳에서 지낸 날이 벌써 오래되었으니 큰 나라

3_ 호씨狐氏 형제: 호돌의 아들인 호모와 호언.

로 옮기실 때가 되었습니다. 발제가 오는 것은 아마도 하늘이 공자의 행차를 재촉하는 것인 듯합니다."

중이가 말했다.

"바로 떠난다면 어느 나라로 가는 것이 좋겠소?"

호언이 말했다.

"제후齊侯가 비록 늙었지만 그가 이룩한 패업이 아직 남아 있어 어려운 제후들을 구제하고 어진 선비를 등용해준다 합니다. 또 지금 관중과 습붕이 죽고 나서 제나라의 정치를 보좌할 만한 어진 인재가 없다고 합니다. 공자께서 만약 제나라로 가시면 제나라 군주가 틀림없이 예의를 갖춰 맞아줄 것입니다. 그리고 만약 진晉나라에 변란이 발생하면 제나라의 힘을 빌려 귀국할 수도 있을 것입니다."

중이도 그렇게 생각했다. 이에 사냥을 끝내고 돌아와서 아내 계외에게 말했다.

"진나라 군주가 나를 죽이려고 사람을 보냈다 하오. 아마도 내가 저들의 독검을 맞을 듯하니, 이제 멀리 큰 나라로 가서 진秦이나 초楚와 연맹을 맺고 다시 진晉나라로 돌아갈 계책을 세워야 할 것 같소. 당신은 성심껏 두 아들을 길러주시오. 그렇게 25년간 기다리다가 내가 오지 않으면 다른 사람에게 개가해도 좋소."

계외가 울며 말했다.

"남자는 본래 넓은 사방에 뜻을 두는 법이니 첩이 감히 만류할 수가 없습니다. 그러나 첩의 나이 올해 스물다섯이온데, 다시 스물다섯 해를 보내면 늙어 죽을 나이가 됩니다. 어떻게 다른 사람에게 시집가겠습니까? 첩은 혼자서라도 당신이 올 때까지 기다릴 테니 염려하지 마시옵소서."

조최 역시 숙외에게 같은 당부를 했지만 여기에 다 기록하지는 않겠다.

다음 날 아침 중이는 호숙壺叔에게 수레를 정돈하게 하고 재산 관리를 맡아보는 두수頭須에게는 가지고 갈 금과 비단을 챙기게 했다. 막 분부를 하고 있는데 호모와 호언 형제가 창망하게 달려와 말했다.

"부친께서 발제가 명령을 받은 다음 날 바로 출발하는 것을 보았다고 합니다. 공자께서 아직 떠나지 않았다면 일을 미리 방비하기가 어려워지기 때문에, 저희 부친께서 서찰을 쓸 틈도 없이 걸음이 빠른 사람을 시켜 밤새도록 달려와 아뢰게 한 것입니다. 부친께서는 공자를 재촉하여 시각을 지체하지 말고 조속히 피하라고 했습니다."

중이도 그 말을 듣고 깜짝 놀라며 말했다.

"발제가 이찌 그렇게도 빨리 온단 말이오!"

행장을 꾸릴 틈도 없이 중이는 호씨 형제와 도보로 성 밖으로 나섰다. 호숙은 중이가 벌써 출발하는 것을 보고 소가 끄는 달구지 한 대만 준비하여 중이를 뒤쫓아가 달구지에 함께 타도록 했다. 조최와 구계臼季(서신胥臣) 등 여러 사람도 계속해서 중이를 따라잡았으나 타고 갈 수레가 없어서 모두 걸을 수밖에 없었다. 중이가 물었다.

"두수는 어째서 아직 오지 않는가?"

어떤 사람이 말했다.

"두수는 귀중한 보물을 모두 싸서 도망쳤다 합니다. 어디로 갔는지는 모르겠습니다."

중이는 보금자리도 잃고 여비마저 한 푼도 없었으니 이 시절의 심정은 정말 답답하지 않았겠는가? 일이 이와 같이 되었지만 그렇다고 떠나지 않을 수도 없었다. 바로 "황망한 모습이 집 잃은 개와 같고, 다급한 모습이 그물을 빠져나온 물고기와 같다忙忙似喪家之犬, 急急如漏網之魚"는 격이었다. 중이가 적나라 도성을 나오고 나서 한나절이 지나서야 적나라 군주가 그 사실을 알게 되었다. 필요한 여비와 행장을 보태주려 했으나 벌써 따라잡을 수 없었다. 후세 사람이 지은 시가 이때의 상황을 증명해준다.

오랑캐 땅을 유랑한 지 12년이 지나서도	流落夷邦十二年
곤궁한 용은 웅크린 채 승천을 못 했구나	困龍伏蟄未升天
콩과 콩깍지 무슨 일로 그리 급히 볶아대나[4]	豆箕何事相煎急
길 위에서 오늘도 또다시 떠도누나	道路於今又播遷

한편 진 혜공은 원래 내시 발제에게 사흘 안에 적나라로 가서 일을 처리하라고 했는데, 어찌하여 그다음 날 바로 출발한 것인가? 그 발제란 위인은 본래 내시여서 오로지 모든 일에 부지런을 떨며 임금의 총애를 얻어온 자다. 지난번 진 헌공이 그를 보내 포 땅을 공격할 때 그는 중이를 놓치고 옷소매만 잘라온 적이 있다. 그는 당시에 중이가 틀림없이 자신에게 원한을 품었을 것이라 생각하고, 이번에 혜공의 명령을 받들어 중이를 죽일 수 있으면 혜공을 위해 공로를 세우는 것이 될 뿐만 아니라 자신의 우환도 제거하는 것이 된다고 여겼다. 이 때문에 발제는 힘센 장사 여러 명을 규합하여 예정된 날짜보다 앞서 급히 출발하게 된 것이다. 그리하여 중이가 방

4_ 콩과 콩깍지豆萁 이야기는 중국의 삼국시대 위魏나라 이야기다. 위 문제文帝 조비曹丕가 동생인 조식曹植의 재주를 시기하여 일곱 걸음 만에 시 한 수를 지으라고 하자, 콩을 삶을 때 콩깍지를 태운다는 비유를 들어 피를 나눈 형제간의 다툼을 풍자했다. 그것이 바로 「칠보시七步詩」로, 「칠보시」는 이 소설의 무대인 춘추시대보다 훨씬 뒤에 지어졌지만 이 소설은 명나라 때 완성되었으므로 자연스럽게 「칠보시」의 내용을 인용할 수 있었다.

비할 틈도 없이 재빨리 달려가서 그의 목숨을 빼앗을 작정이었다. 그러나 누가 생각이나 했겠는가? 노련한 국구가 두 번이나 중이에게 소식을 전하여 그의 상황을 폭로했다는 것을. 발제는 적나라에 당도하여 중이의 소식을 탐문했으나 벌써 적나라를 떠난 뒤였다. 적나라 군주도 중이를 위해 관문과 나루에 분부를 내려 지나가는 사람들을 더욱 유심히 검문하고 아주 엄격하게 단속하게 했다. 발제는 진나라에서는 임금을 측근에서 모시는 내시였지만 지금은 중이를 죽이기 위해서 온 간특한 자객에 불과했다. 따라서 적나라에서 만약 검문에라도 걸리면 무슨 할 말이 있겠는가? 이 때문에 그는 적나라를 두루 돌아다니지도 못하고 울분을 품고 돌아와 혜공에게 상황을 그대로 보고할 수밖에 없었다. 혜공도 어떻게 해볼 방법이 없어서 잠시 그 일은 덮어두게 했다.

그리하여 공자 중이는 오직 한마음으로 제나라로 가는 도중 먼저 위衛나라를 경유해야 했다. 그야말로 "높은 곳에 오르려면 낮은 곳에서 시작해야 하고, 먼 곳을 가려면 가까운 데서 출발해야 한다登高必自卑, 行遠必自邇"는 격이었다. 중이가 적나라를 떠나 길에서 겪은 고통은 더 자세히 말할 필요도 없을 것이다. 며칠 만에 위나라 경계에 당도하자 그곳 관문을 지키는 관리가 그들의 내력을 물었다. 조최가 대답했다.

"우리 주군은 진나라의 공자 중이입니다. 외국에서 피란생활을 하고 있는데 지금 제나라로 가는 도중에 귀국의 길을 빌리고자 하오."

관리는 관문을 열고 그들을 맞아들인 후 나는 듯이 위후衛侯에게 보고를 올렸다. 그러자 상경 영속寧速이 그들을 성으로 맞아들이자고 청했다. 그러나 위 문공은 이렇게 말했다.

"과인이 초구에서 새로 나라를 세울 때 진나라 사람들은 털끝만큼의 힘도 빌려주지 않았소. 우리 위나라와 진나라는 비록 동성이기는 하지만 아직 회맹을 한 적도 없소. 게다가 떠돌아다니는 망명객에게 무슨 예우의 경중을 따질 필요가 있겠소? 만약 맞아들인다면 반드시 잔치를 베풀고 선물을 주어야 하는 등 얼마나 많은 비용을 지불해야 하오? 그냥 쫓아버리는 것이 좋을 것이오."

이에 문지기에게 분부하여 중이의 입성을 허락하지 말라고 했다. 중이는 어쩔 수 없이 성 밖으로 돌아가는 길을 잡아야 했다. 그러자 위주魏犨와 전힐顚頡이 앞으로 나서며 말했다.

"위衛나라 군주 훼燬라는 놈이 무례하기 짝이 없습니다. 공자께서 성으로 다가가 꾸짖으시옵소서."

이어서 조최가 말했다.

"교룡蛟龍도 세력을 잃으면 지렁이와 같을 뿐입니다. 공자께선 분을 참으시고 다른 사람을 질책하지 마옵소서."

위주와 전힐이 또 말했다.

"저들이 주인의 예를 다하지 않았으니 마을을 약탈해서 아침저녁 끼니를 마련해도 우리를 탓하지는 못할 것입니다."

중이가 말했다.

"약탈을 일삼는 자를 도적이라고 하오. 내가 차라리 굶을지언정 어찌 도적질을 할 수 있겠소?"

이날 중이와 신하들은 아침도 먹지 못하고 배고픔을 참으며 계속 길을 걸었다. 정오를 지날 무렵 오록五鹿(河南省 濮陽 남쪽)이란 곳에 당도했다. 그때 그곳의 농부들이 밭두렁에 앉아 함께 밥을 먹고 있었다. 중이가 호언을 시켜 밥을 구걸하게 했다. 농부가 물었다.

"손님들은 어디서 온 사람이오?"

호언이 말했다.

"우리는 진晉나라에서 왔소. 저 수레 위에 있는 분이 바로 우리 주인이오. 먼 길을 오느라 식량이 떨어졌으니 밥 한 끼만 먹여주시오."

그러자 농부들이 비웃으며 말했다.

"당당한 사내대장부들이 스스로 자급할 생각은 않고 우리에게 밥을 구걸한단 말이오? 우리는 시골 농부라 밥을 배불리 먹어야 쟁기질을 할 수 있소. 그러니 어찌 다른 사람에게 줄 밥이 있겠소?"

호언이 말했다.

"그러면 우리 모두는 먹을 수 없더라도 한 그릇만 하사해주시오."

농부는 장난으로 흙덩이를 건네주며 말했다.

"이 흙으로 밥그릇이나 만드시오."

그러자 위주가 큰 소리로 욕을 했다.

"촌놈들이 감히 우리를 모욕하다니!"

그러고는 그들의 밥그릇을 빼앗아 땅에 던져 박살을 냈다. 중이도 진노하여 채찍으로 때리려 했다. 호언이 급히 말리며 말했다.

"밥을 얻기는 쉬워도 흙을 얻기는 어렵습니다. 토지는 나라의 근본입니다. 하늘이 촌사람의 손을 빌려 토지를 공자께 주신 것입니다. 이것은 나라를 얻을 조짐인데, 어찌 화를 내십니까? 공자께선 수레에서 내려 절을 올린 후 받으십시오."

중이는 과연 그 말에 따라 수레에서 내려 절을 하고 흙을 받았다. 농부는 그 뜻을 이해하지 못하고 무리를 지어 중이를 비웃으며 말했다.

"정말 멍청한 놈이로구나!"

후세 사람이 이 일을 시로 읊었다.

토지는 마땅히 나라의 근본이라   土地應爲國本基

하늘이 농부 손 빌려 그 고난을 위로했네   皇天假手慰艱危

고명한 자범5은 그 조짐을 알았으나   高明子犯窺先兆

어리석은 촌민들은 멍청하다 비웃었네   田野愚民反笑癡

그리하여 다시 10여 리를 더 가자 시종하는 사람들이 배가 고파 걸을 수가 없어서 나무 아래에서 쉬게 되었다. 중이도 배고픔에 지쳐 호모의 무릎을 베고 누웠다. 호모가 말했다.

"자여子餘6가 아직 호찬壺餐7을 갖고 뒤따라오고 있으니 잠시만 기다리십시오."

위주가 말했다.

"비록 호찬이 있지만 자여 한 사람 먹기에도 모자랄 것이니 벌써 다 먹고 없을 것입니다."

이에 일행은 다투어 고사리를 뜯어 삶아서 먹었지만 중이는 목구멍으로 삼킬 수가 없었다. 이때 갑자기 개자추介子推가 고깃국 한 그릇을 받들어 올렸다. 중이가 먹어보니 아주 맛있었다. 중이가 다 먹고 나서 물었다.

"이런 곳에서 어떻게 고기가 생긴 것이오?"

5_ 자범子犯: 호언狐偃의 자. 구범舅犯, 구범咎犯, 구범臼犯, 호자狐子라고도 한다.

6_ 자여子餘: 조최의 자. 시호가 성계成季이므로 흔히 조성자趙成子로 불렸다.

7_ 호찬壺餐: 미숫가루 같은 마른 식량을 호리병에 넣고 물을 탄 비상 식품.

介子推割股啖君

개자추가 넓적다리 살을 베어 중이에게 먹이다.

개자추가 말했다.

"신의 넓적다리 살입니다. 신이 듣건대 '효자는 자기 몸을 죽여 어버이를 섬기고, 충신은 자기 몸을 죽여 임금을 섬긴다고 합니다. 지금 공자께서 먹을 것이 없기에 신이 넓적다리 살을 베어 공자를 배불리 드시게 한 것입니다."

중이가 눈물을 흘리며 말했다.

"이 망명객이 그대에게 참으로 많은 폐를 끼치는구려. 장차 어떻게 보답하면 좋겠소?"

개자추가 말했다.

"다만 공자께서 하루빨리 진晉나라로 돌아가시어 저희를 팔다리股肱之臣로 삼아주시기를 바라옵니다. 신이 어찌 다른 보답을 바라겠습니까?"

염선이 이 일을 시로 찬양했다.

효자는 제 몸 보전 중히 여기니	孝子重歸全
신체 손상은 부모를 욕보임일세	虧體謂親辱
아아! 슬프도다 개자추 공이여	嗟嗟介子推
넓적다리 베어내어 주군 먹였네	割股充君腹
몸 바쳐 고굉지신 되고 싶다며	委質稱股肱
진심으로 화복을 함께했구나	腹心同禍福
부모님 주신 몸을 어찌 잊으리	豈不念親遺
충과 효를 겸전하기 진정 어렵네	忠孝難兼局
사사롭게 자기 몸만 챙기는 자들아	彼哉私身家
어찌하여 임금의 녹봉 축내고 있나	何以食君祿

오랜 시간이 지나서야 조최가 당도했다. 일행이 그가 늦게 온 까닭을 물었다. 조최가 말했다.

"발이 가시에 찔려서 걸을 수가 없었소."

이에 대나무 상자에서 호찬을 꺼내 중이에게 올렸다. 중이가 말했다.

"자여는 배가 고프지도 않소? 어찌 혼자 먹지 않았소?"

조최가 대답했다.

"신도 배가 고팠지만 어찌 감히 주군을 배신하고 혼자 먹을 수 있겠습니까?"

그러자 호모가 위주를 놀리며 말했다.

"이 호찬이 만약 자네의 손에 있었다면 벌써 배 속에서 똥이 됐을 테지."

위주는 부끄러워서 뒤로 물러났다. 중이는 호찬을 조최에게 주었다. 조최는 다시 거기에 물을 더 부어 여러 사람이 모두 먹을 수 있게 했다. 중이는 그 모습을 보고 탄복했다. 중이와 그 신하들은 연도 내내 먹을 것을 구걸했다. 그렇게 반은 굶고 반은 먹으면서 제나라에 당도했다.

제 환공은 평소에 중이가 어질다는 명성을 듣고 있던 터라, 중이가 제나라 관문으로 들어섰다는 사실을 알고는 즉시 사신을 교외까지 보내 공관으로 맞아들이고 잔치를 베풀어 환대했다. 그 자리에서 환공이 물었다.

"공자께서는 가족을 데리고 오셨소?"

중이가 대답했다.

"저는 망명객이라 제 한 몸도 돌볼 수 없는데, 어찌 가족을 데리고 다닐 수 있겠습니까?"

환공이 말했다.

"과인이 옛날에 혼자서 하룻밤을 보내보니 마치 1년과 같았소. 공자께서는 나그네로 떠도는 신세라 머리를 빗겨줄 사람도 없지 않소? 과인이 공자를 위해 여러모로 고민을 해보도록 하겠소."

이에 용모가 아름다운 종실 여자를 골라 중이를 모시게 하고 말과 20승의 수레를 하사했다. 이로부터 중이를 수행하는 사람들도 모두 수레와 말을 갖게 되었다. 환공은 또 창고지기에게 곡식을 보내주라 하고 푸줏간지기에게는 고기를 보내주라면서 매일 시행하도록 했다. 중이는 몹시 기뻐하며 감탄했다.

"옛날부터 제나라 군후께서 어진 이를 좋아하고 선비를 예우한다고 하더니 이제는 참으로 그 사실을 믿게 되었다. 이분이 패자가 되신 것은 참으로 마땅한 일이로다!"

그때가 주 양왕 8년, 제 환공 42년이었다.

환공은 지난해부터 포숙아에게 정사를 모두 맡기고 관중의 유언에 따라 일을 처리했다. 그래서 수조豎刁(수초),[8] 옹무雍巫(역아),[9] 개방 세 사람을 축출했다. 그러나 환공은 이들을 축출하고 나서 밥을 먹어도 맛있는 줄 몰랐고, 밤에 잠을 자도 편안히 잠들 수 없었으며, 입으로도 재미있는 말을 할 수 없었고 얼굴에도 웃음기를 잃어버렸다. 그러자 장위희長衛姬가 말했다.

8_ 수조豎刁: 내시 수초豎貂. 초貂, 조刁, 도刀는 고대 한자음이 같거나 비슷했기 때문에 통용해서 썼다. 시인초寺人貂라고도 부른다.

9_ 옹무雍巫: 역아易牙의 다른 이름. 역아의 이름에 대해서도 여러 가지 설이 있다. 역아는 적아狄牙라고도 하는데, 이는 역易과 적狄의 고대 한자음이 비슷했기 때문에 통용했다는 설과 역아가 중국 고대 북방 이민족인 적족 출신이기 때문에 적아라고 불렸다는 설이 있다. 또 역아는 옹 땅의 유명한 무당巫으로 자가 역아였다고도 한다. 그리고 옹은 옹饔과 통하고 옹饔은 옹인饔人으로 고대에 왕실 주방을 관장하는 관리였으며, 무巫는 고대에 의학, 음식, 관상, 점술, 천문 등을 관장했기 때문에 역아를 옹무라고 불렀다고도 한다.

"주상께서 수초 등을 축출하고 나서 나랏일도 돌보지 않고 용안도 나날이 수척해지는 걸 보니, 좌우의 시종들이 주상의 마음을 헤아리지 못하고 있는 것 같습니다. 그런데 어찌하여 다시 부르지 않으시옵니까?"

환공이 말했다.

"과인도 그 세 사람을 그리워하고 있지만 이미 축출한 사람을 다시 부르면 포숙아의 뜻에 위배될까 두렵소."

장위희가 말했다.

"포숙아도 주위에 직접 부리는 시종들이 있지 않습니까? 주상께서는 연로하신데 어찌 이와 같은 고초를 감내하고 계시옵니까? 음식 맛을 조절해야 한다는 핑계를 대고 먼저 역아를 부르시옵소서. 그러면 개방과 수초도 다시 불러들이기가 어렵지 않을 것입니다."

환공은 그 말에 따라 바로 역아를 불러들여 음식 맛을 조절하게 했다. 그러자 포숙아가 간언을 올렸다.

"주상께서는 어찌하여 중보의 유언을 망각하시고 저들을 다시 부르십니까?"

환공이 말했다.

"이 세 사람은 과인에게 도움을 주고 나라에는 아무 해를 끼치지 않는 사람이오. 그러니 중보의 말씀은 너무 지나친 것이 아니오?"

그리하여 마침내 포숙아의 말을 듣지 않고 수초와 개방까지도 다시 불러들였다. 세 사람은 모두 동시에 복직되어 환공의 좌우 심부름을 도맡아 하게 되었다. 이에 포숙아는 울분으로 병이 들어 세상을 떠났다. 제나라는 이로부터 급격하게 무너지게 된다. 나중의 일이 어떻게 될지는 다음 회를 보시라.

두 달 동안 방치된
제 환공의 시신

안아는 담장을 넘어가서 순절하고
공자들은 조정에서 소란을 피우다
晏蛾兒踰牆殉節, 群公子大鬧朝堂.

환공은 관중의 유언을 저버리고 다시 수초, 옹무, 개방 세 사람을 등용
했다. 포숙아가 간언을 올렸으나 듣지 않았고 그러던 중 포숙아가 울화병
으로 죽자 세 사람은 더욱 거리낌이 없어져서 늙고 무능한 환공을 속이며
마침내 권력을 오로지했다. 세 사람에게 순종하는 자는 귀하게 되지 않으
면 부유하게 되었고, 세 사람에게 역행하는 자는 죽지 않으면 쫓겨났다.
이 이야기는 잠시 한쪽으로 미뤄두고자 한다.

당시 정나라에 유명한 의원이 있었다. 그의 성은 진秦이고 이름은 완緩,
자는 월인越人이었다. 제나라의 노촌盧村으로 가서 살았기 때문에 노의盧醫
라고 불리기도 했다. 젊은 시절에 객점을 열어 생계를 유지할 때, 장상군長
桑君이라는 사람이 묵어가게 되었는데, 진완은 그가 이인異人임을 알아보고
융숭하게 대접하며 그 뻣뻣한 태도를 나무라지 않았다. 장상군도 그의 태

도에 감동하여 신비한 약을 주고 상지수上池水[1]에 타서 먹게 했다. 약을 먹고 나자 눈이 거울처럼 밝아져서 어둠 속에서 귀신을 볼 수 있었고, 사람이 담장 뒤에 숨어 있어도 투시할 수 있었다. 그리고 이 능력으로 사람의 병을 보면 오장육부도 남김없이 관통해 볼 수 있었다. 그래서 특히 환자를 진맥하는 의원으로 이름이 났다. 이보다 오랜 옛날 편작扁鵲이라는 사람이 있었는데 황제黃帝 헌원軒轅과 동시대인이었고, 의약에 정통했다. 사람들은 노의의 의술이 대단한 것을 보고 마침내 그를 옛날의 명의에 비견하여 편작이라고 부르게 되었다. 앞서 편작은 괵나라에 들렀다가 때마침 괵나라 세자가 급환으로 죽었다는 소식을 들었다. 편작은 궁궐을 방문하여 스스로 의술에 능하다고 소개했다. 그러자 내시가 말했다.

"세사께선 이미 운명하셨소. 어떻게 소생시킬 수 있단 말이오?"

편작이 말했다.

"내가 한번 시도해보겠소."

내시가 괵공에게 보고를 올리자 괵공이 소매로 눈물을 닦으며 편작을 맞아들여 세자의 시신을 보였다. 편작은 제자 양여陽厲를 시켜 돌침으로 침을 놓게 했다. 잠시 후에 세자가 소생하자 다시 탕약을 올렸다. 20일이 지나자 세자는 완전히 본래 모습을 회복했다. 그리하여 세상 사람들은 모두 편작이 죽은 사람도 살리는 의술을 갖고 있다고 칭송했다. 편작은 천하를 주유하며 무수한 사람을 구제했다. 하루는 임치臨淄에 들렀다가 환공을 알현했다. 편작이 아뢰었다.

"군후의 병환이 살결 안에 있습니다. 치료하지 않으면 몸속으로 깊이 들

1_ 상지수上池水: 공중에서 받은 이슬이나 대나무로 받은 이슬. 흔히 좋은 물을 가리킨다.

어가게 됩니다."

환공이 말했다.

"과인은 아파본 적이 없소."

이에 편작이 물러났다. 닷새 뒤에 다시 환공을 알현했다. 그리고 또 아뢰었다.

"군후의 병환이 혈맥 속에 있습니다. 치료하지 않으면 안 됩니다."

환공이 역시 대꾸하지 않았다. 닷새 뒤에 또 환공을 알현하면서 아뢰었다.

"군후의 병환이 벌써 위장으로 들어갔습니다. 조속히 치료하셔야 합니다."

환공은 또다시 아무 응답도 하지 않았다. 편작이 물러가자 환공이 탄식을 내뱉으며 말했다.

"심하도다! 의원이란 자들은 자신의 의술만을 뽐내기 좋아하여, 병이 없는데도 자꾸 병이 있다고 하는구나!"

그리고 다시 닷새가 지난 뒤 편작이 또 알현을 청했다. 편작은 멀찌감치서 환공의 안색을 바라보다가 바로 물러나와 밖으로 나갔다. 환공이 사람을 시켜 그 까닭을 물었다.

"군후의 병환이 골수까지 들어갔소. 살결 안에 있을 때는 탕약으로 치료할 수 있고, 혈맥에 있을 때는 침술로 치료할 수 있소. 위장에 있을 때는 약주藥酒로 치료할 수 있으나 지금은 골수까지 들어갔으니 목숨을 관장하는 귀신이 온다 해도 어떻게 할 수가 없소. 이런 까닭에 신은 아무 말도 하지 않고 물러나온 것이오."

다시 닷새가 지나가 환공의 병환이 드디어 발작했다. 사람을 시켜 편작을 불렀으나 관사의 사람이 말했다.

"진 선생은 벌써 닷새 전에 행장을 꾸려 떠나셨소."

그제야 환공은 후회를 금치 못했다.

환공은 앞서 세 명의 부인을 두었다. 즉 왕희王姬, 서희徐姬, 채희蔡姬가 그들로 모두 아들을 낳지 못했다. 그나마 왕희와 서희는 연달아 죽었고 채희는 채나라로 쫓겨 갔다. 그 아래로 여섯 명의 여부인如夫人[2]을 두었다. 그들은 서로 다른 이유로 모두 환공의 총애를 받았고, 예법으로도 부인과 별차이가 없었기 때문에 여부인이라고 불렀다. 이들 여섯 명은 모두 아들을 한 명씩 낳았다. 첫째 장위희는 공자 무휴無虧를 낳았다. 둘째 소위희少衛姬는 공자 원元을 낳았다. 셋째 정희鄭姬는 공자 소昭를 낳았다. 넷째 갈영葛嬴은 공자 반潘을 낳았다. 다섯째 밀희密姬는 공자 상인商人을 낳았다. 여섯째 송화자宋華子는 공자 옹雍을 낳았다. 그 나머지 잉첩도 아들을 낳은 사람이 많았지만 이 여섯 여부인 대열에 낄 수가 없었다. 여부인 중에서 장위희가 환공을 가장 오랫동안 모셨고, 또 여섯 공자 중에서 무휴의 나이가 가장 많았다. 환공의 근신인 역아와 수초도 모두 장위희와 사이가 좋았다. 일찍이 역아와 수초가 환공에게 청하여 무휴를 후사로 세우겠다고 하자 허락한 적도 있었다. 그러나 환공은 나중에 공자 소의 어진 성품을 사랑하여 관중과 상의 끝에 규구葵邱의 회맹 때 송 양공에게 소를 세자로 세워달라고 부탁했다. 위衛나라 공자 개방은 홀로 공자 반과 친해서 그를 후사로 세우려고 계략을 꾸미고 있었다. 공자 상인은 베풀기를 좋아하는 성품 덕에 민심을 꽤 얻었고 또 밀희도 환공의 총애를 받고 있었기 때문에 호시탐탐 보위를 노리고 있었다. 그중 공자 옹만 모친의 출신이 미천하여 안분지족

2_ 여부인如夫人: 본래 부인과 같다는 의미였으나, 후대로 갈수록 다른 사람의 첩妾을 가리키는 말로 쓰였다.

하며 자신의 처지에 만족하고 있었다. 그러나 나머지 다섯 명의 공자는 각기 파당을 만들어 서로 시기하고 헐뜯었다. 그것은 흡사 다섯 마리의 호랑이가 각기 발톱을 숨기고 오로지 서로가 서로를 잡아먹기를 기다리고 있는 것 같았다. 환공은 비록 영명한 군주였으나 칼도 오래되면 날이 무뎌지는 것처럼 몸이 늙어 심신이 쇠잔해짐을 어쩔 수가 없었다. 그는 오랫동안 패자의 자리에 있으면서 늘 만족한 생활을 했을 뿐만 아니라 계속 주색에 탐닉하느라 마음을 맑게 하거나 욕심을 줄이지 못했다. 그리하여 이제 기력이 쇠잔한 노년에 이르자 정신이 저절로 멍청해지고 게을러졌다. 게다가 소인배에게 일을 맡겨 이목이 가려지자, 다만 즐거움만 추구하고 근심은 생각지도 않았으며, 또 충성스러운 말은 듣지 않고 참소하는 말에만 귀를 기울였다. 다섯 명의 공자는 각기 자신의 어머니를 동원해 세자 자리를 노렸지만 환공은 한결같이 입을 닫고 대답하지 않았다. 이것이 바로 이른바 "사람이 멀리 생각지 않으면 반드시 가까운 곳에 근심이 있다人無遠慮, 必有近憂"는 경우였다.

그러던 어느 날 갑자기 환공이 병이 들어 침상에 눕게 되었다. 역아는 편작이 하직 인사도 없이 가버리는 것을 보고 환공의 병을 치료하기 어렵겠다고 짐작했다. 그리하여 마침내 수초와 한 가지 계책을 꾸며 거짓으로 환공의 명이라 칭하고, 궁궐 문 위에 커다란 방을 붙였다. 그 내용은 이러했다.

과인은 심장 박동이 불안정한 병에 걸려 다른 사람의 목소리를 듣는 걸 싫어하노라. 신하건 백성이건 막론하고 모두 궁궐에 들어오는 걸 불허하노라. 내시 수초는 궁궐 문을 단단히 지키고 역아는 궁궐 호위 무사를 거느리고

순찰을 돌도록 하라. 국정에 대한 의견은 모두 과인의 병이 완쾌된 후에 아
뢰도록 하라.

　역아와 수초 두 사람은 거짓으로 방문을 내걸고 궁궐 문을 지켰다. 다만
공자 무휴만은 장위희의 궁전에 머물게 하고 다른 공자들은 문안 인사 때
도 환공을 만나지 못하게 했다. 그렇게 사흘이 지났지만 환공은 아직 죽지
않았다. 역아와 수초는 남녀를 막론하고 주위의 시종들까지 모두 궁궐 밖
으로 쫓아내고 정전의 문을 봉쇄했다. 또 환공의 침실 주위에다 높이가 세
길이나 되는 담장을 쌓고 안과 밖을 단절시킨 채 바람조차 드나들지 못하
게 했다. 그러고는 담장 아래에 개구멍 같은 작은 통로를 마련하고 아침저
녁으로 어린 내시를 시켜 그 구멍으로 드나들며 환공의 생사를 알아보게
했다. 그리고 한편으로는 궁궐 호위 무사를 정돈하여 공자들의 반란을 방
비하게 했다.
　그리하여 환공은 침상에 엎어져 몸도 일으킬 수 없었다. 좌우 시종을 불
러도 한 사람도 대답하지 않았다. 두 눈을 부릅뜨고 멍하니 앞만 바라볼
뿐이었다. 그때 철퍼덕 소리와 함께 사람이 위에서 아래로 뛰어내리는 소
리가 들리는 것 같았다. 잠시 후 누군가가 침실 가리개를 밀고 들어왔다.
환공이 눈을 크게 뜨고 바라보니 바로 천첩賤妾 안아晏蛾兒[3]였다. 환공이
말했다.
　"배가 고프구나. 죽을 먹고 싶다. 좀 가져다 다오."
　안아가 대답했다.

3_ 안아晏蛾兒: '晏蛾兒'를 한자 발음 그대로 표기하면 '안아아'이지만, 마지막 '兒'는 흔히 아랫사
람을 친근하게 부를 때 붙이는 어미이므로 이 번역본에서는 '안아'로만 표기했다.

"죽을 찾을 수가 없습니다."

"뜨거운 물이라도 마시면 갈증이 가실 것 같구나."

"뜨거운 물도 찾을 수 없습니다."

"무슨 까닭이냐?"

"역아와 수초가 반란을 일으켜 대전 문을 폐쇄했습니다. 그리고 침실 주위에 세 길 높이로 높은 담장을 쌓고 안팎을 가로막아 사람의 통행을 불허하고 있습니다. 그런데 어디서 음식을 갖고 올 수 있겠습니까?"

"너는 어떻게 여기까지 올 수 있었느냐?"

"신첩은 일찍이 주상전하의 은총을 입은 연유로 주상전하의 임종을 지키기 위해 목숨을 걸고 담장을 넘어왔습니다."

"세자 소는 어디 있느냐?"

"역아와 수초에 의해 궁궐 밖에서 가로막혀 입궁하지 못하고 있습니다."

환공이 탄식하며 말했다.

"중보께선 정말 성인이로다! 성인은 정말 멀리까지 내다보시는구나! 과인이 밝지 못했으니 오늘 이런 참변을 당하는 것도 당연한 일이다."

그러고는 분노를 터뜨리며 울부짖었다.

"하늘이시여! 하늘이시여! 소백小白[4]이 이렇게 끝이 나는 것입니까?"

연이어 이렇게 부르짖다가 입으로 피를 여러 번 토했다. 환공은 안아에게 말했다.

"내가 여섯 명의 총애하는 첩을 두었고 아들을 10여 명이나 두었으나 오직 너만이 내 마지막을 배웅해주는구나. 평소에 너를 두텁게 대해주지

4_ 소백小白: 제 환공의 이름.

節 墻 兒 晏
殉 踰 娥

안아가 담장을 넘어가 제 환공을 보살피다.

못하여 마음 깊이 후회가 된다."

안아가 대답했다.

"주상전하께선 우선 옥체를 보전하시옵소서. 만에 하나 불행한 일을 당하더라도 신첩이 죽음으로 전하를 모시겠습니다."

환공이 탄식을 그치지 않으며 말했다.

"내가 죽어 아무 지각도 없으면 그만이지만 만약 지각이 있다면 무슨 면목으로 지하에서 중보를 뵐 수 있으랴?"

이어서 옷소매로 자신의 얼굴을 가리고 여러 번 탄식하다가 숨이 끊어지고 말았다. 환공은 주 장왕 12년 여름 5월에 즉위하여 주 양왕 9년 겨울 10월에 세상을 떠났으니 재위 기간은 43년이었고 향년은 73세였다. 환공의 장점만을 찬양한 잠연潛淵 선생의 시가 있다.

희씨5 수레 동천하여 나라 기강 무너지자	姬轍東遷綱紀亡
열국에 존왕양이 맨 먼저 창도했네	首倡列國共尊王
남쪽으론 초를 정벌 포모 조공 바치게 했고	南征僭楚包茅貢
북쪽으론 융을 쳐서 사막 강역 열었도다	北啓頑戎朔漠疆
위와 형을 세워주어 인덕을 드러냈고	立衛存邢仁德著
태자 정하고 금법 밝혀 대의를 드날렸네	定儲明禁義聲揚
바르고 속임 없음을 『춘추』에서도 인정했으니	正而不譎春秋許
춘추오패 중에서도 그 패업이 최고였네	五伯之中業最強

5_ 희씨姬氏: 주 왕실의 성姓이 희씨다.

염선이 또 절구 한 수를 지어서 환공이 일생 영웅으로 살았지만 마지막이 좋지 못했음을 탄식했다.

40여 년을 이어서 방백으로 불리면서	四十餘年號方伯
남쪽 꺾고 서쪽 누른 무적의 영웅이었네	南摧西抑雄無敵
하루아침에 병석에 눕자 역아·수초 미쳐 날뛰니	一朝疾臥牙刁狂
관중은 원래 죽을 수가 없었던 것을	仲父原來死不得

안아는 환공이 절명한 것을 보고 한바탕 곡을 하고는 밖에 있는 사람을 부를 생각이었다. 그러나 담장이 높아 소리가 전해지지 못하니 어떻게 할 수가 없었다. 안아는 이리저리 생각하다가 탄식을 내뱉으며 말했다.

"내가 죽음으로 주상을 모시겠다고 했지만 시신을 염하는 일은 나 같은 여인네가 알 수가 없구나."

이에 옷을 벗어 환공의 시신을 덮어준 뒤 다시 침실 가리개로 쓰고 있는 커다란 부채 두 개를 어깨로 메고 와서 시신을 가렸다. 임시로나마 시신을 가리기 위한 조치였다. 그러고는 침상 아래에서 머리를 조아리며 말했다.

"주상전하! 혼백이 있으면 멀리가지 마옵소서. 신첩이 바로 따라가겠습니다!"

마침내 머리를 기둥에 부딪쳐 뇌가 터져서 죽었다. 아, 어질도다! 이 여인이여!

이날 밤 어린 내시가 담장 아래 구멍으로 들어갔다가 침실 기둥 아래 피범벅 속에 시체 하나가 누워 있는 것을 보았다. 그는 황망히 되돌아 나와 역아와 수초에게 보고했다.

"주상께서 벌써 머리를 기둥에 박고 자결했습니다."

역아와 수초 두 사람은 그 말을 믿을 수가 없어서 내시들을 시켜 담장을 허물었다. 두 사람은 침상으로 다가가다가 한 여인의 시신을 보고는 깜짝 놀랐다. 내시 중에서 시신을 알아본 자가 손가락으로 가리키며 말했다.

"이 여자는 안아요."

다시 침대 위를 보니 가리개 부채가 말도 없고 움직임도 없고 아무런 지각도 없는 환공을 가리고 있었다. 아, 슬프도다! 환공이 몇 시에 숨이 끊어졌는지도 알 수 없었다. 수초는 바로 발상發喪에 관한 일을 상의하고자 했다. 그러자 역아가 말했다.

"잠깐, 잠깐. 먼저 장자인 무휴 공자의 보위를 결정한 연후에야 발상할 수 있을 것이오. 서둘지 마시오."

수초도 그렇게 생각했다. 두 사람은 당장 장위희의 궁전으로 달려가 비밀리에 아뢰었다.

"주상께서 이미 돌아가셨습니다. 장유長幼의 순서에 따라 부인의 아드님이 보위에 오르시는 게 합당합니다. 다만 선군께서 생존해 계실 때 공자 소를 송나라 군주에게 부탁하여 세자로 세워달라고 한 일을 신하들이 대부분 알고 있습니다. 그래서 저들이 선군의 변고를 들으면 틀림없이 소를 도울 것입니다. 신들이 보기에 오늘 밤 본궁의 군사를 이끌고 가서 창졸지간에 세자를 죽이고 장자인 무휴 공자를 받들어 보위에 올리는 것이 가장 좋을 듯합니다. 그러면 대사는 정해질 것입니다."

장위희가 말했다.

"나는 한갓 여인네에 불과하니 경들이 잘 처리해주기 바라오!"

그리하여 역아와 수초는 각각 궁궐의 갑사 수백 명을 거느리고 동궁으로 쇄도해 들어가서 세자를 잡으려고 했다.

한편 세자 소는 문병을 위한 입궁도 하지 못하자 답답하고 불쾌한 마음을 가눌 수 없었다. 이날 밤 등불 심지를 돋우고 홀로 앉아 있는데 눈앞이 흐릿해지며 비몽사몽간에 어떤 부인이 앞으로 다가와 아뢰었다.

"세자께서 속히 이곳을 떠나지 않으면 바로 참화가 닥칠 것이오. 첩은 바로 안아요. 선군의 명령을 받들어 특별히 알려주러 왔소."

세자 소가 막 자세한 상황을 물어보려 하는데 그 여인이 소를 그대로 떠밀었다. 세자 소는 만 길 심연으로 떨어지며 갑자기 놀라 잠이 깼다. 그 여인은 보이지 않았다. 조짐이 너무나 기이하여 믿지 않을 수 없었다. 황망히 시종을 불러 등불을 들고 뒤를 따르게 한 뒤, 서둘러 상경 고호高虎의 집으로 가서 대문을 두드렸다. 고호가 세자를 맞아들이고는 온 까닭을 물었다. 공자 소가 꿈 이야기를 했다. 고호가 말했다.

"주상께서 병으로 누우신 지 보름이나 되었지만 간신배들에 의해 안팎으로 단절되어 소식을 알 수가 없습니다. 세자의 그 꿈은 길한 점보다 흉한 점이 너무 많습니다. 또 꿈속에서 선군先君이라 칭했으니 주상께선 틀림없이 돌아가신 듯합니다. 그러므로 그런 일이 있다고 믿으셔야지 없다고 생각해서는 안 됩니다. 세자께서는 잠시 외국으로 나가시어 불의의 환란에 대처하시는 것이 좋을 듯합니다."

공자 소가 말했다.

"어디로 가야 이 몸이 안전하겠소?"

고호가 말했다.

"주상께서 일찍이 세자 저하의 앞날을 송나라 군후께 맡기신 적이 있습니다. 그러니 지금 가시면 송나라 군후께서 틀림없이 도움을 주실 것입니다. 저는 나라를 지켜야 하는 신하라 세자 저하와 함께 출국할 수 없습니다. 제 문하의 무사 중에 최요崔夭라는 자가 지금 동문의 문지기로 있습니다. 제가 그 사람에게 분부하여 문을 열도록 하겠습니다. 세자께서는 밤을 틈타 성을 나가시옵소서."

말이 끝나지도 않았는데 문지기가 보고했다.

"궁궐 군사들이 동궁을 포위했습니다."

세자는 놀라서 얼굴이 흙빛이 되었다. 고호는 세자에게 변복을 시키고 사람들에 섞여 심복의 뒤를 따라 동문으로 가게 했다. 밀명을 전하자 최요는 문을 열고 세자를 성 밖으로 내보냈다. 그러고는 최요가 말했다.

"주상의 생사도 모르는 상황에서 제가 몰래 세자 저하를 내보낸 것이 알려지면 저도 죄를 면할 수 없습니다. 지금 세자 저하의 주위에 아무도 따르는 사람이 없사온데 만약 이 최요를 버리지 않으신다면 저도 함께 송나라로 가고자 합니다."

소는 몹시 기뻐하며 말했다.

"네가 함께 가겠다니, 이는 참으로 내가 속으로 원하던 바다."

그리하여 바로 성문을 열었다. 최요는 자신의 옆에 세워두었던 수레에 세자를 태우고 직접 수레를 몰아 송나라로 황급히 출발했다.

이야기가 두 갈래로 나뉜다. 역아와 수초 두 사람은 궁궐 군사를 거느리고 동궁을 포위한 뒤 곳곳을 다 뒤졌지만 세자의 종적을 찾을 수 없었다. 벌써 사경(새벽 1~3시)의 북소리가 울리는 것을 보고 역아가 말했다.

"우리가 오로지 동궁을 포위한 건 예기치 못한 상황에 대비하기 위한 것이오. 만약 날이 밝을 때까지 지체하다가 다른 공자들에게 발각되어 저들이 먼저 조당朝堂을 점거하면 큰일을 그르치게 되오. 차라리 궁궐로 돌아가 장자인 무휴 공자를 옹립하고 나서 여러 가지 상황이 어떻게 돌아가는지 살핀 뒤 다시 일을 처리하는 편이 더 좋을 것 같소."

수초가 말했다.

"그 말씀이 바로 내 생각과 같소."

두 사람이 군사를 거두어 돌아가다가 아직 궁궐에 당도하지 못했는데 저 멀리 궁궐 문이 활짝 열려 있고 백관이 분분히 모여들고 있는 것이 보였다. 그들은 모두 고씨高氏, 국씨國氏, 관씨管氏, 포씨鮑氏, 진씨陳氏, 습씨隰氏, 남곽씨南郭氏, 북곽씨北郭氏, 여구씨閭邱氏 등의 명문자제와 신료들로 그 이름을 모두 거론할 수조차 없을 정도였다. 이 관리들은 역아와 수초가 많은 군사를 거느리고 궁궐을 나섰다는 소식을 듣고 틀림없이 궁궐에 변란이 일어난 것이라 짐작, 모두 조정으로 나와 상황을 알아보고 있는 중이었다. 궁궐에는 이미 제 환공이 죽었다는 소식이 파다하게 퍼져 있었다. 그리고 동궁이 포위되었다는 소식이 들려오자 이건 틀림없이 간신들이 이 기회를 이용하여 반란을 일으킨 것이라고 확신하게 되었다.

"세자 저하는 선군께서 세운 분인데, 만약 우리가 세자를 잃게 되면 무슨 면목으로 제나라 신하라고 칭할 수 있겠소?"

그리하여 삼삼오오 모여서 세자를 구할 방도를 상의하고 있었다. 그때 마침 역아와 수초가 군사를 되돌려오자 관리들이 앞으로 달려들어 중구난방으로 물었다.

"세자께선 지금 어디 계시오?"

역아가 손을 앞으로 모으며 대답했다.

"무휴 세자께서는 지금 궁중에 계시오."

사람들이 말했다.

"무휴는 어명으로 세자에 책봉된 적이 없으니 우리의 주상이 아니오. 우리의 소 세자를 데리고 오시오."

그러자 수초가 칼을 뽑아 들고 고함을 질렀다.

"소昭는 벌써 추방되었다. 이제 선군의 임종 유언을 받들어 장자이신 무휴 공자를 주상으로 모실 것이다. 따르지 않는 자는 이 칼로 주살할 것이다."

사람들은 불평불만을 터뜨리며 마구 욕을 퍼부었다.

"이건 모두 네놈과 같은 간신배가 돌아가신 분을 속이고 산 사람을 능멸하여 세자의 존폐를 마음대로 농단해서 일어난 일이다. 네놈이 만약 무휴를 옹립한다면 우리는 죽어도 신하 노릇을 하지 않을 것이다."

이때 대부 관평管平이 앞으로 뛰쳐나서며 말했다.

"오늘 먼저 저 간신배 두 놈을 죽여 화근을 제거한 후 다시 상의합시다!"

그러고는 손에 들고 있던 상아 홀笏로 수초의 정수리를 내리쳤다. 수초는 칼로 그것을 막았다. 그러자 벼슬아치들이 관평을 도우러 앞으로 달려나갔다. 그러자 역아가 고함을 질렀다.

"여봐라, 군사들아! 왜 아직도 가만히 서 있는 게냐? 평소에 내가 왜 너희를 잘 먹여 살렸겠느냐?"

이 말을 듣자 수백 명의 군사들이 각기 무기를 들고 일제히 공격을 시작하여 벼슬아치들을 인정사정없이 베었다. 벼슬아치들은 손에 아무 무기도 들고 있지 않은 데다 숫자도 부족하고 힘도 약했다. 그러니 어떻게 감당할 수 있었겠는가? 그야말로 "백옥으로 만든 계단 앞이 전쟁터가 되고, 금방울 울리는 궁전 위에서 염라대왕을 만난다白玉階前爲戰地, 金鑾殿上見閻王"는 격이었다. 백관들 중 반란군의 손에 죽은 사람이 열에 셋은 되었고, 그 나머지 부상당한 사람도 헤아릴 수 없이 많았다. 이들은 모두 대궐 문을 향해 줄행랑을 놓았다.

역아와 수초가 백관들을 죽이고 쫓아냈을 때는 벌써 날이 환하게 밝았다. 이들은 마침내 궁중에서 공자 무휴를 받들어 즉위식을 올렸다. 내시들이 종과 북을 울리고 군사들이 양쪽에 둥그렇게 둘러선 가운데 계단 아래에서 축하의 배례를 올리는 자는 겨우 역아와 수초 둘뿐이었다. 무휴는 참담하고도 화가 났다. 이때 역아가 아뢰었다.

"국상을 아직 공포하지 않았으니 신하들이 아직 옛 주상을 송별할 줄 모릅니다. 그러므로 어찌 새 주상을 맞이할 줄 알겠습니까? 이 일은 반드시 국의중國懿仲과 고호高虎 두 노신을 입조케 해야 백관들을 부를 수 있고 백성을 복종하게 할 수 있을 것입니다."

무휴가 그 일을 윤허하고 바로 내시를 시켜 각각 우경右卿 국의중과 좌경左卿 고호를 불러오게 했다. 이 두 사람은 주 왕실 천자의 명에 의해 파견된 감국監國6 대신으로 대대로 상경 벼슬을 맡고 있어서 대소 신료들이 모두 복종하고 있었다. 이 때문에 두 사람을 불러오게 한 것이다. 국의중과 고호는 내시가 가져온 명령을 듣고 제 환공이 이미 죽은 것을 알았다. 이에 관복을 입지 않고 즉시 삼베로 만든 상복 차림으로 환공의 장례를 치르기 위해 조정으로 달려갔다. 역아와 수초가 급히 대전 문밖에서 이들을 맞아들이며 말했다.

6_ 감국監國: 주나라가 각 지방의 제후국을 감독하고 지도하기 위해 파견한 대신. 주나라 초기에는 이 감국 대신이 막강한 영향력을 발휘했으나 춘추시대 이후에는 유명무실한 존재가 되었다. 그러나 이 당시 제나라에서는 아직 감국인 국의중國懿仲과 고호高虎가 큰 역할을 하고 있었다.

"오늘 새 군후께서 즉위하셨으니 두 분 노 대부는 잠시 상복을 벗고 관복으로 갈아입으시지요."

국의중과 고호가 한목소리로 대답했다.

"옛 주상의 염도 하지 않고 먼저 새 주상을 뵙는 것은 예법에 없는 일이오. 또한 많은 공자 중 누가 선군의 아들이 아니겠소? 그러니 노부가 누구를 선택해야 하겠소? 다만 이 장례를 주관할 만한 능력이 있는 공자를 따르겠소."

역아와 수초는 말문이 막혔다. 국의중과 고호는 바로 대전 문밖으로 가서 하늘을 바라보며 재배하고 크게 곡을 했다. 무휴가 말했다.

"국상에 아직 염도 하지 않았고, 신하들도 복종하지 않으니 어찌하면 좋소?"

수초가 말했다.

"오늘 일은 마치 호랑이를 잡는 것과 같으니, 힘있는 자가 승리합니다. 주상께서는 다만 정전을 지키고 계시옵소서. 신 등이 양쪽 회랑에 군사를 늘여 세우고 공자들이 입조하면 무기로 위협하겠습니다."

무휴는 그 말에 따를 수밖에 없었다. 장위희도 자기 궁전의 군사를 모두 내주고 내시들을 모두 무장시켰으며 궁녀들 중에서 몸집이 큰 사람도 군사들 속에 섞어 넣었다.

한편 위衛 공자 개방은 역아와 수초가 무휴를 옹립한다는 소식을 듣고 갈영葛嬴의 아들 반潘에게 말했다.

"세자 소가 어디로 갔는지 모르는 상황에서 무휴가 보위를 계승할 수 있다면 공자께서도 보위를 계승하지 못할 이유가 있겠습니까?"

이에 집안 장정과 무사들을 모두 동원하여 우전右殿에 진영을 차리게 했다. 밀희의 아들 상인商人도 소위희의 아들 원元과 공모하며 말했다.

"우리 모두는 선군의 혈육이니 이 나라 강산도 함께 나누어 갖지 않을 수 없다. 공자 반이 벌써 우전을 점거했다 하니 우리는 함께 좌전左殿을 점거하도록 하자. 세자 소가 오면 우리가 보위를 양보하고 만약 오지 않으면 제나라를 균등하게 넷으로 나누어 갖도록 하자."

공자 원도 그렇게 생각했다. 이들도 각각 집안 사병 및 평소에 길러둔 문하의 무사들을 동원하여 대오를 이루어 달려갔다. 공자 원이 좌전에 진영을 차리자 공자 상인은 조정 문밖에 진영을 차리고 서로 도움을 주기로 약속했다. 역아와 수초는 세 공자의 군사들이 두려워 정전을 굳게 지키며 감히 공격할 마음을 먹지 못했다. 세 공자도 역아와 수초의 강력한 군사가 두려워 각사 진영을 지키며 불의의 충돌을 피하고자 했다. 이는 그야말로 "조정 안이 적국이 되었고, 길 위에는 행인이 끊어졌다朝中成敵國, 路上絕行人"는 상황이었다. 이를 증명할 만한 시가 있다.

봉의 전각 용의 누대에 범과 표범 으르렁대고   鳳閣龍樓虎豹嘶

어지러운 창칼이 붉은 계단에 가득하네   紛紛戈甲滿丹墀

네 마리 범이 남은 고기를 다투는 게 분명하니   分明四虎爭殘肉

어느 누가 마음 낮춰 복종하려 하겠는가   那個降心肯伏低

그때 공자 옹만 사태를 두려워하여 진秦나라로 도피했다. 진 목공은 그를 대부로 등용했다.

관리들은 세자가 외국으로 달아나 의지할 종주宗主가 없어지자 모두 문을 닫고 밖으로 나오지 않았다. 다만 노신 국의중과 고호만 심장을 칼로 찔린 듯 고통스러워하며 해결 방안을 찾아보려 했지만 그 대책을 세울 수 없었다. 이와 같은 대치 속에서 부지불식간에 두 달이 지났다. 고호가 말했다.

"공자들은 보위 쟁탈에만 혈안이 되어 있을 뿐 장례를 치를 생각이 없으니, 내가 오늘은 목숨을 걸고 간쟁을 하겠소."

국의중이 말했다.

"대부께서 먼저 들어가시오. 나도 바로 따라 들어가겠소. 오늘 함께 목숨을 걸고 대대로 작록을 받아온 은혜에 보답하는 것이 마땅하리다."

고호가 말했다.

"겨우 우리 두 사람만 입을 열어서야 무슨 일을 이룰 수 있겠소? 무릇 제나라의 국록을 먹는 자는 신하가 아닌 자가 없으니 우리가 대신들의 대문을 돌아다니며 그들을 불러 모아 함께 조당朝堂으로 가서 공자 무휴를 상주로 받들어 모시는 것이 어떠하겠소?"

국의중이 말했다.

"'장자로 세자를 세운다立子以長'는 법이 있으니 무휴를 세우는 일에 명분이 없는 것도 아니오."

그리하여 일을 분담해 사방으로 돌아다니며 신하들을 불러 모아 제 환공의 영위에 곡을 하기 위해 함께 궁궐로 갔다. 벼슬아치들은 두 분의 노대부가 일을 주관하는 것을 보고 마음을 열고 상복 차림으로 서로를 이끌어주며 조정으로 들어갔다. 그러자 수초가 그들을 가로막으며 물었다.

"노 대부께선 무슨 생각으로 오신 것이오?"

고호가 말했다.

"서로 대치 상태가 계속되어 끝날 기약이 없소. 우리는 오로지 무휴 공

群公子大閙朝堂

제 환공의 여러 아들이 조정에서 소란을 피우다.

자에게 상주가 되어달라고 부탁을 하러 왔소. 다른 뜻은 없소."

그제야 수초는 고호에게 읍을 하며 들어오라고 했다. 고호가 손짓을 하자 국의중과 신하들도 모두 들어와 조당에 모였다. 그러고는 무휴에게 말했다.

"신 등이 듣건대, '부모의 은혜는 천지와 같다父母之恩, 猶天地也'고 했습니다. 따라서 자식된 자는 부모가 살았을 때는 존경을 바치고, 부모가 돌아가시면 장례를 치르는 것입니다. 아버지가 돌아가셨는데 염도 하지 않고 부귀만 다투는 경우를 여태껏 들어본 적이 없습니다. 또한 임금은 신하의 사표입니다. 임금이 불효하고서야 신하가 어찌 충성을 바치겠습니까? 오늘로 선군께서 승하하신 지 67일째인데 아직도 입관하지 못하고 있습니다. 공자께서 정전을 지키고 계시지만 마음이 평안하십니까?"

말을 마치자 신하들은 땅에 엎드려 통곡을 했다. 무휴도 눈물을 흘리며 말했다.

"과인의 불효는 그 죄가 하늘에 닿았소. 과인도 장례를 치르고 싶지 않은 것은 아니나 공자 원 등이 핍박하니 어찌하면 좋겠소?"

국의중이 말했다.

"세자는 벌써 외국으로 도피했고, 공자께서 가장 나이가 많습니다. 공자께서 만약 장례를 주관하고 선군의 시신을 수습하신다면 보위가 저절로 귀속될 것입니다. 공자 원 등이 비록 궁전을 나누어 점거하고 있지만 노신이 대의로서 꾸짖으면 누가 감히 공자와 보위를 다툴 수 있겠습니까?"

무휴가 눈물을 닦고 절을 올리며 말했다.

"그것이 바로 과인의 소원이오."

고호는 역아에게 정전의 회랑을 지키게 했다. 또한 공자들 중에서 상복을 입고 들어오는 자는 입궁을 허락하고, 무기를 소지하고 들어오는 자는 즉시 잡아들여 죄를 다스리게 했다. 또 수초를 먼저 침전으로 보내 환공의 시신을 수습하게 했다.

환공의 시신은 침대 위에 방치된 채 오랫동안 돌보는 사람이 없어서 날씨가 추운 겨울인데도 불구하고 피와 살이 썩어 문드러져 있었고, 시체 썩는 냄새가 진동하는 가운데 개미만 한 벌레가 침전 곁 담장 밖에까지 기어 다니고 있었다. 처음에 신하들은 아직도 벌레가 어디서 기어 나오는지 몰랐으나 침전에 이르러 부채 가리개를 치우자 벌레가 시신의 뼈까지 파고 들어간 것이 보였다. 참혹하기 이를 데 없는 광경이었다. 무휴가 목 놓아 통곡하자 신하들도 모두 통곡했다. 그날로 바로 관을 마련하여 시신에 염을 했다. 그러나 살가죽과 살점이 모두 썩어 겨우 포대로 시신을 싸서 대강 염을 마칠 수밖에 없었다. 오직 안아의 시신만은 안색이 살아 있을 때 모습 그대로였고 몸의 형체도 전혀 변함이 없었다. 고호 등은 충렬을 다한 여인임을 알고 탄식을 금하지 못했다. 그 또한 관을 가져와 정성껏 염하게 했다. 고호 등은 신하들을 거느리고 무휴를 받들어 맏상제의 자리에 앉게 하고 신하들에게 각각 벼슬순으로 신위에 곡하게 했다. 이날 밤은 환공의 관 옆에서 함께 묵었다. 공자 원, 반, 상인은 자신들의 진영에 있다가 고호와 국의중 두 노신이 신하들을 이끌고 상복 차림으로 궁궐로 들어가는 것을 보고도 무슨 일인지 알지 못했다. 나중에야 환공의 시신에 염을 하고 신하들이 모두 무휴를 상주로 모신 후 다시 보위에 추대했다는 소식을 듣고 서로 이렇게 말을 전했다.

"고호와 국의중이 일을 주관했다니 다툴 수가 없겠다."

이에 각기 군사를 해산하고 모두 상복을 입고 입궁하여 장례에 참석했다. 형제들은 서로 얼굴을 보고 대성통곡했다. 당시에 만약 고호와 국의중이 무휴를 모시자는 말을 하지 않았다면 그 일이 어떤 결말을 맺을지 아무도 알 수 없었다. 호증 선생이 이 일을 시로 읊어 탄식했다.

충신의 유언 저버리고 간신만 총애하다	違背忠臣寵佞臣
골육지친 형제들을 분쟁하게 만들었네	致令骨肉肆紛爭
고호와 국의중이 중재하지 않았다면	若非高國行和局
백골을 침상에 두고 장례도 못 치렀으리	白骨堆床葬不成

한편 제나라 세자 소는 송나라로 도망가서 송 양공을 뵙고 땅에 엎드려 통곡하며 역아와 수초의 반란을 알렸다. 이에 양공은 신하들을 소집하여 물었다.

"옛날 환공께서 공자 소를 과인에게 부탁하며 세자로 세웠소. 그걸 손꼽아보니 올해 꼭 10년이 되었소. 과인은 마음속에 그 부탁을 간직한 채 감히 잊을 수가 없었소. 지금 역아와 수초가 내란을 일으켜 세자를 쫓아냈으니 과인은 제후들을 모아 제나라의 죄를 토벌한 뒤 세자 소를 보위에 세우고 제나라의 보위를 안정시킬까 하오. 이 거사가 성공하면 과인의 명성이 제후들 사이에 진동할 것이니 저들을 거느리고 회맹하여 제나라 군후의 패업을 이어받을 수 있을 것이오. 경들의 생각은 어떠하오?"

그때 문득 한 대신이 앞으로 나서며 아뢰었다.

"우리 송나라는 제나라보다 못한 점이 세 가지가 있사온데, 어찌 제후의 패자가 될 수 있겠습니까?"

양공이 바라보니 바로 송 환공桓公의 장자이며 자신의 서형庶兄이었다.

그는 바로 지난날 나라를 양보하고 보위에 오르지 않아 양공이 상경으로 모신 사람으로 이름은 목이目夷 자는 자어子魚였다. 양공이 물었다.

"형님께서는 '우리가 제나라보다 못한 점이 세 가지가 있다'고 하시는데 그 연유가 무엇이오?"

목이가 말했다.

"제나라에는 태산泰山과 발해渤海의 험준함이 있고, 낭야瑯琊(山東省 靑島 黃島區 瑯琊鎭)와 즉묵卽墨(山東省 卽墨)의 풍요로운 땅이 있는데, 우리 나라는 땅이 좁고 척박하며 군사는 적고 군량미는 부족하니 이것이 제나라보다 못한 첫 번째 점입니다. 또 제나라에는 고씨와 국씨같이 대대로 상경을 역임해 온 집안이 국사를 처리하고, 관중, 영척, 습붕, 포숙아와 같은 현신이 일마다 훌륭한 계책을 내고 있는데, 우리는 문무 관리도 갖추지 못한 데다 현명한 인재도 등용하지 못하고 있으니 이것이 제나라보다 못한 두 번째 점입니다. 그리고 제 환공은 북으로 산융을 정벌할 때 유아兪兒가 길을 인도했고, 교외에서 사냥할 때는 위이委蛇가 모습을 드러내 보였습니다. 우리는 금년 정월에 다섯 개의 별이 땅에 떨어져 모두 돌멩이로 변했고, 2월에는 또 이상하게 세찬 바람이 불어 여섯 마리의 익조鷁鳥[7]가 거꾸로 날았습니다. 이러한 조짐은 모두 위에서 아래로 떨어지는 모습이니 앞으로 나가기를 구하다가 오히려 뒤로 물러나게 된다는 뜻입니다. 이것이 제나라보다 못한 세 번째 점입니다. 이처럼 제나라보다 못한 점이 세 가지나 있어 스스로 보전하기에도 겨를이 없는데, 어느 틈에 다른 사람을 돌볼 수 있겠습니까?"

7_ 익조鷁鳥: 풍파를 잘 견디는 백로 비슷한 새. 『춘추春秋』 희공 16년에 따르면 송나라 도성에 세찬 바람이 불어 6마리의 익조가 그 바람에 밀려 거꾸로 날았다고 한다. 또 『공양전公羊傳』 희공 16년에 따르면 송나라에 운석이 5개 떨어졌다고 한다. 여기에서 '오석육익五石六鷁'이란 고사성어가 생겼다. 즉 천재지변이나 여의치 못한 상황을 나타낸다.

송 양공이 말했다.

"과인은 인의仁義를 위주로 정치하려고 하는데, 어버이를 잃은 외로운 사람을 구해주지 않는 건 인이라고 할 수 없소. 게다가 다른 사람의 부탁을 받고도 그를 내친다면 그건 의라고 할 수 없소."

마침내 소를 제나라 보위에 올리려는 뜻으로 제후들에게 격문을 띄워 내년 정월 제나라 교외에서 함께 모이자는 약속을 했다. 격문이 위衛나라에 도착하자 대부 영속이 말했다.

"세자는 적자로 세우고 적자가 없으면 연장자를 세우는 것이 변함없는 예법입니다. 무휴는 연장자인 데다가 우리 위나라 도성을 새로 쌓을 때에도 큰 공을 세워 우리에게 은혜를 베풀었습니다. 원컨대 주상께서는 송나라 요청을 받아들이지 마시옵소서."

위 문공文公이 말했다.

"소를 제나라 세자로 세운 건 천하에 모르는 사람이 없소. 대저 우리 도성을 쌓을 때 공을 세운 건 사사로운 은혜고, 세자를 세우는 건 공의公義라고 할 수 있소. 사사로운 은혜로 공의를 가로막는 일을 과인은 할 수 없소."

격문이 또 노나라에 도착하자 노 희공僖公이 말했다.

"제나라 군주는 송나라에 세자 소를 부탁했지 과인에게는 부탁하지 않았소. 과인은 장유의 순서만 알 뿐이오. 만약 송나라가 무휴를 토벌한다면 과인은 그를 구해줄 것이오."

주 양왕 10년, 제 공자 무휴 원년 3월, 송 양공은 친히 위衛, 조曹, 주邾 세 나라 군사를 규합하여 세자 소를 받들고 제나라를 정벌하기 위해 제나라 도성 교외에 병력을 주둔시켰다. 이때 역아는 이미 중대부로 승진하여 사마 직을 맡아 병권을 장악하고 있었다. 무휴는 그에게 군사를 통솔하고 성 밖으로 나가 적을 방어하게 하고, 수초에게는 조정에 남아 여러 가지 일을 조율하게 했으며, 고호와 국의중 두 상경에게는 도성 성곽을 지키는 임무를 맡겼다. 이때 고호가 국의중에게 말했다.

"내가 무휴를 옹립한 건 그때 아직 선군의 시신을 수습하지 못했기 때문이지 그를 받들어 모시기 위한 것이 아니었소. 이제 세자가 벌써 이곳에 당도했고 송나라의 도움도 받고 있소. 이치로 보더라도 저들이 옳고, 형세로 보더라도 저들이 강하오. 또한 수초는 백관을 살육하고 권력만을 추구하며 정치를 어지럽게 만들고 있으니 틀림없이 제나라의 우환거리가 될 것이오. 차라리 이번 기회를 빌려 수초를 제거하고 세자를 맞아들여 주상으로 받들어 모시면 공자들의 잘못된 소망도 근절시킬 수 있고 우리 제나라를 태산처럼 안정시킬 수 있을 것이오."

국의중이 말했다.

"지금 역아가 군사를 거느리고 교외에 나가 있으니 내가 국사를 의논한다는 핑계를 대고 수초를 불러 죽이겠소. 백관을 거느리고 세자를 맞아들여 무휴의 보위를 대신하게 하면 진실로 역아도 어떻게 할 수 없을 것이오."

고호가 말했다.

"그 계책이 참으로 기묘하오."

이에 성루에 장사를 매복시키고 비밀리에 중대사를 의논할 게 있다고 하면서 사람을 수초에게 보내 만나자는 요청을 했다. 이것이 바로 "덫을 놓아 맹호를 잡고, 미끼를 끼워 큰 거북을 잡는다做就機關擒猛虎, 安排香餌釣鼈魚"는 방법이다. 수초의 생명이 어떻게 되는지는 다음 회를 보시라.

제33회

매복하는 늑대들

송 양공은 제나라를 정벌하여 세자 소를 보위에 세우고
초 성왕은 군사를 매복시켜 맹주 송 양공을 사로잡다

宋公伐齊納子昭, 楚人伏兵刼盟主.

고호는 역아가 군사를 거느리고 성을 나간 틈에 성루에 장사를 매복시
키고 의논할 일이 있다며 사람을 보내 수초를 초청했다. 수초는 아무 의심
도 없이 교만하게 성루로 왔다. 고호는 성루 안에 술자리를 마련하고 그를
대접했다. 술이 세 순배 돌고 난 후 고호가 입을 열었다.

"지금 송나라 군주가 제후를 규합하여 대군을 거느리고 세자를 받들어
이곳에 왔소. 어떻게 방어하면 좋겠소?"

수초가 말했다.

"이미 역아가 적을 맞아 싸우기 위해 군사를 거느리고 교외로 나갔지
않소?"

"중과부적이니 어찌하면 좋겠소. 노부는 그대의 귀중한 물건을 빌려 우
리 제나라의 환란을 구하고자 하오."

"이 수초가 무엇을 할 수 있는지 노 대부께서 시키시면 그 명령을 받들겠소!"

"나는 그대의 머리를 빌려 송나라에 사죄하고자 하오."

수초가 깜짝 놀라 벌떡 일어섰다. 고호가 좌우를 돌아보며 고함을 질렀다.

"어서 처치하라!"

그러자 벽 뒤에서 장사들이 뛰어나와 수초를 잡고 목을 베었다. 고호는 마침내 성문을 활짝 열고 큰 소리로 명령을 전달하게 했다.

"세자께서 벌써 성 밖에 당도하셨다. 그분을 마중하려는 사람은 나를 따르라!"

백성은 평소에 역아와 수초의 악행을 미워하고 있었기 때문에 민심이 무휴에게 귀의하지 않고 있었다. 그러던 차에 고호가 세자를 마중하러 가는 걸 보자 즐겁게 따르지 않는 사람이 없었다. 고호를 따르는 사람이 1000명을 넘었다. 이때 국의중은 입조하자마자 바로 대전으로 가서 무휴를 뵙기를 청하고 이렇게 아뢰었다.

"민심이 세자를 추대하려고 서로 무리를 지어 몰려갔습니다. 노신은 막을 방도가 없사오니 주상께선 속히 피란할 계책을 마련하시옵소서."

무휴가 물었다.

"역아와 수초는 어디에 있소?"

국의중이 말했다.

"역아는 아직 승패를 알 수 없고, 수초는 벌써 백성에게 주살되었습니다."

무휴가 몹시 화를 내며 말했다.

"백성이 수초를 주살하도록 네놈은 어찌 몰랐던 게냐?"

그러고는 좌우를 돌아보며 국의중을 포박하게 했다. 그러자 국의중은 궁궐 문을 향해 달아났다.

무휴는 내시 수십 명을 거느리고 작은 수레에 올라 분연히 칼을 뽑아들고 궁궐 문을 나섰다. 그는 장정을 징발하여 무기를 내려주고 친히 적을 방어하러 갈 심산이었다. 내시들이 동분서주하며 큰 소리로 장정을 불러 모았지만 한 사람도 호응하지 않았고, 오히려 원한을 품은 사람들만 몰려나왔다. 바로 이런 상황을 비유한 시가 있다.

은덕 베풀면 종당에 보답을 받고	恩德終須報
원한 쌓으면 보복에서 못 벗어나리	冤仇撒不開
이전에 나쁜 일을 저질렀다면	從前作過事
불행이 한꺼번에 몰려온다네	沒興一齊來

당시 제나라에서 원한을 품고 있는 집안은 고씨, 국씨, 관씨, 포씨, 영씨, 진씨, 안씨, 동곽씨, 남곽씨, 북곽씨, 공손씨, 여구씨 등 고관들의 가문이 전부 포함되어 있었다. 이들은 당초에 무휴에게 귀의하지 않았다가 역아와 수초에게 피살된 사람들의 가족으로 개개인 모두가 원한을 품고 있었다. 그러다가 오늘 송나라 군주가 세자를 입국시키러 왔고, 또 역아가 군사를 거느리고 항전하러 갔다는 소식을 들었다. 그래서 마음속으로는 모두 역아의 군사가 패배하기를 간절히 바라면서도 다른 한편으로는 송나라 군대가 쳐들어와 또 다른 살육전을 벌일까봐 두려워하고 있었다. 모두가 내심 다른 마음을 품고 있었던 셈이다. 그때 노 재상 고호가 수초를 죽이

고 세자를 맞으러 갔다는 소식이 들리자 기쁨에 겨워 환호하지 않는 사람이 없었다.

"오늘에야 하늘이 눈을 뜨셨도다!"

그들은 일제히 몸을 방어할 만한 무기를 들고 동문으로 달려가 세자의 소식을 탐문했다. 그때 마침 그곳으로 달려온 무휴의 수레와 맞부딪쳤다. 이것이 바로 원수는 외나무다리에서 만난다는 격이었다. 한 사람이 앞장서자 여러 사람이 서로 도움을 주며 각각 무기를 집어 들고 무휴를 단단히 포위했다. 그러자 내시가 고함을 쳤다.

"주상께서 여기 계신다. 무례한 행동을 하지 말라."

사람들이 말했다.

"어떤 놈이 우리 주상이냐?"

그러고는 바로 칼로 내시를 인정사정없이 베었다. 무휴는 이들을 당해 낼 수가 없어 황급히 수레에서 내려 도주하다가 결국 백성에게 피살되었다. 동문이 사람들로 들끓었으나 국의중이 와서 한바탕 그들을 위로한 뒤에는 모두 뿔뿔이 흩어졌다. 국의중은 무휴의 시신을 궁궐 별관으로 옮겨 염을 하면서 한편으로는 재빨리 고호에게 사람을 보내 소식을 알렸다.

역아는 동쪽 관문에 군사를 주둔시키고 송나라와 대치했다. 그러던 어느 한밤중에 갑자기 진중이 소란해지며 여러 가지 소문이 들려왔다.

"무휴와 수초가 모두 죽었고, 고호 상국이 백성을 거느리고 세자 소를 맞이하여 보위에 모시려고 한다. 그러므로 우리는 역적을 도와서는 안 된다."

역아는 군사들의 마음이 이미 변한 것을 알고 마음이 매우 고통스러웠다. 이에 심복 몇 명을 데리고 밤을 새워 노나라로 급히 도주했다. 날이 밝자 고호가 이미 진중에 도착하여 역아가 거느리던 군사들을 안정시켰다.

宋公伐齊納子昭

송 양공이 제나라 세자를 귀국시키다.

이어서 고호는 곧바로 교외로 나가서 세자 소를 영접했다. 그러고 나서 송, 위, 조, 주邾 네 나라와 우호를 맺으니 네 나라 군사들이 모두 물러갔다. 고호는 소를 받들고 임치성 밖에 당도하여 잠시 공관에 머물게 했다. 그러고는 국의중에게 사람을 보내 어가를 정비하여 백관과 함께 환영을 나오라고 부탁했다.

공자 원과 반도 그 소식을 들었다. 이에 상인과 약속을 정하고 함께 새임금을 받들어 모시기 위해 도성을 나섰다. 그때 상인이 어깃장을 놓았다.

"우리는 나라 안에서 선군의 장례에 참여했지만 소는 함께 곡을 하는 자리에 없었소. 그런데 이제 송나라 군사의 위세를 빌려 나이도 어린놈이 연장자이신 원 형님을 능멸하며 제나라를 강탈하려 하고 있소. 이것은 이치에도 맞지 않는 일이오. 소문을 들으니 제후들의 군사도 이미 물러갔다 하오. 차라리 우리가 각기 집안 병사를 거느리고 무휴 형님의 복수를 내세워 소를 죽이는 것이 좋을 것이오. 그리하면 우리 세 사람 중 한 사람이 대신들의 공론에 따라 보위에 오르면 송나라의 통제에서도 벗어날 수 있고 패주이신 선군의 기상도 잃지 않게 될 것이오."

공자 원이 말했다.

"만약 그렇다면 마땅히 궁중의 영을 받들어 시행하는 것이 명분이 설 것이다."

그러고는 바로 궁중으로 들어가 장위희에게 사실을 고했다. 장위희가 울며 말했다.

"네가 만약 무휴의 복수를 할 수 있다면 나는 죽어도 여한이 없겠다."

이에 즉시 전에 무휴를 따르던 좌우 시종을 규합하고 세 공자의 파당과 힘을 합치게 한 뒤 함께 세자에게 대항하게 했다. 수초의 수하 중에서도 심복이 있어 자신의 주군을 위해 복수하려고 세 공자를 도우러 왔다. 이들은 서로 임무를 나누어 임치성의 각 성문을 굳게 지켰다. 국의중은 네 집안 군사들이 많은 것을 보고 두려운 마음이 들어 저택의 문을 굳게 잠그고 밖으로 나오지 않았다. 이때 고호가 세자 소에게 말했다.

"무휴와 수초가 비록 죽었으나 그 잔당이 아직 남아 있습니다. 게다가 세 공자가 주동이 되어 성문을 폐쇄하고 들어가지 못하게 하고 있습니다. 그러니 성안으로 들어가려면 반드시 전투를 해야 할 듯합니다. 만약 전투를 해서 이기지 못하면 앞서 쌓은 공적이 모두 사라집니다. 차라리 다시 송나라로 가서 구원을 요청하는 것이 상책일 듯합니다."

세자 소가 말했다.

"나는 상국의 주장대로 따를 뿐이오."

이에 고호는 소를 받들고 다시 송나라로 달아났다.

양공은 군사를 거두어 국경 근처까지 회군하다가 세자 소가 달려오는 것을 보고 깜짝 놀랐다. 다시 온 까닭을 묻자 고호가 하나하나 분명하게 사태를 이야기했다. 양공이 말했다.

"이것은 과인의 철군이 너무 빨랐던 까닭이오. 세자는 안심하시오. 과인이 있는데 어찌 임치성으로 돌아가지 못할까 근심하시오!"

그러고는 즉시 대장 공손고公孫固에게 명하여 병거와 마필을 증원하라고 했다. 앞서 위, 조, 주 세 나라와 함께 협력할 때는 병거 200승에 그쳤지만 이제 단독으로 출병해야 하기 때문에 병거를 400승으로 늘렸다. 공자 탕蕩을 선봉을 삼고, 화어사華御事에겐 후군을 맡겼으며, 양공은 친히 중군을 거느리고 제나라 세자 소를 호송하기 위해 재차 국경을 출발하여 제나라 교외로 들어갔다. 이때 고호가 선두에서 말을 치달려가자 제나라 관문을 지키던 관리가 멀리서도 고 상국임을 알아보고 즉시 관문을 열고 맞아들였다. 이들은 곧바로 임치성 가까이 다가가 진채를 세웠다. 양공은 성문이 굳게 닫혀 있는 것을 보고 삼군에 분부를 내려 성을 공격할 기구를 준비하게 했다.

이때 성안에 있던 공자 상인은 원과 반에게 말했다.

"송나라가 만약 성을 공격하면 틀림없이 백성이 놀라 날뛸 것이오. 그러니 우리가 네 집안 군사를 이끌고 저들이 아직 불안정한 틈을 타 공격하는 것이 좋을 듯하오. 다행히 이기면 그보다 더 좋은 것이 없지만 불행하게 패하더라도 잠시 각기 도피했다가 다시 상황에 따라 일을 도모할 수 있을 것이오. 이곳에 앉아 강력하게 성만 사수하다가 만일 제후들의 군사가 모두 모이면 어찌하겠소?"

원과 반도 그렇게 생각했다. 이에 바로 그날 밤 성문을 열고 각기 군사를 동원하여 송나라 진채를 급습했다. 그들은 송나라 진채의 허실을 알 수 없어 선봉장 공자 탕의 부대를 공격할 수밖에 없었다. 공자 탕은 어떻게 손을 써볼 틈도 없이 공격을 당하자 진채를 버리고 달아났다. 그때 중군 대장 공손고가 전영前營이 무너지고 있다는 소식을 듣고 황급히 대군을 이끌고 구원에 나섰다. 후군 화어사도 제나라 노 대부 고호와 함께 각각 수하 부대를 이끌고 전투에 나섰다. 두 진영은 혼전을 벌이며 날이 밝을 때까지 싸웠다. 제나라 네 공자의 사병들은 그 수는 많았으나 각기 자신의 주군만을 위해 싸우고 있었기 때문에 마음이 일치되지 못했다. 그러니 어떻게 송나라 대군을 당해낼 수 있겠는가? 하룻밤 혼전을 벌이는 과정에서 네 집안 군사들은 송나라 군사에 의해 지리멸렬되고 말았다.

공자 원은 세자 소가 입국하면 참화에서 벗어나지 못할까 두려워 난전을 틈타 심복 몇 사람을 데리고 위衛나라로 도피했다. 반과 상인은 패잔병을 수습하여 성으로 돌아가려고 했다. 그러나 송나라 군사가 바짝 그 뒤를 쫓아와 성문을 닫을 수 없었다. 그때 최요崔夭가 세자 소가 탄 수레를 몰고 바로 성안으로 돌진해 들어갔다. 상경 국의중은 네 공자의 사병이 패배했고 세자가 이미 입성했다는 소식을 듣고 백관을 불러 모았다. 그러고는 고호와 함께 소를 옹립하여 보위에 모시고 이해를 바로 원년으로 삼으니 이 사람이 바로 제 효공孝公이다. 효공은 제나라 보위를 이은 뒤 논공행상을 하여 최요를 대부로 승진시켰다. 또한 황금과 비단을 많이 가져와 송나라 군사를 융숭하게 위로했다. 양공은 제나라 경내에 닷새를 머문 뒤 회군했다. 이때 노 희공은 대군을 동원하여 무휴를 구원하러 가다가 효공이 이미 즉위했다는 소식을 듣고 중도에서 돌아갔다. 이때부터 노나라와 제나라 사이에는 틈이 벌어지기 시작했다.

한편 반과 상인은 서로 입을 맞춘 후 군사를 내어 항거한 일을 모두 공자 원에게 덮어씌우기로 했다. 국의중과 고호는 네 집안이 함께 반란을 모의했다는 사실을 분명하게 알고 있었지만 효공이 지난 원한을 풀고 새로 우의를 맺고자 했기 때문에 반란의 수괴인 역아와 수초의 죄만 다스렸다. 그리하여 그들의 잔당은 모두 주살하고 나머지 사람의 죄는 불문에 부쳤다. 이해 가을 제 환공을 우수산牛首山[1] 언덕에 장사 지내고 봉분을 연이어 세 개로 만들었다. 그 옆에 안아도 함께 묻어주고 작은 봉분을 만들었다. 뒷날 진晉나라 영가永嘉[2] 말년에 천하대란이 일어나자 그 마을 사람이 환공의 무덤을 도굴했다. 무덤을 파자 앞부분에 수은으로 만든 연못이 있고 한

1_ 우수산牛首山: 산동성山東省 치박淄博 임치구臨淄區 제릉진齊陵鎭 정족산鼎足山. 자금산紫金山 또는 뇌공산雷公山이라고도 한다.

기가 코를 찔러서 사람들이 감히 들어갈 수 없었다. 며칠 지나자 한기가 점차 사라졌다. 이에 맹견을 데리고 무덤으로 들어가서 황금 누에 수십 곡斛, 진주로 장식된 저고리와 옥으로 만든 상자, 그리고 채색 비단과 무기 등 이루 다 헤아릴 수 없을 만큼의 유물을 얻었다. 또 무덤 속에는 수많은 해골이 널려 있었는데 이는 모두 순장한 사람들이었다. 이를 통해 효공이 당시에 부친을 매우 후하게 장사 지냈다는 사실을 알 수 있지만 그게 무슨 소용이란 말인가? 염선이 이를 시로 읊었다.

눈속임 세 무덤이 산처럼 우뚝해도	疑塚三堆峻似山
금 누에와 옥 상자가 세상에 드러났네	金蠶玉匣出人間
예부터 후한 부장품 도굴되기 마련이니	從來厚蓄多遭發
간소한 장례가 인색이 아님을 알아야 하리라	薄葬須知不是慳

이야기가 두 갈래로 나뉜다. 송 양공은 제나라 군사를 패퇴시키고 소를 제나라 보위에 올린 후 스스로 불세출의 공적을 세웠다고 생각하고 제후들을 소집하여 제 환공을 대신해 맹주가 되려고 했다. 그러나 큰 나라는 불러오기 어려울까봐 먼저 등滕, 조曹, 주邾, 증鄫 네 곳의 작은 나라와 약속을 정하고 조나라의 남쪽에서 회맹하기로 했다. 조나라와 주나라 군주가 도착한 한참 뒤에야 등나라 군주 영제嬰齊가 도착했다. 증나라 군주는 송나라의 위세가 두려워서 회맹에 오긴 왔으나 이미 이틀이나 지난 뒤였

2_ 영가永嘉: 서진西晉 회제懷帝 사마치司馬熾의 연호. 삼국을 통일하고 서진西晉을 건국한 무제武帝 사마염司馬炎의 막내아들. 영가 말년에 흉노족이 쳐들어와 낙양을 함락시키고 회제를 죽였다. 이후 진晉나라는 중원을 북방 이민족에게 내주고 강남으로 내려가 동진東晉을 세우고 나라의 명맥을 유지했다.

다. 양공은 영제가 회맹에 참여하는 걸 허락하지 않고 방에 가둔 뒤 신하들에게 물었다.

"과인이 이제 겨우 회맹을 제창하는 계제에 증나라는 작은 나라이면서도 감히 게으름을 부리며 이틀이나 늦게 도착했소. 그 죄를 엄중하게 다스리지 않고 어떻게 위엄을 세울 수 있겠소?"

대부 공자 탕이 앞으로 나서며 말했다.

"지난날 제 환공은 남정북벌을 행하면서도 유독 동쪽 나라들東夷만은 복종시키지 않습니다. 주상께서 중원에 위엄을 떨치시려면 먼저 동쪽 나라를 복종시켜야 합니다. 또한 동쪽 나라를 복종시키려면 반드시 증나라 군주를 이용해야 합니다."

양공이 말했다.

"어떻게 이용해야 하오?"

탕이 말했다.

"수수睢水3 가운데에 비바람을 일으킬 수 있는 신령이 있는데, 동이 사람들이 모두 사당을 세워 사시사철 제사를 올린다고 합니다. 주상께서 증나라 군주를 희생으로 삼아 수수의 신령에게 제사를 올리시옵소서. 그럼 그 신령에게서 복을 받을 수 있을 뿐만 아니라 동이 사람들 모두 이를 듣고 주상께서 산 제후를 제물로 바쳤다고 소문을 낼 것이니 과연 어느 누가 두려운 마음으로 복종해오지 않겠습니까? 그런 뒤 동이의 힘을 빌려 제후를 정벌하면 패업을 이룰 수 있을 것입니다."

3_ 수수睢水: 고대 홍구鴻溝 지류의 하나. 하남성河南省 개봉開封 근처에서 동쪽으로 흘러 안휘성安徽省을 거쳐 강소성江蘇省으로 흘러들어 고대 사수泗水에 합류했으나, 수隋나라 때 대운하 개통 이후 여러 번 하도河道가 바뀌다가 지금은 수수睢水 자체가 사라지고 없다.

그러자 상경 공자 목이目夷가 간언을 올렸다.

"그건 불가하고 불가합니다. 옛날부터 작은 제사에 큰 희생을 쓰지 않은 것은 그 동물의 목숨을 귀중히 여기기 때문입니다. 하물며 사람의 경우이겠습니까? 대저 제사는 사람을 위해 복을 비는 일인데, 사람을 죽여 복을 빈다면 틀림없이 신령이 흠향하지 않을 것입니다. 또 나라에는 일정한 제사가 있어서 종백宗伯4이 관장합니다. 그런데 수수의 신은 요괴에 불과합니다. 오랑캐 풍속에서 제사하는 신에게 제사 지내신다면 주상께서 오랑캐보다 낫다는 걸 보여주지 못할 것입니다. 그럼 누가 기꺼이 복종하겠습니까? 환공이 40년 동안 제후들의 맹주 노릇을 한 것은 망한 나라를 존속케 해주고 끊어진 후세를 이어주면서5 해마다 천하에 덕을 베풀었기 때문입니다. 지금 주상께선 거우 한 번의 회맹을 주관하고 있을 뿐인데 제후를 죽여서 요괴에 아첨하고자 하십니까? 신의 생각으로는 제후들이 두려워하며 우리 나라를 배신하게 될 뿐 복종하지는 않을 것입니다."

탕이 말했다.

"자어子魚(목이)의 말은 틀렸습니다. 주상께서 도모하시는 패업은 제나라의 경우와는 다릅니다. 환공은 20여 년 동안 여러 나라를 제어한 뒤 맹주의 자리에 올랐습니다. 주상께선 그렇게 오랫동안 기다릴 수 있습니까? 대저 패업을 천천히 도모하시려면 덕을 사용하시고, 조속히 도모하시려면 위엄을 사용해야 합니다. 따라서 천천히 할 것인지 조속히 할 것인지를 살펴보지 않을 수 없습니다. 오랑캐 풍속에 동참하지 않으면 오랑캐가 우리를

4_ 종백宗伯: 예악과 제례를 관장하는 관리.

5_ 존망계절存亡繼絕: 망한 것을 되살리고 끊어진 것을 이어주다. 망한 나라나 끊어진 자손을 다시 되살리고 이어주는 것을 비유.(『곡량전穀梁傳』 희공僖公 17년)

의심할 것입니다. 또 제후들을 두렵게 하지 않으면 그들이 우리를 우롱할 것입니다. 안으로 우롱을 당하고 밖으로 의심을 당하면서 어떻게 패업을 이룰 수 있겠습니까? 옛날 주 무왕께선 은 주왕의 목을 베어 태백기太白旗6에 높이 걸고 천하를 얻었습니다. 이것은 제후의 신분으로 천자를 주살한 경우인데 지금 어찌 작은 나라의 군주를 죽이는 것에 전전긍긍할 필요가 있겠습니까? 주상께서는 반드시 증나라 군주를 제물로 사용하시옵소서."

양공의 본심은 조속히 제후들의 지지를 얻는 것이었다. 그리하여 마침내 목이의 말을 듣지 않고 주邾 문공文公을 시켜 증나라 군주를 죽이고 그 시신을 삶아 수수의 신령에게 제사 지내려 했다. 이어서 이 사실을 동이의 군장君長들에게 알리고 모든 나라가 수수의 제사에 참석하라고 했다. 그러나 동이 사람들은 평소 송나라 군주의 정치에 익숙지 않아서 제사에 참석한 나라는 하나도 없었다. 갇혀 있던 등나라 군주 영제는 대경실색하여 사람을 보내 막대한 뇌물을 주고 석방을 요청했다. 이에 양공은 영제를 풀어 줬다.

조나라 대부 희부기僖負羈는 조나라 공공共公 양襄에게 이렇게 말했다.

"송나라 군주가 조급한 마음에 포악한 짓을 저질렀으니 틀림없이 마음먹은 대로 일을 이룰 수 없을 것입니다. 차라리 돌아가는 것이 좋겠습니다."

조 공공은 하직 인사를 하고 돌아가면서 그 땅 주인으로서의 예물도 갖추어주지 않았다. 양공은 분노하여 사람을 시켜 조 공공을 꾸짖었다.

6_ 태백기太白旗: 깃발과 수술이 모두 희다. 흰색은 오행으로 금金을, 방위로는 서방西方을, 동물로는 백호白虎를, 계절로는 가을을 상징한다. 이 모두가 숙살肅殺과 형벌 집행의 의미가 있다. 깃발 가운데 태백신太白神을 그렸다. 태백신의 모습은 금관을 쓰고 옥규玉圭를 들었으며 황색 속옷에 녹색 겉옷을 걸쳤다. 고대에 역적이나 폭군을 주살하면 태백기에 걸고 정의로운 형 집행을 과시했다.

"옛날에 군주들이 서로 만날 때는 그 나라 주인이 식량과 희생을 준비하여 주인과 빈객의 우호를 다졌습니다. 우리 주상께서 군후의 영토에 머문 지 하루 이틀이 아닌데, 삼군 군사들은 아직도 이곳이 군후에게 소속된 땅인지도 모르고 있습니다. 군후께선 잘 헤아려주시옵소서."

희부기가 대답했다.

"대저 관사를 제공하고 희생을 준비하는 건 조공을 바치러 온 사절에게나 베푸는 상례常禮요. 지금 귀국 군후께서 공무로 이곳 남쪽 변방 국가에 오셨는데, 우리 주상께선 급히 그 회합의 명령만 좇느라 다른 것은 돌아볼 틈이 없었소. 그런데 귀국 군후께서 주인의 예의를 다하라고 꾸짖으시니 우리 주상께선 심히 부끄러운 마음을 느끼고 있소. 귀국 군후께 용서를 비오."

마침내 공공은 도성으로 돌아갔다. 양공은 몹시 분노하여 조나라를 치기 위해 군사를 이동하라고 명령을 내렸다. 그러자 공자 목이가 또 간언을 올렸다.

"옛날에 제 환공은 여러 나라를 두루 돌아다니며 회맹을 했습니다. 그런 과정에서 예물을 후하게 주고 박하게 받으면서 다른 나라의 베풂이 많든 적든 나무라지 않았고, 아예 예물을 주지 않더라도 꾸짖지 않았습니다. 그리하여 다른 나라를 관대하게 대하는 역량으로 각국의 마음을 어루만져주었습니다. 지금 조나라가 결례를 했지만 주상께 아무런 손해도 끼치지 않았는데, 어찌 군사를 사용하려 하십니까?"

양공은 그 말을 듣지 않고 공자 탕에게 병거 300승을 거느리고 조나라 도성을 포위하게 했다. 희부기는 즉시 방어시설을 갖추고 도성을 지켰다. 탕은 석 달이나 대치했지만 승리를 얻을 수 없었다. 이때 정 문공文公은 먼저 초나라에 조공을 바친 뒤, 노, 제, 진陳, 채 네 나라 군주와 약속을 정하고, 제나라 경계 내에서 초 성왕과 회맹하기로 했다. 양공은 그 소식을 듣고 깜짝 놀랐다. 첫째, 양공은 제나라와 노나라 양국 중에서 혹시 패업을 제창하는 군주가 있어 송나라가 그와 경쟁할 수 없을까봐 걱정이 되었다. 둘째, 탕이 조나라를 공격하다 패배하고 사기가 꺾여 제후들에게 웃음거리가 될까 걱정되었다. 이에 탕을 돌아오게 했다. 조나라 공공도 송나라 군사가 다시 쳐들어올까 두려워 양공에게 사람을 보내 사죄했다. 이때부터 송나라와 조나라는 처음처럼 우호관계를 회복했다.

송 양공은 일심으로 패자가 되고 싶어했다. 그러나 작은 나라 제후들은 분분히 불복했고, 큰 나라 제후들은 오히려 멀리 초나라와 동맹을 맺는 것을 보고는 분하고 초조한 마음에 공자 탕을 불러 이 문제를 상의했다. 탕이 말했다.

"지금 큰 나라로는 제나라와 초나라를 능가하는 나라가 없습니다. 그러나 제나라는 비록 패주인 환공의 후예이지만 나라 안의 분쟁이 이제 막 안정되어 아직 국력을 떨치지 못하고 있습니다. 이에 반해 초나라는 왕호를 참칭하며 조금씩 중원과 우호를 맺고 있어 제후들이 두려워합니다. 그러니 주상께선 겸손한 말과 후한 폐백을 아끼지 마시고 초나라와 교분을 튼 뒤, 제후들과 화친하고 싶다고 청하시옵소서. 그럼 초나라가 틀림없이 허락할 것입니다. 초나라의 힘을 빌려 제후들을 모으고, 다시 제후들의 힘을 빌려 초나라를 제압하는 것이 임시변통의 계책이 될 수 있을 것입니다."

공자 목이가 또 간했다.

"초나라가 제후들을 거느리고 있지만 어찌 우리에게 화친을 허락하겠습니까? 우리가 초나라에 화친을 청한다고 초나라가 어찌 우리의 말을 따르겠니까? 이로 인해 분쟁의 발단이 될까 두렵습니다."

양공은 그렇게 생각하지 않고 즉시 탕에게 후한 뇌물을 들고 초나라로 가서 성왕을 만나게 했다. 성왕은 그가 온 뜻을 묻고 난 뒤 내년 봄 녹상鹿上(安徽省 阜南 原鹿)[7]에서 서로 만날 것을 약속했다. 탕이 돌아와 보고하자 양공이 말했다.

"녹상은 제나라 땅이니 제나라 군주에게 알리지 않을 수 없다."

이에 다시 탕을 제나라에 사신으로 보내 초 성왕과의 회합을 알려줬다. 제 효공도 허락했다. 이때가 송 양공 11년, 주 양왕 12년이었다.

이듬해 정월 양공은 먼저 녹상으로 가서 회맹단을 설치하고 제나라와 초나라 군주를 기다렸다. 2월 초순이 되어서야 제 효공이 당도했다. 양공은 자신이 효공을 보위에 올리는 공을 세웠다고 자부하며 상봉 내내 도도한 모습을 보였다. 효공은 송나라의 은덕에 감사하며 주인으로서의 예의를 다했다. 그 뒤 20여 일이 지나 초 성왕이 당도했다. 송나라와 제나라 군주가 서로 만나는 자리에서는 작위의 차례에 따라 서로 인사를 나누었다. 즉 초나라가 비록 왕호를 참칭했으나 기실 자작子爵의 나라였으므로 예법상 송공宋公이 지위가 가장 높았고, 제후齊侯가 그다음이었으며, 초자楚子가 또 그다음이었다. 이것은 양공이 정한 차례였다. 회맹 날짜가 되자 모두 녹상의 단 위로 올라갔다. 양공은 의연히 맹주를 자처하며 먼저 우이牛耳[8]를 잡고 전혀 양보할 기색이 없었다. 초 성왕은 불쾌한 마음으로 마지못해 삽혈

7_ 녹상鹿上: 두예杜預의 『사기집해史記集解』에 따르면 안휘성安徽省 부남阜南 녹성진鹿城鎭. 그러나 이 본문에서는 제나라 땅으로 보고 있으므로 산동성山東省 거야巨野 설을 따르고 있는 듯하다.

8_ 우이牛耳: 옛날 제후국 간에 회맹을 할 때 맹주가 가장 먼저 희생으로 바쳐진 소의 귀를 잘라 피를 받았다. 따라서 어떤 일을 주관하거나 어떤 영역에서 가장 중요한 직책을 맡는 것을 '우이牛耳를 잡는다'고 했다.

을 했다. 양공이 공수拱手하며 말했다.

"과인은 외람되게도 선대의 뒤를 이어 주 왕실의 경사가 되어, 덕은 부족하고 힘은 미약하다는 건 생각지도 않고 이제 제후들과 회맹 의식을 거행하고자 하오. 그러나 제후들의 마음이 한결같지 않을까 염려가 되어 두 분 군후의 위엄을 빌려 우리 나라 우盂(河南省 睢縣 서쪽) 땅에서 제후들과 회맹을 갖고 싶소. 그 시기는 가을 8월이 어떨까 하오. 만약 두 분 군후께서 과인의 제안을 버리지 않으신다면 제후들을 거느리고 회맹에서 은혜를 베풀어주시길 부탁드리고 싶소. 과인은 대대로 우리 여러 나라가 형제의 우의를 돈독하게 나누었으면 하오. 은나라 선왕 이래로 모두 두 분 군후의 은혜를 감사하게 생각해왔소. 어찌 유독 과인만 그렇게 생각했겠소?"

제 효공은 두 손을 앞으로 모으고 초 성왕에게 양보했다. 성왕도 마찬가지로 효공에게 양보했다. 두 군후가 서로 미루고 양보하느라 오랫동안 결정을 하지 못했다. 그러자 양공이 말했다.

"두 분 군후께서 과인을 버리지 않으신다면 함께 서명해주시길 바라오."

그러고는 바로 회맹 참가 약속을 미리 써둔 죽간을 꺼냈다. 양공은 효공이 아니라 성왕에게 먼저 서명해달라고 했다. 효공이 불쾌감에 사로잡혔다. 성왕이 눈을 들어 대강 살펴보니 그 죽간에는 제후들을 모아 회맹한다는 내용이 쓰여 있었다. 즉 병거를 거느리지 않은 채 예복만 갖추어 입고 제후들과 회맹한 제 환공의 사례를 본받는다는 것이었다. 죽간 끝에는 양공이 먼저 서명을 해두고 있었다. 성왕은 몰래 양공을 비웃으며 말했다.

"군후께서 제후들을 부를 수 있을 것인데 하필 과인에게 부탁하는 것이오?"

양공이 말했다.

"정나라와 허나라는 오랫동안 군후의 그늘 아래 있었고, 진陳나라와 채나라는 근래 제나라 땅에서 귀국과 회맹을 했소. 이제 군후의 신령함을 빌리지 않고서는 반대 의견이 생길까 걱정이 되오. 이에 과인이 귀국의 막중한 힘을 빌리고자 하는 것이오."

초 성왕이 말했다.

"그럼 제나라 군후께서 서명을 하시고, 그다음에 과인이 따라서 하겠소."

효공이 말했다.

"과인은 오히려 송나라의 그늘 아래 있소. 회맹에 오기 어려워하는 나라는 송나라의 위엄만으로도 오게 할 수 있을 것이오."

성왕이 의미심장한 웃음을 머금고 서명했다. 그러고 나서 붓을 효공에게 주었다. 효공이 말했다.

"초나라가 서명을 했는데 우리 제나라까지 서명할 필요가 있겠소? 과인은 고국을 떠나 구사일생으로 살아남아 요행히 사직을 잃지 않고 회맹의 말석에 참석하여 삽혈을 했으니 그것만도 영광으로 생각하오. 지금 제나라 지위의 경중으로 보더라도 어찌 이 죽간을 더럽힐 수 있겠소?"

그러면서 단호히 서명하려 하지 않았다. 효공의 심사를 이야기하자면 양공이 먼저 성왕에게 서명을 청하는 것이 못마땅해 결국 서명하지 않은 것이다. 그러나 양공은 스스로 지난번 제나라에 은혜를 베풀어서 지금 효공이 마음속 고충을 이야기하고 있다 생각하고 결국 죽간을 거두었다. 세 군주는 녹상에서 며칠간 이야기를 나누다가 서로 약속을 확인하고 헤어졌다. 염선이 이 일을 시로 읊었다.

제후들은 원래부터 중화에 속했거늘   諸侯原自屬中華

어찌하여 분분하게 초나라에 구걸했나   何用紛紛乞楚家

뿌리 같은 한 나무로 인식을 잘못했으나   錯認同根成一樹

제 각각 갈라졌음을 그 누가 알았으리   誰知各自有丫叉

초 성왕은 귀국하여 영윤 자문에게 그 일을 이야기했다. 자문이 말했다.

"송나라 군주가 참으로 제정신이 아닙니다. 그런데 주상께선 어찌하여 다시 회맹에 참석하겠다고 허락하신 것입니까?"

초왕이 웃으면서 말했다.

"과인은 오래전부터 중화의 정치를 주도하고 싶었지만 한스럽게도 그 기회를 얻을 수 없었소. 그런데 이제 송나라 군주가 예복만 입고 함께 모이는 회맹을 제창했소. 과인이 그 기회를 빌려 제후를 규합하고자 하오. 그것도 좋은 일이 아니겠소?"

대부 성득신成得臣이 앞으로 나서며 말했다.

"송나라 군주는 명분만 좋아하고 실속은 없으며, 남을 가볍게 믿고 계책이 부족한 사람입니다. 만약 군사를 매복시키고 협박하면 포로로 사로잡을 수도 있을 것입니다."

초왕이 말했다.

"과인의 생각이 바로 그러하오."

자문이 말했다.

"송나라 군주와 회맹 약속을 했다가 협박하면 사람들이 우리 초나라를 일러 신의 없는 나라라고 할 것이오. 그럼 어떻게 제후를 복종시킬 수 있겠소?"

성득신이 말했다.

"송나라 군주는 맹주가 되길 좋아하니 틀림없이 제후들을 오만하게 대하는 마음을 갖고 있을 것입니다. 제후들은 아직 송나라의 정치에 익숙하지 않아서 아무도 진심으로 참여하려 하지 않을 것이니 그때 송나라 군주를 위협하여 위엄을 보이시옵소서. 위협을 하다 석방을 하면 은덕까지 베풀 수 있을 것입니다. 그러면 제후들은 송나라의 무능함을 치욕으로 생각할 것입니다. 이후 제후들이 우리 초나라에 귀의하지 않으면 누구에게 귀의하겠습니까? 대저 작은 신의에 얽매어 큰 공적을 내버리는 것은 좋은 계책이 아닙니다."

자문이 아뢰었다.

"자옥子玉(성득신의 자)의 계책에는 신이 도저히 미칠 수 없습니다."

이에 초왕은 성득신과 투발을 장수로 삼아 각각 용사 500명을 선발하여 명령에 따르도록 조련시켰다. 이것이 협박으로 회맹을 성사시킬 계략이라는 것은 더 말할 필요도 없다.

한편 양공은 녹상에서 돌아와 아주 희색이 만면하여 공자 목이에게 말했다.

"초나라가 과인에게 제후들을 보내주겠다고 약속했소."

목이가 간언을 올렸다.

"초나라는 남쪽 오랑캐입니다. 그 마음을 예측할 수 없습니다. 주상께선 입으로 승낙만 얻었지, 마음으로 승낙은 아직 얻지 못했습니다. 신은 주상께서 기만을 당할까 두렵습니다."

양공이 말했다.

"자어子魚(목이의 자) 형님께선 지나치게 생각이 많소. 과인이 진실하게 다른 사람을 대하는데, 다른 사람이 차마 과인을 기만할 수 있겠소?"

결국 양공은 목이의 말을 듣지 않고 격문을 띄워 제후들을 회맹에 초청했다. 이후 우盂 땅으로 사람을 보내 회맹단을 쌓고 공관을 증설했다. 또 그 장식을 매우 화려하게 하고 창고에도 사료와 양식을 가득 채워 각국 사람과 군마의 식량으로 쓰도록 했다. 무릇 수행원들을 위로하기 위한 잔치 품목도 하나하나 모두 후하게 마련하여 빠진 것이 없도록 준비하게 했다.

가을 7월이 되자 양공은 어가를 타고 회맹 장소로 가려고 했다. 그때 목이가 또 간언을 올렸다.

"초나라는 강하고 의리가 없습니다. 부디 병거를 거느리고 가시옵소서."

양공이 말했다.

"과인은 제후들과 예복만 갖춰 입고 회맹을 하기로 약속했소. 만약 병거를 사용한다면 내가 약속한 걸 스스로 파기하는 것이 되오. 과인은 후일 제후들에게 신의를 잃고 싶지 않소."

목이가 말했다.

"그럼 주상께선 어가를 타고 가시어 신의를 지키시옵소서. 신은 병거 100승을 거느린 채 3리 밖에 매복하여 사태의 완급에 대처하겠습니다. 어떠십니까?"

양공이 말했다.

"형님께서 병거를 사용하는 것과 과인이 사용하는 것이 뭐가 다르오? 그렇게 할 수는 없소."

출발할 때가 되자 양공은 혹시 목이가 국내에서 군사를 일으켜 몰래 뒤를 따르다가 자신의 신의를 실추시킬까 걱정되어 결국 목이와 함께 동행하기로 했다. 목이가 말했다.

"그렇지 않아도 신이 안심할 수가 없어서 동행하려던 참이었습니다."

이에 군신이 함께 회맹 장소로 갔다. 초, 진陳, 채, 허, 조, 정 여섯 나라 군주도 날짜에 맞춰 도착했다. 다만 제나라 효공은 아직도 불쾌한 마음이 풀리지 않았고, 노나라 희공은 아직 초나라와 우호를 맺지 않아서 이 두 군주만 오지 않았다. 양공은 사람을 시켜 여섯 나라 제후를 영접하게 하고 관사를 나누어 편안하게 쉬게 했다. 그때 보고가 올라왔다.

"모두 보통 어가를 타고 왔습니다. 초왕은 시종들이 많지만 역시 보통 어가를 타고 왔습니다."

양공이 말했다.

"나는 초나라가 나를 속이지 않을 줄 알았다."

태사가 회맹을 위한 길일을 점쳤고 양공은 그 날짜를 각 나라 군주에게 전해줬다. 이보다 며칠 앞서 단상의 집사들을 미리 파견해두었다. 당일 새벽 오경(새벽 3~5시)의 북소리가 울리자 단상의 위아래에 모두 화톳불을 대낮처럼 밝혔다. 단상의 곁에는 따로 휴식 장소를 마련하여 양공이 먼저 그곳에 가서 대기했다. 그리고 진 목공 곡穀, 채 장공 갑오甲午, 정 문공 첩踕, 허 희공 업業, 조 공공 양襄 등 다섯 제후가 연이어 당도했다. 한참이나 기다려서야 비로소 하늘이 밝아왔고 그제야 초 성왕 웅운熊惲이 도착했다. 양공은 주인의 예절에 맞추어 읍하며 한 번 양보한 뒤, 제후들을 좌우 양쪽 계단을 이용해 단상으로 오르게 했다. 오른쪽 계단은 빈객이 오르는 계단이었으나 제후들은 감히 초 성왕의 지위를 거스를 수 없어서 그를 맨 먼저 오르도록 했다. 성득신과 투발 두 장수가 초왕을 수행했다. 제후들도 모두 시종들과 함께 올랐다. 왼쪽 계단은 주인이 오르는 길이어서 양공 및 그를 수행한 공자 목이 두 사람만 그곳으로 올랐다.

바야흐로 계단을 다 오르면 빈객과 주인을 따져 회맹단 위로 올라가 희생을 진설하고 삽혈을 한다. 그리고 하늘에 맹세하고 죽간에 이름을 나란히 쓴 후 맹주를 추대하면 회맹이 끝난다. 양공은 초왕이 서두를 말해주길 바라고 눈짓을 했다. 그러나 초왕은 고개를 숙이고 아무 말도 하지 않았다. 진陳나라와 채나라 등 다른 나라 제후도 서로 얼굴만 쳐다볼 뿐 감히 먼저 나서려 하지 않았다. 양공이 참지 못하고 머리를 쳐들고 앞으로 나서서 말을 했다.

"금일의 대사는 과인이 돌아가신 패주 제 환공의 유업, 즉 주 왕실을 높이고 백성을 편안케 하며 군대를 쉬게 하고 전쟁을 끝내기 위한 임무를 잘 수행하여 천하의 모든 나라와 더불어 태평의 복락을 함께 누리기 위한 것이오. 제후들은 어떻게 생각하시오?"

제후들이 아직 응답을 하지 않고 있는데 초왕이 떨쳐 일어나 앞으로 나서며 말했다.

"군후의 말씀은 대단히 훌륭하오. 그러나 지금 맹주가 누군지 모르겠소?"

양공이 말했다.

"공적이 있으면 공적으로 따지고 공적이 없으면 작위를 따지는 것이오. 달리 무슨 할 말이 있소?"

초왕이 말했다.

"과인은 감히 왕을 칭한 지 오래되었소. 송나라가 비록 공작의 나라이지만 왕 앞에 나란히 서기는 어려울 것이오. 그러니 송구하오나 과인이 앞자리를 선점하겠소."

그러고는 바로 첫째 자리로 나가 자리를 잡았다. 목이는 양공의 소매를 잡아당기며 잠시 참았다가 다시 상황에 따라 대처하게 하려고 했다. 그러나 송 양공은 맹주의 지위를 손안에 잡았다가 순식간에 놓치게 되니 어찌

화가 치밀지 않을 수 있겠는가? 분노가 터져 나오자 자기도 모르게 소리가 커지고 안색이 변했다. 송 양공이 초 성왕에게 말했다.

"과인은 선조들께서 지으신 복록으로 외람되지만 공작의 지위를 갖고 있소. 천자께서도 나를 빈객의 예로 우대하오. 군후께서 감히 왕을 칭한다고 했으나 그건 왕호를 참칭한 것에 불과하오. 어찌 가짜 왕이 진짜 공작의 지위를 누를 수 있겠소?"

초 성왕이 말했다.

"과인이 가짜 왕이라면 누가 과인을 이곳에 오게 초청한 것이오?"

송 양공이 말했다.

"군후께서 이곳에 온 건 녹상에서 먼저 약속을 했기 때문이지 과인이 마음대로 정한 것이 아니오."

그때 성득신이 초왕 곁에서 고함을 질렀다.

"오늘 대사에 대해 제후들에게 묻겠소. 오늘 초나라를 위해 온 것이오? 송나라를 위해 온 것이오?"

진과 채나라 등 여러 나라는 평소에 초나라를 두려워하고 있었기 때문에 일제히 대답했다.

"우리는 사실 초나라의 명령을 받들어 이곳에 왔소."

초왕은 껄껄 웃으며 말했다.

"송나라 군후께선 달리 무슨 할 말이 있으시오?"

양공은 상황이 불리하게 돌아가는 것을 보고 그들과 이치를 따져보고 싶었으나 그들은 이치의 옳고 그름에 전혀 상관하지 않았다. 이에 양공은 그곳을 빠져나가고 싶었지만 자신을 보호해줄 갑사도 한 명 없는 처지라 주저하고 있었다. 그때 초나라 성득신과 투발이 예복을 벗어 던졌다. 속에

초 성왕이 송 양공을 협박하다.

는 두터운 갑옷을 입고 있었고 허리에는 각각 작은 홍기紅旗를 꽂고 있었다. 이 두 사람은 홍기를 뽑아 들고 회맹단 아래를 향해 흔들었다. 그 순간 초왕을 수행해온 1000여 명의 사람들이 겉옷을 벗어 던지고 갑옷을 드러냈다. 손에는 숨겨두었던 무기를 들고 마치 벌 떼나 개미 떼처럼 분분히 단상을 향해 돌진해오고 있었다. 각국 제후는 모두 두려움에 떨며 혼비백산했다. 성득신은 먼저 양공의 양 소매를 단단히 틀어잡고 투발과 함께 군사를 지휘했다. 군사들은 단상에 진열해놓은 보옥과 비단 그리고 귀한 그릇 따위를 약탈했다. 회맹을 진행하던 집사자들은 모두 어지러이 숨거나 도망쳤다. 양공은 공자 목이가 자신의 곁을 단단히 지키고 있는 것을 보고 말했다.

"경의 말을 듣지 않아서 이 지경이 됐구려. 속히 돌아가 나라를 단단히 지키시오. 과인은 걱정하지 말고."

목이도 양공을 수행해봐야 아무 소용이 없음을 알고 혼란을 틈타 도성으로 도망쳤다. 양공이 어떻게 몸을 빼내는지는 다음 회를 보시라.

제34회

양공이여, 전쟁에서
무슨 인의인가

송 양공은 인의에 기대다 군사를 잃고
제강씨는 술 취한 틈에 남편을 떠나보내다
宋襄公假仁失衆, 齊姜氏乘醉遣夫.

초 성왕은 눈속임을 위해 어가를 타고 회맹에 왔지만 수행자는 모두 군사였다. 그들은 속에 갑옷을 감춰 입었고 몸에도 무기를 숨기고 있었다. 이들 모두는 성득신과 투발이 조련한 군사로 용맹하기가 이를 데 없었다. 또 위여신鬪呂臣과 투반鬪般 두 장수를 시켜 대군을 거느리고 뒤를 따라와 엄청난 살육전을 준비하게 했다. 그러나 양공은 이런 사실을 전혀 알지 못한 채 함정에 빠지고 말았다. 그야말로 "의심이 없는 사람이 흉계를 가진 사람을 만났으니, 몸을 빼내려고 해도 빼내기 어렵다沒心人遇有心人, 要脫身是難脫身"는 격이었다. 초왕은 양공을 잡아들였고, 갑사들은 공관에 제공된 음식과 집기 및 창고의 곡식까지 깡그리 약탈했다. 수행원들이 타고 온 수레도 모두 초나라 차지가 되었다. 진陳, 채, 정, 허, 조 다섯 나라 제후는 모두 두려움에 떨며 누구도 감히 앞으로 나가 그들을 말리지 못했다.

성왕은 제후들을 관사로 초청해놓고 여섯 가지 죄목을 하나하나 꼽으며 양공을 면박했다.

"너는 제나라 국상 기간에 쳐들어가서 마음대로 저들의 임금을 폐하고 새 임금을 세웠으니 이것이 첫 번째 죄다. 등滕나라 군주가 회맹에 좀 늦었다고 굴욕스럽게 잡아 가두었으니 이것이 두 번째 죄다. 사람을 잡아 희생 대신 제수로 삼아 음란한 귀신에게 제사를 지냈으니 이것이 세 번째 죄다. 조나라가 주인으로서의 관례를 지키지 못한 것은 매우 작은 일임에도 너는 힘만 믿고 저들을 포위했으니 이것이 네 번째 죄다. 송나라는 망국 은나라의 후손으로 덕망과 역량을 생각할 겨를이 없고 또 하늘이 경계하라는 조짐을 보여줬는데도 오히려 패자가 되고자 했으니 이것이 다섯 번째 죄다. 과인에게 제후들을 보내달라고 요청했으면서도 자존망대하면서 전혀 겸손한 모습을 보여주지 않았으니 이것이 여섯 번째 죄다. 하늘이 네 혼백을 빼앗으려고 너를 수레 한 대에 태워 회맹에 보냈으니, 과인은 오늘 병거 1000승과 장병 1000명을 거느리고 송나라 수양성睢陽城을 짓밟아 제나라와 증鄫나라의 원수를 갚을 것이다. 모든 군후께선 잠시 이곳에 수레를 멈추고 기다리시오. 과인이 송나라를 빼앗고 돌아와서 다시 열흘 동안 군후들과 통쾌하게 마시고 헤어지도록 하겠소."

제후들은 모두 예예 하고 승낙했다. 양공은 한마디 말도 못하고 나무나 흙으로 만든 인형처럼 두 줄기 눈물만 줄줄 흘릴 뿐이었다. 순식간에 초나라 대군이 운집했다. 말로만 1000승이라고 했지 사실은 500승이었다. 성왕은 군사들에게 상을 내리고 진채를 뽑아 출병하면서 양공을 데리고 수양성으로 쇄도해 들어갔다. 여러 나라 제후들은 초왕의 명령을 받들고 모두 우盂 땅에 머물렀고 감히 귀국하려는 사람은 하나도 없었다. 사관이 시를 지어 양공의 실수를 풍자했다.

까닭 없이 초에 아첨타 오히려 재앙 당하여	無端媚楚反遭殃
순식간에 수양성을 전쟁터로 만들었네	引得睢陽做戰場
지난날 제 환공은 아홉 차례 회맹했어도	昔日齊桓曾九合
초나라가 접근하도록 허용하지 않았도다	何嘗容楚近封疆

공자 목이는 우 땅의 회맹단에서 본국으로 도피하여 사마 공손고公孫固에게 양공이 포로가 된 사실을 알렸다.

"초나라 군사가 조만간에 들이닥칠 것이니 속히 우리 군사를 이동시켜 성 위에서 수비 태세를 갖추게 해야 하오."

공손고가 말했다.

"나라에는 하루라도 임금이 없어서는 안 되오. 공자께서 잠시 보위를 맡아 섭정해주시오. 그런 후 상벌을 잘 시행하시면 민심이 안정될 것이오."

그러자 목이는 공손고의 귓가에 대고 몰래 속삭였다.

"초나라 사람들이 주상을 잡고 우리 송나라를 공격하는 것은 주상을 인질로 뭔가 구하는 것이 있기 때문이오. 모름지기 여차여차한 방법을 써야 초나라 사람들이 우리 주상을 석방시켜 귀국하도록 해줄 것이오."

공손고가 말했다.

"그 말이 참으로 지당하오."

이에 신하들에게 말했다.

"우리 주상께서는 돌아올 수 없을 것이니, 마땅히 목이 공자를 추대하여 국사를 주관하게 해야 할 것이오."

신하들은 목이의 어진 성품을 알기 때문에 흔쾌히 찬동하지 않는 사람이 없었다. 목이는 종묘에 고하고 보위에 올라 섭정했다. 삼군에 명할 때는 아주 엄격하고도 분명하게 하여, 수양성 각 방향의 성문도 철통같이 사수하게 했다.

군사 배치가 끝나자 초나라 대군이 벌써 당도해 있었다. 그들은 진영을 펼쳐 세우고 장군 투발을 전방으로 보내 말을 전하게 했다.

"너희 임금이 여기 나에게 사로잡혀 있고, 그 생사는 내 손에 달렸다. 일찌감치 땅을 바치고 항복하면 너희 임금의 생명은 안전하게 보장해줄 것이다."

그러자 공손고가 성루에서 대답했다.

"종묘사직의 신령님들 덕분에 백성이 이미 새로운 주상을 모셨다. 항복이라니 당치도 않다."

투발이 말했다.

"너희 임금이 이곳에 있는데 어떻게 또 다른 임금을 세웠단 말이더냐?"

"새로운 주상을 세워 종묘사직의 주인으로 모신 것이다. 종묘사직에 주인이 없는데 어찌 새로운 주상을 세우지 못하겠느냐?"

"우리 아무개 등은 너희 임금을 귀국시키고자 한다. 무엇으로 보답하겠느냐?"

"지난 주상은 포로가 되어 이미 사직을 욕되게 했다. 돌려보내준다 해도 다시 주상으로 모실 수 없다. 돌려보내거나 돌려보내지 않거나 그건 너희 초나라 마음대로 해라. 만약 전투를 원한다면 우리 성안의 군사와 병거가 아무 손상 없이 보존되어 있기 때문에 죽기를 각오하고 싸울 것이다."

투발은 공손고의 대답이 아주 강경한 것을 보고 성왕에게 보고했다. 초왕은 분통을 터뜨리며 성을 공격하라고 소리를 질렀다. 그러나 성 위에서 돌멩이가 비처럼 쏟아져 많은 군사가 부상을 입었다. 연이어 사흘을 공격했지만 사상자만 늘 뿐 승리를 얻을 수 없었다. 초왕이 말했다.

"저놈들이 송나라 군주를 받아들이지 않겠다니 지금 죽이는 게 어떻겠소?"

성득신이 대답했다.

"대왕마마께선 송나라 군주가 증나라 군주를 죽였다고 그 죄를 물으셨습니다. 그런데 지금 송나라 군주를 죽인다면 저들의 잘못을 본받는 것이 됩니다. 송나라 군주를 죽이는 것은 필부를 죽이는 것과 같습니다. 송나라도 얻지 못하고 공연히 원한만 맺게 되니 석방하는 것이 더 좋겠습니다."

성왕이 말했다.

"송나라를 공격하여 그 땅을 얻지도 못하고 또 저들의 군주까지 풀어주려면, 무슨 명분이 있어야 하지 않겠소?"

성득신이 대답했다.

"신에게 계책이 있습니다. 지금 우 땅의 회맹에 참여하지 않은 나라는 제나라와 노나라뿐입니다. 제나라는 우리와 이미 두 차례나 우호를 맺었으니 다시 신경을 쓸 필요는 없을 것입니다. 그러나 노나라는 예의지국으로 줄곧 제나라가 패업을 이루도록 도와주며 우리 초나라는 안중에도 두지 않았습니다. 우리가 얻은 송나라 포로와 노획물을 노나라에 헌상하고 노나라 군주에게 박도亳都(河南省 商邱)에서 회합을 갖자고 청하시옵소서. 노나라 사람들은 우리가 보낸 송나라 포로를 보고 틀림없이 두려움에 떨며 회합에 올 것입니다. 노나라와 송나라는 규구葵邱에서 동맹한 사이입니다. 게다가 노나라 군주는 매우 어진 사람인지라 반드시 송나라 군주를 구해달라고 할 것입니다. 그럼 노나라 군주의 은덕을 빌미로 송나라 군주를 풀어주시옵소서. 그리하면 일거에 송나라와 노나라의 마음을 얻을 수 있을 것입니다."

초왕은 박장대소하며 말했다.

"경은 정말 식견이 뛰어나도다!"

이에 군사를 물려 박도에 주둔했다. 그러고는 의신宜申을 사신으로 삼아 수레 여러 대에 노획물을 싣고 곡부曲阜(山東省 曲阜)로 가서 노나라 군주에게 바쳤다. 그 국서의 내용은 이러했다.

송나라 군주가 오만무례하여 과인이 박도에 가두어두었소. 감히 그 공을 혼자 차지할 수 없어서 삼가 귀국에 승리를 헌상하고자 하오니 바라옵건대 군후께서 왕림하시어 함께 그 죄를 판결해주시오.

노 희공은 국서를 보고 깜짝 놀랐다. 이건 그야말로 "토끼가 죽으면 여우가 슬퍼하나니, 사물은 같은 부류끼리 마음 아파한다兔死狐悲, 物傷其類"는 격이었다. 희공은 초나라 사신이 자신들의 승첩을 헌상한다는 말은 사실 과장된 것이며 노나라를 위협하려는 의도라는 것을 분명하게 알고 있었다. 그러나 노나라는 약하고 초나라는 강한 처지에서 만약 회합에 가지 않으면 저들이 군사를 보내 공격해올까 두려웠다. 그때가 되어 뒤늦게 후회해봐야 아무 소용이 없는 일인 것이다. 이에 초나라 사신 의신을 융숭하게 대접하고 먼저 답장을 가지고 초왕에게 달려가 보고를 올리게 했다. 의신이 보고했다.

"노나라 군주가 대왕마마의 명령대로 바로 회합에 참여하겠다고 했습니다."

노 희공이 바로 뒤따라 수레를 출발시켰고 대부 중수仲遂가 그를 수행하여 박도로 왔다. 중수는 의신을 만나고 나서 사사로운 예물을 바치고 우선 성득신을 만났다. 그다음 그에게 초왕 앞에 데려다 달라고 부탁하자 만사가 쉽게 해결되었다. 성득신은 희공을 인도하여 성왕을 만나게 해주었고, 두 군주는 각각 존경의 마음을 표시했다. 그때 진, 채, 정, 허, 조 등 다섯 나라 제후도 모두 우 땅에서 박도로 왔다. 희공을 합쳐 이들 여섯 군주는 한데 모여 현안을 상의했다. 정 문공이 입을 열어 초왕을 높여 맹주로 삼자고 제의했다. 제후들은 서로 머뭇거리며 응답하지 않았다. 그러자 노 희공이 분연히 말했다.

"맹주는 인의仁義로 세상에 두루 이름이 나야 사람들이 기쁘게 복종하오. 지금 초왕은 병거 숫자만 믿고 공작인 송나라 군주를 기습하여 포로로 잡고 있소. 위엄만 있고 덕이 없으면 사람들이 의심하고 두려워하오. 우리는 모두 송나라와 동맹을 맺고 있소. 그런데도 만약 사태를 좌시하고 초나라를 떠받들기만 한다면 아마도 천하의 호걸들이 우리를 비웃을 것이오. 이제 초나라가 송나라 군주를 풀어주고 이번 회맹을 잘 진행한다면 과인이 어찌 감히 초나라의 명령에 따르지 않을 수 있겠소?"

제후들이 모두 말했다.

"노나라 군후의 말씀이 참으로 훌륭하오."

중수는 이 말을 몰래 성득신에게 알렸고, 득신은 또 초왕에게 알렸다. 초왕이 말했다.

"제후들이 맹주는 의리를 지켜야 한다고 과인을 질책하니 과인이 어찌 그 의견을 듣지 않을 수 있겠소?"

이에 박도 교외에 다시 회맹단을 쌓고 12월 계축일에 삽혈로 신령에게 맹세한 뒤 모두 함께 송나라 군주의 죄를 용서해주기로 했다.

약속 날짜가 정해지고 나서 하루 앞서 송공을 석방하고 제후들과 상면했다. 양공은 부끄럽기도 하고 화도 나서 온통 불쾌한 마음뿐이었지만 그래도 제후들에게 감사의 말을 하지 않을 수 없었다. 회맹 날짜가 되자 정문공은 제후들을 이끌고 성왕에게 가서 단상으로 올라 회맹을 주관해주기를 청했다. 성왕은 우이牛耳를 잡았고 송나라와 노나라 이하 제후들은 차례대로 삽혈했다. 송 양공은 화가 치밀어 올랐지만 감히 말을 할 수가 없었다. 회맹이 끝나자 제후들은 각각 흩어졌다. 양공은 목이가 이미 보위에 올랐다는 소식을 잘못 전해 듣고 위衛나라로 도피했다. 그러자 목이가 사람을 보내 양공에게 말했다.

"신이 보위에 올라 섭정을 맡고 있는 까닭은 주상을 지키기 위함입니다. 송나라는 원래 주상의 나라인데 어째서 입국하지 않으십니까?"

그러고는 조금 뒤 어가를 준비하고 양공을 영접하여 귀국했다. 목이는 신하의 위치로 물러났다. 호증 선생의 논증에 의하면 양공을 석방시킨 것은 전적으로 마음을 고요하게 갖고 옛 임금에 신경 쓰지 않는 것처럼 꾸민 목이의 계책 덕분이었다고 할 수 있다. 당황하여 호들갑을 떨며 양공을 보내달라고 간청했다면 초나라는 더욱 그를 귀한 보물처럼 여겼을 것이다. 그럼 어찌 그리 쉽게 석방될 수 있었겠는가? 이 일을 찬양한 시가 있다.

황금보단 기와 취급 어찌나 기묘한지　　　　金注何如瓦注奇
새 임금이 옛 임금을 포위에서 풀어냈네　　　新君能解舊君圍
임금 되어 보위 지키다 여전히 양보하니　　　爲君守位仍推位
천고의 어진 이라 목이를 칭송하네　　　　　千古賢名誦目夷

또 여섯 제후가 공공연히 초나라에 아부하면서 중원의 주도권을 초나라에 넘겼지만 초나라의 안중에 과연 중원이 존재하기나 했겠는가? 이를 읊은 시가 있다.

옛날부터 토끼 죽으면 여우도 슬퍼했나니　　　　從來兔死自狐悲
협박당한 자 누구이며 협박한 자 누구인가　　　被劫何人劫是誰
오랑캐에 아부하고도 치욕인 줄 모르고　　　　　用夏媚夷全不恥
송 양공을 석방시켜 이익 얻었다 자랑하네　　　還誇釋宋得便宜

송 양공은 패자가 되려다가 초나라에 사로잡혀 엄청난 굴욕을 당했다. 그는 원한이 골수에까지 사무쳤지만 보복할 만한 힘이 없었다. 또 정나라 군주가 앞장서서 초왕을 높여 맹주로 삼은 것에 대해서도 분함을 이길 수 없었다. 양공은 정나라와 전쟁하고 싶은 마음뿐이었다. 주 양왕 14년 봄 3월에 정 문공은 또 초나라로 가서 조공을 바쳤다. 양공은 그 소식을 듣고 몹시 화가 나서 마침내 온 나라의 군사를 모두 동원하여 친히 정나라의 죄를 토벌하고자 했다. 그는 상경 목이에게 세자 왕신王臣을 보좌하여 도성을 지키게 했다. 그러자 목이가 간언을 올렸다.

"초나라와 정나라는 매우 친분이 두텁습니다. 우리 송나라가 정나라를 치면 초나라가 틀림없이 구원병을 보낼 것입니다. 그렇게 되면 우리가 승리하지 못할 것입니다. 덕을 닦으며 때를 기다리는 것이 더 좋겠습니다."

대사마 공손고도 같은 내용으로 간언을 올렸다. 양공이 버럭 화를 냈다.

"사마께서 가고 싶지 않다면 과인 혼자 가겠소."

공손고는 감히 말을 더 꺼낼 수가 없었다. 그리하여 양공은 마침내 군사를 일으켜 정나라 정벌에 나섰다. 양공은 스스로 중군을 이끌었고 공손고를 부장으로 삼았다. 또 대부 악복이樂僕伊, 화수로華秀老, 공자 탕蕩, 상자수向訾守[1]도 모두 함께 가게 했다.

첩자가 정 문공에게 보고를 올리자 문공은 대경실색하며 황급히 초나라에 사람을 보내 위급함을 알렸다. 성왕이 말했다.

"정나라는 나를 아버지처럼 섬기니, 속히 구해주러 가야겠소."

성득신이 앞으로 나서며 말했다.

"정나라를 구하는 것보다 송나라를 치는 것이 더 좋습니다."

성왕이 물었다.

"어인 까닭이오?"

득신이 대답했다.

"송공이 우리에게 잡히고 나서 송나라 사람들은 간담이 서늘해졌을 것입니다. 그런데도 송나라 군주가 스스로를 헤아리지 못하고 대군을 일으켜 정나라 정벌에 나섰으니, 국내는 틀림없이 텅 비어 있을 것입니다. 저들이 텅 빈 틈을 이용해 들이치면 송나라 전체가 공포에 떨 것입니다. 그렇게 되면 싸우지 않고도 승패를 알 수 있습니다. 만약 송나라가 군사를 돌이켜 스스로 구제에 나서면 군사들이 피로로 지칠 것입니다. 우리는 편안히 쉬면서 저들의 피로한 군사를 맞아 제압하는 상황이 될 터인데 어찌 이길 수 없겠습니까?"

초왕이 그렇게 생각하고 즉시 명령을 내려 성득신을 대장으로, 투발을 부장으로 삼고 송나라를 정벌하게 했다.

1_ 상자수向訾守: '向'은 성으로 쓰일 때 '향'이 아니라 '상'으로 읽는다. 두예의 『춘추경전집해』에도 성으로 쓰이는 '向'의 발음을 '傷亮切'(상)으로 달고 있다.

양공은 정나라와 대치하고 있다가 초나라 군사가 쳐들어온다는 소식을 듣고 즉시 행군 속도를 두 배로 높여 귀국한 뒤 홍수泓水[2] 남쪽에 진을 치고 초나라 군사를 맞아 싸울 준비를 했다. 초나라 대장 성득신이 사람을 시켜 전투를 요청하는 서찰을 보내왔다. 공손고가 양공에게 말했다.

"초나라 군사는 정나라를 구하기 위해 온 것입니다. 우리가 정나라에 대한 포위를 풀고 초나라에 사과하면 초나라 군사는 틀림없이 돌아갈 것입니다. 싸워서는 안 됩니다."

양공이 말했다.

"옛날 제 환공은 군사를 일으켜 초나라를 정벌했소. 그런데 지금 초나라 군사가 쳐들어왔는데도 싸우지 않는다면 어떻게 환공의 패업을 계승할 수 있겠소?"

공손고가 또 말했다.

"신은 듣건대 '한번 망한 성씨는 다시 일어날 수 없다一姓不再興'고 합니다. 하늘이 상나라를 멸망시킨 지 오래되었사온데 주상께서 다시 일으켜 세우는 것이 가능한 일이겠습니까? 또 우리의 갑옷은 초나라만큼 튼튼하지 못하고, 무기도 초나라만큼 날카롭지 못하며, 군사도 초나라만큼 강하지 못합니다. 또 우리 송나라 사람들은 초나라를 뱀이나 전갈처럼 두려워하는데 주상께선 무엇을 믿고 초나라에 이길 수 있다고 생각하십니까?"

양공이 말했다.

"초나라는 무기와 갑옷은 넉넉하지만 인의仁義는 부족하오. 과인은 무기와 갑옷은 부족하지만 인의는 넉넉하오. 옛날 주 무왕이 용맹한 정예군

2_ 홍수泓水: 중국 고대의 하천 이름. 지금의 하남성 자성柘城 서북쪽을 흘렀다.

3000명을 이끌고 은나라의 억만 군사에게 승리한 것도 오직 인의가 있었기 때문이오. 올바른 도리를 지키는 임금이 무도한 신하를 피하는 일을 과인은 죽어도 하지 않을 것이오."

이에 전투를 요청하는 서찰 끝에 11월 초하루에 홍양泓陽에서 싸우자고 약속 날짜를 썼다. 양공은 자신이 타는 어가에 큰 깃발을 세우고 '인의'라는 글자를 크게 쓰게 했다. 공손고는 마음속으로 몰래 비명을 지르며 악복이에게 말했다.

"전쟁은 살육이 위주인데 인의를 말씀하시니 나는 주상의 인의가 어디에 있는지 모르겠소. 하늘이 주상의 정신을 빼앗아간 것 같소. 정말 위태롭게 되었소. 우리라도 경계심을 갖고 신중하게 대처하여 나라를 잃지 않게 해야겠소."

약속한 날짜가 당도하자 공손고는 닭이 울기도 전에 일어나서 양공에게 진지를 정돈하고 기다리게 했다.

한편 초나라 장수 성득신은 홍수 북쪽에 진을 쳤다. 투발은 오경(새벽 3~5시)의 북소리가 울리면 송나라 군사가 먼저 진을 치고 대기하기 전에 강을 건너자고 요청했다. 성득신이 웃으며 말했다.

"송나라 군주는 멍청하여 군사를 전혀 부릴 줄 모르오. 우리가 일찍 건너가서 일찍 전투해도 되고, 늦게 건너가서 늦게 전투해도 되오. 무슨 걱정할 것이 있겠소?"

날이 밝자 무장한 병거가 강을 건너기 시작했다. 공손고가 송 양공에게 청했다.

"초나라 군사가 날이 밝은 후 강을 건너는 것은 우리를 아주 얕보는 일입니다. 지금 저들이 강을 반쯤 건넜을 때 돌격하면 우리의 전체 군사로 초나라 군사의 반을 제압할 수 있습니다. 만약 저들이 강을 다 건넜을 때 명령을 내리면 초나라 군사는 많고 우리 군사는 적기 때문에 대적하지 못할까 두렵습니다. 어찌하시겠습니까?"

그러나 양공은 큰 깃발을 가리키며 말했다.

"저 '인의'라는 두 글자가 보이지 않는가? 과인은 당당하게 진을 펼치고 싸울 것이다. 어찌 강을 반만 건넌 군사를 공격할 수 있겠는가?"

공손고는 또 속으로 비명을 질렀다. 잠시 후 초군이 강을 다 건넜다. 대장 성득신은 머리에 경변瓊弁[3]을 쓰고 옥으로 장식한 갓끈을 맸다. 몸에는 수놓은 전포戰袍를 두르고 부드러운 갑옷을 입었다. 또 허리에는 화려한 조각을 한 활을 차고 손에는 긴 채찍을 든 채 군사를 지휘했다. 동서로 펼쳐진 진영이 기세가 당당해서 상대편은 안중에도 없는 모습이었다. 공손고가 또 양공에게 요청하며 말했다.

"초나라가 바야흐로 진지를 구축하느라 아직 전열이 정비되지 않았습니다. 급히 북을 울려 공격하면 틀림없이 적을 혼란에 빠뜨릴 수 있을 것입니다."

그러자 양공은 그의 얼굴에 침을 뱉었다.

"뭬! 너는 일격으로 얻는 승리만 탐하며 만세토록 이어질 인의는 아랑곳하지 않느냐? 과인이 이렇게 당당하게 펼친 진영으로 어찌 전열도 갖추지 않은 적을 공격할 수 있단 말이냐?"

공손고는 또 속으로 비명을 질렀다.

초나라 군사들이 진영을 완전히 갖추자 장병은 강하고 병마는 씩씩하여

3_ 경변瓊弁: 옥으로 장식한 가죽 고깔모자. 중국 고대에 대부大夫가 쓰던 모자다.

그 기세가 온 산야를 뒤덮었다. 그것을 본 송나라 군사들은 모두 두려움에 떨었다. 양공이 군중에 공격의 북을 울리게 하자 초나라 군중에서도 북소리가 울렸다. 양공은 직접 긴 창을 앞으로 내지르며 달려나갔다. 공자 탕, 상자수 두 장군 및 부관들도 양공과 함께 병거를 재촉하여 초나라 진영으로 치고 들어갔다. 성득신은 송나라의 공격 기세가 용맹한 것을 보고 몰래 암호를 전달하여 진영의 문을 열고 양공의 부대가 치달려오도록 내버려두었다. 그 뒤를 공손고가 어가를 호위하며 바짝 따라오고 있었다. 양공은 벌써 초나라 진지 속으로 깊숙이 쇄도해 들어가고 있었다. 초나라 진영에서는 한 명의 장수만 진지의 문을 막고 서서 송나라 군사를 향하여 소리를 지르고 있었다.

"자신 있는 놈은 어서 와서 결전을 치르자!"

그 장수가 바로 투발이었다. 공손고는 몹시 화가 나서 창을 뽑아 들고 곧바로 투발을 찔렀다. 투발은 칼로 그의 공격을 막아내며 전투를 벌였다. 두 장수가 맞서 싸우며 아직 20합을 넘기지 못했을 때 송나라 장수 악복이가 군사를 거느리고 달려왔다. 투발이 좀 당황한 모습을 보였다. 그때 마침 초나라 진영에서 또 위여신蔿呂臣이란 장수가 뛰쳐나와 악복이를 맞아 결사전을 벌였다. 공손고는 전투가 치열한 가운데 약간의 틈새를 보아 칼을 치켜들고 초나라 진지로 달려 들어갔다. 그러자 투발이 칼을 들고 그를 뒤쫓았다. 이때 송나라 장수 화수로가 달려와서 투발을 잡아챘다. 두 사람은 양군의 진지 앞에서 죽기 살기로 싸웠다.

공손고는 초나라 진영에서 좌충우돌 적을 무찔렀다. 그렇게 오랜 시간이 지났을 때 동북쪽 모서리에서 군사들이 수풀처럼 빽빽하게 누군가를 단단히 에워싸고 있는 것이 보였다. 말을 몰아 질풍처럼 달려가보니 바로 송나라 장수 상자수가 얼굴 가득 피를 흘리며 다급하게 울부짖고 있었다.

"사마께선 어서 와서 주상을 구출하시오."

공손고는 상자수를 따라 겹겹의 포위망을 뚫고 들어갔다. 그곳에는 부관들이 모두 중상을 입고도 꼿꼿이 초나라 군사와 결사전을 벌이며 물러서지 않고 있었다. 원래 양공은 평소 아랫사람에게 두터운 은덕을 베풀었기 때문에 부관들이 모두 죽음을 무릅쓰고 전투를 벌이고 있었던 것이다. 초군은 공손고의 용맹한 모습을 보고 조금 뒤로 물러났다. 공손고가 앞으로 달려가보니 탕이 급소에 중상을 입고 병거 아래에 누워 있었다. '인의'란 글자가 써진 큰 깃발은 이미 빼앗긴 뒤였다. 양공은 신체 여러 군데 칼을 맞았고 오른쪽 다리에는 화살까지 맞아서 무릎 근육이 끊어져 있었다. 혼자서 일어날 수 없는 상태였다. 탕은 공손고가 달려오는 것을 보자 눈을 부릅뜨고 말했다.

"사마께선 주상을 부축하시오. 나는 여기서 죽겠소."

말을 마치자 바로 숨이 끊어졌다. 공손고는 아픈 마음을 금할 수 없었다. 자신의 병거에 양공을 부축해서 태운 뒤 자기 몸으로 양공을 가리고는 용맹하게 탈출했다. 상자수는 후미에서 적을 막았고 부관들은 연도 내내 양공을 호위했다. 싸우면서 한편으로는 도주하는 과정에서 초나라 진영을 거의 벗어났을 때는 부관들이 한 사람도 살아남지 못했다. 송나라의 병거는 열에 여덟아홉이 파괴되었다. 악복이와 화수로는 양공이 이미 호랑이 소굴에서 벗어난 것을 보고 각각 도망쳐 돌아왔다. 성득신은 승리의 기세를 몰아 송나라 군사를 추격했다. 송군은 대패했고 중무장한 병거와 무기도 거의 잃어버렸다. 공손고는 양공과 밤새도록 수레를 달려 귀국했다. 전사자는 매우 많았다. 그들의 부모와 처자들은 모두 대궐 밖에 모여 양공이 대사마 공손고의 말을 듣지 않다가 결국 대패했다고 비난했다. 양공이 그 소식을 듣고 탄식하며 말했다.

"군자는 부상자를 다시 찌르지 않으며 반백의 노인을 포로로 잡지 않는다. 과인은 인의로 군사를 부리는 사람인데 어찌 적의 위기를 틈타 적을 압박할 수 있겠는가?"

그러자 백성 가운데 임금을 비웃지 않는 사람이 없었다. 후세 사람들은 양공이 인의를 행하다가 군사를 잃고 패망한 일을 전하면서 바로 이 홍수泓水의 전투를 지목한다.[4] 염옹이 시를 지어 탄식했다.

등과 증은 불쌍치 않고 초병만 불쌍한가	不恤滕鄫恤楚兵
넓적다리 부상당하며 헛된 명성만 널렸도다	寧甘傷股博虛名
송 양공이 만약에 인의로 칭송된다면	宋襄若可稱仁義
도척[5]과 문왕[6]도 분별하지 못하리라	盜蹠文王兩不明

초나라 군사는 대승을 거두고 다시 홍수를 건너 개선가를 울리며 귀환하고 있었다. 송나라 경계를 벗어나자 파발마가 달려와 보고했다.

"대왕마마께서 친히 대군을 거느리고 구원을 오시다가 가택柯澤에 주둔하고 계십니다."

4_ 송양지인宋襄之仁: 바로 이 대목에서 '송양지인宋襄之仁'이란 고사성어가 나왔다. 어리석은 대의명분이나 쓸데없는 인정으로 일을 그르치는 것을 비유한다.(『좌전』 희공 22년)

5_ 도척盜蹠: 중국 춘추시대 악명 높은 도적. 노나라 현인이었던 유하혜柳下惠의 동생이라고도 한다. 수천 명의 부하를 거느리고 날마다 악행을 저지르며 천하를 횡행했다.

6_ 문왕文王: 성은 희姬 이름은 창昌. 천하를 통일한 주 무왕의 부친. 어진 성품으로 주나라 통일의 기초를 놓았다. 유가에서 성인으로 받들어진다.

송 양공이 인의에 의지하다 군사를 크게 잃다.

성득신은 가택에서 성왕을 알현하고 승리를 보고했다. 성왕이 말했다.

"내일 정나라 군주가 부인을 데리고 이곳으로 와서 우리 군사를 위로한다고 하니 포로와 노획물을 가득 늘여 세우고 우리의 위엄을 과시해야 할 것이오."

원래 정 문공의 부인은 미씨羋氏로 바로 성왕의 누이동생 문미文羋였다. 남매간의 친분도 있고 해서, 사방에 장막을 드리운 부인용 수레를 타고 성왕을 만나기 위해 정 문공을 따라 가택으로 달려왔다. 초왕은 포로와 노획물을 성대하게 펼쳐놓고 힘을 과시했다. 정 문공 부부는 축하의 인사를 하고 황금과 비단을 크게 희사하여 삼군을 위로했다. 이어서 문공은 공경스럽게 초왕을 내일 연회에 초청했다. 이튿날 아침 문공은 친히 성곽을 나와 초왕을 맞이하여 성으로 들어갔다. 종묘 가운데서 잔치를 베풀고 구헌례九獻禮7를 올리며 천자에 비견했다. 수백 가지 음식을 차린 것 외에도 변두籩豆와 육기六器까지 더해서 그 연회의 사치스러움이 여러 나라에서 일찍이 없던 바였다. 문미에게는 아직 시집 안 간 백미伯羋와 숙미叔羋라는 두 딸이 있었다. 문미는 두 딸을 데리고 와서 생질녀가 외삼촌을 뵙는 예로 인사를 올리게 했고 초왕은 매우 기뻐했다. 문공은 아내와 딸을 시켜 초왕에게 번갈아 축수祝壽의 술잔을 올리게 했다. 오시午時(낮 11~1시)에서 술시戌時(밤 7~9시)까지 술자리가 이어지자 초왕은 인사불성으로 만취했다. 초왕이 문미에게 말했다.

"과인이 인정을 이기지 못해 술을 너무 많이 마셔서 원래 주량을 넘겼도다. 누이와 두 생질녀는 나를 좀 바래다주는 것이 어떻겠는가?"

7_ 구헌례九獻禮: 옛날에 천자가 잔치에서 아홉 번 술잔을 받거나 종묘 제사에서 아홉 번 술을 올리던 의식.

문미가 말했다.

"분부대로 하겠습니다."

문공은 초왕을 배웅하며 성을 나섰다가 먼저 작별 인사를 했다. 그러나 문미와 두 딸은 초왕과 수레를 나란히 하고 바로 군영으로 들어갔다. 원래 초왕은 두 생질녀의 미모가 마음에 들어 이날 밤 침실로 끌어들일 심산이었고, 마침내 침실로 데리고 들어가 남녀 간의 기쁨을 누렸다. 문미는 장막 안에서 안절부절 못하며 하룻밤을 꼬박 새웠다. 그러나 초왕의 위세가 두려워 한마디 말도 꺼낼 수 없었다. 외삼촌이 생질녀를 범했으니 이 얼마나 짐승 같은 짓인가! 이튿날 초왕은 노획물의 반을 문미에게 준 뒤 문미의 두 딸을 수레에 싣고 돌아가 후궁으로 삼았다. 정나라 대부 숙첨叔詹이 탄식하며 말했다.

"초왕은 좋은 죽음을 맞이하지 못할 것이다. 예법에 맞게 대접했건만 분별없는 짓을 했으니 좋은 죽음을 맞지 못하리라."

이제 초나라와 송나라 일은 잠시 접어두고 다시 진晉나라 공자 중이重耳의 이야기를 하고자 한다. 중이는 주 양왕 8년 제나라로 가서 양왕 14년까지 모두 7년 동안 제나라에 머물렀다. 그동안 제 환공의 죽음과 여러 공자의 보위 다툼, 그리고 제나라의 대혼란 및 제 효공孝公의 즉위 등을 겪었다. 또한 제나라는 선군인 환공의 정책과는 반대로 초나라에 아부하며 송나라와 원수가 되는 등 수많은 일을 겪었고 그 과정에서 제나라는 다른 나라 제후들과 대부분 반목하게 되었다. 조최趙衰 등이 몰래 의논하며 말했다.

"우리가 제나라로 온 것은 패주의 힘을 빌려 다시 진晉나라로 돌아가기 위함이었소. 그러나 지금 제나라 군주는 패업도 잃어버렸고 제후들도 모두 배반했소. 그러므로 이제 중이 공자를 위해 좋은 계책을 마련할 수 없음이 분명해졌소. 다른 나라로 가서 좋은 계책을 생각해보는 것이 더 나을 것 같소.”

이에 함께 중이를 만나 그 일을 이야기하려고 했다. 그때 중이는 제나라에서 맞은 부인 제강齊姜에게 푹 빠져 있었다. 아침부터 저녁까지 연회를 즐기며 바깥일은 전혀 신경도 쓰지 않았다. 그를 따르는 호걸들이 열흘이나 기다렸지만 얼굴조차 볼 수 없었다. 위주가 분노하여 말했다.

“우리는 공자께서 큰일을 하시리라 생각했기 때문에 고생도 마다하지 않고 말채찍을 잡고 따라나선 것이오. 그런데 지금 제나라에 머문 지 7년 만에 안락을 탐하고 원래 뜻은 버려둔 채 그럭저럭 세월이나 보내고 있소. 우리조차 열흘에 한 번도 얼굴을 뵐 수 없으니 어떻게 큰일을 성취할 수 있겠소?”

그러자 호언이 말했다.

“이곳은 우리가 모여서 함부로 이야기할 곳이 아니오. 나를 따라오시오.”

이에 함께 동문 밖으로 나가 상음桑陰이란 곳에 모였다. 그곳은 온통 늙은 뽕나무가 겹겹이 우거져 낮에도 햇볕이 들지 않았다. 조최 등 아홉 호걸은 둥그렇게 둘러앉았다. 조최가 말했다.

“자범子犯(호언의 자)은 어떤 계책을 가지고 있소?”

호언이 말했다.

“공자께서 제나라를 떠나는 것은 우리에게 달려 있소. 우리 의견이 모아지면 먼저 행장을 준비해두고 있다가 공자께서 나오시면 교외로 사냥을 가자고 요청한 뒤 제나라 성을 빠져나가 모두 힘을 합쳐 공자를 떠밀어 싣고 이곳을 떠나면 될 것이오. 그러나 이번에 어느 나라로 가서 도움을 받아야 할지 모르겠소."

조최가 말했다.

"송나라가 바야흐로 패업을 도모하고 있고 그 군주가 명예를 좋아하는 사람이니 그곳으로 가보는 것이 좋을 것 같소. 만약 그곳에서도 뜻을 얻지 못하면 다시 진秦나라와 초楚나라로 가는 것이 좋겠소이다. 그곳에는 틀림없이 우리를 알아주는 사람이 있을 것이오."

호언이 말했다.

"나와 송나라 대사마 공손고는 옛날부터 알던 사이요. 가서 만나보는 것이 어떻겠소?"

이들은 오래도록 상의한 뒤 서로 흩어졌다.

또한 이들은 땅이 외지고 궁벽하여 아무도 자신들이 상의한 내용을 모를 것이라고 생각했다. 그러나 "낮말은 새가 듣고 밤말은 쥐가 듣는다"고 하지 않던가? 당시 뽕나무 위에서 누에에 먹일 뽕을 따던 궁녀가 사람들이 둘러앉아 뭔가 상의하는 모습을 보고 손을 멈추고 귀를 기울여 그들의 말을 다 듣고 말았다. 그 궁녀는 궁궐로 돌아와 이와 같은 상황을 모두 강씨齊姜에게 이야기했다. 강씨가 소리쳤다.

"어찌 그런 일이 있을 수 있겠느냐? 함부로 입을 놀리지 말아라."

이에 양잠을 담당한 비첩婢妾 10여 명을 한방에 가두었다. 그러고는 한밤중에 그들을 모두 죽여 철저히 입을 막았다. 제강은 중이를 흔들어 깨운 후 말했다.

"당신을 따라온 사람들이 당신을 모시고 다른 나라로 가려고 한답니다. 뽕을 따던 비첩이 그들의 모의를 몰래 들었다 합니다. 그래서 비밀이 새나가 일에 방해가 될까 두려워 모두 제거했으니 일찌감치 떠날 준비를 하십시오."

중이가 말했다.

"인생이 이렇게 안락한데, 이곳보다 더 좋은 곳이 어디 있겠소? 나는 늙어 죽을 때까지 다른 곳으로 가지 않을 것이오."

강씨가 말했다.

"당신이 망명한 이래 진晉나라엔 편안한 날이 없었다고 합니다. 이오는 무도한 정치를 하다 전쟁에 패하고 직접 굴욕을 당하여 백성도 기뻐하지 않고 이웃 나라도 친하려고 하지 않는다 합니다. 이것은 하늘이 당신이 오기를 기다리고 있는 것입니다. 이번에 당신이 가시면 틀림없이 진나라를 얻을 것이니 절대로 시간을 늦추지 마시옵소서."

중이는 강씨에게 미련이 남아 그렇게 하지 않으려 했다.

다음 날 아침, 조최, 호언, 구계, 위주 네 사람은 궁궐 문밖에 서 있다가 말을 전하게 했다.

"공자께 교외로 사냥을 나가자고 요청해주시오."

중이는 아직도 베개를 높이 베고 누워서 일어나지 않은 채 나인을 보내 알리게 했다.

"공자께서 몸이 좀 불편하고 또 아직 머리도 빗지 않은 상태라 사냥을 갈 수 없다고 합니다."

제강이 그 말을 듣고 급히 사람을 시켜 호언을 입궁하게 했다. 제강은 좌우를 물리치고 그들이 온 저의를 물었다. 호언이 말했다.

"공자께서 지난날 적나라에 있을 때는 병거를 몰거나 말을 치달리며 여우와 토끼를 잡지 않은 날이 하루도 없었습니다. 그런데 지금 제나라에 와서는 오랫동안 사냥을 나가지 않아 사지가 굳어졌을 것입니다. 이 때문에 사냥을 청하는 것이지 특별히 다른 뜻은 없습니다."

강씨가 미소를 지으며 말했다.

"이번 사냥은 송나라가 아니면 진秦나라나 초나라로 가는 것이 아니오?"

호언이 깜짝 놀라며 물었다.

"사냥을 어찌 그렇게 먼 곳까지 갈 수 있겠습니까?"

강씨가 말했다.

"여러 호걸께서 공자를 모시고 도망가려 한다는 걸 내가 이미 다 알고 있소. 나를 속이지 마시오. 나도 한밤 내내 공자께 힘써 권유했지만 고집을 부리며 말을 듣지 않으니 어찌하면 좋소? 오늘밤 내가 연회를 열고 공자를 만취하게 할 터이니 여러분은 수레를 대기시켰다가 공자를 싣고 성을 나가도록 하시오. 그럼 만사가 다 이루어질 것이오."

호언이 머리를 조아리며 말했다.

"부인께서 부부의 정을 끊고 공자의 명성을 이루어주려 하시니 그 어진 덕은 천고에 드문 일입니다."

호언은 작별 인사를 하고 나와서 조최 등에게 그 일을 알리고 수레, 말, 무기, 식량 등을 하나하나 모두 준비하게 했다. 조최와 호언 등이 먼저 교외로 나가 기다리는 동안 호언, 위주, 전힐 세 사람은 작은 수레 2승을 궁궐 문 좌우에 매복시켰다. 그리하여 강씨가 소식을 전해오기만 하면 바로 출발할 수 있도록 했다. 그야말로 "천하의 위대한 남자가 되려면, 인간 세상의 만리 역정을 겪어야 한다要爲天下奇男子, 須歷人間萬里程"는 격이었다.

이날 밤 강씨는 궁중에 술자리를 마련하고 공자 중이에게 잔을 권했다. 중이가 말했다.

"오늘 주연은 무슨 일로 차린 것이오?"

"공자께서 천하 사방을 평정할 뜻을 품고 있다는 걸 알고 특별히 술 한 잔을 갖추어 송별하려는 것입니다."

"인생은 망아지가 작은 틈을 스쳐가는 것처럼 한순간에 지나가오. 만약 내 뜻을 펼쳐야 한다면 하필 다른 곳에서 찾을 게 무엇이오?"

"설령 안주하고 싶은 마음이 있으시더라도 그건 대장부가 추구해야 할 일이 아닙니다. 이곳으로 함께 온 분들은 모두 충신들이오니 반드시 그분들의 의견을 따르시옵소서."

중이는 안색이 변할 정도로 발끈 화를 내며 술잔을 내려놓고 마시지 않았다. 강씨가 말했다.

"당신, 정말 가고 싶지 않으십니까? 아니면 첩을 속이십니까?"

중이가 말했다.

"내가 가고 싶지 않은데, 누가 당신을 속이겠소?"

강씨가 웃음을 머금고 말했다.

"가고 싶은 것은 당신의 뜻이요, 가기 싫은 것은 당신의 정입니다. 이 술은 당신을 송별하기 위해서 마련한 것이지만 이제 당신을 잡기 위한 것이 되었습니다. 오늘 당신과 취하도록 마시고 싶습니다."

중이는 크게 기뻐하며 부부간에 술잔을 나누었다. 그러고는 시녀들을 시켜 노래를 부르고 춤을 추며 술잔을 올리게 했다. 중이는 벌써 술을 이길 수 없을 정도였지만 강씨가 다시 여러 잔을 억지로 권했다. 중이는 자신도 모르는 사이에 인사불성이 되어 자리에 쓰러졌다. 강씨는 이불로 중이를 싸 놓고 사람을 시켜 호언을 불러들였다. 호언은 중이가 벌써 취해 쓰러진 것을 알고 황급히 위주와 전힐 두 사람을 입궁하게 한 뒤 중이를 이불에 싼 채 궁궐 밖으로 들어내게 했다. 그들은 먼저 수레에 담요를 두텁게 펴놓고 중이를 안정되게 눕혔다. 호언은 강씨에게 작별의 절을 올렸다. 강씨는 자기도 모르게 눈물을 줄줄 흘렸다. 이 일을 증명할 만한 노래 가사가 있다.

공자는 즐거운 삶을 탐했지만   公子貪歡樂

고운 임은 먼 길을 사모했네   佳人慕遠行

홍곡의 큰 뜻을 이루어주려   要成鴻鵠志

부부간의 깊은 정도 끊어버렸네   生割鳳鸞情

호언 등은 작은 수레 2승을 재촉하여 황혼 무렵 제나라 도읍을 벗어나서 조최 등과 한곳에 모였다. 그들은 밤새도록 수레를 휘몰아 거의 50~60리 길을 치달렸다. 그러나 사방에서 닭 우는 소리가 들리고 동방이 희미하게 밝아오자 중이가 수레에서 몸을 뒤척이며 목이 마르다고 나인을 불러 물을 가져오라고 했다. 그때 호언이 그 곁에서 고삐를 잡고 대답했다.

"물을 마시려면 날이 환하게 밝기를 기다려야 합니다."

중이는 자신의 몸이 불안하게 흔들리는 것을 느끼고 말했다.

"나를 부축해다오. 침상에서 내려가야겠다."

호언이 말했다.

"이곳은 침상이 아니고 수레입니다."

중이가 눈을 크게 뜨며 말했다.

"너는 누구냐?"

"호언입니다."

중이는 그제야 호언 등이 꾸민 계책을 명확하게 깨닫게 되었다. 그는 이불을 밀치고 일어나 호언에게 욕을 퍼부었다.

齊姜氏醉遣夫

제강씨가 중이를 취하게 하여 떠나보내다.

"어찌하여 내겐 알려주지도 않았소? 나를 성 밖으로 끌어내서 무슨 짓을 하겠다는 것이오?"

호언이 말했다.

"진나라를 공자께 바치겠습니다."

중이가 말했다.

"진나라를 얻기도 전에 제나라를 먼저 잃었소. 나는 가고 싶지 않소."

호언이 중이를 속이며 말했다.

"제나라를 떠난 지 벌써 100리를 넘었습니다. 제나라 군주가 공자께서 도망친 것을 알면 틀림없이 군사를 풀어 추격할 것입니다. 이젠 다시 돌아갈 수 없습니다."

중이는 붉으락푸르락 화를 내며 창을 잡고 호위하는 위주를 보고 달려들어 그의 창을 빼앗아 호언을 찔렀다. 호언의 생사가 어떻게 되는지는 다음 회를 보시라.

하늘이 돕는구나

진晉나라 중이는 열국을 주유하고
진秦나라 회영은 중이와 재혼하다
晉重耳周遊列國, 秦懷嬴重婚公子.

공자 중이는 호언이 계략을 꾸며 자신을 수레에 태우고 제나라를 떠나게 한 일을 나무라며 위주의 창을 빼앗아 호언을 찔렀다. 호언은 얼른 수레에서 뛰어내려 몸을 피했다. 중이도 수레에서 뛰어내려 창을 들고 그 뒤를 쫓았다. 조최, 구계, 호야고, 개자추 등도 일제히 수레에서 내려 두 사람을 뜯어말렸다. 중이는 창을 땅바닥에 내던지고 분을 삭이지 못했다. 그러자 호언이 머리를 조아리며 죄를 청했다.

"이 호언을 죽여 공자께서 대업을 성취하실 수 있다면 이 호언은 사는 것보다 죽는 것이 더 낫습니다."

중이가 말했다.

"이번에 가서 대업을 성취하면 그만이지만 만약 성취하지 못하면 내가 반드시 외숙外叔의 살을 씹어 먹겠소."

호언이 웃으며 대답했다.

"대업을 이루지 못하면 이 호언이 어디서 죽을지도 모를 것인데, 어찌 공자에게 잡아먹힐 수 있겠습니까? 만약 대업을 이루면 귀한 솥을 줄줄이 늘어놓고 맛있는 음식을 드실 것인데, 이 호언의 고기는 비리고 질겨서 어떻게 드시려 하시옵니까?"

조최 등이 앞으로 나서며 말했다.

"아무개 등은 공자께서 큰 뜻을 품으신 것을 알고 혈육도 팽개치고 고향도 내버린 채 망명길을 함께하며 서로가 서로를 버리지 못하고 있습니다. 이는 청사에 공명을 남기기 위한 것입니다. 지금 진나라 군주는 무도하므로, 백성은 누구나 공자를 보위에 추대하고 싶어합니다. 공자께서 스스로 입국하려 하지 않아도 누군가는 제나라로 가서 공자를 모셔갈 것입니다. 오늘의 일은 기실 우리 모두의 공론이지 자범 한 사람의 계책이 아닙니다. 공자께선 너무 나무라지 마시옵소서."

위주도 볼멘소리로 말했다.

"대장부는 응당 공명을 이루어 명성을 후세에 남기려고 노력해야지, 어찌 아녀자와 함께 목전의 즐거움에만 연연하며 한평생의 계책을 생각지 않으시옵니까?"

그러자 중이가 얼굴빛을 고치며 말했다.

"일이 벌써 이와 같이 되었으니 오직 여러분의 말에 따르겠소."

호모狐毛가 미숫가루를 올리자 개자추는 물을 받들어 올렸다. 중이는 여러 사람과 각기 배불리 먹었다. 호숙壺叔 등은 풀을 베어 말에게 먹인 뒤 다시 재갈을 물리고 수레를 정돈했다. 그들은 앞길을 향해 출발했다. 후인이 시를 지어 이 일의 증거로 삼았다.

닭 떼 벗어난 봉황은 만 길 하늘 날아가고　　　　　鳳脫雞群翔萬仞

표범 굴 벗은 호랑이는 온 산을 치달리네　　　　　虎離豹穴奔千山

중이가 패자된 그 이유를 알려는가　　　　　　　　要知重耳能成伯

여러 나라를 주유하며 얻은 경험 때문일세　　　　　只在周遊列國間

　그들은 하루도 되지 않아 조나라에 도착했다. 조 공공共公은 오로지 유희만 좋아하고 조정 일은 아랑곳하지 않았다. 또 소인배와 친하고 군자는 멀리하면서 아첨꾼을 심복으로 삼아 벼슬자리도 오물 버리듯 마구 뿌렸다. 그리하여 조정에 적불赤芾[1]을 차고 초헌軺軒[2]을 타고 다니는 자가 300여 명이나 되었다. 그들은 모두 시정잡배들로 머리를 조아리며 아첨이나 일삼던 패거리였다. 진나라 공자 중이가 호걸들을 거느리고 조나라로 온 것은 그야말로 "향초와 독초는 한 그릇에 담을 수 없다薰蕕不同器"는 격이었다. 조나라 간신들은 중이가 오래 머물까봐 근심하며 공공이 그를 맞아들이지 못하도록 온갖 훼방을 놓았다. 그러자 대부 희부기僖負羈가 말했다.

　"진晉나라와 우리 조나라는 동성입니다. 중이가 곤궁한 처지가 되어 우리를 찾아왔으니 융숭하게 대접해야 합니다."

　공공이 말했다.

　"우리는 소국으로 여러 나라 사이에 끼어 있소. 제후국 중 어느 나라 자제가 우리 나라를 지나가지 않겠소? 그들을 일일이 예의에 맞춰 대접하다

1_ 적불赤芾: 고대 중국에서 대부 이상의 관리들이 조복朝服이나 예복禮服을 입을 때, 무릎 아래를 가리던 붉은색 행전行纏.

2_ 초헌軺軒: 고대 중국에서 대부 이상의 고관대작이 타던 높다란 수레. 말 한 필이 끄는 수레로 천정 부위는 둥그렇게 높고 양쪽으로 갈수록 조금씩 낮아진다.

晋重耳
周遊列國

중이가 열국을 주유하다.

가는 미약한 조나라가 경비를 지나치게 많이 쓰게 되오. 그렇게 해서야 어떻게 나라를 지탱할 수 있겠소?"

희부기가 또 말했다.

"중이는 어진 덕으로 천하에 명성이 자자합니다. 또 두 눈에 각각 눈동자가 두 개씩重瞳이고 갈비뼈도 하나의 통뼈騈脅로 되어 있다고 합니다. 이는 매우 고귀하게 될 징조이니 보통 공자들과 같이 대해서는 안 됩니다."

이때 공공은 유치한 장난기가 발동하여 중이에게 어진 덕이 있다고 해도 전혀 상관하지 않다가 눈동자가 두 개이고 갈비뼈가 통뼈라는 말을 듣고 바로 참견을 했다.

"눈동자가 두 개인 사람은 나도 알고 있소. 그러나 갈비뼈가 통뼈인 사람은 아직 보지 못했소."

희부기가 대답했다.

"갈비뼈가 통뼈라는 것은 갈비뼈의 형체가 한 덩어리로 합쳐져 있는 모양인데, 이는 기이한 형상입니다."

조 공공이 말했다.

"과인은 그 말을 믿지 못하겠소. 그러니 중이 일행을 잠시 객사에 머물게 하고 목욕을 할 때 직접 살펴보도록 하겠소."

이에 객사지기를 보내 중이를 객사로 맞아들이게 했다. 그러나 멀건 죽만 내놓을 뿐 다른 음식은 내놓지도 않고 잔치도 베풀지 않았으며 주인이 빈객을 영접하는 예의도 차리지 않았다. 중이는 화가 나서 죽도 먹지 않았다. 그때 객사지기가 객사 욕실에 목욕통을 들이고 중이에게 목욕을 하라고 했다. 중이도 길에서 오랫동안 고생으로 찌든 터라 몸의 때를 씻어내고 싶었다. 이에 옷을 벗고 목욕통으로 들어갔다. 조 공공과 총신 몇 명은 미복으로 갈아입고 객사로 갔다. 그들은 욕실로 돌입해 중이 곁으로 바짝 다가가서 그의 갈비뼈를 구경했다. 그러고는 무례하게 이야기를 주고받으며 한바탕 시끄럽게 떠들다가 그곳을 떠났다. 호언 등은 외부 사람이 들어오는 소리를 듣고 황급히 달려와서 보니 욕실에서 웃고 떠드는 소리가 들려왔다. 이에 객사지기에게 물었다. 그러자 바로 조나라 임금 일행이라는 것이었다. 중이와 그의 신하들은 모두 분통을 터뜨렸다.

희부기는 조나라 군주가 자신의 간언을 듣지 않는 것을 보고 집으로 돌아왔다. 그의 아내 여씨呂氏가 그를 맞아들이다가 얼굴에 근심이 가득 쌓여 있는 것을 보고 물었다.

"조정에서 무슨 일이 있었나요?"

희부기는 진나라 공자 중이가 조나라에 들렸는데 군주가 그를 무례하게 대했다는 말을 했다. 여씨가 말했다.

"제가 마침 교외에 뽕을 따러 갔다가 공자 일행의 수레가 지나가는 것을 보았습니다. 저는 공자를 잘 보지는 못했지만 수행하는 사람 몇 명은 모두 영걸이었습니다. 제가 듣건대 '그 임금에 그 신하요, 그 신하에 그 임금이다有其君者, 必有其臣, 有其臣者, 必有其君'라는 말이 있습니다. 수행자들의 면면으로 볼 때 진나라 공자는 틀림없이 다시 귀국하여 나라를 얻을 수 있을 것 같았습니다. 그런 뒤 군사를 일으켜 우리 조나라를 치면 옥석玉石이 모두 불탈 것이니 그때는 후회해도 돌이킬 수 없을 것입니다. 조나라 군주가 당신의 충언을 듣지 않았으므로 몰래 중이에게 가서 교분을 트십시오. 제가 음식 몇 상을 준비해두었으니 음식 속에 희고 둥근 백벽白璧(하얀색 둥근 옥)을 감추고 가서 상견의 예물로 바치시고 미연의 사태에 대비하기 위한 친교를 맺으십시오. 속히 가보시지요."

희부기는 아내의 말에 따라 밤중에 객사의 문을 두드렸다. 중이는 바야흐로 배가 고파오는 가운데 분노를 누르고 앉아 있다가 조나라 대부 희부기가 음식을 갖고 와서 뵙기를 청한다는 말을 듣고 바로 안으로 불러들였다. 희부기는 중이에게 재배를 올리며 먼저 조나라 군주 대신 죄를 청한다는 말을 했다. 그런 후 중이를 존경하는 자신의 마음을 이야기했다. 중이가 크게 기뻐하며 감탄했다.

"조나라에 이렇게 어진 신하가 있는 줄 생각지도 못했소. 이 망명객이 다행히 귀국할 수 있으면 마땅히 그대에게 보답을 하겠소."

중이가 음식을 먹다가 그 속에서 백벽白璧을 발견하고 희부기에게 말했다.

"대부께서 이 망명객에게 베풀어주신 은혜는 이 땅에서 굶주리지 않게 해준 것만으로도 족하오. 그런데 어찌 이런 귀중한 선물까지 주시려 하오."

희부기가 말했다.

"그건 이 외국의 신하가 드리는 작은 존경심입니다. 공자께선 내치지 마십시오."

그러나 중이는 거듭 그것을 받지 않았다. 희부기는 객사를 물러나오며 감탄했다.

"진나라 공자는 이처럼 곤궁한데도 백벽을 탐하지 않으니 그 뜻을 헤아릴 수 없구나."

다음 날 중이는 조나라를 떠났다. 희부기는 몰래 성 밖 10리까지 배웅하고 돌아갔다. 사관이 이 일을 시로 읊었다.

용과 범을 살쾡이로 잘못 보고 말았으니	錯看龍虎作狂狸
눈 뜬 장님 조 공공은 식견도 형편없네	盲眼曹共識見微

초헌 타고 환호하는 소인배 300명에는   堪歎乘軒三百輩

희부기 처에 미칠 사람 아무도 없었도다   無人及得負羈妻

중이는 조나라를 떠나 송나라로 갔다. 호언이 먼저 수레를 몰고 달려가서 대사마 공손고와 만났다. 공손고가 말했다.

"우리 주상께선 자신의 힘도 헤아리지 못하고 초나라와 승리를 다투다가 싸움에 패해 다리에 중상을 입고 지금까지도 일어나지 못하고 있소. 그러나 중이 공자의 명성을 듣고 뵙고 싶어한 지 이미 오래이니 틀림없이 객사를 청소해놓고 공자의 수레가 왕림하시길 기다릴 것이오."

공손고가 들어가서 송 양공에게 이 사실을 알렸다. 양공은 초나라에 한이 맺혀 밤낮으로 자신을 도와줄 현인을 구한 뒤 복수의 계책을 세우고 싶어했다. 그러던 중 진나라 공자 중이가 멀리서 송나라로 온다는 소식을 들었다. 진나라는 대국이고 중이도 현명하기로 소문이 나 있어서 양공은 북받치는 기쁨을 금할 수 없었다. 어찌 다리의 상처가 다 낫지 않아서 만나기 어렵다고 하겠는가? 공손고는 양공의 명령에 따라 교외로 나가서 중이를 객사로 맞아들이고 제후국 임금을 대하는 예를 베풀며 칠뢰七牢를 잡아 음식을 대접했다. 이튿날 중이가 떠나려 하자 공손고가 양공의 명령을 받들고 가서 더 오래 머물러 달라고 거듭 간청했다. 그러고는 몰래 호언에게 물었다.

"당초에 제 환공께서는 중이 공자를 어떻게 대우했소?"

호언은 여자와 말 등을 하사한 일을 자세하게 알려줬다. 공손고가 돌아가서 양공에게 그 일을 보고했다. 양공이 말했다.

"공자가 옛날에 이미 우리 송나라 여인과 혼인을 맺은 적이 있으므로 여자는 다시 내려줄 수 없지만 말이라면 얼마든지 가능하오."

그리하여 다시 수레 20승을 증정하자, 중이는 감격을 금치 못했다. 여러 날을 머무는 동안 음식과 문안 인사가 끊이지 않았다. 호언은 양공의 병세가 차도가 없는 것을 보고 몰래 공손고와 진나라로 돌아갈 일을 상의했다. 공손고가 말했다.

"공자께서 만약 누추한 곳에 머무는 노고를 마다하지 않으신다면 우리 나라가 비록 작지만 편안하게 머무실 수 있을 것이오. 그러나 만약 큰 뜻을 품고 계시다면 우리 나라는 지금 전쟁에 패하여 힘을 쓸 수 없으므로 다른 대국을 찾아가야 도움을 받을 수 있을 것이오."

호언이 말했다.

"대부의 말씀이 비로 내 마음속 말이오."

그리하여 그날 바로 중이에게 고하고 여장을 꾸려 출발하기로 했다. 양공은 중이가 떠난다는 말을 듣고 경비와 양식 그리고 옷과 신발 따위를 후하게 내려줬다. 중이를 따르는 사람들은 기뻐하지 않는 사람이 없었다.

중이가 떠난 후 양공의 상처는 나날이 심해져 오래지 않아 세상을 떠났다. 임종에 이르러 양공이 세자 왕신王臣에게 일렀다.

"나는 자어子魚(目夷의 자)의 말을 듣지 않았다가 오늘 이 지경에 이르렀다. 네가 보위를 이어받으면 자어에게 정사를 맡겨야 하느니라. 초나라는 불구대천의 원수이니 대대로 우호를 맺지 말라. 진나라 공자 중이가 귀국하면 틀림없이 보위를 얻을 것이고, 보위를 얻으면 또 틀림없이 제후를 규합하게 될 것이다. 내 자손들은 겸손하게 그를 섬겨 작은 평안이라도 얻도록 하여라."

왕신은 재배하고 유언을 받들었다. 양공은 재위 14년 만에 세상을 떠났다. 왕신이 장례를 주관하고 보위에 오르니 이 사람이 송 성공成公이다. 염선이 시를 지어 양공은 덕과 힘이 모두 없었으므로 춘추오패에 나열하는 것은 부당하다고 논증했다.

한 가지 일도 못 이루고 부상당해 죽은 자가	一事無成身死傷
멍청한 말만 늘어놓고 자기 자랑 일삼았네	但將迂語自稱揚
어리석은 유자들은 명실도 따지지 않고	腐儒全不稽名實
송 양공을 여전히 오패로 꼽는구나	五伯猶然列宋襄

중이가 송나라를 떠나 정나라에 당도할 무렵 벌써 그 사실이 정 문공文公에게 보고되었다. 문공이 신하들에게 말했다.

"중이는 제 아비를 배반하고 도망쳤기 때문에 다른 나라에서도 받아들이지 않아 여러 번 굶주림까지 겪었소. 그런 불초한 자를 예우할 필요는 없을 것이오."

상경 숙첨叔詹이 간언을 올렸다.

"중이는 하늘이 세 가지 도움을 주고 있습니다. 이렇게 하늘이 돕는 사람을 등한히 대해서는 안 됩니다."

정 문공이 말했다.

"그 세 가지 도움이란 게 무엇이오?"

숙첨이 대답했다.

"같은 성씨끼리 혼인을 하면 자손이 뛰어나지 못하다고 합니다. 그러나 지금 중이는 호녀狐女의 소생으로 호씨狐氏와 희씨姬氏는 같은 종족이지만 중이가 사는 곳마다 그가 어질다는 소문이 들리고 출국해서도 참화를 당하지 않고 있으니 이것이 하늘의 첫 번째 도움입니다. 또 중이가 출국한 후 진나라의 정세는 불안의 연속이니 이것이 어찌 나라를 다스릴 사람을 기다리는 하늘의 뜻이 아니겠습니까? 이것이 두 번째 도움입니다. 조최, 호언 등은 모두 당대의 영걸인데 중이가 그들을 거두어 신하로 삼고 있으니 이것이 세 번째 도움입니다. 이렇게 하늘이 세 가지 도움을 주고 있으므로 주상께선 그를 예우하셔야 합니다. 그것이 같은 성씨에 대한 예의이며, 곤궁한 사람을 구제하는 일이며, 어진 인재를 존경하는 일이며, 천명에 순응하는 일입니다. 이 네 가지는 모두 아름다운 일입니다."

"중이는 이제 늙었소. 그가 무엇을 할 수 있겠소?"

"주상께서 만약 그에게 극진한 예를 베풀 생각이 없으시다면 차라리 그를 죽여 원수로서의 후환을 남기지 마십시오."

정 문공이 웃으며 말했다.

"대부의 말씀은 너무 지나치오. 과인에게 그를 예우하라고 해놓고 죽이란 말씀은 또 무엇이오? 무슨 은혜가 있다고 그를 예우할 것이며, 무슨 원한이 있다고 그를 죽이겠소?"

이에 시종을 시켜 성문을 닫고 중이를 받아들이지 말라고 했다.

중이는 정나라 사람들이 자신을 영접하지 않자 결국 수레를 몰고 정나라 경내를 지나쳐 갔다. 그다음 초나라로 가서 초 성왕을 알현했다. 성왕도 제후국의 군주를 대하는 예를 베풀며 구헌례九獻禮를 올리게 했다. 중이는 감당할 수 없다고 계속 사양했다. 조최가 그 곁에 서 있다가 중이에게 말했다.

"공자께서 나라 밖으로 망명하신 지 벌써 10여 년이 지났습니다. 그동안 작은 나라조차 공자를 함부로 대했는데, 이런 대국이 예의를 모를 리가 있겠습니까? 이것은 천명이니 사양하지 마십시오."

이에 구헌례를 받았다. 연회가 파할 때까지 초왕은 공경의 태도를 그치지 않았고, 중이도 말을 더욱 공손하게 했다. 이로부터 두 사람은 깊게 마음이 통해 중이는 마침내 초나라에 편안히 머물게 되었다. 하루는 초왕과 중이가 운몽택雲夢澤3에 사냥을 갔다. 성왕은 숙달된 무예 솜씨로 연이어 화살을 발사하여 사슴 한 마리와 토끼 한 마리를 모두 잡았다. 그러자 장수들이 모두 땅에 엎드려 축하의 찬사를 올렸다. 그때 마침 곰 한 마리가 수레를 향해 돌진해왔다. 성왕이 중이에게 말했다.

"공자께선 어찌하여 화살을 쏘지 않소?"

중이는 활을 당겨 화살을 메기고 몰래 기도를 올렸다.

'제가 진나라로 돌아가 보위에 오를 수 있다면 이 화살이 저 곰의 오른쪽 발바닥에 명중하게 하소서.'

휙 하는 소리와 함께 화살이 날아가더니 곰의 오른쪽 발바닥을 정확하게 꿰뚫었다. 군사들이 곰을 잡아와서 초왕에게 바쳤다. 초왕이 탄복하며 말했다.

"공자는 정말 신궁이오!"

잠시 후 사냥터에 함성이 들렸다. 성왕이 좌우 시종을 시켜 알아보게 했다. 바로 보고가 올라왔다.

"산골짜기에 어떤 짐승이 나타났습니다. 곰 같지만 곰은 아닙니다. 코는 코끼리 같고, 머리는 사자 같고, 발은 호랑이 같고, 털은 승냥이 같고, 갈

3_ 운몽택雲夢澤: 운몽대택雲夢大澤이라고도 한다. 중국 호북성湖北省 강한평원江漢平原에 존재했던 호수군을 총칭하는 말. 선진 시대에는 그 범위가 사방 450킬로미터에 달했다고 한다. 오랜 시간 퇴적물이 쌓이고 물길이 바뀌어 옛날과 같은 방대한 규모의 운몽택은 거의 사라졌다. 지금의 동정호洞庭湖가 그 일부다.

기는 멧돼지 같고, 꼬리는 소와 같습니다. 몸집은 말보다 크고 흑백으로 얼룩진 무늬가 있습니다. 칼이나 창으로 찌르거나 화살로 쏴도 상처 하나 입지 않습니다. 쇠를 진흙처럼 씹을 수 있어서 강철로 된 수레바퀴 축도 모두 먹어 치웠습니다. 또 비할 데 없이 민첩하여 사람의 힘으로는 제압할 수 없습니다. 이 때문에 사냥터가 시끄럽습니다."

초 성왕이 중이에게 말했다.

"공자께선 중원에서 나고 자라서 견문이 넓을 것이니 이 짐승의 이름을 아시겠지요?"

중이가 조최를 돌아보았다. 조최가 앞으로 나서며 말했다.

"신이 알고 있습니다. 그 짐승의 이름은 '맥貘'입니다. 천지간의 금기金氣를 받고 태어나서 머리는 작고 다리는 짧으며 구리와 쇠를 잘 먹습니다. 오줌이 흘러가서 닿는 곳에는 다섯 가지 금4이 모두 녹아서 물이 됩니다. 그 짐승의 뼈 속에는 골수가 없어서 북채 대신 쓸 수도 있고 그 가죽으로 담요를 만들면 질병을 막고 습기를 제거할 수 있습니다."

성왕이 말했다.

"그럼 어떻게 제압할 수 있소?"

조최가 말했다.

"가죽과 살은 모두 쇠로 되어 있고 오직 콧구멍에만 허점이 있으니, 순수한 강철로 만든 무기로 그곳을 찌르시옵소서. 혹은 불로 구우면 즉시 죽일 수 있습니다. 이는 금金의 성질이 화기火氣를 두려워하기 때문입니다."

이 말이 끝나자 위주가 사나운 목소리로 말했다.

4_ 다섯 가지 금: 오금五金. 금金, 은銀, 동銅, 철鐵, 석錫을 말한다.

"신이 무기를 쓰지 않고 저 짐승을 사로잡아 어가 앞에 바치겠습니다."

그러고는 수레에서 뛰어내려 그 짐승이 있는 곳으로 달려갔다. 성왕이 중이에게 말했다.

"과인도 공자와 함께 가서 구경하고 싶소."

이에 즉시 수레를 치달려 그곳으로 가라고 명령을 내렸다. 이때 위주는 서북쪽 모서리 포위망으로 달려가서 그 짐승을 발견하고 바로 주먹을 휘둘러 연이어 몇 대 가격했다. 그러나 그 짐승은 전혀 두려워하지 않고 크게 소리를 질렀다. 그 소리가 마치 소가 우는 것 같았다. 그러고는 두 발을 들고 꼿꼿이 서서 혓바닥으로 날름거리며 위주의 허리에 차고 있던 각종 쇠붙이들을 핥아서 먹었다. 위주가 크게 노하여 소리쳤다.

"이 비천한 짐승아! 함부로 나대지 마라!"

그가 몸을 한 번 솟구쳐 땅에서 약 다섯 자 높이까지 뛰어올랐다. 그 짐승도 땅에서 한 바퀴 구르더니 한쪽 옆에 도사리고 앉았다. 위주는 더욱 화가 나서 다시 펄쩍 뛰어오르며 그 도약의 기세를 이용하여 젖 먹던 힘까지 다 짜내 그 짐승의 몸 위에 걸터앉은 뒤 두 손으로 그놈의 목을 조였다. 그 짐승은 힘을 다해 펄쩍펄쩍 뛰어다녔지만 위주는 아래위로 흔들리면서도 절대로 손을 놓지 않았다. 오랫동안 박투를 벌이자 그 짐승도 점점 힘이 빠졌다. 그러나 위주는 아직도 사나운 힘이 남아 있어서 두 팔로 더욱 단단하게 목을 조였다. 결국 그 짐승의 목이 꺾이며 숨이 막혀 전혀 몸을 움직이지 못하게 되었다. 이에 위주는 짐승의 몸에서 뛰어내려 자신의 쇳덩이 같은 두 팔을 쭉 편 뒤 그 짐승의 코끼리 코를 한 손으로 잡고 마치 개나 양을 끌듯이 두 주군 앞에 끌어다 놓았다. 정말 호랑이 같은 장수였다! 조최는 군사들에게 명령을 내려 그 짐승의 코앞에서 불을 피우라고 했다.

화기가 코로 스며들자 짐승의 몸은 흐물흐물해졌다. 그제야 위주는 손을 놓고 허리에 차고 있던 보검을 빼서 짐승을 내리쳤다. 그러나 불꽃만 번쩍일 뿐 털끝 하나 손상되지 않았다. 조최가 말했다.

"이 짐승을 죽여 가죽을 벗기려면 불로 구워야 하오."

성왕은 그의 말에 따랐다. 짐승의 가죽과 살은 쇠와 같이 단단했지만 사방에서 불을 피워 구워대자 점점 부드러워지며 가죽을 벗길 수 있게 되었다.

성왕이 말했다.

"공자를 따르는 호걸들은 문文과 무武를 모두 갖췄구려. 우리 나라 장수 만 명을 데려와도 그 하나에 미치지 못하겠소!"

이때 초나라 장수 성득신이 곁에 있다가 불만스러운 표정을 지으며 초왕에게 아뢰었다.

"대왕마마께서는 진나라 신하의 무예를 과장하시는데 신이 한번 겨뤄보고 싶습니다."

성왕이 반대하며 말했다.

"진나라 군신은 손님들이니 공경해야 하오."

이날 사냥이 끝나고 함께 모여 술을 마시며 매우 즐거운 잔치를 벌였다. 그 자리에서 초왕이 중이에게 말했다.

"공자께서 만약 진나라로 돌아가시면 과인에게 무슨 보답을 해주시겠소?"

중이가 말했다.

"예쁜 여자와 옥과 비단은 군왕께서 넉넉하게 갖고 계실 것이고, 새털과 상아와 가죽은 초나라 땅에서 나는 특산품입니다. 제게 무슨 보답할 만한 물건이 있겠습니까?"

초 성왕이 웃으면서 말했다.

"비록 그렇더라도 틀림없이 보답할 만한 것이 있을 것이오. 과인은 그것
이 무엇인지 들어보고 싶소."

중이가 말했다.

"만약 군왕의 신령한 힘을 빌려 진나라로 돌아갈 수 있게 되면 함께 우
호를 돈독히 하여 백성을 편안하게 하고 싶습니다. 그러나 부득이하게 초
나라 군왕과 드넓은 들판에서 병거를 거느리고 만나게 된다면 먼저 군왕
의 군사를 피해 삼사三舍를 후퇴하겠습니다."

보통 군사가 행군할 때 30리마다 한 번을 쉬게 되는데 이를 일러 일사一
舍라고 한다. 그러므로 삼사는 90리가 된다. 이는 뒷날 진나라와 초나라가
전쟁을 하게 되면 바로 전투를 벌이지 않고 90리를 후퇴해 초나라에서 받
은 은혜에 보답하고자 한다는 의미다.5 당일 술자리가 파하자 초나라 장수
성득신이 초왕에게 화를 내며 말했다.

"대왕마마께서 공자 중이를 매우 후대하고 있는데도 오늘 중이의 말은
불손하기 짝이 없었습니다. 뒷날 진나라로 돌아가면 틀림없이 우리 초나라
가 베푼 은혜를 배반할 터이니 그자를 죽여야 합니다."

"중이는 성품이 어질고 그를 따르는 사람도 모두 훌륭한 인재들이니 아
마도 하늘이 그를 돕는 것 같소. 우리 초나라가 어찌 감히 하늘의 뜻을 배
반할 수 있겠소?"

"대왕마마께서 중이를 죽이고 싶지 않으시면 호언이나 조최 등 몇 명만

5_ 퇴피삼사退避三舍라는 고사성어가 여기에서 나왔다. 은혜를 갚기 위해 먼저 많은 것을 양보한
다는 뜻.(『좌전』 희공 22년)

이라도 붙잡아 두시어 호랑이에게 날개를 달아주지 마시옵소서."

"붙잡아 둔다 해도 나를 위해 힘을 쓰지 않을 것이니 그건 원한만 사는 일일 뿐이오. 과인이 지금 중이에게 베푼 덕을 원한으로 바꾸는 건 좋은 계책이 아니오."

그 뒤로도 초왕은 중이를 더욱 융숭하게 대접했다.

이야기가 두 갈래로 나뉜다. 주 양왕 15년, 진晉 혜공 14년에 혜공은 병이 들어 조정 일도 볼 수 없었다. 또한 세자 어는 오랫동안 진秦나라에 인질로 잡혀 있었다. 어의 외가는 양나라였다. 그런데 양나라 군주는 무도하여 백성을 보살피지 않고 날마다 궁궐을 짓고 연못을 파는 일을 일삼았다. 백성은 한탄하고 원망하며 사주 진秦나라로 흘러들어 가혹한 노역을 피했다. 진秦 목공은 양나라 민심의 변화에 편승해 백리해에게 군사를 일으켜 양나라를 멸망시키라는 명을 내렸다. 양나라 군주는 난민들에게 피살당했다. 진晉 세자 어는 양나라가 멸망되었다는 소식을 듣고 탄식했다.

"진秦나라가 내 외가를 멸망시킨 건 나를 경시하고 있기 때문이다."

그리하여 마침내 진나라에 대해 원망을 품게 되었다. 그때 마침 부친 혜공이 아프다는 소식이 들리자 속으로 생각했다.

'혼자 몸으로 외국에 있으니 밖으로는 나를 가련하게 생각해주는 친구도 없고 안으로는 내 마음을 알아주는 심복도 없다. 이러다 만일 군부께서 예측할 수 없는 일을 당해 대부들이 다른 공자를 보위에 세우면 나는 평생 진나라에서 살다 객사할 수밖에 없다. 그럼 저 초목들과 무엇이 다르겠는가? 차라리 진나라에서 도망쳐 고국으로 돌아가 부친의 병구완을 들며 백성을 안심시키는 것이 더 좋을 것이다.'

이에 그날 밤 아내 회영懷嬴에게 자신의 마음을 이야기했다.

"내가 지금 돌아가지 않으면 진晉나라는 내 소유가 될 수 없소. 돌아가고 싶지만 또 당신과 부부의 정을 끊을 수 없소. 당신이 만약 나와 함께 진나라로 돌아가면 공과 사의 정리를 모두 이룰 수 있소."

회영은 눈물을 흘리며 대답했다.

"당신은 한 나라 세자의 몸으로 이곳에 잡혀와 치욕을 당하고 있으니, 당연히 돌아가고 싶으시겠지요. 그러나 주상께서 첩을 시켜 시중을 들게 한 건 당신의 마음을 잡아두기 위한 것이었습니다. 그런데 지금 당신을 따라 진나라로 돌아가면 군부의 명령을 배반하게 되므로 첩의 죄가 막대해지옵니다. 당신은 스스로 편한 길을 택하시고, 첩에게는 아무 말도 말아주시옵소서. 첩은 감히 당신의 말을 따를 수 없지만 다른 사람에게 당신이 하신 말씀을 발설하지는 않겠습니다."

그리하여 세자 어는 마침내 진나라로 도망쳐 돌아갔다.

목공은 세자 어가 작별 인사도 없이 떠났다는 소식을 듣고 몹시 화를 내며 욕을 했다.

"대의를 저버린 도적놈 같으니, 하늘이 네놈을 용서치 않으리라!"

이에 대부들에게 말했다.

"이오夷吾(혜공) 부자는 모두 과인을 배신했소. 과인은 반드시 저들에게 보복할 것이오!"

목공은 당시에 중이를 진晉나라 보위에 올리지 못한 걸 후회하면서 사람을 시켜 중이의 종적을 탐문하다가 그가 초나라에 머문 지 벌써 여러 달이 됐다는 사실을 알았다. 이에 성왕에게 공손지를 사신으로 보냈다. 그러고는 내친김에 중이를 데려와 진나라 보위에 올리려고 했다. 중이는 본마음을 감추고 거짓으로 성왕에게 말했다.

"이 망명객은 군왕께 목숨을 맡기고자 하오. 진秦나라로 가지 않겠소."

초왕이 말했다.

"우리 초나라와 진晉나라는 거리가 너무 멀어서 공자께서 돌아가고 싶어도 반드시 여러 나라를 거쳐야 하오. 그러나 진秦나라는 진晉나라와 경계를 맞대고 있기 때문에 아침에 출발하여 저녁에 당도할 수 있소. 또 진秦나라 군주는 평소에 어진 정치를 펴고 있고 진晉나라 군주와는 사이가 좋지 않소. 이것은 하늘이 공자를 돕는 기회요. 공자께서는 진秦나라로 가도록 하시오!"

중이는 초왕에게 감사의 절을 올렸다. 성왕은 황금과 비단, 수레와 말을 후하게 하사하여 중이의 행렬을 장중하게 장식해주었다. 중이는 길에서 다시 수 개월을 보낸 뒤 마침내 진나라 경계에 도착했다. 비록 여러 나라를 거쳤지만 모두가 진나라와 초나라의 속국이었고, 여기에 공손지까지 동행했으므로 연도 내내 편안한 여행길이 되었다.

진 목공은 중이가 온다는 소식을 듣고 희색이 만면하여 교외까지 마중나가 객관을 정해주고 예물도 아주 풍성하게 하사했다. 진나라 군부인 목희穆姬도 중이를 아끼며 세자 어를 미워했다. 그리하여 회영을 중이에게 개가시켜 혼인으로 우호를 맺자고 목공에게 권했다. 목공은 목희를 시켜 회영의 마음을 떠보게 했다. 회영이 말했다.

"첩은 이미 공자 어에게 몸을 허락했는데 다른 사람에게 개가할 수 있겠습니까?"

목희가 말했다.

"어圉란 놈은 다시 오지 않을 것이다. 중이 공자는 성품이 어질고 돕는 사람도 많으니 틀림없이 진晉나라를 얻을 수 있을 것이고, 진나라를 얻으면 너는 군부인이 될 것이다. 이는 진秦과 진晉이 대를 이어 혼인으로 우의를 지속하기 위한 일이다."

회영은 오랫동안 묵묵히 앉아 있다가 말했다.

"진정 그와 같다면 첩이 이 한 몸을 아끼다 어찌 두 나라의 우호를 해칠 수 있겠습니까?"

이에 목공은 공손지를 시켜 그 사실을 중이에게 알렸다. 진晉나라 세자 어와 중이는 조카와 삼촌 사이이므로 회영은 중이에게 조카며느리가 된다. 중이는 윤리를 해칠까 두려워 그 혼인을 사양하고 받지 않았다. 그러자 조최가 앞으로 나서며 말했다.

"제가 소문을 들어보니 회영은 용모가 아름답고 재주도 뛰어나서 진秦나라 군주와 부인이 총애하는 딸이라 합니다. 진秦나라 여인을 받아들이지 않으면 목공의 환심을 살 방법이 없습니다. 신이 들건대 '다른 사람이 나를 사랑하게 하려면 내가 먼저 다른 사람을 사랑해야 하고, 다른 사람이 나를 따르게 하려면 내가 먼저 다른 사람을 따라야 한다欲人愛己, 必先愛人, 欲人從己, 必先從人'고 합니다. 진나라의 환심을 사지 못하고 그 힘을 이용하려는 것은 있을 수 없는 일입니다. 공자께서는 사양하지 마시옵소서."

중이가 말했다.

"동성 간의 혼인도 피해야 하거늘 하물며 조카며느리를 어떻게 빼앗을 수 있겠소?"

구계臼季가 말했다.

"옛날의 동성은 덕德이 같음을 말하는 것이지 씨족이 같음을 말하는 것이 아닙니다. 옛날에 황제黃帝(헌원씨軒轅氏)와 염제炎帝(신농씨神農氏)는 모두 유웅국有熊國 임금인 소전小典의 아들이었습니다. 소전의 두 부인 중에서 황제는 희수姬水에게서 태어났고, 염제는 강수姜水에게서 태어났습니다. 그 뒤 두 임금은 덕이 서로 달라 황제는 희를 성으로 삼았고 염제는 강을 성으로 삼은 것입니다. 그 뒤로 희성과 강성은 대대로 혼인을 맺어왔습니다. 황제의 아들은 모두 25명으로 성씨를 얻은 자가 14명이었습니다. 그중에서 오직 희성과 기성己姓 두 성씨만 덕이 같습니다. 덕도 같고 성도 같으면 비록 먼 종족일지라도 혼인을 할 수 없습니다. 덕도 다르고 성도 다르다면 비록 가까운 종족이라도 혼인을 피하지 않습니다. 요임금은 제곡帝嚳의 아들로 황제의 5대손입니다. 또 순임금은 황제의 8대손이니, 요임금의 딸은 순임금에게 왕고모가 됩니다. 그런데도 요임금이 자신의 딸을 순임금의 아내로 주려 하자 순임금은 사양하지 않았습니다. 옛날 성인들의 혼인의 도가 이와 같습니다. 덕으로 말하자면 세자 어가 어찌 공자의 덕과 같을 수 있겠습니까? 친척으로 말하더라도 진秦나라 여인과의 친분은 왕고모에 비할 수 없습니다. 하물며 이 일은 세자 어가 버린 여인을 거두어들이는 것이지 그가 지금 좋아하는 여인을 빼앗는 경우가 아니지 않습니까? 어찌 이것이 윤리를 해치는 일이겠습니까?"

중이가 다시 호언에게 상의하며 말했다.

"외숙께선 어떻게 생각하시오?"

호언이 말했다.

"공자께서 지금 진晉나라로 돌아가려는 것이 세자 어를 섬기려는 것입니까? 아니면 그를 대신하려 하시는 것입니까?"

중이가 대답을 하지 않았다. 호언이 또 말했다.

"진나라의 세계世系는 세자 어로 이어질 것입니다. 만약 그를 섬기고자 한다면 회영은 국모가 됩니다. 그러나 만약 그를 대신하고자 한다면 원수의 아내가 되는 것입니다. 무슨 말이 더 필요하겠습니까?"

그래도 중이는 부끄러운 기색이 있었다. 조최가 말했다.

"그 나라를 빼앗으려는 판에 어찌 그 아내에게 구애되시옵니까? 큰일을 이루려는 분이 작은 일에 전전긍긍하다 일을 그르치면 나중에 후회해도 소용없을 것입니다."

이에 중이가 마침내 혼인하기로 결심했다. 공손지가 목공에게 이 사실을 아뢰었다. 중이는 길일을 택해 폐백을 가지고 공관으로 가서 혼례를 올렸다. 회영의 미모는 제강齊姜보다 더 아름다웠다. 목공은 종실 여인 4명을 뽑아서 중이의 잉첩으로 들여주었다. 모두가 자색이 고와 중이는 망외의 기쁨을 누리며 마침내 오랜 여정의 고통도 잊게 되었다. 사관이 시를 지어 회영의 일을 논했다.

한 여인에 어찌하여 하늘이 둘이던가	一女如何有二天
하물며 숙질간의 법도도 현격하거늘	況於叔侄分相懸
오로지 진나라의 환심만 사기 위해	只因要結秦歡好
예의에 벗어남을 돌아보지 않았도다	不恤人言禮義愆

목공은 평소에도 공자 중이의 인품을 귀중하게 여기고 있었던 데다 장인과 사위로서의 친분이 더해지니 그 인정이 더욱 두터워졌다. 그래서 사흘에 한 번씩 잔치를 열었으며 닷새에 한 번씩 식사를 함께 했다. 진秦 세자 앵罃도 중이를 존경하여 수시로 음식을 갖추고 와서 안부를 물었다. 이에 따라 조최, 호언 등도 진秦나라 신하 건숙, 백리해, 공손지 등과 깊은 교

秦懷嬴重婚公子

회영이 중이에게 개가하다.

분을 나누며 진晉나라로 귀국할 일을 신중하게 상의했다. 그러나 중이가 아직 신혼이었고, 진晉나라에 별다른 일이 일어나지 않아서 함부로 거사를 진행할 수 없었다. 옛말에도 "운에 맞는 때가 오면 쇠 나무에도 꽃이 핀다 運到時來, 鐵樹花開"고 했듯이 하늘이 공자 중이를 탄생시켜 진나라 임금이 될 운수를 부여했으니 앞으로 중원에 유명한 패주霸主가 자연스럽게 나타날 것이었다.

한편 진晉나라 세자 어는 진秦나라에서 도망쳐 귀국하여 부친 혜공惠公을 배알했다. 혜공은 매우 기뻐하며 이렇게 말했다.

"나는 병석에 누운 지 오랜 시간이 지나면서 뒷일을 부탁할 사람이 없어 근심스러웠다. 그런데 내 아들이 새장을 탈출하여 다시 세자의 지위에 복귀하니 이제야 마음이 놓인다."

이해 가을 9월 혜공은 병이 위독해지자 세자를 여이생呂飴甥과 극예郤芮에게 부탁하며 잘 보필해달라고 했다. 그러고는 한마디 덧붙였다.

"다른 공자들은 염려할 것이 없으나 오로지 중이를 잘 방비해야 하오."

여이생과 극예 두 사람은 머리를 조아리고 고명을 받았다. 이날 밤 혜공이 세상을 떠났다. 그 뒤로 세자 어가 장례를 주관하며 보위에 올랐다. 이 사람이 진 회공懷公이다. 회공은 중이가 외국에서 변란을 모의할까 두려워 이렇게 명령을 내렸다.

"무릇 진나라 신하 중에서 중이를 따라 망명한 자는 그 친척들에게도 죄를 물을 것이니 석 달 안에 모두 불러들이도록 하라. 만약 기한 내에 귀국한 자는 옛날 자리에 복직시키고 과거의 잘못을 묻지 않겠노라. 그러나 기한을 넘기고도 돌아오지 않는 자는 삭탈관직하고 붉은 글씨로 범죄 조서에 기록한 뒤 사형에 처하겠노라. 국내에 있는 부자 형제가 이 일을 좌시하고 망명자를 소환하지 않으면 역시 모두 사형에 처하겠노라."

노쇠한 국구國舅 호돌狐突의 두 아들 호모狐毛와 호언狐偃은 모두 중이를 따라 진秦나라에 머물고 있었다. 이에 극예는 몰래 호돌에게 서찰을 보내 두 아들을 귀국시키라고 권했다. 호돌이 계속 말을 듣지 않자 극예가 회공에게 말했다.

"호모와 호언은 장수와 재상을 맡을 만한 인재인데 지금 중이를 수행하고 있습니다. 이는 마치 호랑이가 날개를 단 격입니다. 그런데도 호돌이 귀국시키려 하지 않으니 그 저의를 짐작할 수 없습니다. 주상께서 직접 말씀해보시옵소서."

이에 회공은 즉시 사람을 보내 호돌을 불러오게 했다. 호돌은 가족과 마지막 작별 인사를 하고 회공을 만나러 왔다. 호돌이 아뢰었다.

"노신은 병으로 집 안에 누워서 폐인처럼 지내고 있사온데 이렇게 직접 부르시니 무슨 하실 말씀이라도 있으신지요?"

회공이 말했다.

"호모와 호언이 외국에 있다는데, 국구께선 저들을 소환할 서찰을 보내셨소?"

"보내지 않았습니다."

"과인은 기한이 지나도 귀국하지 않는 자는 그 친척에게까지 죄를 묻겠다고 명령을 내렸소. 국구께선 듣지 못하셨소?"

"신의 두 아들이 중이에게 몸을 맡긴 것은 하루 이틀의 일이 아닙니다. 충신은 주군을 섬기며 죽어도 두마음을 먹지 않습니다. 신의 두 아들이 중이에게 충성하는 건 지금 이곳 조정의 신하들이 주상께 충성하는 것과 같습니다. 설령 도망쳐 이곳으로 돌아온다 해도 신은 그 불충함을 꾸짖으며 집안의 사당 앞에서 목을 벨 것인데, 하물며 신이 아들을 불러들이란 말씀입니까?"

회공이 진노하여 두 역사를 시켜 날카로운 칼을 호돌의 목에 갖다 대고 말했다.

"두 아들을 불러들이면 네놈을 죽이지는 않겠다."

그러고는 바로 죽간을 찾아 호돌 앞에 갖다 놓은 뒤 극예를 시켜 그의 손에 붓을 쥐어주며 서찰을 쓰게 했다. 호돌이 부르짖었다.

"내 손을 놓아라. 내가 직접 쓰겠다."

호돌은 큰 글씨로 '자식에겐 두 아비가 없으며, 신하에겐 두 임금이 없다子無二父, 臣無二君'라는 여덟 자를 썼다. 회공이 진노하여 소리쳤다.

"네놈은 두렵지도 않느냐?"

호돌이 대답했다.

"자식된 자가 불효하고, 신하된 자가 불충하는 것이 노신이 두려워하는 바요. 죽음이란 신하의 일상사이거늘 무엇이 두렵겠소."

그러고 나서 목을 늘어뜨리고 형벌을 받겠다고 했다. 회공은 그를 저잣거리에 끌고 나가 참수하라고 했다. 태복太卜 곽언郭偃이 그의 시신을 보고 탄식했다.

"임금이 보위를 이어받아 덕이 아직 필부에게도 미치지 못한 초기에 충직한 노신을 주살했으니 패망할 날이 멀지 않았도다!"

그날 이후로 병을 핑계로 밖으로 나가지 않았다. 이때 호씨 댁 가신이 황급히 진나라로 도망가서 호모와 호언에게 집안의 비보를 알렸다. 호모와 호언이 어떻게 되는지는 다음 회를 보시라.

잠룡이 승천하다

여이생과 극예는 밤에 궁궐을 불태우고
목공은 다시 진晉나라의 혼란을 평정하다
晉呂郤夜焚公宮, 秦穆公再平晉亂.

호모와 호언 형제는 공자 중이를 따라 진秦나라에 머물다가 부친 호돌이 새 군주 어에게 사형을 당했단 소식을 듣고 가슴을 치며 대성통곡했다. 조최와 구계 등 일행이 모두 달려와 위로했다. 조최가 말했다.

"세상을 떠난 분은 다시 살아날 수 없으니 슬퍼한들 무슨 소용이 있으리오? 어서 함께 공자를 뵙고 대사를 상의하도록 합시다."

호모와 호언은 눈물을 거두고 조최 등과 중이를 뵈러 갔다. 호모와 호언이 말했다.

"진晉나라 군주가 죽고 그 아들 어가 즉위하여 망명 중인 진나라 신하는 기한을 정해놓고 모두 불러들이라 했다 합니다. 만약 불러들이지 않으면 그 가족에게까지 죄를 묻는다 합니다. 저희 늙으신 부친께서도 신의 형제를 불러들이지 않으시다가 살해되었다 합니다."

두 사람은 말을 마치자마자 애통함이 끓어오르는 듯 다시 대성통곡했다. 중이가 말했다.

"두 분께선 너무 상심 마시오. 과인이 귀국하는 날 반드시 두 분 부친의 원수를 갚겠소."

그러고는 즉시 수레를 몰고 목공에게 가서 진나라의 사태를 알렸다. 목공이 말했다.

"이는 하늘이 나라를 공자에게 주려는 것이니 절대 놓쳐서는 안 되오. 과인이 직접 그 일을 맡겠소."

조최가 중이 대신 대답했다.

"군후께서 만약 중이 공자를 엄호하실 생각이시면 조속히 도와주시옵소서. 만약 진나라 세자 어가 개원改元하고 종묘에 고하면 군신 간의 신분이 확정되오니 그렇게 되면 저들이 쉽게 동요하지 않을까 두렵습니다."

목공도 그 말에 깊이 동의했다.

중이가 관사로 돌아와 막 좌정하려는 차에 문지기의 보고가 올라왔다.

"진나라에서 사람이 와서 비밀리에 아뢸 일이 있다며 뵙기를 청하고 있습니다."

중이가 그를 불러들여 성명을 물었다. 그 사람이 절을 하고 대답했다.

"신은 진나라 대부 난지欒枝의 아들 난돈欒盾입니다. 새 임금은 시기심이 많아 사람을 죽여 위엄을 보이려고 합니다. 이에 백성은 원망을 품고 있고 신하들은 불복하고 있습니다. 그래서 신의 아비가 특별히 신을 공자께 몰래 보내 투항의 의사를 알리라고 했습니다. 지금 새 군주 어의 심복으로는 여이생呂飴甥과 극예郤芮밖에 없습니다. 지난날의 대신이었던 극보양郤步揚과 한간韓簡 같은 원로들은 모두 소외되어 관직을 맡지 못하고 있으니 염려하지 않으셔도 됩니다. 신의 아비가 이미 극진郤溱, 주지교舟之僑 등과 비밀리에 약속하고 사병私兵을 모아두었습니다. 공자께서 오시기만 한다면 바로 안에서 호응할 것입니다."

중이는 몹시 기뻐하며 내년 초에 황하黃河 가에서 결집하기로 약속을 정했다.

난돈이 떠나자 중이는 축원을 올리고 시초蓍草점을 쳐서 점괘를 뽑아 태괘泰卦 육효六爻 안정安靜괘를 얻었다.[1] 중이는 의심이 들어 호언을 불러 그 길흉을 알아보게 했다. 호언이 절을 하며 축하의 인사를 했다.

"이것은 하늘과 땅이 서로 어울려 작은 것이 가고 큰 것이 오는 상이니 길조 중의 길조입니다. 공자께서 이번에 가시면 나라를 얻을 뿐만 아니라 맹주가 되실 것입니다."

이에 중이는 난돈의 전언을 호언에게 말했다. 그러자 호언이 대답했다.

"공자께선 내일 바로 진秦나라 군후께 군사를 요청하십시오. 일을 더 늦출 수 없습니다."

중이는 이튿날 바로 조당으로 들어가서 목공을 알현했다. 목공은 중이가 입을 열기를 기다리지도 않고 말했다.

"과인은 공자가 급히 귀국하려 한다는 걸 알고 있소. 그러나 여러 신하가 대사를 감당하지 못할까 걱정되니 과인이 친히 공자를 황하까지 배웅해드리겠소."

중이는 감사의 배례를 올리고 밖으로 나왔다. 이때 비표丕豹는 목공이

1_ 태괘泰卦: 상괘上卦가 지地(☷), 하괘下卦가 천天(☰)으로 되어 있어서 지천地天(䷊) 태괘泰卦라고 부른다. 상괘인 지地는 땅으로 스며드는 성질이 있으므로 기운이 아래로 내려오고, 하괘인 천天은 하늘로 날아오르는 성질이 있어서 위로 올라가므로 두 괘가 서로 스며들어 음양이 교합하는 모습이다. 이에 큰 것이 오고 작은 것이 가서 천하가 태평하게 된다.

공자 중이를 진나라 보위에 올리려 한다는 소식을 듣고, 자신이 선봉에 서서 온 힘을 바치겠다고 했다. 목공이 그의 요청을 허락했다. 태사太史가 겨울 12월의 길일을 잡았다. 출발 사흘 전 목공은 잔치를 열고 구룡산九龍山에서 공자 중이를 전별하면서 그에게 백벽 10쌍과 말 400필 그리고 장막, 자리, 일상용품 등 갖가지 물건을 하사했다. 물론 식량과 사료도 포함되어 있었다. 조최 등 아홉 사람에게는 각각 백벽 1쌍과 말 4필씩을 주었다. 중이와 그 신하들은 모두 재배를 올리며 감사 인사를 했다.

기일이 당도하자 목공은 친히 모사 백리해와 유여를 데리고 공자 칩縶과 공손지公孫枝를 대장으로 삼아, 선봉장 비표丕豹 등을 통솔하고 병거 400승을 거느린 채 중이를 전송하기 위해 옹주성雍州城[2]을 출발하여 동쪽으로 진군했다. 세자 앵도 평소 중이와 서로 마음이 맞았기 때문에, 정에 이끌려 차마 헤어지지 못하고 위양渭陽(陝西省 咸陽 渭城區)까지 따라와서야 눈물로 작별을 고했다. 이를 읊은 시가 있다.

맹장과 정예병은 호랑이와 이리처럼	猛將精兵似虎狼
공자를 받들어 국경선에 함께 섰네	共扶公子立邊疆
진 회공은 부질없이 호돌을 죽였으나	懷公空自誅狐突
손바닥으로 어떻게 태양을 가리랴	隻手安能掩太陽

주 양왕襄王 16년, 진 회공 원년 정월, 목공이 중이와 함께 황하 강안에 도착하자 도하渡河 선박이 벌써 모두 갖추어져 있었다. 목공은 다시 잔치를

2_ 옹주성雍州城: 춘추시대 진秦나라 도성. 지금의 섬서陝西성 봉상鳳翔.

열고 중이에게 은근히 당부했다.

"공자께서는 귀국하신 뒤 과인 부부를 잊지 말아 주시오."

그러고는 자신이 거느리고 온 군사의 반을 나누어 공자 칩과 비표를 시켜 중이가 도하하는 걸 호송하게 했다. 자신은 대군을 이끌고 황하 서안에 그대로 주둔했다. 이는 그야말로 "눈으로는 승전 깃발을 바라보고 싶고, 귀로는 좋은 소식을 듣고자 한다眼望捷旌旗, 耳聽好消息"는 격이었다.

이때 호숙壺叔은 공자 중이의 행장을 관리하고 있었다. 진晉나라에서 도망쳐 나온 이래 조曹나라와 위衛나라 사이에서 배고픔으로 고생한 것이 한두 번이 아니었다. 그때는 정말 아낄 옷도 없고 아낄 음식조차 없을 정도였다. 그 때문인지 황하를 건너 귀국하는 때를 맞아 행장을 수습하면서 그는 깨지고 낡은 그릇과 해진 자리, 구멍 난 장막 따위를 하나하나 모두 배 안으로 옮겨왔다. 다 먹지 못한 술지게미 같은 것도 모두 진기한 보물처럼 애지중지하며 배 안에다 늘어놓았다. 중이가 그것을 보고 껄껄 웃으며 말했다.

"내가 오늘 진나라로 돌아가 임금이 되면 진수성찬을 마음껏 먹을 수 있을 것인데, 이따위 쓰레기 같은 물건을 어디에다 쓰려는 것인가?"

그러고는 그것을 하나도 남기지 말고 강 언덕에다 버리도록 했다. 그때 호언이 그 광경을 보고 남몰래 탄식했다.

"공자는 아직 부귀를 얻지도 못했는데 벌써 빈천貧賤했을 때를 잊고 있구나. 뒷날 새것을 좋아하고 옛것을 버린다면 환난을 함께한 우리도 쓰레기처럼 팽개쳐질 것이다. 그렇게 된다면 정말 이 19년 세월 겪은 고생이 억울하지 않겠는가? 차라리 오늘 아직 황하를 건너지 않았을 때 하직 인사를 하는 것이 더 좋으리라. 하면 뒷날 서로 그리워하는 마음이라도 남게 될 것이다."

이에 호언은 중이 앞에서 무릎을 꿇고 목공에게 받은 백벽 한 쌍을 바치며 말했다.

"공자께서 오늘 황하를 건너시면 바로 진나라 경계입니다. 안으로 여러 신하가 있고 밖으로 진秦나라 장수들이 있으니 진나라가 공자의 손에 들어오지 않을까 근심할 필요는 없을 것입니다. 이제 신은 공자를 수행해봐야 아무 도움도 드릴 수 없으니 원컨대 진秦나라에 남아 공자의 외신外臣이 되고자 합니다. 신이 가진 백벽 한 쌍으로 작은 성의를 표시하고자 합니다."

중이가 깜짝 놀라며 말했다.

"과인은 이제 바야흐로 외숙과 함께 부귀를 누릴 생각인데 무슨 말씀을 그렇게 하시오?"

"신은 공자에게 세 가지 죄를 지었으니 이제 감히 더 이상 공자를 수행할 수 없습니다."

"그 세 가지 죄가 무엇이오?"

"듣건대 '성스러운 신하는 그 임금을 존귀하게 하고, 현명한 신하는 그 임금을 편안하게 한다聖臣能使其君尊, 賢臣能使其君安'고 합니다. 그러나 신은 불초하여 공자를 오록五鹿에서 곤궁에 빠뜨렸습니다. 이것이 첫 번째 죄입니다. 또 조曹나라와 위衛나라 군주가 공자를 소홀히 대하게 했습니다. 이것이 두 번째 죄입니다. 마지막으로 공자께서 취한 틈에 제齊나라 도성을 빠져나올 때 공자를 노엽게 했습니다. 이것이 세 번째 죄입니다. 지난번에는 공자께서 아직 나그네로 떠돌고 있어서 감히 작별 인사를 드릴 수가 없었으나 이제 진나라로 귀국하게 되었습니다. 신은 여러 해 동안 많은 나라를 분주하게 돌아다니느라 혼백은 놀라 거의 사라질 지경이며 힘 또한 다 닳아 기진맥진한 상태입니다. 예를 들자면 깨지고 낡아빠진 그릇과 같아서 더 이상 상 위에 올려놓을 수 없으며, 비유하자면 해진 자리와 구멍 난 장막과 같아서 더 이상 펼 수도 없을 지경입니다. 신이 공자의 곁에 남아 있어도 아무 쓸모가 없으니 이제 신을 내버려도 아무 손해가 없을 것입니다. 신은 이러한 까닭에 이제 공자의 곁을 떠나고자 합니다."

중이가 눈물을 흘리며 말했다.

"과인을 꾸짖는 외숙의 말씀이 심히 지당하오. 이 모든 것이 과인의 잘못이오."

중이가 바로 호숙에게 명령을 내려 버린 물건을 하나하나 다시 싣게 했다. 그러고는 황하를 향해 맹세했다.

"과인이 귀국하여 외숙의 공로를 잊고 한마음으로 함께 정사를 돌보지 않는다면 내 자손이 번창하지 못할 것이다."

또한 바로 백벽을 황하에 던지며 말했다.

"하백河伯(황하의 신)께서 이 맹세의 증인이 되어주시리라."

이때 개자추介子推도 배 안에 있다가 중이와 호언이 맹세하는 소리를 듣고는 웃으며 혼잣말을 했다.

"공자께서 귀국하시는 건 하늘의 뜻이다. 그런데도 호언은 하늘의 뜻을 가로채 자신의 공로라고 생각하고 있다. 부귀나 탐하는 이런 무리들과 한 조정에 서는 것은 부끄러운 일이다."[3]

이때부터 개자추는 은둔할 마음을 먹게 되었다.

3_ 탐천지공貪天之功: 진 문공 중이가 19년 동안 천하를 떠돌며 고생하다가 다시 귀국하여 천하의 패자가 되는 것은 천명인데, 이를 호언이 자신의 공로로 생각하는 것은 사리사욕에 사로잡혀 하늘의 공로를 탐하는 행위라는 뜻. 흔히 다른 사람의 공로를 자신의 것으로 가로채는 것을 비유한다.(『좌전』 희공 24년)

중이는 황하를 건너 동쪽으로 진군하여 영호슈狐(山西省 臨猗) 근처 땅에 이르렀다. 그 고을 읍재 등혼鄧昏은 군사를 일으켜 성 위로 올라가 항거했다. 진秦나라 군사가 성을 포위하자 비표가 용맹을 떨치며 가장 먼저 성에 올랐다. 마침내 영호성을 깨뜨리고 등혼을 잡아서 목을 벴다. 그러자 상천桑泉(山西省 臨猗 臨晉鎭)과 구쇠臼衰(山西省 運城 鹽湖區 解州鎭 서북)의 읍재는 그 기세에 놀라 모두 항복했다. 진 회공은 첩보를 받고 깜짝 놀라 나라 안의 모든 병거와 군사를 동원하여 여이생을 대장으로 삼고 극예를 부장으로 삼아 여류廬柳(山西省 臨猗 서북)에 군사를 주둔시키고 대항했다. 그러나 강력한 진 군사가 두려워 감히 싸움에 나서지 못했다. 이에 대장 공자 칩縶이 목공의 명의로 서찰을 써서 여이생과 극예에게 보냈다. 그 내용은 대략 다음과 같았다.

과인이 진晉나라에 덕을 베푼 것은 지극하다고 할 만하다. 그런데도 너희 군주 부자는 은혜를 배반하고 진秦나라를 원수처럼 여겼다. 과인은 그 아비의 배반까지는 참았으나 그 아들의 배반은 참을 수 없다. 지금 공자 중이는 어진 덕으로 천하에 명성이 자자하고 많은 선비가 그를 보좌하고 있다. 하늘과 사람이 서로 돕고 있고 국내외 민심이 그에게로 돌아가고 있다. 과인은 지금 친히 대군을 거느리고 황하 가에 주둔한 뒤, 공자 칩에게 공자 중이를 진晉나라까지 호송하여 사직의 주인으로 삼고자 한다. 그대 대부들이 만약 어진 사람과 어리석은 사람을 분별할 수 있다면 창을 거꾸로 잡고 나와서 과인의 군사를 환영하라. 그러면 전화위복의 계기가 되리라. 그 기회는 이번 한 번뿐이다.

여이생과 극예는 서찰을 읽고 난 뒤 한동안 아무 말도 하지 못했다. 싸우자니 용문산 전투처럼 진나라 군사에 대적할 수 없을까 몹시 두려웠다. 그렇다고 항복하자니 중이가 지난날의 원한을 기억하고 이극里克과 비정보丕鄭父의 원수를 갚을까 두려웠다. 두 사람은 오랫동안 주저하다가 한 가지 계책을 생각해냈다. 그들은 공자 칩에게 답장을 썼다. 그 내용은 대략 다음과 같았다.

아무개 등은 중이 공자께 지은 죄를 잘 알고 있기에 감히 무기를 버리지 못하겠습니다. 그러나 중이 공자를 추대하는 일은 실로 아무개 등의 소원입니다. 만약 망명 간 여러 군자와 함께 하늘의 태양에 맹세하고 서로 해치지 않도록 보장해주신 뒤, 대부께서 우리의 죄를 묻지 않겠다고 책임져주시면 어찌 감히 명령을 따르지 않겠습니까?

공자 칩은 답장을 읽고 난 뒤 이미 저들의 의심을 간파하고 바로 혼자서 수레를 몰고 여류 땅으로 가서 여이생과 극예를 만났다. 여이생과 극예는 흔쾌히 마중 나와 마음속 이야기를 꺼냈다.

"우리는 항복하고 싶지 않은 것이 아니라 중이 공자께서 용납하지 않을까 두렵소. 원컨대 함께 맹세를 해주셔야 믿음이 생길 것이오."

공자 칩이 말했다.

"대부께서 만약 서북쪽으로 군사를 물리시면 제가 대부의 마음을 공자께 아뢰고 함께 맹세할 수 있도록 하겠소."

여이생과 극예는 그 말을 승낙했다. 칩이 돌아가자 그들은 바로 군사를 순성郇城(山西省 臨猗 牛杜鎭)으로 후퇴시키라고 명령을 내렸다. 중이는 호언을 시켜 공자 칩과 함께 순성으로 가서 여이생과 극예를 만나보게 했다. 이날 희생을 잡아 삽혈한 뒤 모두 함께 중이를 보위에 올리는 거사에 두마음을 먹지 말자고 맹세했다. 맹세가 끝나자 여이생과 극예는 바로 호언을 따라갈 사람을 뽑아 구쇠로 보내 중이를 순성의 대군 속으로 영접해오게 한 뒤 모든 군사에게 그를 따르라고 명령을 내렸다. 진 회공은 여이생과 극예의 승전보가 들려오지 않자 시인寺人(내시) 발제勃鞮를 군영으로 보내 전투를 재촉하게 했다. 군영으로 가는 도중 발제는 여이생과 극예가 순성으로 군사를 물렸다는 소식을 들었다. 그리고 두 사람이 호언, 공자 칩과 강화를 맺은 뒤 회공을 배반하고 중이를 맞아들였다는 소식도 들었다. 발제가 황망히 보고를 올리자 회공은 대경실색하며 급히 극보양, 한간, 난지, 사회 등 신하들을 불러 모아 대책을 상의하려 했다. 그러나 그들은 모두 중이에게 마음이 쏠려 있는 사람들이었다. 그들은 평소 회공이 여이생과 극예만 신임하는 것을 보고 마음속에 불만이 가득했다.

"지금 여이생과 극예도 배반했다는데 일이 임박해서 우리를 불러 무엇을 하겠다는 건가?"

그리하여 모두들 병이 있다거나 다른 일이 있다고 핑계를 대며 한 사람도 회공 앞에 나타나지 않았다. 회공이 탄식을 내뱉으며 말했다.

"과인이 지난날 진나라에서 몰래 도망왔다가 진나라의 미움을 사서 오늘 이 지경에 이르렀구나!"

그러자 발제가 아뢰었다.

"신하들이 몰래 새 임금을 맞이하기로 약조한 듯하니 이곳에 머물러서는 안 됩니다. 신이 수레를 몰 테니 잠시 고량高粱으로 피신하셨다가 다시 대처방안을 찾으십시오."

회공이 고량으로 달아난 이후의 일은 이야기하지 않겠다. 한편 공자 중이는 여이생과 극예가 보낸 사람의 영접을 받으며 마침내 진晉나라 진영으로 들어갔다. 여이생과 극예는 머리를 조아리며 사죄했고 중이는 좋은 말로 그들을 위로했다. 조최와 구계 등 망명을 수행했던 신하들도 각각 두 사람과 인사를 나누었다. 이들은 서로 마음속 이야기를 주고받으며 모두 아무 일이 없을 것이라고 보장해주었다. 여이생과 극예는 크게 기뻐하며 중이를 모시고 곡옥성曲沃城으로 들어가 무공武公의 사당에 배알했다. 지난날 강주성의 옛 신하들도 난지와 극진이 주동이 되어 사회士會, 주지교舟之僑, 양설직羊舌職, 순임보荀林父, 선멸기先蔑箕[4], 정선도鄭先都 등 30여 명을 거느리고 모두 곡옥으로 와서 중이를 맞이했다. 극보양, 양유미梁繇靡, 한간, 가복도家僕徒 등 또 다른 신하들은 도성인 강주성 교외로 나와 중이를 맞았다. 이에 중이가 강주성으로 들어가 즉위하니 이 사람이 바로 진晉 문공文公이다. 중이는 43세에 적翟 땅으로 도망가서, 55세에 제나라로 갔고, 61세에 진나라로 갔다. 마침내 다시 귀국하여 보위에 올랐을 때는 나이가 이미 62세였다.

진 문공은 즉위한 후 고량 땅으로 자객을 보내 회공을 암살했다. 세자 어는 지난해 9월 보위에 올랐다가 올해 2월에 피살되었으니, 앞뒤로 임금 노릇을 한 기간을 합쳐보면 여섯 달도 채 되지 않는다. 애달프도다! 내시 발제가 시신을 수습해 장사 지내고 다른 곳으로 달아났다.

문공은 잔치를 열어 진나라 장수 공자 칩 등을 위로했고 그 군사들을 융숭하게 대접했다. 이때 비표가 땅에 엎드려 울며 자신의 부친 비정보의

4_ 선멸기先蔑箕: 선멸先蔑과 동일인으로 보인다. 두예의 『춘추경전집해』 희공 28년 '先蔑' 주석에는 '蔑'의 발음을 '亡結切', 즉 '멸'로 읽었다. 따라서 이 번역본에서도 기존의 관례에 따라 '멸'로 읽는다. 그러나 현대의 양백준楊伯峻은 『춘추공양전春秋公羊傳』 문공文公 17년의 '先蔑' 표기가 '先眜'로 되어 있음을 근거로 '蔑'의 발음을 '말眜'로 읽어야 한다고 했다.

묘를 옮기게 해달라고 청하자 문공이 그 일을 윤허했다. 문공은 비표에게 진나라에 머물러 달라고 청했지만 비표는 사양하며 말했다.

"신은 이미 진秦나라 조정에 몸을 맡겼으므로 감히 두 임금을 섬길 수 없습니다."

이에 문공은 공자 칩을 따라 하서河西로 가서 목공에게 그간의 상황을 보고했다. 그러자 목공은 군사를 거두어 돌아갔다. 사관이 시를 지어 목공을 찬양했다.

우르르 수레 소리 하동 땅을 지나가니	轔轔車騎過河東
용과 범이 때를 얻어 그 기상이 씩씩하네	龍虎乘時氣象雄
만약에 옹주 땅의 의로운 군사 없었다면	假使雍州無義旅
돕는 이 많았어도 어떻게 성공했겠는가	縱然多助怎成功

여이생과 극예는 진秦나라의 위세에 눌려 일시 항복하기는 했지만 마음 속은 의심과 근심으로 가득 차서 도대체 찜찜하기만 했다. 또한 조최와 구계 등을 대할 때도 참담한 마음을 금할 수 없었다. 문공은 즉위한 지 여러 날이 지나도록 두 사람의 공로에 대해 벼슬도 올려주지 않았고, 두 사람의 죄과에 대해서도 아무 벌을 내리지 않았다. 때문에 문공의 거동을 예측할 수가 없어 둘은 의심이 더욱 심해졌다. 이에 서로 모의해서 집안의 사병을 이끌고 반란을 일으켜 궁궐을 불태운 뒤 중이를 죽이고 다른 공자를 보위에 올리기로 약속했다. 두 사람은 이렇게 생각했다.

'조정에는 상의할 만한 사람이 없고 오직 내시 발제만이 중이와 원한이 깊다. 이제 중이가 즉위했으니 발제는 틀림없이 주살을 당할까 두려워할

것이다. 이 사람은 담력이 출중하므로 불러오면 함께 대사를 도모할 수 있을 것이다.'

그리하여 사람을 시켜 부르자 발제는 곧바로 달려왔다. 여이생과 극예가 궁궐을 불태우기 위한 거사를 알려주자 발제는 흔쾌히 명령을 받들었다. 세 사람은 삽혈로 맹세하고 2월 그믐날 함께 모여 한밤중에 일을 시행하기로 약정했다. 여이생과 극예는 각기 자신의 봉토로 가서 몰래 사람을 모았다.

한편 발제는 두 사람의 면전에서는 대사를 함께하기로 승낙했지만 마음속으로는 그렇게 생각하지 않았다.

'당초에 헌공獻公의 명령을 받들어 포蒲 땅을 치러 간 일이나, 혜공惠公의 지시를 받고 중이를 죽이러 간 일은 모두 폭군 걸의 개가 성군 요를 보고 짖는 것처럼 각각 자신의 주군을 위한 일이었다. 이제 회공은 죽고 중이가 즉위해서 나라가 겨우 안정을 얻었는데, 다시 이처럼 대역무도한 짓을 저지를 수 있으랴! 중이는 하늘과 사람이 모두 돕고 있으므로 이 일은 성사될 수 없을 것이다. 설령 중이를 죽인다 해도 그를 따르는 수많은 호걸이 나를 그냥 내버려두겠는가? 차라리 몰래 새 임금에게 자수하고 이 기회를 이용해 출세의 계기를 만드는 것이 참으로 좋은 계책이 아니겠는가?'

또 이렇게 생각했다.

'나 자신은 죄인이므로 바로 궁궐로 갈 수는 없다.'

그리하여 마침내 깊은 밤에 호언을 찾아갔다. 호언이 깜짝 놀라며 물었다.

"너는 새 주상께 큰 죄를 지었는데, 참화를 피해 멀리 도망갈 생각은 하지 않고 무슨 일로 심야에 여기까지 왔느냐?"

"제가 여기 온 것은 새 주상을 뵙고 싶기 때문입니다. 국구國舅5께서 저를 안내해주십시오."

"네가 주상을 뵙는 건 스스로 죽으러 가는 것과 같다."

"제게 아뢰올 비밀이 있습니다. 그것은 한 나라 백성의 생명을 구하는 일입니다. 반드시 주상을 뵙고 말씀드려야 합니다."

호언은 마침내 그를 데리고 궁궐 문 앞으로 갔다. 호언이 문을 두드리고 먼저 들어가 문공을 뵙고는 발제가 알현을 청한다는 말을 했다. 문공이 말했다.

"발제에게 한 나라 백성의 생명을 구할 만한 무슨 대단한 일이 있겠소? 이는 필시 나를 만나기 위한 핑계에 불과하오. 외숙의 얼굴을 앞세워 자신의 죄를 용서받고 싶은 것이겠지요."

"'꼴 베고 나무하는 사람의 말도 성인은 가려듣는다芻蕘之言, 聖人擇焉'고 했습니다. 주상께서 새로 즉위한 지금 작은 원한은 버리고 널리 충언을 받아들이셔야 합니다. 내치지 마십시오."

그래도 문공은 마음이 풀어지지 않아서 측근 내시를 시켜 발제를 꾸짖었다.

"네놈이 소매를 끊어간 옷을 과인은 아직도 가지고 있다. 과인은 그 옷을 볼 때마다 지금도 깜짝깜짝 놀란다. 네놈은 또 적나라까지 가서 과인을 암살하려 했다. 혜공이 네놈에게 사흘의 말미를 줬는데도, 네놈은 그다음 날 바로 출발했다. 다행히 천명이 나를 도와 독수를 피할 수 있었다. 그러다가 이제야 과인이 귀국했는데 네놈은 무슨 낯으로 나를 보러 왔느냐?

5_ 국구國舅: 실제로 호언의 부친 호돌이 국구이지만, 호돌이 죽은 후 호돌의 아들인 호언과 호모를 국구로 칭하고 있다. 진 문공의 어머니 호희胡姬는 호돌의 딸이고, 호언, 호모와는 남매간이다. 즉 호언과 호모는 진 문공의 외삼촌이다.

속히 도망가거라. 지체하면 네놈을 잡아서 형을 집행하리라."

그러자 발제가 껄껄 웃으며 말했다.

"전하께선 외국에서 19년을 방랑했으면서도 세상 물정을 아직도 잘 모르십니까? 선군이신 헌공은 전하와 부자간이고, 혜공은 전하의 아우입니다. 아버지가 아들을 원수로 여기고 동생이 형을 원수로 여기는데, 하물며 이 발제야 어떠하겠습니까? 발제는 소신小臣에 불과하여 당시에는 오직 헌공과 혜공만 있는 줄 알았습니다. 어찌 지금 주상께서 계신 줄 알았겠습니까? 옛날 관중은 공자 규를 위해 환공의 허리띠 고리를 활로 쏘았지만 환공은 그를 등용하여 마침내 천하의 패자가 되었습니다. 만약 전하의 견해대로 허리띠 고리를 쏜 원한을 갚으려 한다면 맹주의 대업도 이룰 수 없게 될 것입니다. 신을 보시지 않아도 신에게는 손해될 것이 없지만 신이 떠나간 뒤 머지않아 전하께 참화가 닥칠까 두렵습니다."

호언이 아뢰었다.

"발제가 필시 뭔가 들은 바가 있는 것 같습니다. 만나보십시오."

이에 문공이 발제를 입궁하라고 했다. 발제는 아무런 사죄도 하지 않고 다만 재배를 올리며 이렇게 한 마디 했다.

"하례 드리옵니다!"

문공이 말했다.

"과인이 보위를 이어받은 지 벌써 오래인데 네놈은 오늘에야 하례를 하다니 너무 늦은 것이 아니냐?"

발제가 대답했다.

"주상께서 즉위는 하셨지만 아직 충분히 하례를 받을 만하지 않습니다. 이 발제의 말을 들으셔야 비로소 보위가 안정되고 하례를 받을 수 있을 것입니다."

문공은 그 말을 이상하게 생각하고 좌우를 물리친 뒤 발제의 말을 들었다. 이에 발제는 여이생과 극예의 음모를 처음부터 끝까지 자세하게 이야기했다.

"지금 그 일당이 성안에 가득합니다. 지금 두 역적 놈은 자신의 봉토로 가서 군사를 모으고 있습니다. 주상께서 그사이에 호언 국구와 미복으로 도성을 나가 진秦나라에 군사를 청해야 이 변란을 평정할 수 있을 것입니다. 신은 이곳에 남아 두 역적 놈을 주살할 대책을 마련하고 안에서 호응하겠습니다."

호언이 말했다.

"사태가 급박합니다. 청컨대 신이 수행하겠습니다. 나라 안의 일은 틀림없이 자여子餘(조최의 자)가 잘 처리할 것입니다."

문공은 발제에게 당부했다.

"모든 일을 조심해서 추진하라. 내 마땅히 후한 상을 내리리라."

발제는 머리를 조아리고 밖으로 나갔다.

문공은 호언과 오랫동안 상의한 뒤 호언에게 궁궐 뒷문에 수레를 준비하게 하고 단지 몇 사람만 수행하게 했다. 그러고 나서 심복 내시를 불러 여차여차 여러 분부를 내리고 절대로 비밀이 새어나가지 않도록 했다. 이날 밤 문공은 평상시처럼 침소에 들었다. 오경(새벽 3~5시) 북이 울릴 무렵 문공은 한기가 느껴지고 배가 아프다는 핑계를 대고 어린 내시에게 등불을 들려 측간으로 가는 척했다. 마침내 그는 궁궐 후문으로 빠져나와 호언과 함께 수레를 타고 도성을 탈출했다. 다음 날 아침 궁중에는 문공이 아프다는 소식이 퍼졌다. 시종들이 각기 침실로 병문안을 오려 했지만 모두 내치고 만날 수 없다고 했다. 궁중에서는 문공이 도성 밖으로 나간 사실을 아는 사람이 거의 없었다. 날이 밝자 백관이 모두 조정 문밖에 모여 있다가 문공이 조회를 열 수 없다는 사실을 알고 대전으로 가서 소식을 탐문했다. 그러나 붉은 대전 문 두 짝은 단단히 닫혀 있었고 문 위에는 면회를 사절한다는 글씨만 걸려 있었다. 문지기가 말했다.

"주상께선 지난밤에 한기가 드시어 침상에서 내려올 수 없습니다. 3월 초하루나 되어야 조회를 열고 여러 대부를 접견할 수 있을 것입니다."

조최가 말했다.

"주상께서 새로 즉위하신 지 얼마 안 되어 온갖 일을 아직 처리하지 못했는데, 갑자기 이런 병환에 걸리시다니, 정말 '하늘의 풍운은 예측할 수 없고, 인간 세상의 화복은 아침저녁으로 달리진다天有不測風雲, 人有旦夕禍福'는 속담이 딱 들어맞는 말이오."

신하들은 모두 이 사태를 진실로 믿고 각각 탄식을 내뱉으며 돌아갔다. 여이생과 극예는 문공이 병이 나서 밖으로 나올 수 없고 3월 초하루에나 조회를 열 수 있다는 소문을 듣고 남몰래 기뻐하며 말했다.

"하늘이 내 손을 빌려 중이를 죽이려는구나!"

이때 문공은 호언과 함께 몰래 나라 경계를 벗어나 바로 진秦나라로 들어갔다. 그다음 사람을 시켜 목공에게 밀서를 보내 왕성王城(陝西省 大荔 동쪽)에서 만나자고 했다. 목공은 진후晉侯가 몰래 왕성으로 온다는 소식을 듣고 마음속으로 진나라에 변란이 발생했음을 짐작했다. 이에 사냥을 나간다는 핑계를 대고 그날 바로 어가를 준비하라고 명했다. 목공은 마침내 왕성으로 가서 진후를 만났다. 문공은 상봉하는 자리에서 자신이 온 뜻을 설명했다. 목공이 웃으면서 말했다.

"천명이 이미 정해졌거늘 여이생과 극예의 무리가 무슨 일을 할 수 있겠소? 내 짐작으로는 조최 등 여러 대부가 틀림없이 역적을 제압할 수 있을 것이오. 군후께선 염려하지 마시오!"

이에 대장 공손지를 보내 황하 입구에 군사를 주둔시키고 강도絳都의 소식을 탐문하게 한 뒤 상황에 맞춰 일을 처리하게 했다. 문공은 임시로 왕성에 머물렀다.

한편 발제는 여이생과 극예에게 의심을 받을까 두려워 며칠 전부터 일을 상의한다는 핑계를 대고 아예 극예의 집에 묵었다. 2월 그믐날이 되자 발제가 극예에게 말했다.

"주상이 내일 아침에 조회를 열겠다고 약속했으니 병이 좀 나았을 것으로 생각되오. 그러니 궁중에서 불이 나면 틀림없이 밖으로 나올 것이오. 그때 여 대부께선 앞문을 지키시고, 극 대부께선 뒷문을 지키시고, 나는 집안 병사를 거느리고 조정 문을 점거한 뒤 불을 끄러 오는 사람들을 막으면 중이는 날개가 있어도 도망치기는 어려울 것이오."

극예도 그렇게 생각하고 그 계책을 여이생에게 얘기했다. 이날 밤 그들 집안의 사병은 각각 무기와 불씨를 들고 사방으로 흩어져 매복했다. 대략 삼경이 채 못 된 시각에 궁궐 문에서 불길이 치솟았다. 그 불길은 매우 사나웠다. 궁궐 나인들은 모두 꿈속에서 깨어나 궁궐 안에서 실화로 불이 난 것으로 생각하고 깜짝 놀라 한꺼번에 어지럽게 몰려다니며 우왕좌왕했다. 불길 속에서 무기를 들고 갑옷을 입은 병사들이 좌충우돌하며 큰 소리로 부르짖는 모습이 보였다.

"중이를 놓쳐서는 안 된다!"

화재를 만난 나인들은 온몸이 불에 탔고, 병사를 만난 나인들은 사지가 동강 났다. 슬프게 울부짖는 통곡 소리가 차마 귀로 들을 수 없을 정도로 궁궐 안에 가득 찼다. 여이생은 칼을 뽑아 들고 임금의 침소로 직행해서 문공을 찾았으나 그림자도 보이지 않았다. 그러던 중 칼을 빼들고 후문에서 들어오는 극예와 마주쳤다. 극예가 여이생에게 물었다.

"벌써 처치했소?"

여이생은 대답을 못하고 고개만 흔들었다. 두 사람이 불길을 무릅쓰고 곳곳을 수색하는 도중 궁궐 밖에서 고함 소리가 들렸다. 그때 발제가 황망히 달려와 보고했다.

"호모, 조최, 난지, 위주 등이 각 집안의 군사를 일으켜 불을 끄러 오고 있소. 날이 밝으면 백성도 모두 모여들 테니 몸을 빼내기가 어려울 것이오. 차라리 지금 어지러운 틈을 타서 성 밖으로 나가는 것이 좋을 듯하오. 그러고 나서 날이 밝기를 기다려 진후晉侯의 생사를 확실하게 알아본 뒤 다시 사태에 따라 일을 처리하도록 하시지요."

여이생과 극예는 그때까지 중이를 죽이지 못했기 때문에 마음이 다급하여 아무 생각이 없었다. 그래서 패거리를 불러 모아 대궐 문밖으로 몰려 나갔다. 사관이 이 일을 시로 읊었다.

무정한 화마로 살생 계책 세웠건만	毒火無情殺械成
왕성에 어가 있을 줄 그 누가 알았으랴	誰知車駕在王城
소매 잘린 원한만을 진 문공이 기억했다면	晉侯若記留袂恨
어떻게 잠행하여 진 목공을 만났으랴	安得潛行會舅甥

호모, 조최, 난지, 위주 등 각 대부는 궁궐에 불이 난 것을 보고 황급히

여이생과 극예가 궁궐을 불태우다.

군사를 모아 물통을 준비한 뒤 불을 끄러 달려왔다. 때문에 전투 준비는 하지 않은 상태였다. 이들은 날이 밝을 무렵 화재가 진압되고 나서야 여이생과 극예가 반란을 일으킨 것을 알았다. 그러나 문공이 보이지 않자 깜짝 놀라 당황했다. 그때 앞서 문공의 분부를 받은 심복 내시가 불 속에서 뛰어나와 사실을 알렸다.

"주상께선 며칠 전 오경 무렵 미복으로 궁궐을 나가셨으나 그 행방은 모르겠습니다."

조최가 말했다.

"이 일을 호 국구에게 물어보면 알 수 있을 것이오."

호모가 말했다.

"내 아우 자범子犯(호언의 자)도 며칠 진 입궁하여 그날 밤에 귀가하지 않았소. 짐작컨대 두 군신이 역적의 계략을 미리 알아채고 서로 의지하며 탈출한 것 같소. 우리는 도성을 굳게 지키고 궁궐과 침소를 수리하여 주상께서 돌아오시길 기다리는 게 좋겠소."

그러자 위주가 말했다.

"역적 놈이 반역을 일으켜 궁궐을 불태우고 주상을 시해하려 했소. 지금 멀리 도망가지 못했을 테니 내게 군사 한 부대를 내주면 추격하여 참수하겠소."

조최가 말했다.

"군사를 일으키는 건 국가의 대사요. 주상께서 부재중이시니 누가 감히 그 일을 마음대로 할 수 있겠소? 두 역적이 도망갔으나 오래지 않아 목이 베일 것이오."

이때 여이생과 극예는 군사를 교외에 주둔시키고 수소문한 결과 문공이 아직 죽지 않았으며 여러 대부가 도성을 굳게 지키고 있다는 사실을 알았다. 두 사람은 추격군이 있을까 두려워 다른 나라로 도망가고 싶었지만 어디로 가야 할지 몰랐다. 그러자 발제가 두 사람을 속이기 위해 거짓말을 했다.

"진晉나라 임금을 세우고 폐위하는 것은 여태껏 모두 진秦나라의 의중에 좌우되었소. 게다가 두 분께서는 진秦나라 군주와 옛날부터 아는 사이가 아니시오. 지금 궁궐에 화재가 발생하여 중이가 불타 죽었다는 핑계를 대고 진나라 군주에게 투항하는 것이 좋겠소. 그런 뒤 공자 옹을 맞아와 보위에 올리면 중이가 죽지 않았다 해도 다시 귀국하기는 어려울 것이오."

여이생이 말했다.

"지난날 진나라 군주와 왕성에서 맹약을 맺은 적이 있으니 오늘 그곳으로 갈 수밖에 없겠소만 진나라에서 우리를 받아들일지는 알 수 없소."

발제가 말했다.

"그럼 내가 먼저 가서 우리의 뜻을 밝힌 후 허락이 떨어지면 함께 가고, 그렇지 않으면 다시 상의해보는 것이 어떻겠소?"

발제가 황하 입구에 이르자 공손지가 하서에 주둔하고 있다는 소식이 들렸다. 이에 바로 황하를 건너 만나기를 청했다. 두 사람은 각각 마음속 이야기를 털어놓으며 실제 상황을 이야기했다. 공손지가 말했다.

"역적 놈이 투항해온다면 잘 유인한 후 주살하여 국법을 바로잡아야 할 것이오. 일을 잘 처리해달라는 부탁을 저버리지 않겠소."

그러고는 서찰을 써서 발제에게 주고 여이생과 극예를 불러오게 했다. 서찰의 내용은 대략 이렇다.

진나라 새 군후께서 귀국하면서 우리 주상에게 땅을 할양하겠다는 약속을 했소. 우리 주상께선 나 공손지를 시켜 하서에 군사를 주둔시키고 영토의 경계를 분명하게 처리하라고 했소. 아마도 새 군후께서 또 혜공처럼 행동하실까봐 걱정이 되신 것이오. 그런데 지금 진나라 새 군후께서 화재 속에서 화를 당하셨단 소문이 들리고, 두 대부께서는 공자 옹에게 마음을 두고 있다 하니 이는 우리 주상께서도 원하시는 바요. 대부께선 속히 오시어 함께 대책을 상의해주시기 바라오.

여이생과 극예는 서찰을 받고 흔쾌히 나섰다. 하서의 진중에 도착하자 공손지가 마중을 나왔다. 서로 간에 인사를 나눈 뒤 자리를 마련하여 환담을 나누었다. 여이생과 극예는 전혀 의심하지 않았다. 그러나 공손지가 미리 사람을 보내 이 사실을 목공에게 보고했고, 이에 목공이 넌서 왕성에 와서 대기하고 있을 줄이야 그 누가 짐작이나 했겠는가? 여이생과 극예는 사흘을 머문 뒤 진나라 군주를 뵙고 싶다고 했다. 공손지가 말했다.

"우리 주상께서 지금 왕성에 와 계시니 함께 가도 좋소. 타고 오신 수레와 수행원은 이곳에 남겨뒀다가 대부께서 돌아오신 뒤 함께 황하를 건너가면 어떻겠소?"

여이생와 극예도 그 말에 따랐다. 왕성에 당도하여 발제와 공손지가 먼저 성안으로 들어가 목공을 뵈었다. 그런 뒤에 비표를 시켜 여이생과 극예를 맞아들이게 했다. 여이생과 극예가 차례로 들어와 알현을 마친 뒤 공자 옹을 보위에 올릴 일을 이야기했다. 목공이 말했다.

"공자 옹은 벌써 이곳에 와 있소."

여이생과 극예가 한목소리로 아뢰었다.

"한번 뵙기를 바랍니다."

목공이 불렀다.

"새 군후께선 이곳으로 나오시오!"

그러자 병풍 뒤에서 한 귀인이 서두르지 않고 두 손을 맞잡은 채 걸어나왔다. 여이생과 극예가 눈을 크게 뜨고 바라보니 바로 중이였다. 둘은 깜짝 놀라 혼백이 다 날아갈 지경이었다. 보자마자 바로 "죽여주시옵소서!"란 말을 연발하며 연신 머리를 조아렸다. 목공은 문공을 맞아 함께 자리에 앉았다. 문공이 소리 높여 꾸짖었다.

"이 역적 놈들아! 과인이 네놈들에게 무슨 잘못을 했다고 반란을 꾀하는 것이냐? 발제가 자수하여 내가 몰래 궁궐 문을 빠져나갔기에 망정이지 그렇지 않았다면 과인은 벌써 잿더미가 됐을 것이다."

여이생과 극예는 이때 비로소 발제가 배신한 것을 알았다. 그들은 발제에게 소리쳤다.

"이놈 발제야! 너는 삽혈로 맹세하며 함께 죽겠다고 하지 않았더냐?"

문공이 이를 비웃으며 말했다.

"삽혈을 하지 않았다면 어찌 이 같은 네놈들의 계략을 알아낼 수 있겠느냐?"

그리고는 무사에게 두 역적을 잡아가게 한 뒤 발제에게 그들을 참수하는 걸 감독하게 했다. 잠시 후 두 사람의 목이 계단 아래에 바쳐졌다. 가련하도다! 여이생와 극예는 혜공과 회공을 보좌했으니 한때의 호걸이라 할 만하다. 차라리 여류盧柳에 주둔했을 때 중이와 대적해서 싸웠으면 한 임금을 따른 충신의 자격을 잃지 않았을 것이다. 이미 항복한 몸으로 또다시 반역을 하다가 오늘 공손지에게 유인을 당해 왕성에서 죽게 된 것이다. 몸과 이름을 모두 더럽혔으니 어찌 슬프지 아니한가? 문공은 발제에게 여이

秦穆公再平晉亂

목공이 다시 진晉나라 난리를 평정하다.

생과 극예의 목을 하서로 가지고 가서 두 사람을 따라온 군사를 효유하게 했다. 또 한편으로는 역적을 진압한 소식을 재빨리 본국으로 보고하게 했다. 대부들이 모두 기뻐하며 말했다.

"과연 자여子餘의 예상에서 벗어나지 않았소."

조최 등은 서둘러 어가를 준비하여 하동으로 가서 문공을 영접했다. 뒷일이 어떻게 되는지는 다음 회를 보시라.

제37회

불가하오, 불가하오

개자추는 자신의 뜻을 고수하며 면산에서 불타 죽고
태숙 대는 총애를 믿고 궁궐로 들어가다
介子推守志焚綿上, 太叔帶怙寵入宮中.

문공은 왕성에서 여이생과 극예를 주살한 뒤 목공에게 재배하며 감사
인사를 올렸다. 또한 그는 진나라에 온 김에 부인 회영을 친영하여 진晉나
라로 데려가겠다고 했다. 목공이 말했다.

"유약한 우리 딸은 벌써 전에 세자 어에게 몸을 허락한 적이 있으니 감
히 군후의 종묘를 더럽힐 수는 없소. 그냥 빈嬪이나 장嬙과 같은 궁녀의 품
계만 내려줘도 만족할 것이오."

문공이 말했다.

"진秦과 진晉은 대대로 혼인으로 우호를 유지해왔습니다. 그러므로 회영
이 아니면 종묘 제사를 주관할 수 없습니다. 장인께선 사양하지 마시옵소
서. 또 이 중이가 출국한 걸 백성은 아무도 모르니 이를 국혼國婚을 명분으
로 내세우면 아름답지 않겠습니까?"

목공은 크게 기뻐하며 문공을 다시 도성인 옹도雍都로 초청했다. 그러고는 회영이 타고 갈 수레를 화려하게 장식하고 회영과 잉첩 다섯을 함께 따라가게 했다. 또 목공은 자신의 딸을 친히 황하 주변까지 배웅하고 정예병 3000명으로 호송하게 했다. 이것을 이른바 '기강지복紀綱之僕'[1]이라 부른다. 오늘날 사람들이 가정을 잘 다스리는 것을 기강紀綱을 잡는다고 하는데 이말이 바로 여기서 비롯되었다. 문공이 회영 등 일행과 황하를 건너자 조최 등의 대신들이 일찌감치 포구에 어가를 준비해두고 문공 부부를 맞아 타도록 했다. 백관이 어가를 호위하는 가운데 온갖 깃발이 하늘의 해를 가렸다. 북소리와 음악 소리도 아주 요란하게 하늘을 뒤흔들었다. 지난번 궁궐에서 한밤중에 도망칠 때는 땅을 파고 몸을 숨기는 거북처럼 머리를 움츠리고 꼬리를 감췄지만, 지금 황하를 건너 영광스럽게 귀환하는 모습은 언덕 위를 날아오르는 봉황이 쌍쌍의 날개를 펄럭이는 것 같았다. 이것이 바로 소위 "한때 고생하면, 한때 영광을 누린다彼─時, 此─時"는 말의 증험이다. 문공이 도성인 강주성에 당도하자 모든 사람이 이마에 손을 얹고 문공 부부를 바라보며 축하를 드렸다. 백관도 모두 조정에 나와 축하 인사를 올렸다. 문공은 마침내 회영을 정실부인으로 삼았다.

당초 진 헌공이 딸 백희伯姬를 목공에게 출가시킬 때 태복 곽언에게 점괘를 뽑아보게 했다. 그때 그 점괘에 이런 말이 있었다.

1_ 기강지복紀綱之僕: 이때 진秦나라 정예병 3000명이 회영의 수레를 실은 배가 황하 물살에 떠내려가지 않도록 그물망紀綱처럼 호위하며 강을 건넜다. 여기서 복僕은 하인이 아니라 군사라는 뜻이다. 이후로 그물망처럼 전후좌우의 대열이 질서정연하게 잘 맞는 군사, 즉 군기가 확실하게 잡힌 군사를 '기강지복紀綱之僕'이라고 부른다. 또는 집안이나 나라를 질서 있게 잘 다스리는 것을 비유하기도 한다. 우리가 현재 흔히 쓰는 '기강紀綱'이란 단어도 여기에서 나왔다.(『좌전』 희공 24년)

"대대로 혼인을 맺으리로다. 우리 임금을 세 번 정해주도다世作甥舅, 三定我君."

백희는 목공의 부인이 되었고 목공의 딸 회영은 다시 문공의 부인이 되었으니, 이는 곽언이 뽑았던 '대대로 혼인을 맺는다'는 점괘대로 이루어진 것이다. 또한 목공은 먼저 이오夷吾(진 혜공)를 귀국시킨 뒤 나중에 다시 중이를 귀국시켰다. 국내의 환란을 피해 탈출한 문공을 도와 여이생과 극예를 유인해 주살하고 진나라를 다시 안정시켰으니, 이는 '우리 임금을 세 번 정해준' 목공의 운명이 아니겠는가? 또 목공이 일찍이 꿈에 보부인寶夫人을 보았을 때 보부인이 그를 천상의 궁궐로 인도하여 상제를 알현하게 했다. 그때 멀리 궁전 위에서 목공의 이름을 부르는 소리가 들려왔다.

"임호는 성지聖旨를 잘 들으라. 너는 진나라의 혼란을 평정할 것이니라任好聽旨, 汝平晉亂."

이와 같은 말을 두 번이나 반복했다. 이후 목공은 먼저 진나라 이극里克의 반란을 평정했고, 다시 여이생과 극예의 반란을 평정했다. 이를 통틀어 보면 한 번의 점괘와 한 번의 꿈이 맞지 않은 것이 없었다. 이를 읊은 시가 있다.

만물의 흥망성쇠는 모두가 운명인데	萬物榮枯皆有定
헛된 인생 총망하게 부질없이 분주하네	浮生碌碌空奔忙
우습도다 멍청한 자 제 분수도 모르나니	笑彼愚人不安命
겨울에 우레 찾고 여름에 서리 찾네	強覓冬雷和夏霜

문공은 여이생과 극예에 대한 여한이 남아 그 일당을 모두 죽이려 했다.

그러자 조최가 간언을 올렸다.

"혜공과 회공은 지나치게 각박한 정치로 민심을 잃었으니, 주상께선 더욱 너그럽게 백성을 대하십시오."

문공은 그 말에 따라 대사면령을 내렸다. 그러나 여이생과 극예의 파당은 너무나 많아서 사면령을 적은 포고문을 보고도 그들은 날마다 불안해하며 유언비어를 퍼뜨렸다. 이에 문공은 근심에 젖었다. 그러던 어느 날 새벽, 이전에 문공의 재산을 관리하던 청지기 두수頭須가 대궐 문을 두드리며 뵙기를 청했다. 문공은 막 머리를 감다가 그 말을 듣고 화를 냈다.

"그놈은 내 창고의 재산을 훔쳐 과인의 노자를 부족하게 만들었고 이에 조曹나라와 위衛나라 사이에서 과인은 걸식할 수밖에 없었다. 그런데 오늘 무슨 낯으로 나를 보러 왔단 말이냐?"

문지기는 명령에 따라 두수를 물러가게 했다. 그러자 두수가 말했다.

"주상께서 지금 머리를 감고 계신 것이 아니신지요?"

문지기가 놀라 물었다.

"그걸 어떻게 아시오?"

두수가 말했다.

"대저 목욕하는 사람은 고개를 숙이고 몸을 구부리므로 그 마음도 거꾸로 뒤집어지오. 마음이 거꾸로 뒤집어지면 말도 본마음과 반대로 나오는 법이오. 그러니 내가 만나 뵙고 싶어도 못 만나는 것이 당연하오. 또 주상께선 발제를 용서하여 여이생과 극예의 반란에서 벗어나셨는데, 지금 유독 이 두수만 용서하지 않으시겠소? 두수가 이번에 온 것은 나라를 안정시킬 계책을 올리기 위함이오. 주상께서 굳이 거절하시면 두수는 이곳에서 도망칠 수밖에 없소!"

문지기가 재빠르게 그 말을 문공에게 알렸다. 문공이 말했다.

"과인이 잘못했도다!"

그러고는 얼른 의관을 정제하고 두수를 불러들였다. 두수가 머리를 조아려 죄를 청하고는 다시 말했다.

"주상께선 여이생과 극예의 잔당이 얼마나 되는지 아십니까?"

문공이 미간을 찌푸리며 말했다.

"매우 많겠지."

두수가 아뢰었다.

"저들은 스스로 죄가 무거운 것을 알면서, 사면을 받은 지금까지도 의심을 풀지 못하고 있습니다. 주상께서는 저들을 안심시킬 방법을 생각하셔야 합니다."

"어떤 방법을 써야 하느냐?"

"신은 주상의 재산을 훔쳐서 주상을 굶주리게 했습니다. 신이 지은 죄는 백성이 모두 알고 있습니다. 만약 주상께서 밖으로 나가실 때 신을 마부로 삼으시면 온 나라 사람들이 그 광경을 보고 소문을 낼 것입니다. 그리하여 모두들 주상께서 지난 원한을 생각지 않으신다는 것을 알고 의심을 풀 것입니다."

"좋도다!"

이에 성을 순행한다는 핑계를 대고 두수를 마부로 삼았다. 여이생과 극예의 잔당들이 그것을 보고 몰래 수군거렸다.

"두수는 임금의 재산을 훔친 자인데도 지금 다시 임용되었다. 하물며 다른 사람이야 걱정할 게 무엇이랴!"

이로부터 유언비어가 수그러들었다. 이에 문공은 두수를 계속 청지기로 임용했다. 문공에게는 이와 같이 사람을 포용하는 도량이 있었기 때문에 진나라가 안정을 이룰 수 있었다.

문공은 지난날 공자로 있을 때 이미 두 번이나 아내를 들인 적이 있다. 첫 아내는 서영徐嬴으로 일찍 죽었다. 두 번째 아내는 핍길偪姞로 1남 1녀를 낳았다. 아들의 이름은 환驩이었고 딸의 이름은 백희伯姬였다. 그러나 핍길도 포 땅에서 세상을 떠났다. 문공이 그곳을 탈출하여 망명길에 오를 때 두 자녀는 모두 어려서 포 땅에 그대로 내버려뒀다. 그때 두수가 그들을 거두어 포 땅의 평민 수씨遂氏 집에 맡겨 길렀다. 두수는 해마다 곡식과 옷감을 부족함 없이 대줬다. 어느 날 두수는 기회를 보아 문공에게 그 이야기를 했다. 문공은 깜짝 놀라며 말했다.

"과인은 아이들이 칼날 아래 죽은 지 오래되었다고 생각했는데 아직도 살아 있단 말이냐? 어찌 일찍 말하지 않았느냐?"

두수가 아뢰었다.

"신이 듣건대 '어미는 자식 때문에 귀하게 되고, 자식은 어미 때문에 귀하게 된다母以子貴, 子以母貴'고 합니다. 그동안 주상께서 여러 나라를 주유하는 동안 가는 곳마다 그곳 군주들이 여인을 들여주었고, 그곳에서 낳은 자식도 많습니다. 환驩 공자께서 살아 있었지만 주상의 뜻이 어떤지 몰라 빨리 아뢸 수가 없었습니다."

문공이 말했다.

"네가 말하지 않았다면 과인은 거의 자애롭지 못한 아비로 이름이 날 뻔했다."

이에 바로 두수를 포 땅으로 보내 수씨에게 후한 선물을 주고 두 자녀를 데려오게 했다. 그런 다음 회영을 그들의 어머니가 되게 하여 마침내 환을 세자로 삼았다. 또 백희를 조최에게 주어 아내로 삼게 하고 조희趙姬라 불렀다.

한편 적나라 군주는 문공이 보위를 이었다는 소식을 듣고 축하 사신을 파견했다. 또한 그곳에서 문공의 아내로 주었던 계외季隗를 진晉나라로 돌려보냈다. 상봉하는 날 문공이 계외에게 나이를 물었다. 계외가 대답했다.

"헤어진 지 8년째이니 올해 서른둘입니다."

문공이 농담을 던졌다.

"다행히 25년은 되지 않았구려!"

제齊 효공孝公도 사신을 시켜 그곳에 머물고 있던 강씨姜氏(齊姜)를 진나라로 데려다주게 했다. 문공은 일을 원만하게 처리해준 제나라에 감사를 표했다. 강씨가 말했다.

"첩이 지난날 부부간의 즐거움을 누리고 싶지 않았던 것은 아닙니다. 그러나 그때 주상의 수레를 떠나보낸 까닭은 바로 오늘을 위한 것이었습니다."

문공은 제나라와 적나라에서 온 두 부인이 옛날부터 어진 덕을 갖추고 있었다고 회영에게 이야기했다. 회영도 입이 마르도록 칭찬하며 정실부인의 지위를 두 부인에게 양보하겠다고 했다. 이에 중궁의 지위를 다시 정하게 되었다. 문공은 제나라에서 온 부인을 첫째 부인으로 삼고 적나라에서 온 부인을 둘째로 삼았으며 회영을 셋째로 삼았다.

이때 조희는 적나라에서 계외가 왔다는 소식을 듣고 역시 남편 조최에게 숙외叔隗 모자를 데려오도록 권했다. 조최가 사양하며 말했다.

"주상의 은혜를 입어 당신과 혼인했으니 다시는 적나라 여인을 생각지 않을 것이오."

조희가 말했다.

"그건 세속에서 말하는 박덕薄德에 해당합니다. 첩은 그런 소문을 듣고 싶지 않습니다. 첩은 비록 고귀한 신분이긴 하지만 숙외는 먼저 혼인한 본처이고 또 아들까지 있습니다. 어찌 새로 들어온 여자를 가련하게 여기다 본처를 버리려 하십니까?"

조최는 입으로만 알았다고 하고 일을 유예하며 결정하지 않았다. 이에 조희는 궁궐로 들어가 문공에게 아뢰었다.

"첩의 남편이 숙외를 맞아오지 않아 첩에게 어질지 못하다는 평판을 듣게 하려 합니다. 아바마마께서 처리해주시옵소서."

이에 문공은 사람을 적나라로 보내 숙외 모자를 데려오게 했다. 조희는 정실부인의 지위를 적나라 여인에게 양보하려 했으나 조최가 불가하다고 했다. 조희가 말했다.

"그분은 나이가 많고 첩은 어리며, 그분은 먼저 혼인했고 첩은 뒤에 했습니다. 나이순이나 혼인 순서로 보더라도 법도를 문란하게 할 수 없습니다. 또 소문을 들으니 아들 돈盾이 벌써 장성했고 재주도 있다 합니다. 마땅히 적자가 되어야 합니다. 첩이 곁방에 거주하는 것이 당연한 이치입니다. 만약 제 말을 따르지 않으신다면 첩은 궁궐로 돌아갈 수밖에 없습니다."

조최는 어찌할 바를 모르고 조희의 말을 문공에게 아뢰었다. 문공이 말했다.

"내 딸이 그처럼 양보하는 걸 보니 주나라 태임太妊도 이보다 더 나을 수는 없을 것 같소."

마침내 숙외 모자를 입조하게 하여 숙외를 정실부인으로 세워 아들 조돈趙盾을 적자가 되게 했다. 숙외도 한사코 사양했으나 문공은 그것이 조희의 뜻이라고 일렀다. 이에 숙외 모자는 은혜에 감사하는 절을 올리고 궁궐을 나왔다. 이때 조돈은 열일곱 살이었다. 생김새가 훤칠하고 기상이 컸으며 행동거지에도 법도가 있었다. 시서詩書에도 통달했고 활쏘기와 말타기에도 뛰어나서 조최가 매우 사랑했다. 나중에 조희도 세 아들을 낳았다. 조동趙同, 조괄趙括, 조영趙嬰이 그들이다. 이 세 아들은 모두 재주가 조돈에 미치지 못했다. 물론 이것은 나중 이야기다. 사관이 조희의 어진 덕을 찬양했다.

음기는 원래부터 막힘을 좋아해서	陰性好閉
질투하지 않으면 시기하기 마련이네	不嫉則妒
남편을 미혹하고도 자만심 드러내고	惑夫逞驕
정실 지위 뺏고도 오히려 화를 내네	簒嫡敢怒
포사가 들어오니 신후는 쫓겨났고	褒進申絀
백복이 기뻐하니 의구는 두려웠네	服歡臼怖
옳은 이치 밝혀지고 형세가 궁해지니	理顯勢窮
다른 사람 망치고 자신까지도 망쳤다네	誤人自誤
고귀한 조희는 스스로 겸손했고	貴而自賤
드높은 신분에도 스스로 낮추었네	高而自卑
자기 아들 동과 괄도 조돈 아래 두게 했고	同括下盾
숙외도 조희보다 지위를 높여줬네	隗壓於姬
겸손하고 아름다운 덕망을 품고 있어	謙謙令德
군자도 스승으로 삼을 만한 사람일세	君子所師
진나라 문공의 어엿한 따님이고	文公之女
진나라 성계(조최) 공의 미더운 아내일세	成季之妻

문공은 자신의 즉위를 위해 애쓴 사람들에 대한 논공행상을 하려고 신

하들을 불러 모아 그 공로를 3등으로 나누었다. 망명을 수행한 사람을 으뜸가는 공신으로 인정했고, 국내에 있으면서 자신의 귀국을 위해 애쓴 사람을 그다음 공신으로 인정했으며, 귀국할 때 자신을 영접하며 바로 항복한 사람을 그다음 공신으로 인정했다. 세 가지 등급 중에서도 또 각 등급별로 그 공로의 경중에 따라 상등과 하등으로 구별했다. 망명을 수행한 1등 공신 중에서 조최와 호언을 상등으로 올렸고, 그 밖에 호모, 서신, 위주, 호야고, 선진, 전힐을 하등에 배치했다. 국내에 있으면서 자신의 귀국을 위해 애쓴 2등 공신 중에서는 난지와 극진을 상등으로 올렸고, 그 밖에 사회, 주지교, 손백규, 기만 등을 하등에 배치했다. 귀국할 때 자신을 바로 영접한 3등 공신 중에서는 극보양과 한간을 상등으로 올렸고, 그 밖에 양유미, 가복도, 극걸, 선멸, 도격 등을 하등에 배치했다. 봉토가 없는 사람에겐 봉토를 하사했고 봉토가 있는 사람에겐 더 늘려주었다. 또한 호언에게 따로 백벽 다섯 쌍을 주며 말했다.

"지난번 황하에 백벽을 던져 넣었으니 이것으로 보답하려 하오."

문공은 호돌의 원통한 죽음을 추모하여 진양晉陽(山西省 太原 晉源區 일대)의 마안산馬鞍山에 사당을 세웠다. 후세 사람들은 이러한 연유로 그 산을 호돌산狐突山²이라 부르게 되었다. 또 도성의 성문에 다음과 같은 방문을 붙였다.

"만약 공신록에 빠진 사람이 있으면 스스로 직접 와서 아뢰도록 하라."

그러자 망명을 함께한 말단 관리 호숙壺叔이 나아가 아뢰었다.

"신은 포 땅에서부터 주상을 수행하여 사방으로 뛰어다니면서 발꿈치까

2_ 호돌산狐突山: 지금의 산서성 태원 상안향常安鄉 곽가량촌郭家梁村 남쪽에 있다. 후에 호돌의 아들인 호모와 호언도 함께 이곳에 묻히게 되어 지금은 호언산狐偃山이라고 부른다.

지 갈라졌습니다. 평소에 거주하실 때는 곁에서 침식을 수발했고, 밖으로 나가실 때는 수레와 말을 몰면서 잠시도 주상 곁을 떠난 적이 없습니다. 그런데 지금 주상께서 망명을 수행한 사람들에게 상을 내리면서 신에게는 아무 상도 주지 않으시니 혹시 신에게 무슨 죄가 있습니까?"

문공이 말했다.

"너는 이리 가까이 오라. 과인이 분명하게 알려주리라. 대저 인의仁義로써 나를 인도하여 내 마음을 넓게 열어준 사람에게는 가장 높은 상을 주었다. 훌륭한 계책으로 내가 제후들에게 치욕을 당하지 않게 해준 사람에게는 그다음 상을 주었다. 화살을 무릅쓰고 칼날을 막으며 온몸으로 과인을 보위해준 사람에게는 또 그다음 상을 주었다. 따라서 가장 높은 상은 그 사람의 덕망에 상을 준 것이요, 그다음 상은 그 사람의 재주에 상을 준 것이며, 또 그다음 상은 그 사람의 공로에 상을 준 것이다. 나를 위해 분주하게 발품만을 판 자는 필부의 힘만 바친 사람이므로 또 그다음 순위에 해당한다. 3등급 다음에 바로 네게 상이 돌아갈 것이니라."

호숙은 부끄러운 마음으로 승복하며 물러났다. 이에 문공은 황금과 비단을 크게 희사하여 수레꾼과 노복들에게도 두루 상이 돌아가게 했다. 상을 받은 사람 중에 감격해하지 않는 사람이 없었다. 다만 위주와 전힐은 평소에도 재주와 용기를 뽐내던 사람들이라, 말과 글만 일삼던 조최와 호언이 자신들보다 높은 상을 받은 탓에 불쾌한 마음이 들어 속으로 원망의 말을 투덜거렸다. 그러나 문공은 그들이 세운 공로만을 생각하고 그들의 원망에는 전혀 신경 쓰지 않았다.

개자추는 원래 문공의 망명을 수행한 사람 중 하나였다. 전부터 그는 사람됨이 깨끗하고 굳세기가 누구에게도 비할 수 없었다. 앞서 황하를 건널 때 호언이 자신의 공로를 내세우는 말을 듣고서 개자추는 마음속으로 그를 비루하다고 생각하고 그와 나란히 벼슬하는 것을 치욕으로 여겼다. 그리하여 여러 사람과 함께 일차로 문공에게 하례를 드린 이후로는 병을 핑계 대고 집에 눌러앉아 청빈한 생활을 고수하며 몸소 짚신을 짜서 노모를 봉양했다. 문공이 신하들을 불러 모아 논공행상을 할 때 개자추가 보이지 않았지만 문공은 우연찮게 그를 잊어버리고 결국 그가 자리에 있는지 없는지도 묻지 않았다.

그때 이웃 사람 해장解張이 개자추에게 아무 상도 내리지 않은 것을 보고 불평을 품었다. 또 도성의 성문 위에 "만약 공신록에 빠진 사람이 있으면 스스로 직접 와서 아뢰도록 하라"라는 방문이 붙은 것을 보고 개자추의 문을 두드리고 소식을 알려줬다. 그러나 개자추는 빙그레 웃음만 머금을 뿐 아무 대답도 하지 않았다. 개자추의 노모가 부엌에서 그 말을 듣고 개자추에게 말했다.

"너는 19년 동안이나 온 힘을 다 바쳤고 게다가 넓적다리 살까지 베어서 주상을 살렸다. 네 노고가 적지 않은데 어찌하여 지금 말하지 않느냐? 몇 섬의 곡식이라도 받으면 아침저녁 끼니는 될 것이다. 짚신을 짜서 먹고사는 것보다야 더 낫지 않겠느냐?"

개자추가 대답했다.

"헌공의 아홉 아들 중에서 오직 지금 주상만이 가장 현명하십니다. 혜공과 회공은 덕이 없어서 하늘이 그들에 대한 도움을 철회하고 나라를 주상에게 주었습니다. 그런데 신하들은 하늘의 뜻을 모르고 공로를 다투니 저는 그것을 부끄럽게 여깁니다. 저는 차라리 평생 짚신을 짤망정 하늘의 공을 탐하여 자신의 힘이라고 우기지는 않겠습니다."

노모가 말했다.

"네가 작록에 뜻이 없더라도 입조하여 주상을 한번 뵙는 것이 도리 아니더냐? 네가 넓적다리 살을 베어준 공로를 없앨 수는 없을 것이다."

"이 아들은 주상께 바라는 것이 아무것도 없는데 무엇 때문에 다시 뵐일이 있겠습니까?"

"네가 깨끗한 선비가 되겠다는데, 내가 어찌 깨끗한 선비의 어미가 되지 못하겠느냐? 우리 모자 이제부터 깊은 산속에 숨어 들어가 저잣거리의 혼탁함에 물들지 말자꾸나."

개자추가 몹시 기뻐하며 말했다.

"이 아들은 평소에 면상綿上(山西省 介休 介山)의 산천을 사랑해왔습니다. 그곳은 산이 높고 계곡이 깊으니 오늘 당장 그곳으로 들어가겠습니다."

이에 노모를 업고 면상으로 도피하여 깊은 계곡 가운데 오두막을 지었다. 그는 풀로 옷을 해 입고 나무 열매를 먹으며 장차 일생을 마치려 했다. 이웃집 사람들도 두 모자가 간 곳을 알지 못했지만 해장만이 그곳을 알았다. 이에 한밤중 도성 문으로 가서 시 한 수를 써 붙였다. 문공이 다음 날 아침 조회를 열 때 근신이 그 시를 베껴서 문공에게 바쳤다. 문공이 읽어보니 다음과 같은 내용이었다.

날쌔고 씩씩한 용 한 마리	有龍矯矯
거처를 잃고서 슬퍼했다네	悲失其所
여러 마리 뱀들이 그 용을 따라	數蛇從之
천하를 두루두루 유랑했다네	周流天下
그 용이 굶주려도 먹을 게 없자	龍飢乏食

한 뱀이 넓적다리 살을 베었네	一蛇割股
그 용은 연못으로 다시 돌아와	龍返於淵
자신의 강토를 편안케 했네	安其壤土
여러 마리 뱀들은 제 굴을 얻어	數蛇入穴
모두가 편안히 집을 삼았네	皆有寧宇
한 마리 뱀만이 제 굴도 없이	一蛇無穴
저 들판 가운데서 울부짖누나	號於中野

문공은 이 시를 다 읽고 대경실색하며 물었다.

"이것은 개자추가 과인을 원망하는 시로다. 옛날에 과인이 위衛나라를 지나다가 먹을 것이 떨어졌을 때 개자추가 넓적다리 살을 베어 과인에게 바쳤다. 이제 공신들에게 큰 상을 내렸는데 개자추만 빠졌도다. 이 잘못을 무엇으로 변명하리오?"

그리하여 즉시 사람을 보내 개자추를 불러오게 했지만 이미 집에 없었다. 문공이 그 이웃집 사람들을 데려와 개자추가 간 곳을 물었다.

"그가 간 곳을 아는 자에겐 과인이 벼슬을 내리겠다."

그러자 해장이 앞으로 나아가 아뢰었다.

"그 시는 개자추가 쓴 것이 아니라, 소인이 대신 쓴 것입니다. 개자추는 상을 요구하는 걸 수치스럽게 여기고 노모를 업고 면상의 깊은 산골로 가서 은거하고 있습니다. 소인은 그의 공이 사라질까 걱정되어 그 시를 대신 써서 사실을 아뢴 것입니다."

문공이 말했다.

"네가 시를 걸어두지 않았다면 과인은 개자추의 공로를 거의 잊을 뻔했다."

　그러고는 마침내 해장을 하대부로 삼았다. 또 그날 바로 해장을 길잡이로 삼아 수레를 몰고 친히 면산으로 가서 개자추의 행방을 찾았다. 그러나 단지 '산봉우리만 첩첩하고 수목만 우거진 곳에, 계곡물은 찰랑거리고 구름은 조각조각 떠 있었으며, 새들은 무리지어 지저귀고 계곡엔 메아리만 울릴 뿐이었다.' 이에 끝끝내 개자추의 종적은 찾을 수 없었다. 그야말로 '몸은 이 산중에 있으나 구름이 깊어 종적을 모른다'는 격이었다. 그때 좌우 시종들이 농부 몇 명을 데리고 왔다. 문공이 그들에게 직접 물었다. 농부가 말했다.

　"며칠 전 어떤 장정이 한 노파를 업고 이 산발치에서 쉬면서 물을 길어 마시고는 다시 노파를 업고 저 산 위로 올라갔습니다. 그러나 지금은 간 곳을 모르옵니다."

　문공은 산 아래에 수레를 멈추라 명령을 내리고 사람을 시켜 곳곳을 뒤졌으나 며칠이 걸려도 개자추를 찾을 수 없었다. 문공은 얼굴에 노여운 기색을 어리며 해장에게 말했다.

　"개자추가 어찌하여 과인에게 이렇게 깊은 원한을 품었단 말이냐? 나는 그가 효성이 지극한 사람이라고 들었다. 만약 산림에 불을 놓으면 틀림없이 노모를 업고 뛰어나올 것이다."

　그러자 위주가 앞으로 나서며 말했다.

　"주상의 망명을 수행하던 시절에 우리 모두 함께 공로를 세웠습니다. 어찌 개자추 혼자 공을 세웠겠습니까? 지금 개자추는 몸을 숨기고 전하를 불러놓고 어가를 체류시키며 시간을 허비하게 하고 있습니다. 그자가 불을 피해 뛰어나오면 신이 단단히 모욕을 주겠습니다."

개자추가 불에 타 죽다.

이에 군사들을 시켜 면산의 앞뒤에서 두루 불을 놓게 했다. 화염이 맹렬하게 일며 바람이 세차게 불었다. 불길이 몇 리까지 이어지다가 사흘이 지나서야 비로소 꺼졌다. 그러나 개자추는 끝끝내 산에서 나오지 않고 모자가 서로 부둥켜 안은 채 늙은 버드나무 아래에서 불타 죽었다. 군사들이 그의 뼈를 찾았다. 문공은 그것을 보고 눈물을 줄줄 흘렸다. 그는 면산 아래에 안장하고 사당을 세워 제사를 지내라고 명했다. 면산 주위의 땅은 모두 개자추를 제사 지내기 위한 위토로 삼고 농부들을 시켜 해마다 제사를 올리게 했다. 아울러 "면산의 이름을 개산介山으로 바꾸어 과인의 잘못을 새기도록 하라"고 명령을 내렸다. 후세에 다시 면상에 현을 설치하고 그 이름을 개휴介休라고 했다. 이는 개자추가 그곳에서 쉬고 있다는 뜻이다. 산림을 불태운 날은 바로 음력 3월 초5일 청명절 무렵이었다. 이때가 되면 백성은 개자추가 불에 타 죽은 것을 기념하여 차마 불을 피우지 못하고 한 달 동안 찬 음식을 먹었다. 그 후 점점 그 기간이 줄어들어 지금은 사흘 동안 찬 음식을 먹는다. 또 지금 태원太原(山西省 太原), 상당上黨(山西省 長治 晉城 일대), 서하西河(山西省과 陝西省 경계 황하 하류 서쪽 지역), 안문雁門(山西省 代縣) 각 지역에서는 매년 동지 후 105일이 되는 날 건량乾糧을 미리 준비하고 냉수와 함께 그것을 먹는다. 이를 '금화禁火' 또는 '금연禁煙'이라고 한다. 이러한 까닭에 청명절 하루 전날을 한식절寒食節이라고 한다. 한식이 되면 집집마다 대문에 버드나무를 꽂고 개자추의 혼백을 부른다. 혹자는 들판에서 제사 지내며 지전을 사르는데 이는 모두 개자추를 위한 의식이다. 호증胡曾이 이를 읊은 시를 지었다.

유랑길 고삐 잡고 19년을 수행하며   羈絏從遊十九年

하늘 끝 치달리다 온갖 고초 다 겪었네	天涯奔走備顚連
허벅지 살로 주군 먹이니 얼마나 붉은 단심인가	食君剜股心何赤
벼슬 사양하고 불타 죽으니 그 뜻 심히 굳건하네	辭祿焚軀志甚堅
면상 땅 연기 높아 기절도 우뚝하고	綿上煙高標氣節
개산 사당 웅장한 곳 충현이 드러났네	介山祠壯表忠賢
지금도 화기 금하며 한식날 슬퍼함은	只今禁火悲寒食
해마다 지전 태우기보다 뜻깊은 일이로다	勝卻年年掛紙錢

문공은 논공행상을 확정하고 국정을 크게 쇄신했다. 선한 사람을 천거하고 능력 있는 사람을 벼슬자리에 임명했으며, 형벌을 줄이고 세금을 감면했다. 외국과 통상 업무를 확장하고 빈객을 예우했으며, 과부나 홀아비를 짝지어주고 가난한 사람을 구제하니 나라가 크게 다스려졌다. 주 양왕襄王은 태재인 주공 공孔 및 내사 숙흥叔興을 시켜 문공에게 후백의 벼슬을 내렸고, 문공은 그들을 융숭하게 접대했다. 숙흥이 돌아와 양왕에게 보고했다.

"진후는 틀림없이 제후의 패자가 될 것이니 친선을 잘 유지해야 합니다."

양왕은 이때부터 제나라를 멀리하고 진晉나라와 친선을 돈독하게 했다.

이때 정 문공文公은 초나라에 복종하며 중원의 여러 나라와는 왕래하지 않았다. 즉 강한 초나라에 빌붙어 주위의 약한 나라를 업신여기고 있었다. 문공은 활滑나라 군주가 위衛나라만 섬기고 정나라를 섬기지 않자 군사를 일으켜 활나라 정벌에 나섰다. 활나라 군주는 정나라가 두려워 강화를 요청했다. 정나라 군사가 물러갔으나 활나라는 여전히 위나라를 섬기며 정나라에 복종하지 않았다. 문공은 대로하여 공자 사예士洩를 장수로 삼고 도유미堵兪彌를 부장으로 삼아 다시 대군을 일으켜 활나라를 정벌했다. 위문공文公은 바야흐로 주 왕실과 돈독한 관계를 유지하고 있었으므로 주 왕실에 정나라를 고소했다. 주 양왕은 대부 유손백游孫伯과 백복伯服을 정나라로 보내 활나라와 정나라를 화해시키고자 했다. 그들이 아직 정나라에 당도하기도 전에 정 문공이 그 소식을 듣고 화를 내며 말했다.

"정나라와 위나라는 한 몸과도 같은 동성 국가인데 천자는 어찌하여 위나라는 우대하고 우리 정나라는 박대하는가?"

그리하여 유손백과 백복을 국경에 잡아두라고 명령을 내린 뒤 활나라를 격파하고 개선한 다음에 그들을 풀어주기로 했다. 유손백이 정나라 사람들에게 잡히자 그를 따라온 좌우 수행원들은 분주히 달아나 양왕에게 이 사실을 알렸다. 양왕이 정나라를 매도하며 말했다.

"정나라 군주 첩踕이란 놈이 짐을 심히 기만하는구나! 짐은 반드시 이를 복수하리라."

그러고는 신하들에게 물었다.

"누가 짐을 위해 정나라의 죄를 묻겠소?"

대부 퇴숙頹叔과 도자桃子가 앞으로 나서며 말했다.

"정나라는 우리 선왕의 군대를 패퇴시킨 이래 더욱 거리낌이 없습니다. 지금은 남쪽 오랑캐인 초나라를 존중하며 주 왕실의 신하국을 학대하고 있습니다. 신의 어리석은 생각으로는 적나라에서 군대를 빌려 왕실의 위신을 회복해야 할 것 같습니다."

그러자 대부 부진富辰이 바로 이어서 말을 했다.

"불가하고, 불가합니다. 옛사람이 이르기를 '소원한 사람을 이용해 친한 사람을 이간질하지 말라疏不間親'고 했습니다. 정나라가 비록 무도하지만 공자 우友의 후예이니 천자와 형제간입니다. 또 정 무공武公은 우리가 동쪽으로 도읍을 옮길 때 큰 공을 세웠으며, 여공厲公은 공자 퇴頹의 반란을 평정했습니다. 이 두 분의 덕은 잊을 수 없습니다. 적나라는 승냥이와 같은 오랑캐로 우리와는 같은 종족이 아닙니다. 우리와 다른 종족을 이용하여 동성을 능멸하는 것은 작은 원한을 제거하려다 큰 덕을 버리는 것입니다. 신에게는 그 폐해만 보일 뿐 이로움은 보이지 않습니다.”

퇴숙과 도자가 또 말했다.

“옛날 무왕께서 상나라를 정벌할 때 동쪽·오랑캐인 구이九夷까지 모두 전쟁을 도우러 왔습니다. 어찌 반드시 동성에만 구애될 필요가 있겠습니까? 또 동산東山을 정벌한 것은 기실 관숙과 채숙의 반역 때문이었습니다. 적나라는 주 왕실을 섬기며 아직 예의에 어긋난 짓을 하지 않았습니다. 우리를 순리로 따르는 적나라를 이용해, 반역하는 정나라를 정벌하는 것이 어찌 불가한 일이겠습니까?”

양왕이 말했다.

“두 분의 말씀이 옳소.”

이에 퇴숙과 도자를 적나라로 보내 정나라를 정벌해달라고 요청했다. 적나라 군주는 흔쾌히 명령을 받들어 사냥을 나간다는 핑계를 대고 갑자기 정나라로 쳐들어가서 역성櫟城을 격파하고 점령했다. 그러고는 퇴숙과 도자 두 대부에게 승첩을 보고하게 했다. 양왕이 말했다.

“적나라는 짐을 위해 공을 세웠고, 짐은 지금 중전의 상을 당했소. 이에 적나라와 혼인을 맺고 싶은데 경들의 뜻은 어떠하오?”

퇴숙과 도자가 말했다.

“신이 적나라의 민요를 들어보니 ‘전숙외前叔隗와 후숙외後叔隗가 옥구슬처럼 반짝이네'라는 대목이 있었습니다. 이는 적나라에 두 여인이 있는데 모두 이름이 숙외이고 용모가 뛰어나다는 것을 의미합니다. 전숙외는 고여국咎如國 여인으로 벌써 진晉나라 군주에게 출가했습니다.[3] 그런데 후숙외는 적나라 군주의 소생인데 아직도 출가하지 않고 있으니 상감께서 청혼해 보시지요."

양왕은 크게 기뻐하며 다시 퇴숙과 도자를 적나라로 보내 혼인을 청하게 했다. 적나라 사람들이 후숙외를 주 왕실로 데리고 오자 양왕은 그녀를 왕후로 삼고자 했다. 그러자 부진이 간언을 올렸다.

"적나라가 공을 세웠으니 상감께서 그들을 위로하는 것은 좋은 일입니다. 그러나 지금 천자의 존엄한 지위로 오랑캐 여자를 배필로 삼으면 저들이 세운 공로에다 혼인의 진분을 더해주는 것이니 틀림없이 우리 왕실을 호시탐탐 노릴 것입니다."

양왕은 그 말을 듣지 않고 마침내 숙외를 중궁으로 삼고 내명부의 정사를 맡겼다.

기실 후숙외는 얼굴은 아름다웠지만 전혀 부덕婦德이 없었다. 본국에 있을 때는 오로지 말을 타고 활을 쏘는 것만 좋아했다. 적나라 군주가 사냥 나갈 때마다 반드시 자원하여 따라가서 온종일 장사들과 아무 거리낌 없이 들판을 치달렸다. 그러나 이제 주나라 천자에게 시집와 깊은 궁궐에 거주하게 되니 마치 새장에 갇힌 새요, 우리에 갇힌 짐승과 진배없게 되어 매우 불편해했다. 하루는 숙외가 양왕에게 청했다.

"첩은 어릴 때부터 활쏘기와 사냥을 익혔고 부친께서도 그것을 금하지

3_ 앞의 내용을 보면 진 문공에게 출가한 고여국咎如國 여인은 계외季隗이고, 조최에게 출가한 여인은 숙외叔隗다.

않았습니다. 그런데 이제 궁궐 안에 울적하게 갇혀 사니 팔다리에 맥이 빠져 시들시들해지는 것 같습니다. 상감께선 어찌하여 큰 사냥 대회를 거행하시어 첩에게 그 장관을 구경시켜주시지 않으십니까?"

양왕은 바야흐로 새롭게 숙외를 총애하기 시작하여 그 말을 따르지 않는 것이 없었다. 마침내 태사에게 택일하게 한 뒤 병거와 군사를 크게 모아 북망산北邙山(河南省 洛陽 북쪽)에서 사냥 대회를 거행하도록 했다. 담당 관리가 산허리에 군막을 치자 양왕과 외후隗后(숙외)는 그곳에 앉아 구경했다. 양왕은 외후의 마음을 기쁘게 하기 위해 명령을 내렸다.

"정오까지 짐승 서른 마리를 잡는 자에겐 돈거輐車[4] 3승을 상으로 내릴 것이며, 스무 마리를 잡는 자에겐 충거幢車[5] 2승을 상으로 내리겠다. 또 열 마리를 잡는 자에겐 소거轈車[6] 1승을 상으로 내릴 것이며, 열 마리를 넘지 않는 자에겐 아무 상도 내리지 않겠다."

이에 왕자와 왕손 및 대소 장수들은 여우를 추격하고 토끼를 쏘면서 각기 자신의 능력을 발휘하며 후한 상을 받고자 힘썼다. 짐승을 포위한 시간이 오래되자 태사가 아뢰었다.

"해가 벌써 한낮을 넘었습니다."

양왕은 철수 명령을 내렸다. 장수들이 각각 자기가 잡은 짐승을 양왕에게 바쳤다. 어떤 자는 열 마리, 어떤 자는 스무 마리를 잡아왔지만 오직 한 귀인만이 서른 마리가 넘는 짐승을 바쳤다. 그 귀인은 용모가 의젓하고 준수해서 한눈에도 뛰어난 인물로 보였다. 바로 양왕의 이복동생으로 이

4_ 돈거輐車: 진을 치고 수비를 할 때 진지 바깥에 둘러쳐서 적을 막는 수레.

5_ 충거幢車: 적진을 돌파하기 위한 공격용 수레.

6_ 소거轈車: 적정을 살피기 위해 높다란 망루를 단 수레.

름은 대(帶)였다. 백성은 모두 그를 태숙이라 불렀고 감(甘)(河南省 洛陽 남쪽) 땅에 봉토를 갖고 있었다. 앞서 적통을 찬탈하려다 뜻을 이루지 못했고, 또 융족의 군사를 불러 주나라를 정벌하려다 일이 실패하자 제나라로 도망쳤다. 나중에 혜후(惠后)가 양왕 앞에서 여러 번 해명하며 용서를 빌었고, 대부 부진도 양왕에게 형제간에 우애 있게 지내야 한다고 권하여, 양왕은 부득이하게 다시 태숙을 불러 원래의 자리에 복직시켰던 것이다. 오늘 사냥에서 태숙은 정신을 집중하여 가장 빼어난 성과를 거두었다. 양왕은 크게 기뻐하며 그에게 돈거를 약속한 숫자대로 하사했다. 그 나머지 사람들에게도 짐승을 잡은 숫자에 따라 각각 약속한 상을 하사했다. 외후는 양왕의 곁에 앉아서 태숙 대의 재주와 용모가 비범한 걸 지켜보았다. 거기에다 활 솜씨까지 출중했다. 외후는 그를 끊임없이 칭찬하며 양왕에게 그가 누군지 물었다. 이후 바로 금지옥엽처럼 귀한 양왕의 동생이라는 사실을 알고 마음으로 깊이 사모하는 연정을 품었다. 외후는 마침내 양왕에게 말했다.

"아직 시간이 이릅니다. 신첩도 사냥터를 한 바퀴 돌면서 느슨해진 근골을 단련해볼까 합니다. 상감께서는 성지를 내려 주시옵소서."

외후를 기쁘게 하려고 사냥을 나왔던 양왕이 어찌 그 주청을 윤허하지 않을 수 있겠는가? 바로 군사들에게 명하여 다시 사냥터를 포위하라고 했다.

외후는 수놓은 비단 겉옷을 벗었다. 겉옷 속에는 미리 소매가 좁고 길이가 짧은 적삼을 입고 있었고, 그 위에 기이한 모양의 황금 철사로 엮은 가볍고 촘촘한 갑옷을 덧대어 입고 있었다. 허리에는 오색실로 수놓은 허리띠를 매었고, 또 여섯 자 길이의 검은색 가벼운 비단으로 이마의 두건 주위를 둘러싸고는 그것으로 다시 머리 뒤 봉황 비녀까지 감싸서 먼지가 덮이는 걸 방지하고 있었다. 또한 허리에는 전통箭筒을 차고 손에는 붉은 활을 들었다. 몸치장 하나하나가 정말 말끔하고 단정했다. 이를 증명할 만한 시가 있다.

꽃처럼 아리땁고 옥같이 고운 피부   花般綽約玉般肌

군장이 환상이라 자태 더욱 기이하네   幻出戎裝態更奇

궁녀들 속에서 무예를 뽐내더니   仕女班中誇武藝

장군 대열 속에서는 한껏 교태 부리누나   將軍隊裏擅嬌姿

외후의 이번 차림새는 보통 때의 모습과 달라서 양왕도 기쁜 마음에 희미한 미소를 지으며 좌우 시종에게 병거를 몰고 대기하게 했다. 그러자 외후가 말했다.

"수레를 타는 것은 말을 타는 것보다 빠르지 못합니다. 신첩을 수행하는 궁녀 중에서 적나라에서 온 비첩들이 있는데 모두 말을 익숙하게 탑니다. 상감마마 앞에서 한번 타보게 해주십시오."

양왕은 좋은 말을 여러 필 뽑아서 재갈을 물렸다. 비첩들 중 외후를 모시려고 대기하는 사람이 여럿 있었다. 외후가 말 위로 뛰어오르려는데 양왕이 말했다.

"잠깐! 왕실과 성이 같은 경들 중에서 누가 말을 잘 타오? 왕후를 보호하여 사냥터까지 가주면 좋겠소."

그때 태숙 대가 아뢰었다.

"신이 전력으로 보필하겠습니다."

이것이야말로 외후의 의중과 딱 부합하는 상황이었다. 비첩들은 외후를 빽빽하게 옹호하면서 한 줄로 대열을 이루어 말을 타고 먼저 출발했다. 태숙 대는 그 뒤를 따라 명마를 타고 추격해서 외후의 좌우를 벗어나지 않았다. 외후는 태숙의 면전에서 한껏 자신의 모습을 뽐내고 싶었고, 태숙도 외후의 면전에서 자신의 솜씨를 자랑하고 싶었다. 화살은 써보지도 않은 채 다시 또 말을 치달렸다. 외후가 말채찍을 몇 번 연이어 휘두르자 외후를 태운 말은 허공을 가르듯 앞으로 달려나갔고 태숙도 말을 도약시켜 앞으로 내달렸다. 산허리를 돌자 두 필의 말은 거의 머리를 나란히 하고 달렸다. 외후는 말고삐를 당기며 태숙을 칭찬했다.

"왕자님의 큰 재주를 사모한 지 오래되었는데, 오늘에야 이렇게 뵙는군요."

태숙이 말 위에서 상체를 약간 앞으로 숙이며 말했다.

"신은 말타기를 배우는 중입니다. 중전마마의 만분의 일에도 미치지 못합니다."

외후가 말했다.

"태숙께서는 내일 아침 태후궁으로 문안 인사를 오시오. 내 할 말이 있소."

말이 아직 다 끝나지도 않았는데 시녀들이 여러 명 말을 타고 달려왔다. 외후가 눈으로 은근한 정을 보내자 태숙도 가볍게 고개를 끄덕였다. 두 사람은 각각 말 재갈을 당겨 돌아왔다. 마침 산비탈을 치달릴 때 고라니와 사슴 떼가 뛰어나왔다. 태숙은 활로 왼쪽으로는 고라니를 쏘고 오른쪽으로는 사슴을 쏴서 모두 명중시켰다. 외후도 활로 사슴 한 마리를 쏘아 잡았다. 사람들의 갈채가 쏟아졌다. 외후가 다시 말을 달려 산허리에 이르자 양왕이 장막 밖으로 나가 외후를 맞이하며 말했다.

"중전께서 고생하셨소."

외후는 자신이 잡은 사슴을 양왕에게 바쳤다. 태숙도 고라니 한 마리와 사슴 한 마리를 바쳤다. 왕이 크게 기뻐했다. 장군들과 군사들도 다시 한 바탕 말을 달리며 사냥을 즐긴 뒤에야 포위를 풀었다. 왕실 요리사가 들짐승을 잘 요리하여 바쳤고 양왕은 요리를 신하들에게 나눠주었다. 모두들 즐겁게 술을 마신 뒤 흩어졌다.

이튿날 태숙 대는 조정으로 들어가 양왕에게 어제 베풀어준 은혜에 감사를 드리고 마침내 태후인 혜후惠后의 궁전으로 들어가 문안 인사를 드렸다. 그때 이미 외후가 먼저 도착해 있었다. 외후는 미리 수행하는 궁녀와 내시들에게 뇌물을 주고 그들을 구워삶았다. 그리하여 마침내 두 사람은 서로 눈길을 주고받으며 마음을 맞추었다. 그리고 나서 물러가겠다는 핑계를 대고 그곳에서 나와 궁궐 곁방으로 들어가 몰래 몸을 합쳤다. 남자는 여자의 몸을 탐했고 여자도 남자의 몸을 사랑하며 서로 연모의 감정을 억누르지 못했다. 헤어질 때도 서로 손을 놓지 못했다. 외후가 태숙에게 부탁했다.

"아무 때나 입궁하여 만나주세요."

태숙이 대답했다.

"상감께서 의심할까 두렵습니다."

외후가 말했다.

"내가 잘 둘러댈 테니 염려하실 필요가 없습니다."

혜후를 모시는 궁녀들도 그 사실을 알았지만 태숙은 태후의 사랑하는 아들이고, 게다가 사태가 너무나 심각했기 때문에 감히 입을 벙긋하지 못했다. 혜후도 마음속으로 상황을 짐작하고 궁녀들에게 분부했다.

"함부로 입을 놀리지 마라."

太叔帝怙寵入宮中

태숙 대가 총애를 믿고 궁궐로 들어가다.

외후를 모시는 궁녀들은 이미 두루 뇌물을 받은 뒤라 모두 한결같이 외후의 눈과 귀 노릇을 했다. 태숙은 밤을 꼬박 새우고 아침이 밝아올 때까지 궁중에 몰래 머물렀다. 궁중에서는 오직 양왕만이 기만당하고 있었다. 사관이 시를 지어 탄식했다.

형도 없애려 한 태숙인데 형수가 무슨 상관	太叔無兄何有嫂
동생 사랑한 양왕은 아내 방비 못 했도다	襄王愛弟不防妻
하루아침 사냥터에서 사통 약속 맺은 뒤에야	一朝射獵成私約
중궁 여자가 오랑캐임을 비로소 후회했네	始悔中宮女是夷

또 양왕이 태숙을 다시 불러들여 화를 자초했음을 풍자한 시가 있다.

반역자의 성질은 고치기 어려운데	明知簒逆性難悛
죽이지 않으려면 친척 관계 끊어야지	便不行誅也絕親
호랑이를 끌어들이니 어찌 물지 않겠는가	引虎入門誰不噬
주 양왕은 진실로 꿈속 헤매는 사람일세	襄王眞是夢中人

무릇 선행을 하려는 마음은 나날이 줄어드는 반면에 악행을 저지르려는 간담은 하루하루 커지는 법이다. 태숙 대는 외후와 사통하면서 그 길이 익숙해지고 습관이 되자 점점 다른 사람의 이목을 피하지도 않고 자신이 저지르는 일의 이해득실도 따지지 않게 되어 자연히 그 악행이 탄로날 수밖에 없게 되었다. 외후는 나이가 젊어서 정욕에 탐닉했다. 양왕이 비록 외후를 총애했지만 쉰이 넘은 나이로는 그 정력을 당해낼 수 없었다. 그래

서 시도 때도 없이 별도의 침실에서 따로 휴식해야 했다. 그때 태숙은 뇌물을 쓰고 또 자신의 권세를 이용했다. 궁궐 문지기들은 내시에 불과한 자들이라 모두 이렇게 생각했다.

'태숙은 태후가 사랑하는 아들이다. 그러므로 천자께서 어느 날 승하하시면 태숙이 왕이 될 것이다. 그러니 태숙이 주는 선물을 받고 말지 그가 하는 짓거리에 상관해서 무엇하랴?'

이러한 까닭에 태숙은 아침저녁을 가리지 않고 마음대로 궁궐을 출입할 수 있었다.

이때 궁궐에 소동小東이라는 궁녀가 있었다. 얼굴이 꽤 고운 데다 음악에도 뛰어났다. 어느 날 저녁 태숙은 잔치를 즐기면서 소동에게 옥피리를 불게 하고 자신은 노래를 부르며 반주에 맞췄다. 이날 저녁 태숙은 마음껏 술을 마셨다. 그러다 만취한 그는 자기도 모르게 광기가 발동하여 소동을 내리누르고 환락을 즐기려 했다. 소동은 외후의 징벌이 두려워 옷을 벗은 채 몸을 빼내 도망쳤다. 태숙은 진노하여 칼을 뽑아 들고 소동을 쫓아가 죽이려 했다. 소동은 결국 양왕이 쉬는 별실로 도망쳐 문을 두드리며 읍소했다.

"태숙이 이와 같이 망측한 짓을 저지르며 지금 궁중에 있습니다."

양왕이 진노하여 침대맡의 보검을 손에 들고 중궁전으로 달려가 태숙을 죽이려 했다. 태숙의 목숨이 어떻게 되는지는 다음 회를 보시라.

제38회

역적 놈의 목숨을 내가 거두리라

주 양왕은 반란을 피해 정나라에 머물고
진 문공은 신의를 지켜 원성의 항복을 받아내다
周襄王避亂居鄭, 晉文公守信降原.

양왕은 소동의 말을 듣고 순간 마음속에서 울화가 치밀어 급히 침대맡의 보검을 들고 중궁전으로 달려가 태숙을 죽이려 했다. 그러나 몇 걸음 가다가 갑자기 생각을 바꾸었다.

'태숙은 태후가 총애하는 아들인데, 내가 그를 죽이면 다른 사람들이 그의 죄를 알지 못하고 틀림없이 나를 불효자라고 손가락질할 것이다. 게다가 태숙은 무예의 고수인데 만약 불손하게 칼을 빼들고 달려들면 상황이 좋지 못하게 될 것이다. 차라리 잠시 은인자중하다가 내일 사실 관계를 심문한 뒤 외후를 꾸짖어 쫓아내면 태숙도 더 이상 도성에 머물 면목이 없어 틀림없이 나라 밖으로 도망칠 것이다. 이 어찌 타당한 계획이 아니랴?'

양왕은 한숨을 내뱉으며 칼을 땅에 던지고 다시 침전으로 돌아와 수행 내시를 시켜 태숙의 소식을 탐문하게 했다. 내시가 돌아와 보고했다.

"태숙은 소동이 상감께 고한 것을 알고 벌써 궁궐 밖으로 달아났습니다."
양왕이 말했다.

"궁궐 문을 출입하는 자들은 어찌하여 짐에게 보고하지 않느냐? 짐이 궁궐의 방비를 너무 소홀히 했구나!"

이튿날 아침 양왕은 중궁전의 비첩들을 잡아다 심문했다. 처음에는 저항하다가 소동을 불러 대질시키자 마침내 진상을 숨길 수 없어서 앞뒤 추악한 내막을 하나하나 모두 실토했다. 양왕은 외후를 꾸짖은 후 냉궁冷宮에 가두고 문을 잠궜다. 그러고는 담장 아래 작은 구멍으로 음식을 넣어줬다. 태숙은 자신이 저지른 죄를 알고 적나라로 도망쳤다. 혜 태후는 깜짝 놀라 마음에 병이 들어 이때부터 자리에서 일어나지 못했다.

이때 퇴숙과 도자는 외후가 감금되었다는 소식을 듣고 대경실색하며 말했다.

"당초에 적나라 군사를 요청해 정나라를 치게 한 것도 우리 두 사람이고, 외후에게 청혼하게 한 것도 우리 두 사람이오. 그런데 지금 갑자기 외후가 배척당하고 있으니 적나라 군주는 틀림없이 이상하게 생각할 것이오. 태숙은 지금 적나라로 도망갔다니 그곳에서 거짓말을 꾸며내 적나라 군주를 선동하고 있을 게 분명하오. 만약 적나라 군사가 이곳으로 들이닥쳐 죄를 묻는다면 우리가 어떻게 변명할 수 있겠소?"

그리하여 그날 바로 가벼운 수레를 타고 질풍같이 치달려 태숙을 쫓아가 앞으로의 일을 상의하려 했다. 즉 "적나라 군주를 만나면 여차여차하게 대처해야 한다"고 알려줄 생각이었다. 하루도 채 못 되어 적나라에 당도하니 태숙은 교외에 수레를 멈추고 있었다. 퇴숙과 도자는 먼저 도성으로 들어가 적나라 군주를 뵙고 이렇게 이야기했다.

"당초에 우리는 태숙을 위해 청혼하려 했습니다. 그런데 양왕이 외후께서 미인이란 소문을 듣고 스스로 외후를 빼앗아 중궁에 앉힌 것입니다. 그런데 이번에 외후께서 태후궁으로 가서 문안 인사를 드리다가 태숙과 만났습니다. 그러다 우연히 태숙이 외후에게 지난 인연을 이야기하면서 대화가 길어졌습니다. 그러자 궁녀들이 온갖 험담으로 외후를 비방했고 주나라 왕은 경솔하게 그 말을 믿고 귀국이 정나라를 정벌해준 공로는 생각지도 않은 채 마침내 왕후를 냉궁에 가뒀습니다. 그 후 태숙은 국경 밖으로 축출되었습니다. 주나라 왕은 지금 친분도 잊고 은덕을 배반했으므로 의리도 없고 은혜도 모르는 자입니다. 청컨대 1여旅의 군사만 빌려주시면 주 왕성으로 쳐들어가 태숙을 왕으로 세우고 왕후를 구출하여 여전히 국모로 삼겠습니다. 이것은 진실로 귀국에서 행할 수 있는 의로운 거사라고 할 수 있습니다."

적나라 군주는 그 말을 믿고 말했다.

"태숙은 지금 어디에 있소?"

퇴숙과 도자가 말했다.

"지금 교외에서 군후의 하명만 기다리고 있습니다."

적나라 군주는 마침내 태숙을 도성 안으로 맞아들였다. 태숙이 사위가 장인을 뵙는 예로 만나자고 청하자 적나라 군주가 크게 기뻐했다. 그러고는 보병과 기병 5000명을 뽑아 대장 적정赤丁을 시켜 퇴숙과 도자와 함께 태숙을 받들고 주나라를 정벌하게 했다.

양왕은 적나라 군사가 국경에 가까이 왔다는 소식을 듣고 대부 담백譚伯을 적나라 진중에 사신으로 보내 태숙의 내란죄를 알렸다. 그러나 적정은 그를 살해하고 군사를 몰아 주나라 왕성을 압박했다. 양왕은 진노하여 경사 원백原伯 관貫을 대장으로 삼고 모위毛衛를 부장으로 삼아 병거 300승을 이끌고 성을 나가 적을 방어하게 했다. 관은 적나라 군사가 용맹한 것을 알고 돈거軘車를 연결하여 마치 단단한 성곽처럼 진채를 세웠다. 적정은 여러 차례 격파를 시도했지만 진채 안으로 들어갈 수 없었고, 또 연일 싸움을 도발했으나 아무 대응이 없었다. 매우 화가 난 적정은 한 가지 계책을 마련했다. 즉 취운산翠雲山에 높다란 누대를 세우고 그 위에 천자의 깃발을 꽂은 뒤, 한 군사를 태숙으로 분장시켜 누대 위에서 음주가무를 즐기게 했다. 또 한편으로는 퇴숙과 도자에게 각각 기병 1000명을 거느리고 취운산 좌우에 매복하게 했다. 그러고는 주나라 군사가 당도할 때 누대 위에서 포를 쏘아 신호를 보내면 일제히 돌격해 나오도록 했다. 또 적정은 자신의 아들 적풍자赤風子에게 기병 500명을 주고 바로 주나라 진영을 압박하면서 저들의 분노를 촉발시키기 위한 온갖 욕설을 퍼붓게 했다. 이어서 저들이 진채를 열고 싸우러 나오면 거짓으로 패한 척 취운산으로 유인하도록 했다. 그 임무만 잘 수행하면 큰 공로를 세운 것으로 간주하겠다고도 약속했다. 적정과 태숙의 대군은 그 뒤에서 호응하여 싸울 수 있도록 임무를 나누고 철저하게 준비했다.

그리하여 적풍자는 기병을 이끌고 가서 싸움을 걸었다. 관이 보루에 올라 바라보다가 적의 숫자가 매우 적은 것에 속아 진채를 나가 싸우려 했다. 그러자 모위가 간언을 올렸다.

"적나라 놈들은 온갖 기만술에 능하오. 신중하게 대처하며 저들이 해이해지기를 기다려 공격해야 하오."

정오 무렵이 되자 적나라 군사들은 모두 말에서 내려 땅바닥에 퍼질러 앉아 함부로 욕을 해댔다.

"무도한 주나라 임금 놈아! 저렇게 무능한 장수밖에 임용하지 못하느냐! 항복도 하지 않고 싸움도 하지 않고 뭘 기다리고 자빠졌느냐?"

한술 더 떠서 심지어 땅바닥에 누워서 욕을 해대는 자도 있었다. 관은 참을 수 없어서 진채의 문을 열라고 고함을 질렀다. 진채가 열리자 병거 100여 승이 쏟아져 나왔고 한 병거 위에는 황금빛 투구에 수놓은 전포戰袍를 입고 자루가 긴 칼을 든 대장이 우뚝 서 있었다. 그가 바로 관이었다. 적풍자가 황급히 소리쳤다.

"여봐라, 얼른 말에 올라라."

그러고는 적풍자 자신은 쇠창을 치켜들고 전투를 하러 달려왔다. 그러나 채 10합도 겨루지 못하고 말을 돌려 서쪽으로 달아났다. 군사들도 대부분 말에 오르지 못하고 우왕좌왕했다. 주나라 군사들은 어지럽게 적의 마필을 살육했고 적나라 군사들은 대열도 짓지 못하고 갈팡질팡했다. 적풍자는 다시 돌아와 몇 합을 겨루면서 주나라 군사를 차츰차츰 취운산 근처로 유인했다. 취운산 근처에 오자 적풍자는 말과 무기까지 모두 버리고 몇 명의 기병만 이끌고 산 뒤쪽으로 사라졌다. 그때 관이 고개를 들어 바라보니 산 위에 비룡을 그린 붉은 깃발이 펄럭이는 가운데 수놓은 일산 아래 태숙이 요란한 음악을 즐기며 술을 마시고 있었다. 관이 말했다.

"저 역적 놈의 목숨을 내가 거두리라."

이에 평탄한 곳으로 병거를 몰아 산 위로 올라가려 했다. 그때 산 위에서 통나무와 바위가 쏟아져 내려왔다. 관이 대항할 방법을 찾지 못하고 있는데 갑자기 산허리에서 연주포連珠炮가 울렸다. 바로 그때 왼쪽에는 퇴숙, 오른쪽에는 도자가 양쪽 길에서 철기군을 거느리고 광풍폭우처럼 달려나와 주나라 군사를 포위했다. 관은 함정에 빠진 것을 알고 황급히 병거를 돌리려고 했지만 그들이 달려온 길에는 이미 적나라 군사들이 굴려놓은 통나무가 어지럽게 쌓여 있어서 병거를 몰고 갈 수 없었다. 관은 보졸들에게 고함을 지르며 퇴로를 열라고 했지만 군사들은 모두 당황한 나머지 싸우지도 않고 궤멸되고 말았다. 관은 어찌할 방도가 없어서 전포를 벗고 군사들 속에 섞여 도망가려 했다. 그러자 말단 군관이 관을 불렀다.

"장군! 이쪽으로 오십시오."

퇴숙은 적진 속에서 들리는 소리를 듣고 그것이 관이라고 의심하고 적나라 기병을 지휘하여 그들을 추격했다. 마침내 퇴숙 일행은 20여 명을 사로잡았는데, 그 속에 과연 관이 포함되어 있었다. 적정의 대군이 당도했을 때는 벌써 완벽한 승리를 거두어 주나라의 병거와 병마 및 무기를 모두 노획했다. 적나라의 포위를 탈출한 군사들이 진채로 돌아와 모위에게 보고하자 모위는 진채를 굳게 지키라고 명령한 후 한편으로는 기병을 보내 양왕에게 상황을 보고하고 군사를 증원해달라고 요청했다.

퇴숙은 관을 포박하여 태숙에게 바쳤고, 태숙은 그를 진채 안에 가뒀다. 퇴숙이 말했다.

"지금 관이 포로가 되었으므로 모위도 틀림없이 겁을 먹고 있을 것이오. 만약 오늘 한밤중에 저들의 진채를 쳐들어가 화공으로 공격하면 모위까지 사로잡을 수 있을 것이오."

태숙도 그렇게 생각하고 그 작전을 적정에게 얘기했다. 적정도 그 계책을 군사들에게 몰래 전하게 했다. 이날 밤 삼경의 북소리가 울린 뒤 적정은 직접 보병 1000여 명을 인솔하고 모두 날카로운 도끼를 들려 적의 방어용 쇠사슬을 끊고 진채 안으로 쳐들어갔다. 그러고는 바로 진채를 방어하기 위해 둘러친 돈거를 점령한 뒤 갈대를 이용해 불을 놓았다. 순식간에 불길이 번지며 모든 병영이 화염 속에서 대혼란에 빠졌다. 퇴숙과 도자는 각각 정예 기병을 이끌고 이 틈을 이용해 살육전을 벌였다. 주나라 군사들은 그 예리한 기세를 감당할 수 없었다. 모위는 급히 작은 병거를 타고 병영 후문으로 달아났다. 그러다가 때마침 그쪽에서 다가오는 보병 한 부대와 만났다. 그 우두머리가 바로 태숙 대였다. 그가 고함을 질렀다.

"모위야! 어디로 도망치려느냐?"

모위는 황망하게 갈팡질팡하다가 태숙의 창에 찔려 수레 아래로 떨어졌다. 적나라 군사는 대승을 거두고 마침내 주나라 왕성을 포위했다.

양왕은 두 장수가 사로잡혔다는 소식을 듣고 부진富辰에게 일렀다.

"짐이 일찍이 경의 말을 듣지 않았다가 이러한 참화를 겪는구려."

부진이 말했다.

"적나라 군사의 기세가 심히 흉포합니다. 상감께서는 잠시 나라 밖으로 나가십시오. 제후들이 반드시 의병을 일으켜 다시 돌아오게 해줄 것입니다."

그러자 주공 공孔이 아뢰었다.

"우리 군사가 비록 패했지만 백관의 집안 장정들을 모두 불러일으키면 아직도 도성을 등에 지고 한판 싸움을 벌일 만합니다. 어찌 가볍게 사직을 버리고 제후에게 목숨을 맡기려 하십니까?"

뒤이어 소공召公 과過는 또 이렇게 아뢰었다.

"지금 싸움을 말하는 건 위태로운 계책입니다. 신의 어리석은 소견으로는 이번 참화는 모두 숙외에게서 비롯된 것입니다. 그러므로 상감께선 먼저 숙외를 주살한 연후에 도성을 굳게 지키면서 제후들의 구원을 기다리는 것이 만전의 계책일 것으로 사료됩니다."

양왕이 탄식하며 말했다.

"짐이 밝지 못해 스스로 참화를 자초했소. 지금 태후마마의 병세가 위독하니 짐은 잠시 보위에서 물러나 그 마음을 위로하고자 하오. 이후에도 민심이 짐을 잊지 않는다면 장차 제후들의 계책을 따를 것이오."

이어서 양왕은 주공과 소공에게 말했다.

"태숙이 이곳으로 오는 것은 오직 외후 때문이오. 태숙이 외후를 취하면 틀림없이 백성의 비방이 두려워 감히 왕성에 거주하지는 못할 것이오. 두 분께서는 짐을 위해 군사를 잘 가다듬고 왕성을 튼튼히 지키며 짐이 돌아오길 기다려주시오."

주공과 소공은 머리를 조아리며 명령을 받았다. 양왕이 부진에게 물었다.

"우리 주 왕실과 경계를 맞대고 있는 나라는 정鄭, 위衛, 진陳 세 나라인데, 짐은 장차 어디로 가야 하오?"

부진이 대답했다.

"진과 위는 힘이 약하니 정나라로 가는 것이 좋겠습니다."

양왕이 말했다.

"짐은 지난번에 적나라 군사를 동원해 정나라를 정벌한 적이 있소. 정나라가 원한을 품고 있지 않겠소?"

부진이 말했다.

"신이 지금 상감께 정나라로 가시라고 권유하는 이유도 바로 그 때문입니다. 정나라의 선대 군주들은 모두 우리 주 왕실에 많은 공을 세웠으니, 그 뒤를 이은 지금의 군주도 그 사실을 잊지 않고 있을 것입니다. 물론 상감께서 적나라 군사를 이용해 정나라를 쳤으므로 정나라 사람들은 불평불만을 품고 있을 것입니다. 그러나 저들은 밤낮으로 적나라가 주 왕실을 배신하기만을 바라며 자신들이 순리를 따르고 있다는 걸 스스로 밝히려

할 것입니다. 그러므로 지금 상감께서 정나라로 가시면 틀림없이 기쁘게 받들어 모실 것인데 저들이 어찌 원망을 하겠습니까?"

이에 양왕은 정나라로 가기로 결심했다. 그러자 부진이 또 이렇게 요청했다.

"상감께서 적나라의 예봉을 뚫고 탈출하시려 하면 아마도 적나라의 많은 군사가 상감을 가로막을 것입니다. 그럼 어찌하겠습니까? 원컨대 신이 집안 장정들을 인솔하고 적나라 군사와 결전을 벌일 것이니 그 틈에 이곳을 피하십시오."

이에 자제들과 일가친척 수백 명을 모아 충의에 힘쓰라고 권면한 후, 성문을 열고 적나라 진영으로 직진하여 그들을 유인했다. 양왕은 간사보簡師父와 좌언보左鄢父 등 10여 명과 함께 도성을 나서 정나라를 향해 달렸다. 부진은 적정과 대전을 벌이며 수많은 적나라 군사를 살상했지만 자신도 중상을 입고 말았다. 그러자 적장인 퇴숙과 도자조차 그를 위로하며 말했다.

"그대가 충성을 다해 천자에게 간언을 올렸다는 것은 천하 사람들이 다 아는 바다. 오늘 죽음은 면하게 해주리라."

부진이 말했다.

"앞서 내가 누차 천자께 간언을 올렸지만 내 말을 듣지 않아 오늘 이 지경에 이르렀다. 만약 내가 오늘 싸우다 죽지 않으면 천자께서 뒷날 틀림없이 나를 원망할 것이다."

그러고 나서 다시 오랜 시간 전력으로 싸우다가 결국 힘이 다해 전사했다. 부진의 자제와 일가친척들 중에서도 함께 죽은 자가 300여 명이나 되었다. 사관이 시를 지어 이를 찬양했다.

오랑캐 불러 중화 능멸 어찌 좋은 계책이랴　　　　　　用夷淩夏豈良謀

맞아온 여자 음행 펼쳐 참화를 자초했네　　　　　　　納女宣淫禍自求

간언 올려도 좇지 않자 싸우다 죽었으니　　　　　　　驟諫不從仍死戰

부진의 충의는 『춘추』에 전해지네　　　　　　　　　　富辰忠義播春秋

부진이 죽고 나서야 적나라 군사들은 양왕이 이미 왕성을 탈출했으며 성문은 다시 닫혔다는 것을 알았다. 태숙은 원백 관의 포박을 풀어주고 성문 밖으로 데리고 가서 성안의 장수를 부르게 했다. 그러자 주공과 소공이 성루에 서서 태숙에게 말했다.

"원래 성문을 열고 받들어 모시고 싶었으나 적나라 군사가 입성하여 재물을 함부로 약탈할까 두려웠소. 이러한 까닭에 감히 성문을 열지 못하고 있소."

이에 태숙은 적정에게 청하여 군사를 성 밖에 주둔하게 해주면 왕실 창고의 보물을 꺼내서 군사를 위로하겠다고 했다. 적정이 그의 요청을 허락했다. 마침내 태숙은 왕성으로 입성하여 먼저 냉궁으로 달려가 외후를 풀어준 뒤 함께 혜惠 태후를 배알했다. 태후는 태숙을 보자 기쁨을 이길 수 없어 한 번 웃다가 바로 절명했다. 태숙은 모후의 장례도 준비하지 않고 먼저 외후와 궁중에서 환락에 탐닉했다. 태숙은 또 소동을 죽이려 했으나 소동은 자신이 죄를 받을까 두려워 먼저 우물에 투신하여 스스로 목숨을 끊었다. 아! 애통한 일이었다.

다음 날 태숙은 태후의 유명을 받았다고 백관을 속이고 스스로 왕위에 올라 숙외를 왕후로 세운 뒤 조정에 앉아 하례를 받았다. 또 왕실 창고를 열어 적나라 군사를 크게 위로하고 난 뒤에야 태후의 장례를 치렀다. 백성이 이 일을 빗대 민요를 지어 불었다.

저녁에 어미가 죽었는데도	暮喪母
아침에 마누라를 들이는구나	旦娶婦
마누라로 형수를 취하였는데	婦得嫂
신하가 왕후를 얻은 것이네	臣娶后
그러고도 부끄러운 줄도 모르니	爲不慚
참으로 추악한 위인이로다	言可醜
그 누가 저자를 쫓아낼 건가	誰其逐之
나와 너 좌우 모두 할 일이로다	我與爾左右

　태숙은 백성의 노래를 듣고 여론이 자신에게 복종하지 않는다는 걸 알았다. 그리하여 다른 변고가 생길까 두려워 외후와 온溫(河南省 溫縣) 땅으로 옮겨가서 궁궐을 크게 짓고 밤낮으로 환락을 즐겼다. 왕성 안의 나라 일은 모두 주공과 소공이 맡아서 처리했다. 태숙은 명색이 왕이었지만 기실 신하나 백성과 한 번도 접촉한 적이 없었다. 원백 관은 자신의 봉토인 원성原城(河南省 濟源 북쪽)으로 도망갔다. 이 이야기는 여기에서 잠시 거론하지 않겠다.

　주 양왕은 왕성에서 탈출하여 정나라를 향해 길을 잡았지만 자신을 맞이하는 정나라의 의향이 어떨지 몰랐다. 행차가 범氾(河南省 襄城) 땅에 도착하자 대나무가 많이 우거져 있었고 객관은 없었다. 그곳을 일명 죽천竹川이라고 했다. 양왕은 그곳 토박이에게 물어서 자신의 일행이 벌써 정나라 경내에 들어온 것을 알았다. 그래서 바로 수레를 멈추라 명하고 그곳 농민 봉씨封氏 집 초당草堂을 빌려 하룻밤을 묵게 되었다. 봉씨가 물었다.

"무슨 벼슬에 계신지요?"

양왕이 말했다.

"나는 주 왕실의 천자다. 나라 안에 환란이 있어서 이곳으로 피란을 왔느니라."

봉씨는 깜짝 놀라며 머리를 조아리고 사죄했다.

"우리 집 이랑二郞이 어젯밤에 붉은 해가 초당을 비추는 꿈을 꿨는데 과연 귀인께서 왕림하셨습니다."

그러고는 바로 이랑에게 닭을 잡아 음식을 장만하라고 명령을 내렸다. 양왕이 물었다.

"이랑은 누구인가?"

"계모께서 데려온 이놈의 동생입니다. 이놈과 이곳에 함께 살며 밥도 같이 먹고 농사도 같이 지어 계모를 봉양하고 있습니다."

양왕이 탄식하며 말했다.

"너희 농가의 형제도 이처럼 화목하거늘 짐은 고귀한 천자의 몸인데도 아우에게 상해를 당했구나. 짐의 처지가 너희 농민보다 훨씬 못하다."

그러면서 처연히 눈물을 흘렸다. 대부 좌언보가 말했다.

"주공周公께선 대성인이셨는데도 골육지친의 변란을 겪으셨습니다. 상감께선 혼자서 상심하지 마시고 조속히 제후들에게 이번 환란을 알리십시오. 그러면 제후들도 틀림없이 좌시하지 않을 것입니다."

이에 양왕은 친히 서찰을 써서 사신을 시켜 제齊, 송宋, 진陳, 정鄭, 위衛 등 여러 나라에 왕실의 변란을 알리게 했다. 그 내용은 대략 다음과 같았다.

과인이 부덕하여 모후가 총애하는 아우 대帶에게 죄를 얻었고, 지금 국경을 넘어 정나라 범 땅에 머물고 있음을 감히 알리노라.

이때 간사보가 아뢰었다.

"지금 제후들 중에서 패업에 뜻을 두고 있는 사람은 진 목공과 진 문공이 있을 따름입니다. 진秦나라에는 건숙, 백리해, 공손지 등 여러 현신이 정사를 돌보고 있고, 진晉나라에는 조최, 호언, 서신 등 여러 현신이 정사를 돌보고 있습니다. 이들은 틀림없이 근왕勤王의 대의를 자기 군주에게 잘 이야기할 수 있을 것입니다. 그러나 다른 나라에서는 이러한 일을 바랄 수 없습니다."

이에 양왕은 간사보를 진晉나라에 보내고, 좌언보를 진秦나라에 보내 지금 상황을 알리게 했다.

한편 정 문공은 주 양왕이 범 땅에 머물고 있다는 소식을 듣고 비웃음을 흘리며 말했다.

"천자가 오늘에야 적나라가 정나라보다 못함을 알았구나."

정 문공은 그날로 바로 범 땅으로 목수를 보내 새로 객사를 짓게 하고, 자신은 직접 천자가 기거하는 곳까지 가서 일상 기물을 살핀 뒤 모든 물자를 박하지 않게 제공하라고 했다. 주 양왕은 정 문공을 만나자 자못 부끄러운 기색을 드러냈다. 노나라와 송나라 등 제후국에서도 사신을 보내 문안 인사를 했으며 각각 음식과 선물을 보내왔다. 그러나 오직 위衛나라 문공文公만 사신을 보내지 않았다. 노나라 대부 장손진臧孫辰(자는 문중文仲)이 그 소식을 듣고 탄식하며 말했다.

"위나라 군주는 조만간 죽을 것이다. 제후에게 천자가 있음은 나무에

周襄王避亂屈鞬

주 양왕이 정나라로 피신하다.

뿌리가 있고 강물에 근원이 있는 것과 같다. 나무에 뿌리가 없으면 반드시 말라 죽고, 강물에 근원이 없으면 반드시 물이 마른다. 조만간 죽지 않고 어이하리오?"

이때가 주 양왕 18년[1] 겨울 10월이었다. 이듬해 봄 위 문공이 세상을 떠났다. 세자 정鄭이 위나라 보위에 오르니 이 사람이 바로 성공成公이다. 과연 장손진의 말이 맞아떨어진 셈이다. 이것은 물론 뒷날의 이야기다.

그리하여 간사보는 주 양왕의 명령을 받들고 진晉나라로 갔다. 진 문공이 호언에게 자문을 구하자 호언이 대답했다.

"지난날 제 환공이 제후의 힘을 하나로 합칠 수 있었던 것은 천자를 높였기 때문입니다. 게다가 우리 진나라는 임금이 자주 바뀌어 백성은 오히려 그것을 일상사로 여기며 군신 간에 대의가 있다는 걸 알지 못하고 있습니다. 주상께선 어찌하여 천자를 복위시키고 태숙의 죄를 성토한 뒤 우리 백성으로 하여금 임금에게 두마음을 품어서는 안 된다는 사실을 알려주지 않으십니까? 문후文侯께서 주 왕실을 도운 공훈을 계승하고 무공武公께서 진나라를 크게 개척한 업적을 빛내는 일이 모두 이 일에 달려 있습니다. 만약 우리 진이 천자를 복위시키지 못하면 틀림없이 진秦나라가 그 일을 할 것입니다. 그럼 패업은 진나라에 돌아갈 것입니다."

문공은 태사 곽언을 시켜 이번 일에 대한 점을 쳐보게 했다. 곽언이 말했다.

"매우 길한 징조입니다. 이것은 황제黃帝가 판천阪泉에서[2] 전승할 때의 점

1_ 이 일은 원래 주 양왕 16년에 일어났다. 이 소설에서 18년이라고 한 것은 착오로 보인다.

괘입니다."

문공이 말했다.

"과인이 어찌 감히 이 일을 감당할 수 있겠소?"

"주 왕실이 비록 쇠약해졌지만 천명은 아직도 바뀌지 않고 있습니다. 지금의 왕王은 옛날의 제帝에 해당하니 이번에 태숙 대를 이길 수 있음은 필연입니다."

"다시 시초蓍草점을 한번 쳐보도록 하오."

이에 건乾하 이離상 화천火天 대유大有괘 제3효의 변괘變卦인 태兌하 이離상 화택火澤 규睽괘를 얻었다.[3] 호언이 점괘를 판단하며 이렇게 말했다.

"대유大有괘 구삼九三의 효사爻辭에 '제후가 천자에게 만복을 향유하게 한다公用享于天子'라고 했으니 이보다 더 좋은 조짐은 없습니다. 건乾은 하늘이고 이離는 태양입니다. 태양이 하늘에 떠서 천하를 밝게 비추는 형상입니다. 또 건이 변하여 태가 되고 태는 연못입니다. 연못이 아래에 있고 그 위에 태양이 밝게 비추는 모습이니 천자의 은혜가 찬란하게 우리 진나라를 비출 것입니다. 무엇을 의심하시옵니까?"

문공은 크게 기뻐하며 병거와 군사를 사열하고 전체 군사를 좌군과 우군으로 나눴다. 그리하여 조최를 좌군장군으로 삼고 위주魏犨에게 그를

2_ 판천阪泉: 중국 신화에서 황제黃帝와 염제炎帝가 대회전을 벌인 곳. 하북성 탁록涿鹿 동남으로 알려져 있다.

3_ 대유大有(䷍)괘는 상괘가 이離(☲), 하괘가 건乾(☰)으로 하늘 위에 태양이 떠서 만물을 밝게 비추는 모습이다. 안으로 강건하고 밖으로 문명하므로 크게 형통한 점괘다. 이중 하괘 건乾의 구삼九三 양괘가 음괘로 동動하면 태兌(☱)로 변하므로 전체 괘는 규睽(䷥)괘가 된다. 규괘는 상괘인 불이 위로 솟아오르고, 하괘인 연못의 물은 아래로 스며드는 형상으로 서로 어긋나는 모습이다. 군자는 이러한 상을 보고, 함께 해야 할 일은 소인과 같이 하면서도 스스로 올바름을 잃지 않아야 한다.

보좌하게 했으며, 극진郤溱을 우군장군으로 삼고 전힐顛頡에게 그를 보좌하게 했다. 문공 자신은 호언과 난지欒枝를 이끌고 좌우의 계책에 호응하기로 했다.

군사를 출발시키려고 할 때 하동河東[4]을 지키는 신하가 보고를 올렸다.

"진秦나라 군주가 친히 대군을 이끌고 근왕하기 위해 황하 가에 당도했습니다. 오래지 않아 황하를 건널 것 같습니다."

호언이 앞으로 나서며 말했다.

"진나라 군주가 근왕에 뜻을 두고 황하 가에 주둔한 까닭은 동쪽으로 통하는 길이 막혀 있기 때문입니다. 초중草中의 융족과 여토麗土[5]의 적족이 거주하는 땅은 모두 진나라 병거가 반드시 거쳐가야 하는 길이지만 평소 진나라는 이들 지역과 수교를 맺지 않아서 저들이 순응하지 않을까봐 두려운 것입니다. 이러한 까닭에 의심을 품고 진격하지 못하고 있습니다. 주상께서는 두 오랑캐 족속에게 정성스럽게 선물을 주고 근왕을 위해 길을 빌리려는 뜻을 알리십시오. 그럼 두 오랑캐는 틀림없이 주상의 말을 들을 것입니다. 또한 진나라 군주에게 사신을 보내 감사의 마음을 표하면서 우리 진나라의 군사가 이미 출병했으므로 당신들은 물러나도 된다는 말을 전하십시오."

문공은 그 말을 옳게 생각하고 호언의 아들 호야고狐射姑를 사신으로 임명하여 황금과 비단을 싣고 융과 적에게 가서 뇌물을 주게 했다. 다른 한편으로는 서신을 진나라 진영에 사신으로 보내 군사를 물리도록 요청했다. 서신은 진 목공을 알현하고 진후晉侯의 말을 전하면서 이렇게 말했다.

4_ 하동河東: 진晉(山西省)과 진秦(陝西省)의 경계를 이루는 황하 하류의 동쪽 지방.

5_ 초중草中과 여토麗土 모두 진晉나라 남쪽 황하 북쪽 지역인 것으로 보인다.

"천자께서 나라 밖에서 몽진 중이시니 이는 군후의 근심이고 우리 주상의 근심이기도 합니다. 우리 주상께서는 벌써 나라 안을 정돈하고 군사를 일으켜 군후의 노고를 대신하려 합니다. 이미 완성된 계책을 갖고 있으니 군후께선 번거롭게 대군을 멀리까지 보내지 않으셔도 됩니다."

목공이 말했다.

"과인은 진나라에 군주가 새로 즉위하여 군사를 모으지 못할까 두려웠소. 이 때문에 군사를 이끌고 이곳으로 달려와 천자의 환란을 구하려고 하는 것이오. 그러나 이제 진나라 군후께서 대의를 높이 내걸었으니 과인은 조용히 승전보나 기다려야겠소."

그러자 건숙과 백리해가 모두 말했다.

"진나라 군주는 대의를 혼자서 독차지하며 제후를 굴복시키려 하고 있습니다. 즉 주상께서 그 공훈을 나누어 가질까봐 걱정하고 있는 것입니다. 이 때문에 사신을 보내 우리 군사를 멈추게 하려는 것입니다. 차라리 지금의 기세를 타고 중원으로 내려가 진나라와 함께 천자를 맞아오는 것이 더 좋은 일이 아니겠습니까?"

목공이 말했다.

"과인은 근왕이 아름다운 일이란 걸 모르지 않소. 다만 동쪽으로 가는 길이 아직 개통되지 않아 융과 적이 시비를 걸어올까 걱정하는 것이오. 진나라는 지금 처음으로 정사를 펼치고 있소. 그러니 밖으로 큰 공적도 없이 어떻게 나라 안을 안정시킬 수 있겠소. 우리가 양보하는 것이 좋겠소."

이에 공자 칩繁을 시켜 좌언보를 따라 범 땅으로 가서 양왕에게 문안 인사를 드리게 한 뒤 군사를 되돌려 귀국했다.

진 목공이 군사를 물려 되돌아갔다는 서신의 보고를 듣고 진나라 군사들은 마침내 진격을 시작하여 양번陽樊(河南省 濟源 서남쪽)에 주둔했다. 그곳을 지키는 관리 창갈蒼葛이 교외에까지 나와서 군사를 위로했다. 문공은 우군장군 극진을 시켜 온溫 땅을 포위하게 했고, 좌군장군 조최 등을 시켜 범 땅으로 가서 양왕을 영접하게 했다. 양왕은 그해 여름 4월 정사일丁巳日에 다시 왕성으로 돌아갔고 주공과 소공이 양왕을 조당으로 맞아들였다. 온 땅 사람들은 주나라 천자가 복위했다는 소식을 듣고 한꺼번에 몰려가 퇴숙과 도자를 공격하여 죽였다. 그러고는 성문을 활짝 열고 진나라 군사를 받아들였다. 태숙 대는 황급히 외후를 수레에 태우고 성문을 탈출하여 적나라로 가려 했다. 문지기 군졸이 문을 닫고 그들의 통행을 허용하지 않았다. 태숙이 검을 뽑아 들고 몇 명을 베고 있는데 위주의 추격군이 달려왔다. 위주가 고함을 질렀다.

"이 역적 놈아! 어디로 도망치려는 게냐?"

"네가 나를 놔주면 뒷날 후하게 보답할 것이다."

"천자께 여쭙고 네놈을 놔주라 하시면, 이 위주가 인정을 베풀 것이다."

태숙이 진노하여 검을 빼들고 공격했지만 오히려 위주가 그의 수레로 뛰어올라가 한칼에 그를 벴다. 군사들이 외후를 사로잡아오자 위주가 말했다.

"이 음탕한 계집을 살려둬서 무엇에 쓰겠느냐?"

그는 바로 군사들에게 명령을 내려 위후에게 화살을 쏘라고 했다. 가련하게도 꽃 같은 오랑캐 여인은 태숙 대와 겨우 반년 동안 환락을 즐기다가 만 발의 화살을 맞고 목숨을 잃었다. 호증 선생이 이를 영사시로 읊었다.

형을 내쫓고 형수 훔쳐 남양에 거주하며	逐兄盜嫂據南陽
반년 동안 환락 즐기다 재앙에 얽혔도다	半載歡娛幷罹殃
음녀와 역적에게 조속히 보복 않는다면	淫逆倘然無速報
이 세상에 더 이상 윤리강상 없으리라	世間不復有綱常

위주는 두 사람의 시체를 가져와 극진에게 보고했다. 극진이 말했다.

"어찌하여 함거檻車에 실어 천자에게 보내 그 죄를 밝히지 않았소?"

위주가 말했다.

"천자께선 아우를 죽였다는 죄명을 피하기 위해 우리 진나라의 손을 빌린 것이오. 그러니 재빨리 죽이는 것이 더 통쾌한 일이오!"

극진은 탄식을 그치지 않았다. 그는 두 사람의 시체를 신농간神農澗6 곁에 묻은 뒤 한편으로는 온溫 땅의 백성을 안정시키고 다른 한편으로는 사람을 시켜 양번 땅 진 문공에게 승첩을 보고했다.

문공은 태숙과 외후가 모두 주살되었다는 소식을 듣고 바로 수레를 타고 직접 왕성으로 가서 양왕을 뵙고 승전을 아뢰었다. 양왕은 좋은 술로 주연을 베풀어 문공을 접대했고 많은 황금과 비단을 선물로 줬다. 문공은 재배를 올리며 사양했다.

"신 중이는 감히 그 많은 하사품을 받을 수 없습니다. 다만 제가 죽은 후 수장隧葬7을 할 수 있도록 윤허해주시옵소서. 신은 지하에서라도 상감

6_ 신농간神農澗: 중국 신화에서 신농씨神農氏가 오곡을 처음 심었다고 전해지는 계곡. 지금의 하남성 온현溫縣 근처에 있다.

7_ 수장隧葬: 고대에 무덤을 만들 때 지하의 무덤 입구에서 현실玄室까지 긴 터널 형태의 연도羨道를 만들어 시신을 운반하고 안치하는 장례 방식. 제후는 쓸 수 없고 천자만 쓸 수 있다.

마마의 은혜를 무궁하게 누리고 싶습니다."

양왕이 말했다.

"선왕들께서 의례儀禮를 정하시어 상하의 신분을 구별했고, 이에 삶과 죽음에 관한 예법까지 전해지고 있소. 짐은 감히 사사로운 위로의 행사를 하면서 나라의 큰 법전을 문란하게 할 수는 없소. 그러나 숙부(진 문공)께 선 지금 큰 공을 세우셨으니 짐이 감히 잊을 수 없소."

그리하여 기내畿內[8]의 온, 원성, 양번, 찬모攢茅(河南省 獲嘉 동북) 네 읍을 문공의 봉토에 더해줬다. 문공은 천자의 은혜에 감사를 올리고 궁궐에서 물러났다. 이때 백성이 남녀노소 손에 손을 잡고 거리로 가득 쏟아져 나와 앞다투어 문공의 얼굴을 보려 했다. 이들 모두가 감탄하며 말했다.

"제 환공이 오늘 다시 나타나셨도다!"

진 문공은 좌군과 우군 모두에게 명해 군사를 철수한 뒤 태항산太行山[9] 남쪽에 대군을 주둔시켰다. 이어서 위주를 양번 땅으로 보내고, 전힐을 찬모 땅으로, 난지를 온 땅으로 보내 각각 경계를 확정짓도록 했다. 그러고는 문공 자신은 친히 조최를 거느리고 원原 땅의 경계를 확정하러 갔다. 그런데 어찌하여 원성原城의 경계를 확정하러 문공이 친히 갔던 것일까? 그것은 바로 원성이 주 왕실의 경사卿士 원백原伯 관貫의 봉토였기 때문이다. 주 양왕은 원백 관이 전쟁에 패하여 아무 공로도 세우지 못하자 그의 봉토를 빼앗아 진나라에 하사했다. 그때 원백이 원성에 있었기 때문에 왕실의 명령에 복종하지 않을까 걱정이 되어 문공이 직접 갔던 것이다. 전힐이 찬모

8_ 기내畿內: 당시 주나라 도성이었던 낙양 주위 500리 이내의 땅.

9_ 태항산太行山: 산서성과 하북성의 경계를 이루고 있는 산맥. 중국어로 'Tàihángshān'이라 읽으므로 우리말로는 '태항산'으로 읽어야 한다.

땅에, 난지가 온 땅에 도착하자 그곳을 지키는 관리들은 모두 술과 음식을 준비하여 이들을 맞아들였다.

그러나 위주가 양번 땅에 도착했을 때 그곳을 지키는 관리 창갈은 부하들에게 이렇게 일렀다.

"우리 주나라가 기 땅과 풍 땅을 버린 뒤 남은 땅이 겨우 얼마이더냐? 그런데도 진나라는 다시 또 네 곳을 봉토로 받는단 말이냐? 나와 진나라는 모두 천자의 신하다. 어찌 저들에게 복종할 수 있겠느냐?"

그러고는 마침내 백성을 거느리고 무기를 휴대하게 한 후 성 위로 올라가 싸울 준비를 했다. 이를 보고 진노한 위주는 군사를 인솔하여 성곽을 포위했다. 위주가 고함을 질렀다.

"일찌감치 순순히 항복하면 만사가 편안해질 것이지만 만약 성을 한락시키는 날에는 모두 도살을 면치 못할 것이다!"

그러자 창갈이 성 위에서 대답했다.

"나는 '덕으로써 중원을 회유하고, 형벌로써 사방 오랑캐에 위엄을 세운다德以柔中國, 刑以威四夷'는 말을 들었다. 지금 이곳은 천자께서 관할하시는 땅이다. 이곳 기내의 백성은 왕실의 종족宗族이 아니면 왕실의 친척이다. 진나라도 우리 주 왕실의 신하인데 감히 군사의 위력으로 땅을 약탈할 수 있단 말이냐?"

위주는 그 말에 느낀 바가 있어 사람을 보내 문공에게 보고했다. 이에 문공이 창갈에게 서찰을 보냈다. 그 내용은 대략 다음과 같았다.

이곳 네 고을은 천자께서 하사하신 땅이라, 과인도 감히 명령을 어길 수 없노라. 장군께서 만약 천자의 인척임을 생각한다면 모든 백성을 이끌고 귀의하라. 그럼 그들도 장군의 명령을 따를 것이다.

이어서 문공은 위주에게도 공격을 늦추어 양번 땅 백성이 다른 곳으로 옮겨갈 수 있게 해주라고 했다. 창갈은 서찰을 받고 성안의 백성에게 명령했다.

"주나라로 귀의할 사람은 바로 떠나고 진나라에 복종할 사람은 여기 남아라."

백성 중 주나라로 가려는 사람이 거의 태반이었다. 창갈은 그들을 거느리고 지촌軹村(河南省 濟源 남쪽)으로 옮겼다. 이에 위주는 양번 땅의 경계를 정하고 돌아왔다.

한편 진 문공은 조최와 변경을 순시하며 원성에 도착했다. 이때 원백 관은 백성을 모아 놓고 거짓말로 이렇게 일렀다.

"진나라 군사가 양번을 포위하여 백성을 모두 도륙했다."

원성의 백성은 두려움에 떨며 모두 죽음으로 성을 지키자고 맹세했다. 진나라 군사가 성을 포위했다. 조최가 말했다.

"백성이 우리 진나라에 항복하지 않는 것은 우리를 믿지 못하기 때문입니다. 주상께서 믿음을 보이신다면 싸우지 않고도 성을 뺏을 수 있을 것입니다."

"어떻게 믿음을 보여야 하오?"

"군사들에게 각각 사흘 치 양식만 지니게 하여 원성을 공격하라고 하고 사흘 안에 빼앗지 못하면 포위를 풀고 돌아가겠다고 명령을 내리십시오."

문공이 그 말에 따랐다. 그리하여 사흘째 되던 날 식량 담당 군관이 와서 보고했다.

"군중에 오늘 먹을 식량밖에 없습니다."

그러나 문공은 아무 대답도 하지 않았다. 이날 한밤중에 원성의 백성 중에서 성을 넘어온 자가 이렇게 말했다.

"성안 사람들도 양번의 백성이 살육당하지 않았다는 사실을 알고 내일 저녁에 성문을 열자고 서로 약속했습니다."

문공이 말했다.

"과인은 원래 사흘의 기한을 주고 성을 공격하라고 했고, 사흘이 되어도 성을 깨뜨리지 못하면 포위를 풀고 돌아갈 것이라고 약조했느니라. 오늘이 사흘째이니 과인은 내일 아침에 군사를 물릴 것이다. 너희 백성은 성을 지키는 일에 온 힘을 기울이면 될 뿐 두마음을 품을 필요까지는 없느니라."

군관이 문공에게 요청했다.

"원성의 백성이 내일 저녁에 성문을 열기로 약조했다고 합니다. 주상께선 어찌하여 하루를 더 머문 뒤 성을 함락시키고 돌아가지 않으시옵니까? 설령 식량이 다 떨어졌더라도 여기에서 멀지 않은 양번 땅으로 가서 실어 올 수도 있을 것입니다."

문공이 말했다.

"신의는 나라의 보배고 백성의 의지처다. 사흘 안에 성을 함락시키란 명령은 누구나 다 들었을 것이다. 만약 하루 더 머문다면 이것은 신의를 잃는 것이다. 원성을 얻고 신의를 잃는다면 백성이 어찌 과인을 믿고 의지하겠느냐?"

그리하여 문공은 날이 밝을 무렵 원성에 대한 포위를 풀었다. 원성 백성은 서로 돌아보며 말했다.

"진나라 군주가 성을 잃을지언정 신의를 잃지 않으려고 했다. 이분은 옳은 이치를 아는 임금이다."

이에 다투어 성루에 항복 깃발을 꽂았다. 그러고 나니 성을 넘어 문공의 군사를 따르는 백성이 끊임없이 이어졌다. 원백 관도 막을 수가 없어서 성문을 열고 항복할 수밖에 없었다. 염선이 이 일을 시로 읊었다.

삽혈로 맹세해도 전쟁은 일어나는데	口血猶含起戰戈
그 누가 짧은 말로 산하를 정했던가	誰將片語作山河
원성을 떠나면서 항복 받았으니	去原畢竟原來服
속임수가 어떻게 신의와 같겠는가	譎詐何如信義多

진나라 군사들의 행진이 30리에 이르도록 원성의 백성은 계속 따라왔고, 그때 원백 관의 항서降書도 당도했다. 문공이 병거와 기마병을 주둔시킨 후 혼자서 수레를 타고 바로 원성으로 들어가니 그곳 백성도 춤을 추며 축하했다. 원백 관이 문공을 뵈러 오자 문공은 주 왕실의 경사卿士를 뵙는 예로 원백을 우대하고 그 집안을 하북으로 옮겨줬다. 문공은 이곳 네 고을의 읍재邑宰를 임명하며 말했다.

"지난날 자여子餘(조최의 자)가 위나라에서 호찬壺餐을 갖고 과인을 따라오면서 그렇게 배가 고픈 상황에서도 그것을 먹지 않았으니 정말 신의가 있는 선비요. 과인은 신의로써 원성을 얻었으므로 신의가 있는 선비가 이곳을 지키도록 하겠소."

이에 조최를 원성을 지키는 대부로 임명하고 겸하여 양번을 다스리게 했다. 또 극진에게 말했다.

"경은 가족도 돌보지 않고 가장 먼저 난씨欒氏와 함께 과인에게 호의를

晉文公守信降原

진 문공이 원 땅의 항복을 받다.

보여주었소. 과인을 그 은혜를 감히 잊을 수 없소."

이에 극진을 온 땅을 지키는 대부로 임명하고 겸하여 찬수까지 지키게 했다. 그러고는 각각 2000명의 군사를 남겨서 그곳을 지키게 한 뒤 도성으로 돌아왔다. 후세 사람들은 문공의 이 일을 논하면서 '주 양왕을 복위시켜 대의를 보여줬고, 원성을 정벌하며 신의를 보여줬으니 이것이 바로 패업을 도모하기 위한 첫 번째 사업이었다'라고 했다. 그가 언제 패주로 칭해지는지는 다음 회를 보시라.

유하혜의 계책

유하혜는 계책을 주어 적을 물리치게 하고
진 문공은 위나라를 정벌하고 조나라를 격파하다
柳下惠授詞卻敵, 晉文公伐衛破曹.

진晉 문공은 온溫, 원성原城, 양번陽樊, 찬모欑茅 네 고을의 경계를 정하고
그 일대 태항산 남쪽 지역을 남양南陽이라고 부르게 했다. 이때가 주 양왕
17년 겨울이었다.

이때 제 효공孝公도 패업을 계승하고 싶은 마음이 있었다. 그러나 무휴無
虧가 죽고 나서 노 희공을 미워했고, 녹상鹿上에서는 회맹에 서명하지 않고
송 양공과 헤어졌으며, 우盂 땅의 회맹에는 아예 참가하지도 않고 초 성왕
에게 등을 돌렸다. 제후들의 마음이 이반되어 이젠 제나라로 조공 사절도
보내지 않았다. 제 효공의 마음은 분노로 가득하여 군사를 동원해 중원을
치고 선대의 유업을 떨쳐보고 싶었다. 이에 대신들을 불러 대책을 물었다.

"선군이신 환공께서 살아계실 때는 정벌을 나가지 않은 해가 없었고 전
투를 하지 않은 날이 없었는데, 지금 과인은 조정에만 편안히 앉아 있소.

마치 달팽이 집 속에 들어앉은 것처럼 외국의 일이 어떻게 돌아가는지도 모르니 이를 부끄럽게 여기오. 지난날 노나라 군주는 무휴를 도와주려 하다가 과인과 사이가 틀어졌고, 과인은 아직 그 원한을 갚지 못하고 있소. 지금 노나라는 북쪽으로는 위衛나라와 우호를 맺고 남쪽으로는 초나라와 수교하고 있소. 만약 이 나라들이 서로 힘을 합쳐 우리 제나라를 공격한다면 우리가 어떻게 당해낼 수 있겠소? 소문을 들으니 올해 노나라에 기아가 발생했다 하오. 과인은 이때 군사를 동원하여 저들의 모략을 먼저 봉쇄하고자 하오. 경들은 어떻게 생각하시오?"

상경上卿 고호高虎가 아뢰었다.

"노나라는 도와주는 나라가 많습니다. 공격한다 해도 반드시 소득이 있으리라고는 장담할 수 없습니다."

효공이 말했다.

"비록 소득이 없더라도 시험 삼아 한번 공격하여 제후들의 이합집산을 관찰해보고 싶소."

이에 친히 병거 200승을 거느리고 노나라 북쪽 변방을 침공하려고 했다.

변방을 지키는 관리가 소식을 듣고 먼저 급보를 보내왔다. 노나라는 바야흐로 기근에 처해 있던 때라 백성이 군사 일을 감당할 수 없었다. 대부 장손진臧孫辰이 희공에게 말했다.

"제나라가 원한을 품고 우리 나라 깊숙이 침입하려 하니 승부를 다퉈서는 안 됩니다. 외교 사절을 보내 사과하시지요."

희공이 말했다.

"지금 외교 업무를 잘 담당할 수 있는 사람이 누구요?"

장손진이 대답했다.

"신이 한 사람을 천거하겠습니다. 그 사람은 바로 선대에 사공司空 벼슬을 역임한 무해無駭의 아들로 성씨는 전展이고 이름은 획獲이며 자는 자금子禽입니다. 벼슬은 사사士師(형벌 담당관)이고 유하柳下(山東省 新泰 柳里村)에 식읍을 갖고 있습니다. 이 사람은 밖으로는 온화하지만 속은 강직하며 박학다식한 데다 온갖 이치에 통달했습니다. 앞서 관직에 있으면서 법을 집행할 때 시류에 영합하지 않았습니다. 그래서 지금은 벼슬을 버리고 은거해 있습니다. 만약 이 사람을 사신으로 파견할 수 있다면 틀림없이 주상의 명령을 욕되게 하지 않고 제나라 사람들에게도 존중받을 수 있을 것입니다."

"과인도 평소에 그 사람을 알고 있었소. 지금 어디에 있소?"

"유하에 있습니다."

희공이 사람을 보내 불러오게 했지만 전획은 병을 핑계 대고 갈 수 없다고 했다. 장손진이 말했다.

"전획에게는 전희展喜라는 사촌 동생이 있는데, 지금 아직 말단 벼슬아치로 있지만 말주변이 뛰어납니다. 만약 전희를 전획의 집에 보내 가르침을 요청한다면 틀림없이 경청할 만한 계책을 줄 것입니다."

희공이 그의 말에 따랐다. 전희는 유하 땅으로 가서 전획을 만나 희공의 명령을 얘기했다. 전획이 말했다.

"제나라가 우리 나라를 치는 건 제 환공의 패업을 이으려는 욕심 때문이다. 만약 선왕들의 명령을 내걸고 저들을 꾸짖으면 어찌 물러가지 않겠느냐?"

전희가 돌아와 희공에게 보고했다.

"신이 제나라를 물리칠 방도를 알고 있습니다."

이에 희공은 고기와 술, 식량과 비단 등 제나라 군사를 위로할 물건을 모두 꺼내 여러 대의 수레에 가득 싣고 전희에게 주었다.

전희가 북쪽 변방에 당도했을 때 제나라 군사는 아직 국경 안으로 들어오지 않은 상태였다. 그들을 맞으러 나간 문남汶南에 이르러서야 제나라의 선봉대와 만났다. 선봉장은 최요崔夭였다. 전희는 먼저 최요에게 예물을 바쳤다. 최요는 그를 데리고 본대로 가서 제후를 알현하게 하고 군사를 위로하기 위한 예물을 헌상하게 했다. 전희가 제 효공에게 말했다.

"제나라 군후께서 친히 우리 보잘것없는 나라에 귀한 발걸음을 하신다는 소식을 듣고 우리 주상께서 신 전희를 보내 제나라 군사를 위로하게 했습니다."

제 효공이 말했다.

"과인이 군사를 일으켰다는 소문을 듣고 노나라 사람들도 간담이 서늘해진 것이오?"

"소인배들은 더러 간담이 서늘해졌는지 소신도 알지 못하겠습니다. 허나 군자들은 전혀 두려운 마음을 갖고 있지 않습니다."

"그대들 나라에는 이제 시백施伯처럼 지혜를 갖춘 문신도 없고 조귀曹劌와 같은 용맹을 갖춘 무신도 없지 않은가? 게다가 지금은 기근을 만나 들에는 푸른 풀조차 없는데 무엇을 믿고 두렵지 않다는 것인가?"

"보잘것없는 우리 나라에는 아무것도 믿을 게 없으나 다만 선왕의 명령만을 믿고 있습니다. 옛날 주나라 선왕께서 강태공을 제나라에 봉하시고, 또 우리 선군 백금伯禽을 노나라에 봉하시며 주공과 태공에게 희생을 잡아 맹약하게 했습니다. 그 맹세문에 이렇게 썼습니다. '대대손손 함께 주왕실을 도우며 서로 해치지 말지어다世世子孫, 同獎王室, 無相害也.' 이 말이 맹

柳下惠揆
辭却敵

유하혜가 대책을 주어 적을 물리치다.

부盟府[1]에 기록되어 있고 태사가 그것을 관리하고 있습니다. 제 환공께서도 아홉 번이나 제후를 규합하시면서 앞서 우리 장공莊公과도 가柯 땅에서 회맹을 하시고 지난날의 왕명을 받드셨습니다. 군후께서 보위를 이으신 9년 동안 우리 노나라의 군신들은 목을 빼고 제나라를 바라보며 이런 말을 했습니다. '선대 패주이신 환공의 유업을 잘 받들어 이웃 나라 제후들과 화목하게 지냈으면 좋겠다.' 만약 옛날 성왕成王의 명령을 내버리고 강태공의 맹세를 위반하고 환공의 유업을 팽개친다면 이는 원수 맺기를 좋아하는 일인데 군후께선 틀림없이 그렇게 하지 않으시리라 생각합니다. 우리 나라는 이를 믿고 두려워하지 않는 것입니다."

"그대는 돌아가 노후魯侯에게 전하시오. 과인도 화목하게 지내길 원하오. 더 이상 무력을 쓰지 않겠소."

그러고는 그날로 바로 철군했다. 잠연潛淵이 시를 지어 유하혜(전획)의 현명함을 알고도 조정에 추천하지 않은 장손진의 행위를 비난했다.

북쪽 변방 봉화 연기에 노나라가 위태할 때	北望烽煙魯勢危
짧은 말로 적을 격퇴한 그 공로가 기이하네	片言退敵奏功奇
장손진은 현인 위해 벼슬길을 열지 않아	臧孫不肯開賢路
유하 땅에 전展 사사가 여전히 묻혀 있었네	柳下仍淹展士師

전희가 노나라로 돌아와 희공에게 담판 결과를 보고했다. 장손진이 말했다.

1_ 맹부盟府: 중국 고대에 외국과의 맹약 문서를 관리하고 보관하던 관청.

"제나라 군사가 비록 물러났지만 여전히 우리 노나라를 얕보고 있습니다. 신이 중수仲遂(공자 수遂)와 함께 초나라로 가서 군사를 빌려 제나라를 치겠습니다. 그리하여 제나라 군주가 감히 노나라를 정면으로 바라보지 못하게 할 것입니다. 이것이야말로 우리가 여러 해 동안 나라의 평안을 누릴 수 있는 계책이 될 것입니다."

희공도 그렇게 생각하고 공자 수를 정사로 삼고 장손진을 부사로 삼아 초나라에 보냈다.

장손진은 평소 초나라 장수 성득신과 잘 아는 사이여서 득신을 매개로 먼저 초왕을 만났다. 장손진이 초왕에게 말했다.

"제나라는 녹상에서 회맹을 하자던 약속을 배반했고, 송나라는 홍수에서 전쟁을 도발했으니 이 두 나라는 모두 초나라의 원수입니다. 대왕께서 두 나라에 죄를 물으신다면 우리 주상께서도 미약한 군대나마 이끌고 대왕을 위해 앞장설 것입니다."

초 성왕은 매우 기뻐하며 성득신을 대장으로 삼고 신공申公 숙후叔侯를 부장으로 삼아 제나라를 정벌하여 양곡陽穀(山東省 聊城 陽穀鎭) 땅을 빼앗고 제 환공의 아들 옹雍2에게 그 땅을 봉토로 준 뒤 옹무雍巫(역아易牙)3로 하여금 그를 보좌하게 했다. 또한 갑사 1000명을 신공 숙후에게 주어 지키게 하면서 노나라를 성원했다. 그 뒤 성득신은 개선가를 울리며 조정으로 돌

2_ 옹雍: 제 환공의 막내아들로 송화자宋華子와의 사이에서 태어났다. 환공이 죽은 후 형제들 간에 치열한 보위 쟁탈전이 벌어지자 국외로 탈출해 초나라로 망명했다.

3_ 옹무雍巫: 제 환공의 요리사 간신 역아易牙. 제 환공 사후, 환공의 장자 무휴無虧를 보위에 올리려다 실패하고 노나라로 망명했다. 이때 성득신이 옹무를 노나라에서 불러와 공자 옹을 보좌하게 했다.

아왔다. 이때 영윤 자문子文은 이미 연로하여 성득신에게 정사를 양보하려고 했다. 초왕이 말했다.

"자옥子玉(성득신의 자)이 이번에 나를 위해 제나라에 복수했으니, 경도 나를 위해 송나라를 정벌하여 정나라의 복수를 해주시오. 개선하는 날 경이 하고 싶은 대로 하시오. 어떻소?"

자문이 말했다.

"신의 재주는 절대 자옥에 미치지 못합니다. 원컨대 자옥에게 신의 임무를 대신하게 하면 틀림없이 군왕의 일을 그르치지 않을 것입니다."

초왕이 말했다.

"송나라는 바야흐로 진晉을 섬기기 시작했소. 우리 초나라가 송나라를 치면 진나라가 틀림없이 송나라를 구원할 것이오. 진나라와 송나라를 모두 감당하려면 경이 아니고는 불가하오. 경은 억지로라도 과인을 위해 한번 출병해주시오."

이에 초왕은 자문에게 규暌 땅에서 군사를 정돈하고 병거와 기마병을 사열하면서 군법을 명확하게 시행해보도록 했다. 자문은 온 마음으로 자옥의 능력을 펼쳐보이게 하기 위해 날마다 건성건성 일을 처리했다. 그리하여 아침이 지날 무렵에 벌써 일을 다 끝내고, 한 사람의 군사도 벌을 주지 않았다. 초왕이 말했다.

"경은 군사를 사열하고도 한 사람도 벌주지 않으니 어떻게 군대의 위엄을 세울 수 있겠소?"

자문이 아뢰었다.

"신의 재주와 힘은 이제 세차게 날아가다 힘이 다해 떨어지는 강노强弩의 화살에 비할 수 있습니다. 위엄을 세우시려면 자옥이 아니고는 불가합니다."

그리하여 초왕은 다시 성득신을 시켜 위薦 땅에서 군사를 사열하게 했다. 성득신은 군대 사열을 정밀하고도 자세하게 했다. 군법을 엄격하게 시행하여 어기는 자에겐 용서가 없었다. 하루 종일 걸려서야 사열이 끝났다. 등에 매를 맞은 자가 일곱이었고, 화살로 귀를 꿰는 형벌을 받은 자가 셋이었다. 정말 종소리, 북소리가 더욱 우렁차게 울렸고 깃발까지 면모를 일신했다. 초왕이 기쁨에 겨워 말했다.

"자옥은 과연 장군감이로다!"

이때 자문이 다시 정사에서 물러나겠다고 청하자 그제야 초왕이 허락했다. 이에 성득신을 영윤으로 삼고 겸하여 중군원수中軍元帥 직에 임명했다.

신하들은 모두 자문의 집으로 몰려가 적절한 사람을 추천한 걸 축하했고 아울러 함께 술을 마시며 기쁨을 주고받았다. 이때 문무 대신들이 모두 모였는데 오직 대부 위여신薦呂臣만 몸이 좀 불편하다며 참석하지 않았다. 주흥이 반쯤 무르익을 무렵 문지기가 보고를 올렸다.

"문밖에서 한 어린아이가 뵙기를 청합니다."

자문이 그 아이를 불러들이게 했다. 그 아이는 손을 들어 국궁鞠躬의 예를 올린 후 말석에 앉아 술을 마시며 고기 안주를 먹었다. 매우 방약무인했다. 그 자리에 있던 어떤 사람이 이 아이를 알아보았다. 그는 위여신의 아들 위가薦賈로 나이가 겨우 열세 살이었다. 자문이 기이하게 생각하고 물었다.

"내가 오늘 나라를 위해 대장 한 분을 얻었다. 그래서 나라의 원로들도 축하하지 않는 사람이 없는데, 너 같은 어린아이가 유독 축하하지 않으니 무슨 까닭이냐?"

위가가 말했다.

"여러 대신은 축하할 일이라고 생각하시는지 모르지만, 어리석은 저는 조문弔問할 일이라고 생각합니다."

자문이 노하여 말했다.

"조문할 일이라니, 무슨 근거로 그렇게 말하느냐?"

위가가 말했다.

"어리석은 제가 보기엔 자옥이란 분의 사람됨은 매사에 용기만 내세우고 기회를 판단하는 데는 어두운 듯합니다. 진격할 줄만 알고 물러날 줄 모르는 사람은 전투를 보좌하는 일을 맡겨야지 군대의 전권을 맡겨서는 안 됩니다. 만약 모든 군사 일을 그분에게 맡기면 틀림없이 일을 그르치게 될 것입니다. 속담에도 '너무 강하면 꺾인다太剛則折'고 하지 않습니까? 이 말은 자옥을 가리키는 말인 듯합니다. 한 사람을 천거하여 나라가 패배하게 되었는데 어떻게 축하할 수 있겠습니까? 만약 장차 패하지 않는다면 그때 축하해도 늦지 않을 것입니다."

좌우의 대신들이 말했다.

"어린아이의 미친 말이니 귀담아들을 필요 없소."

그러자 위가는 큰 소리로 웃고 밖으로 나갔다. 공경대부들도 모두 흩어졌다.

다음 날 초 성왕은 성득신을 대장으로 삼아 친히 대군을 이끌고 진陳, 채, 정, 허 네 나라 제후를 규합하여 함께 송나라로 쳐들어가 민읍緡邑(山東省 金鄕)을 포위했다. 그러자 송 성공成公은 사마 공손고公孫固를 진晉나라로 보내 위급함을 알리게 했다. 진 문공은 신하들을 소집해 대책을 물었다. 선진先軫이 앞으로 나서며 물었다.

"지금 초나라는 강포한 짓을 저지르고 있지만 주상께는 사사로운 은혜를 베푼 나라이기도 합니다. 목전의 초나라는 양곡 땅을 지키며 송나라로 쳐들어가 중원에서 사단을 만들려 하고 있습니다. 이것은 하늘이 우리 진나라에게 중원의 재난을 구제할 명분을 주시는 것입니다. 우리 나라의 위엄을 세우고 패업을 확정하는 일이 이번 거사에 달려 있습니다."

문공이 말했다.

"과인은 제나라와 송나라의 우환을 풀어주고 싶은데, 어찌하면 좋소?"

호언이 앞으로 나서며 말했다.

"초나라는 근래 처음으로 조나라와 수교했고 새로이 위衛나라와 혼인을 맺었습니다. 이 두 나라는 모두 주상전하의 원수입니다. 만약 군사를 일으켜 조나라와 위나라를 공격하면 초나라는 반드시 군사를 이동시켜 두 나라를 구하러 올 것입니다. 그러면 제나라와 송나라는 저절로 위급함에서 벗어나게 됩니다."

문공이 말했다.

"좋소!"

그리하여 그 계책을 공손고에게 말해주고 돌아가 송공에게 도성을 더욱 튼튼하게 지키라고 했다. 공손고는 그 명령을 받들고 돌아갔다. 그러나 진나라의 병력이 적어 문공은 계속 걱정이었다. 조최가 앞으로 나서며 말했다.

"옛날부터 대국은 삼군을 두었고, 차국은 이군을 두었으며 소국은 일군을 두었습니다. 우리 나라는 곡옥曲沃 무공武公 때 비로소 주 왕실로부터 일군을 두라는 명령을 받았고, 헌공獻公 때 처음으로 이군을 두어 곽, 위魏, 우, 괵을 멸망시키고 천 리의 땅을 개척했습니다. 이제 진나라는 차국의 지위에 머물 수 없으니 의당 삼군을 둬야 합니다."

"삼군을 둔다고 바로 군사를 부릴 수 있겠소?"

"아직 안 됩니다. 백성이 예법을 모르면 군사를 모았다 해도 쉽게 흩어집니다. 주상께선 어찌하여 큰 사냥 대회를 열고 예법을 펼쳐보이지 않으십니까? 백성에게 존귀함과 비천함의 질서, 장유유서의 규율을 알게 하고 윗사람과 친하고 상급자를 위해 죽을 수 있는 마음을 심어준 연후에나 군사를 부릴 수 있을 것입니다."

"삼군을 둔다면 반드시 원수를 세워야 할 것인데 누가 그 임무를 감당할 수 있겠소?"

"대저 장수가 되려는 자는 용기보다는 지혜가 있어야 하고, 지혜보다는 학문이 있어야 합니다. 주상께서 만약 지혜와 용기를 가진 장수를 구하고자 하신다면 사람이 없음을 근심할 필요가 없습니다. 그러나 만약 학문이 깊은 장수를 구하고자 하신다면 신이 보기에 극곡郤縠 한 사람이 있을 뿐입니다. 극곡은 나이가 50여 세가 되도록 학문을 좋아하며 게으름을 부린 일이 없습니다. 『예』와 『악』도 잘 설명할 줄 알고 『시』와 『서』에도 능통합니다. 대저 『예』『악』『시』『서』는 선왕의 법도이며 덕성과 대의의 창고입니다. 백성은 덕성과 대의를 근본으로 삼아야 하고 군대는 백성을 근본으로 삼아야 합니다. 덕성과 대의가 있어야 백성을 구제할 수 있고, 백성을 구제할 수 있어야 군대를 부릴 수 있습니다."

"훌륭한 말씀이오!"

이에 극곡을 불러 원수 직에 임명하려 했으나 극곡은 사양하며 받지 않으려 했다. 문공이 말했다.

"과인이 경을 잘 알고 있으니 경은 사양하지 마오."

재삼 강하게 채근하고서야 극곡은 원수 직을 받았다. 문공은 길일을 받아 피려被廬 땅에서 큰 사냥 대회를 열고 중군, 상군, 하군으로 군대를 편성했다. 그러고는 바로 극곡을 중군의 장수로 삼고 극진郤溱을 시켜 그를 돕게 했으며 기만祁瞞에게는 대장의 깃발과 북을 담당하게 했다. 또한 호언에게는 상군上軍의 대장 자리를 주었으나 호언이 사양하며 말했다.

"신에게는 형님이 앞에 있습니다. 아우가 형보다 앞서 나갈 수는 없습니다."

이에 호모狐毛를 상군 장군에 임명하고 호언에게 그를 보좌하게 했다. 또 조최를 하군 장군에 임명하려 하자 조최가 사양하며 말했다.

"신은 신중함에 있어서는 난지欒枝보다 못하고, 계책에 있어서는 선진先軫보다 못하며, 견문에 있어서는 서신胥臣보다 못합니다."

이에 난지를 하군 장군에 임명하고 선진에게 그를 돕게 했다. 또한 순임보荀林父를 시켜 융거戎車를 몰게 하고 위주魏犨를 거우車右로 삼았으며 조최를 대사마에 임명했다. 극곡이 단상에 올라 명령을 내리자 북소리가 세 번 울리며 진법 훈련이 시작됐다. 젊은 사람은 앞에 서고 나이 든 사람은 뒤에 서서, 앉고 서고 나아가고 물러나는 모습이 모두 규율에 맞았다. 능숙하지 못한 사람에겐 가르침을 베풀었고, 세 번 가르쳐줘도 제대로 따르지 못하는 자에겐 명령 위반죄를 적용하여 형벌을 줬다. 연이어 사흘을 조련하자 군법의 변화를 마음대로 지휘할 수 있게 되었다. 여러 장수는 극곡의 군법이 관대함과 엄격함을 모두 갖춘 것을 보고 기쁘게 복종하지 않는 사람이 없었다. 바야흐로 징을 울려 군사를 거두려고 하는데 갑자기 대장의 지휘대 아래에서 세찬 회오리바람이 불어와 대장기가 두 동강 나고 말았다. 군사들은 모두 안색이 변했다. 그러자 극곡이 말했다.

"대장기가 부러진 건 대장이 감당하면 되는 것이다. 내가 여러 장수와 오래도록 일을 할 수 없겠다. 그러나 주상께선 틀림없이 큰 공적을 세우실 것이다."

여러 장수가 그 까닭을 물었지만 극곡은 빙그레 웃기만 할 뿐 대답하지 않았다. 이때가 주 양왕 19년 겨울 12월이었다.

이듬해 봄 진 문공은 군대를 나누어 조나라와 위衛나라를 치려고 극곡에게 계책을 의논했다. 극곡이 대답했다.

"신은 이미 선진과 잘 상의해두었습니다. 지금 조나라와 위나라를 치는 건 어렵지 않은 일입니다. 군사를 나누어 친다 해도 조나라와 위나라를 대적할 수 있을 것입니다. 그러나 초나라를 대적할 수는 없습니다. 주상께서는 조나라를 친다는 명분으로 위나라에 길을 빌려달라고 하십시오. 위나라와 조나라는 한창 관계가 돈독해졌기 때문에 위나라는 우리 요청을 허락하지 않을 것입니다. 그럼 우리는 남쪽으로 황하를 건너 저들의 예상을 깨고 곧바로 위나라 경계 안으로 공격해 들어가야 합니다. 이것이 이른바 '신속한 천둥소리에는 귀 막을 틈도 없다迅雷不及掩耳'는 작전이니 십중팔구 승리를 장담할 수 있습니다. 이처럼 위나라에 승리한 후에는 승세를 타고 조나라로 가십시오. 조나라 군주는 평소에 민심을 잃었고, 또 우리가 위나라를 격파한 위세에 겁먹을 것이니 틀림없이 연이어 조나라도 격파할 수 있을 것입니다."

문공이 기뻐하며 말했다.

"경은 진정 학문이 깊은 장수로다!"

이에 곧바로 위나라로 사신을 보내 조나라를 정벌하게 길을 빌려달라고 했다. 위나라 대부 원훤이 위 성공에게 청했다.

"애초에 진나라 군주가 망명길에 우리에게 들렀을 때 선군께서 그를 예우하지 않으셨으니, 이번에 길을 빌려달라는 요청을 반드시 들어주셔야 합니다. 그렇지 않으면 저들이 먼저 우리 위나라를 공격한 후 조나라를 정벌할 것입니다."

성공이 말했다.

"과인은 조나라와 함께 초나라에 복종하고 있소. 만약 진나라에게 조나라를 정벌하는 길을 빌려준다면 아마도 진나라와 우호를 맺기도 전에 먼저 초나라의 노여움을 살 것이오. 진나라에 노여움을 사면 초나라에 의지할 수 있지만 초나라에 노여움을 사면 장차 누구에게 의지한단 말이오?"

성공이 결국 허락하지 않자 진나라 사신은 돌아가 문공에게 사실대로 보고했다. 문공이 말했다.

"대원수의 예상을 벗어나지 않는구려!"

이에 길을 돌아 남쪽으로 내려가게 했다. 황하를 건너 오록五鹿의 들판에 이르렀을 때 문공이 말했다.

"슬프다! 이곳이 바로 개자추가 넓적다리 살을 베어 과인에게 먹인 곳이다."

그러면서 자신도 모르는 사이에 처연히 눈물을 흘렸다. 여러 장수도 탄식하며 슬퍼했다. 그러자 위주가 말했다.

"우리는 지금 저들의 성을 격파하고 고을을 취하여 주상께서 지난날 받은 치욕을 씻어야 하오. 그런데 탄식이나 하고 있으면 무슨 소용이 있겠소?"

선진이 말했다.

"위 장군의 말이 옳습니다. 신은 본대의 군사를 이끌고 혼자서 오록성을 취하겠습니다."

문공이 그 말을 장하게 여기고 공격을 허락했다. 곁에서 위주가 또 말했다.

"내가 선 장군의 한 팔이 되어 공격을 돕겠소."

그리하여 두 장군은 병거에 올라 진격을 명했다. 선진은 군사들에게 많은 깃발을 가져가게 하여 지나는 산림의 높은 언덕마다 깃발을 꽂고 그 깃발이 산림 위로 높게 드러나 보이게 했다. 위주가 말했다.

"내가 듣건대 '행군은 속임수를 위주로 한다'고 했소. 그런데 지금 온 사방에 깃발을 펄럭이게 하여 적들에게 우리의 행적을 알리고 있으니 무슨 속셈인지 모르겠소."

선진이 말했다.

"위나라는 평소에 제나라에 복종하다가 근래에는 형만荊蠻(초나라)을 섬기고 있소. 저들 백성이 순순히 따르지 않는 것은 중원의 나라가 토벌하러 오지 않을까 두려워하기 때문이오. 우리 주상께서는 제나라를 계승하여 패업을 도모하려 하시니 약하게 보여서는 안 되오. 마땅히 선수를 쳐서 저들의 마음을 빼앗아야 하오."

이때 오록의 백성은 뜻밖에도 진나라 군사가 갑자기 쳐들어오는 것을 보고 성 위로 올라가서 관망하고 있었다. 그러나 온 산림에 깃발이 뒤덮인 것을 보고 진나라 군사가 얼마나 되는지 알 수 없었다. 이에 성 안팎의 주민을 막론하고 모두 앞다투어 도망쳐 숨기에 바빴다. 그곳을 지키는 장수도 금지할 수 없었다. 선진의 군사가 당도했을 때는 성을 지키는 사람이 아무도 없었다. 선진은 북소리 한 번으로 성을 함락시켰다. 사람을 보내 승리를 보고하자 문공의 얼굴에 기쁨의 빛이 가득했다. 그러고는 호언에게 말했다.

"외숙께서 지난번에 땅을 얻을 것이라 하셨는데, 오늘에야 그 말씀이 맞앉구려."

이에 노장 극보양을 시켜 오록을 지키게 한 뒤 대군을 이동시켜 염우歙
盂(河南省 濮陽 동남)에 주둔하게 했다. 이때 대장군 극곡이 갑자기 병이 났다.
문공이 친히 문병하자 극곡이 말했다.

"신은 주상께서 베풀어주신, 세상에 다시없는 대우를 받고 원래 간뇌도
지肝腦塗地를 하더라도 이 한 몸 바쳐 저를 알아주신 주상께 보답하려 했습
니다. 그러나 어찌 할 수 없이 천명이 다하여 지난번에 대장기가 부러지는
징조가 있었습니다. 이제 신의 죽음은 조석에 달려 있으나 아직 한마디 말
씀 올릴 것이 있습니다."

문공이 말했다.

"경이 무슨 말씀을 하더라도 과인은 모두 들을 것이오."

"주상께서 조와 위를 치는 건 원래 초나라에 맞서기 위한 일입니다. 초
나라에 맞서려면 먼저 전략 계획을 잘 수립해야 합니다. 전략 계획 수립의
첫 번째는 바로 제나라, 진秦나라와 힘을 합치는 것입니다. 진나라는 멀고
제나라는 가까우므로 주상께서는 우선 사신을 제나라에 파견해 친선을
도모하고 동맹을 맺으시옵소서. 제나라도 지금 초나라를 미워하고 있기
때문에 우리 진과 동맹을 맺으려 할 것입니다. 만약 제나라가 우리 편으로
오게 되면 위와 조는 틀림없이 두려움에 떨며 화해를 청할 것입니다. 이어
서 진나라 도움까지 받으면 초나라를 제압하는 만전지책萬全之策이 될 것입
니다."

"좋소!"

그리하여 마침내 문공은 제나라로 사신을 보내 우호를 도모하면서 제
환공이 선대에 진나라와 사이좋게 지낸 이야기를 자세히 했다. 또한 동맹

晉文
公伐
衛破
曹

진 문공이 위衛와 조曹를 격파하다.

을 맺고 함께 초나라를 물리치자고 했다.

이때 제나라에서는 효공이 이미 세상을 떠나고 그 동생 반潘이 보위에 추대되었으니 이 사람이 제 소공昭公이다. 반은 갈영葛嬴의 소생으로 새로 보위를 잇자마자 양곡 땅을 빼앗겼기 때문에 진나라와 동맹을 맺고 초나라에 대항하려 했다. 때마침 진 문공이 염우 땅에 주둔하고 있다는 소문을 들은 소공은 그날로 바로 어가에 명령을 내려 문공을 만나기 위해 위衛나라 땅으로 갔다. 위 성공은 이미 오록 땅을 잃고 나서 서둘러 영속寧速의 아들 영유寧俞를 진나라 군영으로 사신을 보내 지난날의 죄를 사과하고 강화를 요청했다. 문공이 말했다.

"너희 위나라가 당초에 길을 빌려주지 않다가 이제는 두려워서 강화를 청하니 이건 너희의 진심이 아니다. 과인은 조만간 위나라 도성 초구楚邱를 짓밟아 평지로 만들고 말리라!"

영유가 돌아와 위 성공에게 문공의 이 말을 보고했다. 이때 초구성 안에서는 진나라 군사가 벌써 당도했다는 와전된 소문이 떠돌아 백성이 하룻저녁에도 여러 차례 놀라 떨었다. 영유가 위 성공에게 말했다.

"진나라의 분노가 극심하고 백성도 공포에 떨고 있으니 주상께서는 잠시 성을 나가 환란을 피하는 것이 좋을 듯합니다. 진나라 군주도 주상께서 이미 도성을 빠져나가신 것을 알면 초구를 공격하지는 않을 것입니다. 그런 뒤 다시 강화를 요청하면 사직을 보전할 수 있을 것입니다."

성공이 탄식하며 말했다.

"선군께서 불행하게도 망명 중인 공자에게 실례를 했고, 과인도 잠깐 사리에 밝지 못해 길을 빌려주지 않았다가 이 지경에 이르게 되었다. 내 잘못이 백성에게까지 미쳤으니 과인은 이제 우리 나라 안에 거주할 면목이 없다."

성공은 대부 원훤과 자신의 동생 숙무叔武에게 나랏일을 섭정하게 한 뒤 자신은 양우襄牛(河南省 睢縣) 땅으로 도피했다. 또 한편으로 대부 손염孫炎을 초나라로 보내 구원을 요청했다. 이때가 봄 2월이었다. 염옹이 이를 시로 읊었다.

환란 중인 진 문공에게 빈객 대접 왜 필요했으랴	患難何須具主賓
여인과 말 바치며 분분한 접대 이상했네	納姬贈馬怪紛紛
그러나 누가 알았으리 오록 땅을 점령한 자가	誰知五鹿開疆者
당년에 그곳에서 구걸하던 사람일 줄	便是當年求乞人

바로 그달에 극곡이 군중에서 세상을 떠났다. 진 문공은 안타까움을 금 치 못하고 상여를 잘 호송하여 귀국하게 했다. 그러고는 오록에서 공을 세 운 선진을 대원수로 승진시키고 서신에게 하군 장군을 보좌하게 하여 선 진의 자리를 메웠다. 이전에 조최가 견문이 넓은 서신을 천거한 바 있는데 이때에 이르러 드디어 중요한 임무를 맡게 되었다. 문공은 마침내 위나라 를 완전히 멸망시키려 했다. 그러자 선진이 간언을 올렸다.

"원래 초나라 때문에 제나라와 송나라가 곤경에 빠졌고, 우리는 그들의 위기를 구하러 왔습니다. 지금 제나라와 송나라의 환란을 해결하지도 못 한 상황에서 먼저 다른 나라를 멸망시키는 것은 망한 나라를 다시 존속시 키고 약소국을 도와주는, 패주의 대의에 어긋나는 일입니다. 게다가 위나 라가 비록 무도하지만 그곳 군주가 이미 나라 밖으로 쫓겨났으므로 그의 폐위와 복위 모두 우리 손에 달려 있습니다. 차라리 군사를 동쪽으로 이동 시켜 조나라를 치는 것이 더 나을 것입니다. 그럼 초나라 군사가 위나라를 구하기 위해 도착했을 때 우리는 이미 조나라에 가 있게 될 것입니다."

문공이 그 말을 옳다고 여겼다.

3월에 진나라 군사가 조나라를 포위했다. 조 공공共公은 군신 회의를 소집해 계책을 물었다. 희부기僖負羈가 앞으로 나서며 말했다.

"진나라 군주의 이번 행차는 지난날 주상께서 그의 늑골을 훔쳐본 원한을 갚기 위한 것입니다. 그의 분노가 심하니 힘으로 겨뤄서는 안 됩니다. 원컨대 신이 사신으로 가서 사죄하고 화해를 청하여 우리 나라의 백성을 환난에서 구제하겠습니다."

조曹 공공이 말했다.

"진나라는 위나라의 우호 요청도 받아들이지 않았는데 우리 조나라의 요청을 받아주겠소?"

이때 대부 우랑于郎이 앞으로 나서며 말했다.

"신이 소문으로 들은 바에 의하면 진나라 군주가 망명 중에 우리 조나라에 들렀을 때 희부기가 몰래 음식을 대접했다 합니다. 그가 지금 또 자진해서 사신으로 가려는 것은 나라를 팔아먹을 계책이니 그의 말을 들어서는 안 됩니다. 주상께선 먼저 희부기를 참하십시오. 신에게 진나라를 물리칠 계책이 있습니다."

조 공공이 말했다.

"희부기가 지금 불충한 계략을 냈다고는 하나 대대로 조정에 헌신한 공신 집안이다. 죽음만은 면하게 해주고 삭탈관직하라."

희부기는 살려준 은혜에 감사를 드리고 조정에서 물러났다. 이것은 그야말로 "문을 닫고 창 앞의 달은 상관도 않을 테니, 매화더러 저 혼자 고운 꽃을 피우라閉門不管窓前月, 吩咐梅花自主張"는 격이었다. 조 공공이 우랑에게 물었다.

"자, 이젠 어떤 계책이 있는지 말을 해보오."

우랑이 말했다.

"진나라 군주는 지금 승리만 믿고 틀림없이 교만한 마음에 빠져 있을 것입니다. 이제 신은 거짓으로 밀서를 써서 오늘 황혼 무렵 성문을 열겠다고 진나라 군주와 약속할 것입니다. 그때 미리 정예병에게 활과 쇠뇌를 들려 성벽 틈새에 매복시키고, 진나라 군주가 입성하도록 유인하여 성문을 닫고 화살을 퍼부으면 온몸을 가루로 만들 수 있을 것입니다."

조 공공은 그 말에 따랐다. 진 문공은 우랑의 항복 문서를 받자마자 성으로 들어가려 했다. 그러자 선진이 말했다.

"조나라는 아직 힘도 써보지 않았는데, 이 항복 문서가 거짓이 아님을 어찌 알겠습니까? 청컨대 신이 한번 시험해보겠습니다."

이에 군사들 중에서 수염이 길고 훤칠한 사람 하나를 골라 진 문공의 옷을 입히고 관모를 씌워 대신 보내기로 했다. 시인寺人(내시) 발제가 수레를 몰겠다고 자청했다. 해가 뉘엿뉘엿 기우는 황혼 무렵 성 위에 항복 깃발이 내걸리고 성문이 활짝 열렸다. 가짜 진 문공은 500여 명의 군사를 이끌고 수레를 치달리며 입성했다. 그러나 그 대열이 성문을 반도 통과하지 못했을 때, 성벽 틈새에서 펑 하는 소리와 함께 화살이 메뚜기 떼처럼 새카맣게 날아들었다. 황급히 수레를 돌리려 했지만 성문은 이미 닫혀 있었다. 가련하게도 발제와 300여 명의 군사들은 화살을 맞고 한 덩어리가 되어 죽었다. 다행히 문공이 가지 않았기에 망정이지 그렇지 않았다면 정말 "곤강에 불이 나서 옥과 돌이 모두 불타는崑崗失火, 玉石俱焚" 참화를 당할 뻔했다. 문공은 지난날 조나라에 잠시 머문 적이 있기 때문에 조나라 사람들

중 그를 알아보는 사람이 많았지만 이날 밤은 창졸지간에 참화가 발생하여 그 진위를 판별하지 못하고 말았다. 우랑은 진나라 군주가 이미 죽은 줄로만 알고 조 공공 앞에서 자기 자랑을 서슴지 않았다. 그러나 날이 밝은 후 시체를 점검하다가 그것이 가짜 문공이라는 것을 알고는 가슴이 철렁 내려앉았다.

성안으로 아직 들어가지 않았던 군사들이 도망쳐 진 문공을 뵈었다. 문공은 노발대발하며 더욱 급하게 성을 공격하라고 명령을 내렸다. 그러자 조나라 우랑이 조 공공에게 다시 계책을 올렸다.

"화살에 맞아 죽은 진나라 군사 시체를 성 위에 내다 걸고 저들 군사들이 잘 볼 수 있게 하십시오. 틀림없이 슬픈 마음에 기가 꺾여 성을 공격할 때 힘을 다 발휘하지 못할 것입니다. 그렇게 며칠을 끌면 초나라의 구원병이 당도할 것입니다. 이것은 적군의 마음을 흔드는 계략입니다."

조 공공이 또 그의 말에 따랐다. 진나라 군사들은 성 위 장대 끝에 매달린 동료의 시체를 바라보고는 서로 얼굴을 쳐다보며 원망과 탄식을 그치지 않았다. 문공이 선진에게 말했다.

"군사들의 마음이 동요할까 두렵소. 어떻게 하면 좋소?"

선진이 대답했다.

"조나라 선조들의 분묘가 모두 서문 밖에 있습니다. 청컨대 군대를 반으로 나누어 묘지 위에다 진영을 펼치시옵소서. 만약 저들 선조들의 묘를 파헤치면 성안 사람들이 틀림없이 두려움에 떨 것입니다. 두려움에 떨면 자중지란이 일어날 것이니 그 틈을 노려 공격할 수 있을 것입니다."

문공이 말했다.

"좋소!"

이에 군사들에게 이렇게 소문을 내게 했다.

"장차 조나라 사람들의 무덤을 파헤칠 것이다."

그러고는 호모와 호언에게 소속 군사를 이끌고 묘지로 이동해 진을 치게 했다. 또 각각 가래와 괭이를 준비하여 내일 정오까지 무덤의 해골을 파오는 자에게 상을 주겠다고 했다. 성안 사람들은 이 소식을 듣고 간담이 모두 찢어지는 것 같았다. 조 공공은 결국 사람을 시켜 성 위에서 다음과 같이 고함을 지르게 했다.

"무덤을 파지 마시오. 이번에는 진정으로 항복할 것이오."

선진도 사람을 시켜 고함을 질렀다.

"네놈들은 우리 군사를 유인해서 마구 죽인 뒤 시체를 성 위에다 내걸었다. 우리 군사들이 이를 참을 수 없어 무덤을 파서 복수하고자 한 것이다. 네놈들이 죽은 사람을 잘 수습하고 염을 한 뒤 관에 안치하여 우리 군사들에게 돌려준다면 군사를 수습해 물러갈 것이다."

조나라 사람들이 대답했다.

"그렇게 하려면 사흘의 여유를 주시오."

선진이 소리쳤다.

"사흘 내에 시신을 안치한 관을 보내주지 않으면 너희 선조들을 욕보일 것이니, 그때 우리를 탓하지 말아라!"

조 공공은 과연 시체를 수습하여 일일이 숫자를 점검한 뒤 각각 관목을 준비했다. 그러고는 사흘 만에 염을 하여 시체를 잘 안치하고 수레에 실었다. 진나라 진영에서는 선진이 또 계책을 마련했다. 미리 호모, 호언, 난지, 서신에게 병거를 정돈하고 네 갈래로 나누어 매복하게 했다. 그다음 조나라 사람들이 성문을 열고 관을 내보내면 그 틈에 동서남북 네 곳 성문으로 한꺼번에 공격해 들어가자는 계책이었다.

말미를 준 사흘이 지나고 나흘째 되는 날, 선진은 사람을 시켜 성 아래에서 고함을 지르게 했다.

"오늘 우리에게 시신을 안치한 관을 돌려주는 것인가?"

조나라 사람이 성 위에서 대답했다.

"포위를 풀고 군사를 5리만 물려주시면 바로 관을 내보내겠소."

선진은 문공에게 이 사실을 알리고 군사를 물리라는 명령을 내리게 했다. 과연 진나라 군사들이 5리 뒤로 물러났다. 성문이 열리고 관을 실은 수레가 사방에서 밀려나왔다. 그 수레들이 삼분의 일 정도 밖으로 나왔을 때 갑자기 포성이 크게 울리며 사방에서 복병이 한꺼번에 쏟아져 나왔다. 성문은 관을 실은 수레에 막혀 꼼짝달싹 못했고 아무리 서둘러도 닫을 수 없었다. 진나라 군사들은 어지러운 틈을 이용해 성안으로 공격해 들어갔다. 조 공공은 성 위에서 군사를 지휘했다. 그때 위주가 성 밖에서 조 공공을 보고 수레 위에서 단번에 도약하여 성 위로 올라갔다. 그는 공공의 가슴을 내리쳐 잡아 누른 후 바로 꽁꽁 묶어버렸다. 우랑은 성을 넘어 도망가려다 전힐에게 사로잡혀 참수를 당했다. 문공은 장수들을 이끌고 성루에 올라가 승첩을 보고 받았다. 위주는 조나라 군주 양襄을 사로잡아 바쳤고, 전힐은 우랑의 목을 바쳤으며, 다른 장수들도 각각 포로와 노획물을 바쳤다. 문공은 조나라 벼슬아치 명부를 가져오라고 명령을 내렸다. 초헌軺軒을 타고 다니는 소인배 300여 명의 성명도 모두 기재되어 있었다. 명부를 대조해가며 잡아들여 하나도 빠져나가지 못하게 했다. 명부에는 희부기의 이름이 보이지 않았다. 그러자 어떤 사람이 해명했다.

"희부기는 조나라 군주에게 강화를 권하다가 벼슬에서 쫓겨나 평민으로 살고 있습니다."

진 문공은 이에 조나라 군주 면전에서 그가 저지른 죄를 하나하나 나열하고는 이렇게 말했다.

"너희 나라에는 현명한 신하가 오직 한 사람이 있는데 너는 그 사람을 등용하지 않고 오히려 너절한 소인배를 임용했다. 이처럼 어린애 같은 장난을 하고서야 나라가 망하지 않고 어찌하겠느냐?"

그러고는 소리 높여 명령을 내렸다.

"본채 안에 가두어 두어라. 초나라에 승리한 후 처분할 것이다."

또한 화려한 초헌을 타고 거들먹거리던 300여 명의 간신배들을 모두 주살한 후 그들의 집을 몰수하여 군사들에게 상으로 주었다. 희부기는 지난날 진 문공에게 음식을 대접한 공로로 북문 근처에 큰 집을 얻었다. 문공이 북문 일대를 돌며 명령을 내렸다.

"경거망동하지 말라. 만약 희씨 댁의 풀 하나 나무 하나라도 건드리는 자가 있으면 목을 베리라!"

진 문공은 장수들에게 임무를 분담시켜 절반은 성을 지키게 하고, 절반은 어가를 수행하여 본채로 가서 주둔하게 했다. 호증胡曾 선생이 이 일을 영사시로 읊었다.

현인 무시한 조 공공은 묶인 포로 되었고	曹伯慢賢遭繫虜
은혜 베푼 희부기는 주살을 면했도다	負羈行惠免誅夷
목전에서 옳은 방편 행할 줄을 모른다면	眼前不肯行方便
나중에야 옳고 그름을 겨우 알게 된다네	到後方知是與非

한편 위주와 전힐 두 사람은 평소에 자신들의 공로만 믿고 교만한 마음을 갖고 있었다. 그러던 차에 오늘 진 문공이 희부기의 집을 잘 보호하라는 명령을 내리자 위주가 울분을 터뜨리며 말했다.

"우리는 오늘 조나라 군주를 사로잡고 그 대장을 참수했는데도 주상께선 한마디도 칭찬하지 않으셨소. 그런데 지난날 음식 대접 받은 것이 무슨 큰 은혜라고 이처럼 후한 인정을 베푸신단 말이오. 정말 일의 경중을 구분하지 못하는 것 같소!"

전힐이 말했다.

"저 희부기라는 자가 만약 진나라에서 벼슬하게 되면 틀림없이 중용될 것이고, 우리는 그자에게 업신여김을 당할 것이오. 차라리 오늘 그자의 집에 불을 질러 죽이고 후환을 없애는 것이 좋겠소. 주상께서 아시더라도 실마 우리를 참수하기야 하겠소?"

위주가 말했다.

"일리 있는 말씀이오."

두 사람은 함께 술을 마신 후 밤이 이슥하기를 기다렸다. 그들은 사사롭게 군졸을 거느리고 희부기의 집을 포위한 후 앞뒷문에서 불을 질렀다. 화염이 하늘 높이 솟았다. 위주는 술에 취해 자신의 용기만을 믿고 솟을 대문으로 뛰어올라 불길을 무릅쓰고 처마 끝에서 나는 듯이 집 안으로 뛰어들었다. 그는 희부기를 찾아 직접 죽일 심산이었다. 그러나 누가 알았으리오? 기둥이 불타며 무너져 내릴 줄이야. 쫘당 소리와 함께 위주는 발을 헛디디며 땅바닥에 쓰러져 하늘을 바라보게 되었다. 이때 하늘이 무너지고 땅이 꺼지는 소리가 들리더니 불이 붙은 기둥이 우당탕 쓰러지며 위주의 가슴을 내리쳤다. 위주는 엄청나게 고통스러웠으나 소리조차 지를 수 없었고, 곧바로 입에서는 선혈이 뿜어져 나왔다. 앞뒤와 좌우에도 불덩이가 어지럽게 휘날렸다. 위주는 가까스로 몸을 뒤척여 일어나서 마당 쪽에 있는 기둥을 타고 지붕으로 뛰어올라 밖으로 탈출했다. 온몸에 불이 붙어 있었다. 이리저리 불붙은 옷을 갈기갈기 잡아 찢은 후에야 겨우 분신의 참화에서 벗어날 수 있었다. 용맹으로는 둘째가라면 서러워할 위주였지만 이때는 어쩔 수 없어서 땅바닥에 쓰러지고 말았다. 마침 전힐이 그곳으로 달려왔다. 그는 위주를 부축해 조용한 곳으로 가서 옷을 벗긴 후, 함께 수레를 타고 그의 집으로 가서 쉬게 했다.

이때 호언과 서신은 성안에 있다가 북문에서 화염이 솟구치는 것을 보았다. 두 사람은 군란軍亂이 일어난 것으로 의심하고 황급히 군사를 이끌고 사태를 알아보러 왔다. 그들은 희부기의 집에서 불이 난 것을 보고 급히 군사를 시켜 불을 끄게 했다. 그의 집은 벌써 불에 타 난장판이 되어 있었다. 희부기는 집안사람들을 데리고 불을 끄다가 연기를 마시고 쓰러져 있었다. 구원병이 도착했을 때는 이미 독한 화염을 마시고 인사불성이 된 뒤였다. 그의 아내가 말했다.

"희씨 집안에 후손을 끊어서는 안 된다!"

그러고는 다섯 살 먹은 아들 희녹僖祿을 안고 후원으로 달려가 오물이 흘러드는 연못 가운데 서서 목숨을 건졌다. 오경五更(새벽 3~5시)까지 난리법석을 피운 뒤에야 겨우 불길을 잡았다. 희씨 댁 하인도 여러 명 불에 타 죽었고, 근처 민가도 불에 소실된 것이 10여 채나 되었다. 호언과 서신은 탐문 끝에 위주와 전힐이 불을 질렀다는 사실을 알고 깜짝 놀랐다. 두 사람은 감히 그 일을 숨길 수 없어 본채로 달려가 보고했다. 본채는 성에서 5리 정도 떨어져 있어서 한밤중에 성안에서 불길이 솟구치는 것이 멀리서 보였지만 그 상황을 명확하게 알 수 없었다. 날이 밝아서야 문공은 보고를 받고 그 까닭을 알게 되었다. 문공은 어가를 타고 바로 성으로 들어갔다. 먼저 북문으로 달려가 희부기를 찾았으나 그는 눈을 크게 뜨고 문공을 한 번 바라보더니 마침내 숨을 거두었다. 문공은 탄식을 그치지 못했다. 희부기의 아내는 다섯 살 먹은 아들 희녹을 안고 땅에 엎어져 통곡했다. 문공도 눈물을 흘리며 말했다.

"어진 형수님께서는 근심하지 마시오. 과인이 잘 돌봐주겠소."

이에 바로 품속의 아이에게 대부 벼슬을 내리고 황금과 비단을 후하게 하사한 뒤 희부기의 장례를 치러주고 그 아내를 진나라로 데리고 갔다. 나중에 조 공공이 귀국할 때 희부기의 아내도 남편의 묘소를 돌보기 위해 귀향하고 싶다고 해서 사람을 시켜 배웅해주게 했다. 희녹은 장성하여 조나라 대부가 되었다. 이것은 물론 뒷날의 이야기다.

그날 진 문공은 대사마 조최에게 명령을 어기고 방화한 죄를 의논하게 하고 위주와 전힐을 주살하려 했다. 그러자 조최가 아뢰었다.

"이 두 사람은 19년 동안 주상전하의 망명을 수행한 공로가 있으며 최근에도 큰 공을 세웠습니다. 사면해주십시오!"

문공이 화를 내며 말했다.

"과인이 백성에게서 신의를 얻은 까닭은 명령을 바로 세웠기 때문이오. 신하가 명령을 따르지 않으면 신하라고 할 수 없고, 임금이 신하에게 명령을 내릴 수 없으면 임금이라고 할 수 없소. 임금이 임금 노릇을 못하고 신하가 신하 노릇을 못하면 어떻게 나라를 바로 세울 수 있겠소? 과인을 위해 공을 세운 대부는 매우 많소. 만약 그들이 모두 명령을 어기고 마음대로 행동한다면 과인은 지금부터 한 가지 명령도 내릴 수 없소."

조최가 다시 아뢰었다.

"주상의 말씀은 참으로 지당하십니다. 그러나 장수들 모두 위주의 용맹에는 미칠 수 없습니다. 그를 죽인다면 진실로 애석한 일이 될 것입니다. 또 이번 범죄에는 전힐이 주범이고 위주가 종범입니다. 신이 생각하기에는 전힐 한 사람만 죽여 사람들에게 경종을 울려도 충분할 것 같습니다. 어찌 위주까지 함께 죽일 필요가 있겠습니까?"

문공이 말했다.

"소문에는 위주가 가슴을 다쳐 일어날 수 없다고 하오. 조만간 죽을 위인에게 무슨 아까운 마음이 남아서 과인의 법을 집행할 수 없단 말이오?"

조최가 말했다.

"청컨대 신이 주상의 명령을 핑계 삼아 위주를 문병하겠습니다. 만약 그가 반드시 죽을 것 같으면 말씀대로 하십시오. 그러나 장차 말을 타고 달릴 수 있을 정도라면 이 범 같은 장수를 살려두시어 장래 일의 완급에 대비하게 하시지요."

문공이 고개를 끄덕이며 말했다.

"그렇게 하도록 하오."

그리하여 순임보를 시켜 전힐을 불러오게 하고, 조최를 시켜 위주의 문병을 가게 했다. 위주의 목숨이 어떻게 될지는 다음 회를 보시라.

제40회

성복전투

선진은 기이한 계략으로 자옥(성득신)을 격분시키고
진과 초는 성복에서 큰 전투를 벌이다
先軫詭謀激子玉, 晉楚城濮大交兵.

조최는 진 문공의 밀명을 받들어 수레를 타고 위주를 만나러 갔다. 이 때 위주는 가슴에 중상을 입고 침대에 누워 있다가 물었다.

"문병 온 사람이 몇 명이더냐?"

좌우의 시종들이 말했다.

"조 사마 한 분만 오셨습니다."

위주가 말했다.

"그건 내 생사를 알아보고 내게 법을 집행하기 위함이다."

그러고는 좌우 시종들에게 비단 한 필을 가져오게 해서는 이렇게 말했다.

"비단으로 내 가슴을 묶어라. 내가 직접 나가서 주상의 사자를 맞아야 한다."

좌우의 시종들이 말했다.

"장군께선 환후가 심하십니다. 함부로 움직여서는 안 됩니다."

위주가 고함을 질렀다.

"죽을병이 아니니라. 여러 말 하지 마라!"

그러고는 평상시처럼 옷을 입고 밖으로 나갔다. 조최가 물었다.

"소문에는 장군께서 환후 중이라는데, 일어날 수 있는 것이오? 주상께서 나를 보내 얼마나 아픈지 문병하게 했소."

위주가 말했다.

"주상전하의 명령이 당도했으니 공경스럽게 받들지 않을 수가 없소. 그래서 억지로 가슴을 동여매고 대부를 뵈러 나온 것이오. 이 위주는 죽을 죄를 지었다는 것을 잘 알고 있소. 만에 하나라도 사면을 받을 수 있다면 장차 남은 일생을 군부君父의 은혜를 갚기 위해 힘쓸 것이오. 어찌 감히 편안하게 쉴 수 있겠소?"

그는 세 번 앞으로 치달리고, 세 번 허리를 굽혔다가 위로 뛰었다. 조최가 말했다.

"장군께선 몸조리 잘하시오. 이 조최가 주상께 잘 말씀드리리다."

이에 조최는 문공에게 보고를 올리며 말했다.

"위주는 부상을 당했지만 뜀뛰기도 할 수 있었고, 신하의 예법을 잊지 않았으며, 앞으로 주상의 은혜에 보답해야 한다는 것도 알고 있었습니다. 주상께서 용서하시면 나중에 틀림없이 사력을 다해 은혜를 갚을 것입니다."

문공이 말했다.

"진실로 법을 밝혀 사람들에게 경종을 울렸으니 그걸로 족하오. 과인도 어찌 여러 사람을 죽이는 것이 즐겁겠소?"

잠시 후 순임보가 전힐을 잡아왔다. 문공이 꾸짖었다.

"네놈이 희 대부의 집에 불을 지른 것은 무슨 까닭이냐?"

전힐이 말했다.

"개자추는 넓적다리 살을 베어 주상께 드렸는데도 불타 죽었습니다. 그런데 그까짓 음식 대접이 뭐가 그리 대수입니까? 신은 희부기를 죽여 개자추의 사당에 올리려 했습니다."

문공이 진노하여 말했다.

"개자추는 스스로 도망쳐 벼슬자리에 오르지 않았다. 그것이 과인과 무슨 관계가 있단 말이냐?"

이에 문공이 조최에게 물었다.

"전힐은 이번 방화를 주모했으며 과인의 명령을 어기고 제 마음대로 행동했소. 무슨 죄를 줘야 합당하겠소?"

조최가 대답했다.

"어명대로 참수하는 것이 마땅합니다."

문공은 군영의 형리에게 형벌을 집행하라고 명령을 내렸다. 도부수刀斧手가 전힐을 군문軍門 밖으로 끌어내 목을 벴다. 바로 그 목을 희씨 집으로 가지고 가서 희부기에게 제사를 지내고 북문에 효수하라 하고 소리 높여 호령했다.

"지금부터 과인의 명령을 어기는 자는 이렇게 될 것이다!"

문공이 또 조최에게 물었다.

"위주는 전힐과 동행하고도 방화를 막지 않았소. 무슨 죄를 줘야 합당하겠소?"

조최가 대답했다.

"그를 파직하시고 앞으로 공을 세워 속죄하게 하십시오."

그리하여 문공은 위주가 맡고 있던 거우車右 직을 파직하고 주지교舟之僑에게 그 자리를 대신하게 했다. 장수와 병졸들이 서로 돌아보며 말했다.

"전힐과 위주 두 장군은 19년 동안 주상의 망명을 수행한 큰 공로가 있는데도 한 번 주상의 명령을 어긴 뒤 한 사람은 주살되고 한 사람은 파직되었다. 하물며 다른 사람이야 더 말해 무엇하랴? 국법에 사사로움이 없으니 각자가 조심해야 하겠다!"

이로부터 진나라의 삼군은 숙연하게 두려운 마음을 갖게 되었다. 사관이 이 일을 시로 읊었다.

나라가 혼란하면 법 집행이 엄해지는데	亂國全憑用法嚴
공과 사 두 가지를 겸전하기 어렵도다	私勞公議兩難兼
어명 어기면 공이 커도 용서받기 어렵나니	只因違命功難贖
어찌하여 밤참 때문에 하루 저녁을 지체했나?[1]	豈爲盤飧一夕淹

이야기가 두 갈래로 나뉜다. 이때 초나라 성왕은 송나라로 쳐들어가 민읍緡邑을 함락시켰다. 이후 바로 도성인 수양睢陽으로 직진하여 사방에서 길게 포위망을 구축하고 적이 지치기를 기다려 압박을 가해 항복을 받아낼 심산이었다. 그러던 차에 갑자기 보고가 올라왔다.

"위衛나라가 사신 손염孫炎을 보내 위급함을 알려 왔습니다."

초왕이 그를 불러 상황을 물었다. 손염은 진나라가 오록 땅을 빼앗은 사실과 위나라 군주가 양우襄牛로 출국한 사실을 자세히 알려주며 이렇게 말

1_ 전힐顚頡과 위주魏犨는 어찌하여 희부기僖負羈가 진晉 문공文公에게 올린 한 끼 밤참 식사 때문에 하루 저녁을 희부기의 집에서 지체하며(머물며) 방화를 했느냐는 의미다.

했다.

"만약 구원병이 조금이라도 늦어지면 도성인 초구조차도 지킬 수 없게 됩니다."

초왕이 말했다.

"우리 장인2께서 곤경을 당하고 있으니 구원하러 가지 않을 수 없다."

이에 신申(河南省 滎陽 서북)과 식息(河南省 息縣 북쪽) 두 고을의 군사를 나눈 뒤, 원수 성득신 및 투월鬪越, 투발鬪勃, 완춘宛春 등 일반 장수는 송나라에 남겨두고 각지의 제후들과 함께 송나라를 계속 포위하게 했다. 초 성왕 자신은 위여신蔿呂臣, 투의신鬪宜申 등과 중군中軍의 양광兩廣3 군사를 거느리고 친히 위나라를 구원하러 갔다. 사방의 제후들은 본국에 불미스러운 일이 생길까 염려하여 각각 작별 인사를 하고 돌아가면서 장수만 남겨 자국의 군사를 통솔하게 했다. 진陳나라 장수 원선轅選, 채나라 장수 공자 인印, 정나라 장수 석계石癸, 허나라 장수 백주百疇는 모두 성득신의 배치를 따랐다.

초 성왕이 거느린 군사가 중도에 이르렀을 때, 진晉나라 군사가 이미 조曹나라로 향하고 있다는 소식이 들려왔다. 조나라를 구원하기 위한 논의를 시작한 지 얼마 되지 않아서 또 보고가 올라왔다.

"진나라 군사가 벌써 조나라를 격파하고 그 임금을 사로잡았다고 합니다."

초왕이 깜짝 놀라며 물었다.

2_ 이보다 조금 앞서 초 성왕成王은 위衛나라와 우호를 맺기 위해 위 성공成公의 딸을 새로 후실로 맞았다.

3_ 양광兩廣: 초나라는 군대를 동광東廣과 서광西廣의 양광으로 편성했다. 초 장왕 이후로는 왕의 친위대를 우광과 좌광으로 편성했다. 일광一廣은 병거 15승으로 이루어져 있었다. 병거 1승에는 보졸 100명과 경계병 25명이 배치됐다. 그러므로 1광의 군사는 모두 1875명이다.

"진나라의 용병술이 어떻게 그리 신속한가?"

초왕은 마침내 신성에 군사를 주둔시키고 제나라 양곡으로 사람을 보내 공자 옹과 역아 등을 불러오게 하고 양곡 땅을 옛날 그대로 제나라에 돌려주게 했다. 아울러 신공申公 숙후叔侯를 제나라로 보내 강화한 뒤 양곡을 지키던 군사도 모두 철수시켰다. 또 송나라에도 사람을 보내 성득신의 군사를 불러들인 뒤 그를 경계하며 이렇게 타일렀다.

"진나라 군주는 나라 밖에서 19년을 보낸 뒤 나이가 예순이 넘어서 나라를 얻었소. 온갖 간난신고를 다 겪으며 백성의 사정에 통달했소. 아마도 하늘이 그에게 수명을 주어 진나라의 대업을 창성하게 하려는 것 같으니 우리 초나라가 대적할 수 있는 나라가 아니오. 이번엔 진나라에 양보하는 것이 좋겠소."

뒤이어 명령이 양곡에 이르자 신공 숙후도 양곡을 돌려주고 제나라와 우호를 맺은 뒤 군사를 거두어 초나라로 돌아갔다. 오직 성득신만 자신의 재주를 믿고 불평불만을 터뜨리며 제후들[4]에게 말했다.

"송나라 도성을 조만간에 함락시킬 수 있을 것인데, 어찌하여 이곳을 떠나란 말이오?"

투월초鬪越椒도 그렇게 생각했다. 성득신은 사자를 돌려보내 초왕에게 보고하게 했다.

"원컨대 송나라를 격파하고 개선가를 울리며 돌아갈 때까지 잠시만 기다려주시옵소서. 만약 진나라 군사와 만나면 결전을 벌이겠습니다. 전투에서 승리하지 못하면 기꺼이 군법에 따르겠습니다."

4_ 제후들: 바로 앞 대목에서 제후들은 모두 자국으로 돌아갔으므로, 이 말은 성득신이 자신의 장수들에게 하는 얘기로 봐야 한다.

초 성왕은 자문을 불러서 물었다.

"과인이 자옥子玉(성득신의 자)을 소환하려고 하는데 오히려 전투를 청하고 있소. 경이라면 어떻게 하겠소?"

자문이 말했다.

"진晉나라가 송나라를 구원하려는 의도는 패업을 도모하기 위한 것입니다. 그러나 진나라가 패주가 되는 건 우리 초나라에 불리합니다. 지금 진나라와 대항할 수 있는 나라는 우리뿐인데, 우리 초나라가 진나라를 피한다면 그들은 마침내 패업을 이룰 것입니다. 또한 조나라와 위나라처럼 우리를 따르던 자들도 우리가 진나라를 피하는 것을 보고 틀림없이 두려움에 떨며 진나라에 붙을 것입니다. 잠시 그들과 대치하도록 명해 조와 위의 마음을 굳건하게 해주는 것도 좋은 일이 아니겠습니까? 다만 대왕께서 자옥에게 진나라와 가벼이 싸우지 말라 경계하시고, 서로 강화할 수 있는 여건이 되면 물러나도 좋다고 타이르십시오. 그것이 남북 간의 균형을 잃지 않는 방책일 것입니다."

성왕이 그의 말에 따라 투월초를 시켜 성득신에게 가벼이 하지 말고 공격을 더욱 강화하라고 분부했다. 성득신은 투월초가 전하는 말을 듣고 몹시 기뻐하며 군사를 되돌리지 않고 송나라에 대한 공격을 더욱 세차게 하며 밤낮으로 공성攻城을 멈추지 않았다.

송 성공成公은 처음에 공손고公孫固의 보고를 듣고 진 문공이 조와 위를 공격하면 송나라에 대한 포위가 풀릴 줄 알았다. 그리하여 온 힘을 기울여 도성을 지켰다. 그러나 초 성왕이 군사를 절반으로 나누어 위나라를 구원하러 간 뒤에도 성득신의 포위 공격이 더욱 사나워지자 당황하기 시작했다. 그때 대부 문윤門尹5 반般이 앞으로 나서며 말했다.

"진나라는 위나라를 구원하기 위한 초나라 군사가 출발한 것만 알고, 우리 송나라를 포위한 초나라 군사는 아직 물러나지 않은 걸 모르는 듯합니다. 청컨대 신이 죽음을 무릅쓰고 성을 나가 다시 진나라 군주를 뵙고 구원병을 요청하겠습니다."

송 성공이 말했다.

"다시 사람을 보내 구원병을 청하는데 어찌 빈손으로 갈 수 있겠소?"

이에 궁궐 창고에 있는 금은보화와 귀중한 기물의 물목을 조사하여 그것을 장부로 만들어 문공에게 바치고 군대를 청해오게 했다. 초나라 군사의 공격을 그치게만 해준다면 장부의 물목대로 보물을 바치겠다고 했다. 문윤 반은 자신을 도와줄 한 사람을 더 동행하게 해달라고 했고, 성공은 화수로華秀老를 그와 함께 보냈다. 두 사람은 성공에게 작별 인사를 하고 초나라 군사의 빈틈을 보아 밧줄을 타고 성을 탈출했다. 그들은 적의 진채를 몰래 통과하여 연도 내내 진나라 군영을 찾았다. 그러다가 어딘지도 모르는 곳에 도착해서야 진나라 군사를 만났고 바로 군영 앞으로 달려가 송나라의 위급함을 알렸다. 문윤 반과 화수로 두 사람은 문공을 만나 눈물을 흘리며 말했다.

"우리 나라의 존망이 아침저녁에 달려 있습니다. 우리 주상께서는 이처럼 보잘것없는 종실 기물이나마 이웃 나라에 바치고자 하니 우리 송나라를 가엾게 여겨주시옵소서."

문공이 선진에게 일렀다.

"송나라 사태가 급박한 것 같소. 구원하러 가지 않으면 망해 없어질 것

5_ 문윤門尹: 송나라 도성의 성문 관리와 수비를 책임지는 총책임자.

이요, 구원하러 가자니 초나라와 전쟁해야 할 것이오. 돌아가신 대장군 극진이 과인에게 대책을 일러주면서 제나라, 진秦나라와 힘을 합치지 않고 다른 나라를 도와주는 건 불가하다고 했소. 지금 초나라는 양곡 땅마저 제나라에 돌려주고 우호를 맺었고, 진秦나라는 초나라와 아무 관계도 없이 지내왔으니 과연 우리와 힘을 합치려고 하겠소? 장차 어찌하면 좋겠소?"

선진이 대답했다.

"신에게 한 가지 계책이 있습니다. 이 계책을 쓰면 제나라와 진나라가 스스로 와서 초나라와 싸우게 될 것입니다."

문공이 기뻐하며 물었다.

"경에게 무슨 묘책이 있기에 그들이 스스로 초나라와 싸우러 온단 말이오?"

선진이 대답했다.

"송나라는 우리에게 참으로 융숭한 예물을 갖고 왔습니다. 그 예물을 받고 우리가 구원에 나선다면 주상전하를 어찌 정의롭다 할 수 있겠습니까? 그러니 선물은 사양하는 것이 더 좋을 것입니다. 송나라로 하여금 우리에게 준 예물을 각각 반으로 나누어 제와 진에게 주고 초나라의 마음을 돌려 포위를 풀어달라고 요청하게 하십시오. 두 나라가 만약 초나라에게서 허락을 받을 수 있다고 생각한다면 틀림없이 사신을 초나라에 보낼 것입니다. 그런데 초나라가 요청을 받아들이지 않는다면 제, 진과 초는 사이가 벌어질 것입니다."

"만약 초나라가 두 나라의 요청을 받아들이고, 이를 계기로 제와 진이 송나라에게 초나라를 받들라고 하면 우리에게 무슨 이득이 있겠소?"

"신에게는 초나라로 하여금 제와 진의 요청을 거절하게 할 수 있는 또 다른 계책이 있습니다."

"경은 또 무슨 계책으로 초나라의 거절을 끌어낸단 말이오?"

"조曹와 위衛는 초가 아끼는 나라이고, 송은 초가 미워하는 나라입니다. 우리는 이미 위나라 군주를 쫓아냈고, 조나라 군주를 사로잡았습니다. 그리하여 두 나라 땅을 우리가 장악하고 있고, 두 나라는 송나라와 경계를 잇고 있습니다. 이제 두 나라 땅을 떼어 송나라에게 주면 초나라는 송나라를 더욱 심하게 미워할 것입니다. 그러므로 제와 진의 화해 요청이 있다 해도 초나라가 그것을 따르려 하겠습니까? 이런 연유로 제와 진은 송나라를 가엾게 여기며 초나라에 분노할 것입니다. 그럼 이 두 나라가 우리와 힘을 합치지 않으려 해도 그리 할 수 없을 것입니다."

문공은 박수를 치며 훌륭한 계책이라고 칭찬했다. 이에 문윤 반에게 금은보화와 귀중한 기물의 숫자를 둘로 나누어 장부를 두 책冊 작성하게 하고 그것을 제와 진에 바치게 했다. 그리하여 문윤 반은 진나라로 가고, 화수로는 제나라로 가서 이미 준비한 말을 하게 했다. 또한 두 나라의 군주와 상봉하는 자리에서는 지극히 애통하고 간절한 모습으로 중재를 요청하라고 했다.

화수로는 제 소공昭公을 알현하고 말했다.

"진晉나라와 초나라가 지금 서로 미워하고 있으니 귀국이 아니고는 화해를 시킬 수 없습니다. 만약 귀국이 우리 사직을 보존해주신다면 선대의 귀중한 보물을 아끼지 않을 것입니다. 뿐만 아니라 해마다 조공을 바치며 자손만대까지 사이가 벌어지지 않게 하겠습니다."

제 소공이 물었다.

"지금 초나라 군주는 어디에 있소?"

"초왕은 포위를 풀려고 이미 신 땅으로 군사를 후퇴시켰습니다. 그런데 초나라 영윤 성득신이 새로 정사를 맡아 우리 송나라를 조만간에 함락시킬 수 있다고 하며 군사를 후퇴시키지 않고 전공에 욕심을 내고 있습니다. 이러한 까닭에 귀국에 도움을 요청하게 된 것입니다."

"초왕은 지난번에 양곡을 빼앗아가더니 최근에 다시 우리에게 돌려주고 우호를 맺은 뒤 물러갔소. 이것은 초왕에게 공로를 탐하는 마음이 없다는 증거요. 그런데 영윤 성득신이 포위를 풀려고 하지 않는다 하니 과인이 송나라를 위해 완곡한 말로 화해를 요청해보겠소."

이에 최요崔夭를 사신으로 삼아 바로 송나라 땅으로 보냈다. 최요는 성득신을 만나 송나라를 위해 포위를 풀어달라고 했다.

문윤 반도 진秦나라로 가서 화수로와 똑같은 말을 했다. 목공 역시 공자 칩을 초나라 군영에 보내 포위를 풀어달라고 청했다. 제와 진이 서로 상의도 없이 각기 사신을 파견하자, 반과 화수로는 모두 진晉나라 군영으로 돌아와 경과를 보고했다. 문공이 말했다.

"과인은 이미 조나라와 위나라를 멸망시켰소. 그 땅이 송나라에 가까우니 과인이 사사롭게 처리할 수 없소."

이에 호언과 문윤 반에게 명하여 위나라 땅을, 서신과 화수로에게 명하여 조나라 땅을 접수하게 하면서 두 나라 땅을 지키던 관리들을 모두 쫓아냈다. 한편 최요와 공자 칩은 바야흐로 성득신의 군막에서 송나라를 위해 강화를 요청하고 있었다. 그때 마침 쫓겨난 관리들이 분분이 달려와 호소했다.

"송나라 대부 문윤 반과 화수로가 진晉나라의 위세를 믿고 우리 토지를 모두 빼앗아가고 있습니다."

성득신은 크게 화를 내며 제나라와 진나라 사신에게 말했다.

"송나라 놈들이 이처럼 조와 위를 괴롭히고 있으니 어찌 강화란 걸 맺을 수 있겠소? 감히 귀국의 명령을 받들지 못하더라도 우리를 탓하지 마시오."

최요와 공자 칩은 일이 좋지 않게 돌아가는 것을 보고 즉시 되돌아갔다. 문공은 성득신이 제, 진의 요청을 거절했다는 소식을 듣고 미리 중도에 사람을 보내 두 나라 사신을 영접해왔다. 그러고는 군영으로 맞아들여 성대한 잔치를 베풀어 극진하게 환대하면서 "초나라 장수가 교만하고 무례하여 곧 우리와 교전이 벌어질 테니 두 나라가 군사를 보내 도와달라"고 호소했다. 최요와 칩은 명령을 받들고 돌아갔다.

한편 성득신은 군사들 앞에서 맹세하며 말했다.

"조나라와 위나라를 다시 일으켜 세우지 못하면 차라리 죽을지언정 군사를 돌이키지 않을 것이다."

초나라 장수 완춘이 한 가지 계책을 올렸다.

"소장에게 무기를 쓰지 않고도 조와 위를 다시 일으켜 세울 계책이 있습니다."

득신이 물었다.

"그것이 무엇이오?"

"진나라가 위나라 군주를 쫓아내고 조나라 군주를 사로잡은 건 모두 송나라를 위한 일입니다. 대원수께서는 진나라 군영으로 사신을 파견해 좋은 말로 강화를 청하십시오. 즉 진나라가 조와 위의 군주를 복위시키고 땅을 돌려주면 우리도 여기에서 송나라에 대한 포위를 풀겠다고 하는 겁니다. 그럼 전쟁도 하지 않고 군사들도 편히 쉬게 될 터이니 어찌 아름다운 일이 아니겠습니까?"

"만약 말을 듣지 않으면 어찌하겠소?"

"대원수께서 포위를 풀겠다는 말을 먼저 송나라 사람들에게 분명하게 알리고 공격을 잠시 늦추십시오. 그러면 송나라 사람들은 초나라의 참화에서 벗어나기를 학수고대할 것입니다. 그런데 만약 진나라 군주가 허락하지 않으면 조나라와 위나라가 진나라를 원망할 뿐만 아니라 송나라도 분노하게 될 것입니다. 그럼 세 나라의 원한을 모아 진나라 하나를 대적하는 것이니 우리가 이길 공산이 훨씬 커집니다."

"누구를 진 군영에 사신으로 보내면 좋겠소?"

"대원수께서 맡겨만 주신다면 이 완춘이 감히 사양하지 않겠습니다."

성득신은 송나라에 대한 공격을 좀 늦추고 완춘을 사신으로 임명했다. 그는 홀로 수레를 타고 진나라 군영으로 직진해 들어가서 득신의 말을 문공에게 전했다.

"군후의 외신外臣인 득신이 군후의 휘하에 재배를 올립니다. 우리 초나라에게 조나라와 위나라가 있는 것은 진나라에게 송나라가 있는 것과 같습니다. 군후께서 만약 위나라와 조나라를 다시 일으켜 세워주시면 이 득신은 송나라에 대한 포위를 풀고 물러가 서로 우호를 돈독하게 할 것입니다. 그럼 각 나라의 백성이 도탄에 빠지는 고통에서 벗어날 수 있을 것입니다."

말을 아직 다 마치지도 않았는데 곁에서 듣고 있던 호언이 두 눈을 부릅뜨고 이빨을 갈며 꾸짖었다.

"자옥이 얼토당토않는 말을 하는구나! 너희는 아직 망하지도 않은 송나라를 풀어주는 대가로 이미 망한 두 나라를 다시 일으켜 세우라는 것이냐? 너희 마음대로 하려는구나!"

선진이 몰래 호언의 발을 살짝 밟으며 완춘에게 말했다.

"조나라와 위나라의 죄는 나라를 멸망시킬 정도는 아니오. 우리 주상께서도 다시 일으켜 세워줄 마음을 갖고 계시오. 청컨대 잠시 후영後營으로 가서 기다리면 우리 군신들이 시행 계획을 좀 의논할 것이오."

그러자 난지欒枝가 완춘을 데리고 후영으로 들어갔다.

호언이 선진에게 물었다.

"자재子載(선진의 자)는 정말 완춘의 청을 들어주실 생각이오?"

"완춘의 청은 들어줄 수도 없고 들어주지 않을 수도 없소."

"그게 무슨 말이오?"

"이번에 완춘을 보낸 것은 자옥의 간계요. 자신은 덕을 베풀면서 우리 진나라에 원망을 돌리려는 수작이오. 저들의 청을 들어주지 않으면 우리가 위, 조, 송 세 나라를 버리는 것이니 원망이 우리에게 쏠릴 것이오. 저들의 청을 들어주고 세 나라를 원래대로 회복시킨다 해도 그 덕이 모두 초나라로 돌아갈 것이오. 차라리 몰래 조나라와 위나라 군주를 복위시켜주겠다고 허락하고 저들의 파당을 이간시키는 것이 좋겠소. 그런 뒤에 완춘을 잡아두고 저들의 분노를 촉발시켜야 하오. 득신은 성격이 강하면서 조급하므로 틀림없이 군사를 이동시켜 우리와 싸움하려 들 것이오. 그럼 송나라에 대한 포위는 풀려고 하지 않아도 저절로 풀릴 것이외다. 그러나 만약 자옥이 송나라와 직접 우호를 맺는다면 우리가 송나라를 잃을 수도 있소."

두 사람의 논의를 듣고 문공이 말했다.

"자제의 계획이 참으로 훌륭하오. 다만 과인은 이전에 초나라 군주의 은혜를 입은 적이 있소. 그런데 지금 초나라의 사신을 잡아 가둔다는 것은 아마도 은혜에 보답하는 도리가 아닌 듯하오."

난지가 대답했다.

"초나라는 작은 나라를 집어삼키고 큰 나라를 능멸하고 있습니다. 이것은 모두 중원 여러 나라의 큰 치욕입니다. 만약 패업을 도모하려 하신다면 그 치욕을 주상의 것으로 받아들이셔야 합니다. 그런데도 구구한 작은 은혜만을 생각하시려는 것입니까?"

문공이 말했다.

"경의 말이 아니었다면 과인이 깨닫지 못할 뻔했소."

그리하여 마침내 난지를 시켜 완춘을 오록으로 압송시키고 그곳을 지키는 극보양에게 넘겨 조심스럽게 관리하게 했다. 그다음 원래 완춘을 수행했던 시종들을 모두 돌려보내 영윤 성득신에게 말을 전했다.

"완춘이 무례한 행동을 하여 이미 감금시켰다. 이제 영윤을 사로잡는 날 함께 주살할 것이다."

시종들은 머리를 싸안고 줄행랑을 놓았다.

진 문공은 완춘의 문제를 다 처리하고 사람을 시켜 조나라 공공에게 말했다.

"과인이 어찌 지난날 망명길에서 당한 작은 울분 때문에 군후께 지나친 요구를 할 수 있겠소? 그러나 군후께 석연치 않은 행동을 한 까닭은 군후께서 초나라만 섬기기 때문이오. 군후께서 만약 사신을 보내 초나라에 절교를 통보하고 우리 진나라와 우호를 맺는다는 것을 밝히면 당장에 군후를 조나라로 돌려보낼 것이오."

조 공공은 석방되고 싶은 마음이 급해서 그렇게 하겠다고 약속하고 마침내 서찰을 성득신에게 보냈다.

과인은 사직이 무너지고 죽음을 면하지 못할까 두려워 부득이하게 진나라와 우호를 맺고 귀국을 섬기지 못하게 되었소. 귀국에서 만약 진나라를 쫓아내고 과인을 위해 우리 강토를 평안케 해주신다면 과인이 어찌 두마음을 먹을 수 있겠소?

진 문공은 또 양우 땅으로 사람을 보내 위 성공을 만나보게 하고 역시 귀국을 허락한다고 했다. 성공이 크게 기뻐하자 영유가 간언을 올렸다.

"이것은 진나라의 이간질입니다. 저들을 믿지 마십시오!"

위 성공은 그 말을 듣지 않고 역시 성득신에게 서찰을 보냈다. 그 내용은 대략 조 공공의 말과 같았다. 이때 성득신은 완춘이 구금되었다는 소식을 듣고 짐승처럼 포효하며 날뛰었다.

"진나라 중이 이놈! 도망 다니며 굶다가 천신만고 끝에 살아난 늙은 도적놈 같으니! 당초에 우리 초나라에 왔을 때 내가 단칼에 요절을 냈어야 했건만. 이제 귀국하여 임금이 되었다고 이처럼 사람을 업신여긴단 말이냐? 자고로 '두 나라가 싸울 때도 사신에게는 죄를 묻지 않는다兩國相爭, 不罪來使'고 했다. 그런데 어찌하여 우리가 보낸 사신까지 잡아 가둔단 말이냐? 내 마땅히 직접 가서 그놈에게 사리를 따질 것이다."

이처럼 노발대발하고 있을 때 군막 밖에서 병졸이 보고를 올렸다.

"조나라와 위나라에서 각각 대원수께 올리는 서찰을 보내왔습니다."

득신은 이렇게 생각했다.

'위나라 군주와 조나라 군주는 지금 이국땅에 유리된 상황인데, 무슨 서찰을 써서 내게 보낸 것인가? 틀림없이 진나라에 무슨 좋지 않은 일이 일어난 걸 탐지하여 몰래 내게 보고하려는 것이다. 이것은 하늘이 내 성공

을 돕는 것이다.'

그러나 서찰을 개봉해 읽어보니 앞에서 말한 내용처럼 그들이 초나라와 절교하고 진나라를 따르겠다는 것이었다. 성득신은 마음이 암담해지며 머리끝까지 화가 치밀어 올라 고함을 질렀다.

"이 두 통의 서찰도 그 늙은 도적놈이 핍박해서 쓴 것이다. 이 늙은 도적놈! 이번에 양단간에 사생결단을 내겠다!"

성득신은 마침내 대소 삼군에 분부하여 송나라에 대한 포위를 풀고 진나라 중이를 찾아가 전투를 벌이기로 했다.

"내가 진군을 패배시킬 때까지 기다려라. 망해가는 송나라가 어디로 가겠느냐?"

투월초가 말했다.

"대왕께서 '가볍게 전투를 벌이지 말라'고 신신당부하셨소. 만약 대원수께서 전투를 벌이려 하면 반드시 명령을 받아 행하라고 했소. 게다가 제와 진秦이 우리에게 송나라를 위해 인정을 베풀어달라고 요청했는데도 대원수께서 그 요청을 받아들이지 않아 한을 품고 있소. 그러므로 저 두 나라는 필시 군사를 보내 진나라를 도울 것이오. 우리도 진陳, 채, 정, 허나라의 도움을 받을 수는 있지만 아마도 제나라와 진나라의 적수가 되지는 못할 것이오. 반드시 조정에 군사와 장수를 증원해달라고 요청한 뒤에야 저들과 대적할 수 있을 것이오."

성득신이 말했다.

"번거롭더라도 대부께서 한번 가주시오. 속히 다녀오시면 좋겠소."

투월초는 원수 성득신의 명령을 받들고 지름길로 신읍에 당도하여 초 성왕을 알현하고 군사를 증원해 전투하고 싶다는 뜻을 전했다. 초왕이 화를 내며 말했다.

"과인이 전투를 벌이지 말라고 타일렀거늘 자옥은 억지로 군사를 출정시키려 하는구나. 반드시 승리한다는 보장이 있는가?"

투월초가 대답했다.

"득신이 전에 이미 다짐을 해둔 말이 있습니다. 즉 그는 '만약 승리하지 못하면 기꺼이 군령을 받겠다'고 했습니다."

초왕은 끝까지 마음이 내키지 않았지만 투의신鬪宜申에게 서광西廣의 군사를 거느리고 전쟁터로 가게 했다. 초나라 군대는 이광, 즉 왼쪽엔 동광, 오른쪽엔 서광으로 편성되어 있었다. 대체로 정예병은 모두 동광에 배속시켰고, 나머지를 나누어 서광에 배속시켰는데 그 숫자도 1000명에 불과했을 뿐만 아니라 모두 정예병이 아니었다. 초왕은 성득신이 전투에 패할까 의심스러워 많은 군사를 보내려 하지 않았다. 이때 성득신의 아들 성대심成大心이 종친들의 군사 약 600명을 모아 자원해서 전투를 돕겠다고 나서자 초왕이 허락했다. 투의신과 투월초는 군사를 거느리고 송나라에 당도했다. 성득신은 구원병의 숫자가 적은 것을 보고 더욱 화가 나서 소리를 질렀다.

"군사를 많이 증원해주지 않은 것을 보니 내가 이기지 못할 것이라 보는구나."

성득신은 그날 곧바로 사방 제후들과 약속하고 진채를 모두 뽑아 군사를 일으켰다. 진나라 선진의 계책이 딱 맞아떨어지는 순간이었다. 염옹이 이 일을 시로 읊었다.

오래 수양성 괴롭히더니 전공도 못 세우고   久困睢陽功未收
발끈 한 번 화를 내고 제후들과 싸웠도다   勃然一怒戰群侯

득신에게 하늘 찌르는 큰 뜻이 있었더라도　　　　　　　得臣縱有冲天志

오늘 아침 선진의 꾀를 어떻게 벗어나리　　　　　　　　怎脫今朝先軫謀

　성득신은 서광의 병거에 성씨 족친 사병을 더하여 중군을 꾸리고 자신
이 중군을 맡았다. 또 투의신에게는 신읍의 군사를 거느리고 정나라와 허
나라 군사와 함께 좌군을 꾸리게 했다. 투발에게는 식읍息邑의 군사를 거
느리고 진陳나라와 채나라 군사와 함께 우군을 꾸리게 했다. 그리하여 소
나기가 쏟아지고 폭풍이 몰아치듯 곧바로 진 문공의 본채로 핍박해 들어
가서 세 곳에다 진영은 세웠다.

　문공은 장수들을 불러 모아 대책을 물었다. 선진이 대답했다.

　"원래 초나라를 끌어들이기 위해 계책을 세운 것은 저들을 꺾어버리기
위한 것입니다. 또 초나라는 제나라를 치고 송나라를 포위하면서 오늘에
이르렀으니 그 군사들이 지쳐 있습니다. 그러니 반드시 초나라와 싸워야
합니다. 지금 적을 물리칠 기회를 잃어서는 안 됩니다."

　호언이 말했다.

　"주상께서는 지난날 초나라 군주 앞에서 한마디 약속을 한 적이 있습니
다. 즉 '뒷날 중원에서 서로 군사를 부릴 일이 있으면 삼사三舍(90리)를 피해
드리겠다'고 하셨습니다. 오늘 마침내 초나라와 전쟁하게 되었으니 이 약속
을 지켜야 합니다. 주상께서는 지난번에 원성 백성에게도 신의를 잃지 않
으셨는데, 지금에 와서 초나라 군주에게 신의를 잃을 작정이십니까? 반드
시 초나라 군사를 피해 물러나셔야 합니다."

　곁에 있던 장수들이 발끈 화를 내며 말했다.

　"우리 진나라 군주께서 초나라 신하 장수를 피하는 것은 심한 치욕입니

先軫詭謀敬子玉

선진이 기이한 계책으로 성득신을 자극하다.

다. 그래서는 안 됩니다!"

호언이 말했다.

"성득신은 강포한 자이지만 초나라 군주의 은혜는 잊을 수 없습니다."

장수들이 또 말했다.

"만약 초나라 군사가 계속 추격해오면 어찌하겠습니까?"

호언이 말했다.

"우리가 물러날 때 초나라도 물러나면 저들이 다시 송을 포위하지는 못할 것입니다. 우리가 물러날 때 진격해오면 그것은 신하가 군주를 핍박하는 것이니 그 잘못은 저들에게 있습니다. 물러나려고 하는데도 물러나지 못하게 하면 사람들이 분노하게 됩니다. 저들이 교만할 때 우리가 분노하면 어찌 승리하지 못하겠습니까?"

문공이 말했다.

"자범子犯의 말이 옳도다."

그러고는 바로 명령을 전했다.

"삼군을 모두 뒤로 물려라!"

진나라 군사가 30리를 물러났다. 행진을 담당하는 군관이 와서 보고했다.

"벌써 일사一舍의 땅을 물러났습니다."

문공이 말했다.

"아직 부족하다."

다시 30리를 물러나서도 문공은 여전히 주둔을 허락하지 않았다. 계속해서 90리를 물러나 성복城濮6에 도착했다. 그곳이 마침 삼사가 되는 곳이

6_ 성복城濮: 산동성 견성鄄城 남서 임복집濮集. 일설에는 하남성 개봉開封 진류陳留 근처라고도 한다.

어서 진영을 마련하고 군사를 쉬게 했다. 이때 제나라 효공은 상경 국의중의 아들 국귀보國歸父를 대장으로, 최요崔夭를 부장으로 임명했다. 진 목공은 자신의 둘째 아들 소자小子 은憖을 대장으로, 백을병百乙丙을 부장으로 임명했다. 그들은 각각 대군을 이끌고 진나라 군사와 협력하며 초나라와의 싸움을 위해 모두 성복에 진채를 차렸다. 포위가 풀리자 송 성공도 사마 공손고를 진나라 군영으로 보내 감사 인사를 올리고 그곳에 군사를 주둔시켜 싸움을 돕게 했다.

초나라 군사는 진晉나라 군사가 물러나는 것을 보고 모두 희색이 만면했다. 투발이 말했다.

"진나라 군주는 임금의 몸으로 우리 초나라 신하를 피했으니 영예로운 일이오. 차라리 이번 기회를 빌려 군사를 되돌리면 비록 전공은 세우지 못했더라도 죄를 면할 수는 있을 것이오."

성득신이 노하여 말했다.

"나는 벌써 병졸과 장수를 증원받았소. 그런데 싸움 한 번 하지 않고 돌아가서 어떻게 보고를 올리란 말이오. 진나라 군사가 물러난 걸 보니 이미 저들의 사기가 꺾인 것이오. 그러니 신속히 추격해야 하오."

그러고는 바로 명령을 내렸다.

"서둘러 진격하라."

초나라 군사들은 90리를 행군하여 진나라 군사와 만났다. 성득신은 지형을 살펴 뒤로는 산을 의지하고 앞으로는 연못에 가로막혀 있는 험준한 곳에 군영을 세웠다. 진나라 장수들이 선진에게 말했다.

"초나라가 험준한 곳에 진영을 구축하면 우리가 공격해도 이기기 어려울 것이오. 지금 바로 출병하여 싸워야 하오."

선진이 말했다.

"대저 험준한 곳에 근거를 마련하는 건 단단히 지키기 위한 전략이오. 성득신은 먼 곳에서 왔으므로 뜻이 싸움에 있지 지키는 데 있지 않을 것이오. 그러니 비록 험준한 곳에 진을 친다 해도 무슨 소용이 있겠소?"

이때 진 문공도 초나라와의 전투를 주저하고 있었다. 그러자 호언이 아뢰었다.

"오늘의 대치로 반드시 전투가 벌어질 것이고, 전투에서 이기면 제후들의 패주가 될 것입니다. 설령 이기지 못하더라도 우리 나라는 밖으로 황하를 끼고 있고 안으로는 험준한 산으로 막혀 있으니 아무런 해가 없습니다. 초나라가 우리를 어찌할 수 있겠습니까?"7

그러나 끝내 결정하지 못했다. 이날 밤 문공은 잠을 자다가 문득 꿈을 꾸었다. 꿈속에서 문공은 지난날 망명시절로 돌아가 있었다. 몸은 초나라에 있었고 초왕과 씨름을 하고 있었다. 그러나 힘이 부쳐서 하늘을 바라보며 벌러덩 넘어지고 말았다. 그때 초왕이 그의 몸 위에 엎어져 머리를 세게 쳐서 뇌가 터졌고 초왕은 그 뇌를 씹어 먹었다. 문공은 깜짝 놀라 깨어나 두려움에 몸을 떨었다. 이때 호언이 같은 군막에서 잠을 자고 있었다. 문공이 그를 깨워 여차여차 꿈 이야기를 했다.

"내가 꿈에서 초왕과 싸워 이기지 못했고 초왕은 내 뇌를 씹어 먹었소. 아마 길몽이 아닌 듯하오."

7_ 표리산하表裏山河: 진晉나라의 지세가 밖으로는 황하가 굽이쳐 흐르고 안으로는 태항산 등 험준한 산이 가로막고 있어서 방어에 편리하다는 뜻. 후세에는 험준한 산천에 둘러싸인 천험의 요새를 비유한다.(『좌전』 희공 28년)

호언이 축하를 올리며 말했다.

"그건 매우 길조입니다. 주상께서는 반드시 승리할 것입니다."

문공이 말했다.

"어떤 점이 길하다는 것이오?"

호언이 대답했다.

"주상께서 하늘을 바라보고 누웠으니 하늘의 보살핌을 받는다는 것이고, 초왕이 주상의 몸 위에 엎어졌으니 땅에 엎드려 죄를 청하는 것입니다. 또 뇌라는 건 부드러운 물건이고, 주상께서는 그것을 초나라에 주었으니 부드럽게 저들을 복종시키는 것입니다. 어찌 승리하지 않을 수 있겠습니까?"

마침내 문공은 마음속 의심이 모두 풀렸다. 날이 밝을 무렵 군졸이 보고를 올렸다.

"초나라에서 전투를 청하는 글을 보내왔습니다."

문공이 그 글을 펼쳐서 보니 대략 다음과 같은 내용이었다.

청컨대 군후의 군사와 장난을 한번 쳐볼까 하오. 군후께선 수레에 기대 구경이나 하시오. 이 득신도 구경이나 할까 하오.

호언이 말했다.

"전쟁은 위급한 일입니다. 그런데도 장난이라고 했으니 저들은 이번 싸움을 조심스럽게 대하지 않는다는 것입니다. 어찌 저들이 패배하지 않을 수 있겠습니까?"

문공도 난지를 시켜 답장을 보내게 했다.

과인은 초나라 군후의 은혜를 잊지 못해 삼가 90리를 물러나 대부와 대치하지 않으려 했소. 그런데도 대부께서 반드시 싸움 구경을 하시겠다면 어찌 감히 명령을 따르지 않을 수 있겠소? 내일 이른 아침에 만나 뵙겠소.

초나라 사신이 돌아간 뒤 문공은 선진을 시켜 다시 병거를 점검하게 했다. 모두 병거 700승에 정예병이 5만 명이었다. 제나라와 진秦나라 군사는 그 속에 포함시키지도 않았다. 문공은 유신有莘[8]의 유허지에 올라 자신의 군사들을 바라봤다. 젊은 군사와 노병 간에 질서가 잘 잡혀 있었고 나아가고 물러남에도 절도가 있었다. 문공이 감탄하며 말했다.

"저것은 극곡이 가르친 것이다. 이로써 초나라에 대적할 수 있게 되었구나."

그러고는 바로 사람을 시켜 산의 나무를 베어 전투 장비를 준비하게 했다. 선진은 군사와 장수들에게 임무를 나누어줬다. 호모와 호언에게는 상군을 거느리고 진秦나라 부장 백을병과 함께 초나라 좌군을 공격하면서 투의신과 싸움을 벌이게 했다. 난지와 서신에게는 하군을 거느리고 제나라 부장 최요와 함께 초나라 우군을 공격하며 투발과 싸움을 벌이게 했다. 문공은 장수들에게 모두 계책을 주고 전투에 참여하게 했다. 선진 자신은 위주, 기만의 중군과 진을 이루어 성득신과 직접 대치했다. 순임보와 사회士會에게는 각각 군사 5000명을 주어 좌우익을 삼고 상황에 맞게 호응하도록 준비를 시켰다. 또 국귀보와 소자 은에게는 각각 자기 나라 군사

8_ 유신有莘: 중국 고대국가 또는 그 국가 군주의 이름. 유신有侁이라고도 쓴다. 상나라 탕왕이 유신씨有莘氏의 딸을 아내로 맞았고, 이때 이윤伊尹이 유신씨의 노예로 상나라에 와서 탕왕의 인정을 받아 재상의 지위에 올랐다고 한다. 그 유허지가 산동성 조현曹縣 북쪽 또는 하남성 개봉 옛 진류陳留 동쪽에 있다고 한다.

를 이끌고 사잇길로 빠져나가 초나라 군사 배후에 매복하고 있다가 초군이 패배하면 바로 본영으로 쇄도해 들어가 점령하게 했다. 이때 가슴의 화상이 이미 다 나은 위주는 자신을 선봉장으로 세워달라고 자원했다. 그러자 선진이 말했다.

"노장군께서는 뒤에 남아 하실 일이 있소. 이곳 유신 땅에서 남쪽으로 가면 공상空桑9이란 곳이 있소. 그곳은 초나라 연곡連谷(河南省 方城 근처)과 접경지대요. 노장군께서는 부대 하나를 이끌고 매복해 있다가 초 패잔병의 귀로를 끊고 적장을 사로잡으시오."

위주는 기쁜 마음으로 그곳으로 떠나갔다. 조최, 손백규孫伯糾, 양설돌羊舌突, 모벌茅筏 등 일반 문관과 무장들은 모두 진 문공을 보호하며 유신 땅 산 위에서 전투를 관망하게 했다. 주지교舟之僑에게는 남하南河에서 배를 정돈하고 초나라 군사가 치중輜重10을 신기를 기다리게 하면서 절대로 기한을 어기지 말라고 했다. 이튿날 여명 무렵 진군은 유신 땅 북쪽에 진을 쳤고 초군은 그 남쪽에 진을 쳤다. 쌍방의 삼군이 각각 대열을 이루고 마주 보고 섰다. 초나라 성득신이 명령을 전했다.

"좌군과 우군은 먼저 전진하고 중군은 그 뒤를 따르라."

진나라 하군 대부 난지는 초나라 우군이 진陳나라와 채나라 군사를 선봉대로 삼았다는 소식을 탐지하고 기뻐하며 말했다.

"원수께서 비밀리에 내게 '진과 채의 군사는 겁이 많고 쉽게 동요하니 먼

9_ 공상空桑: 전설에 의하면 상나라 탕왕 때의 재상 이윤이 공상空桑 땅에서 태어났다고 한다. 지금의 하남성 기현杞縣 갈강향葛崗鄕 공상촌空桑村(일명 伊尹村)이 그곳으로 알려져 있으나 이 소설에서 설정한 현장과는 상당히 떨어져 있는 곳이다.

10_ 치중輜重: 병거, 무기, 말 등 군대의 모든 군수품을 통틀어 가리키는 말.

저 그 진채의 군사를 꺾으시오. 그럼 초나라의 우군은 공격하지 않아도 저절로 무너질 것이오'라고 일러주셨다."

이에 백을병을 먼저 출전시켰다. 진陳나라 장수 원선轅選과 채나라 공자 인印은 투발 앞에서 전공을 세우고 싶어 선두를 다투며 병거를 몰고 나왔다. 그런데 싸우지도 않고 진晉나라 군사가 갑자기 후퇴했다. 두 장수가 추격해 들어가려 할 때 진晉 군영 문 앞 깃발이 펄럭이는 곳에서 한 줄기 포성이 울리더니 서신이 대형 병거 부대를 이끌고 치달려나왔다. 그런데 병거를 끄는 말에 모두 호랑이 가죽을 입혀놓아서 적군의 말이 그것을 보고 진짜 호랑이로 오인했다. 말들은 깜짝 놀라 당황하며 마구 날뛰었다. 고삐를 잡은 군사가 잡아당겨도 멈출 수가 없었고, 결국 놀란 말들은 병거를 끌고 돌아서서 투발이 거느린 후발대를 향해 돌진했다. 서신과 백을병은 혼란을 틈타 적진으로 쇄도해 들어갔다. 서신은 도끼로 공자 인을 수레 아래로 거꾸러뜨렸고, 백을병은 화살로 투발의 뺨을 꿰뚫었다. 투발은 뺨에 화살이 꽂힌 채 도망갔다. 초나라 우군은 대패했고 전사자가 온 들판에 가득 널려서 그 수를 헤아릴 수조차 없었다.

이때 난지는 자신의 군졸을 진, 채 군졸로 변장시켜 저들의 깃발을 들고 초나라 군영으로 가서 거짓 보고를 올렸다.

"우군이 벌써 승리했으니 조속히 군사를 진격시켜 함께 큰 공을 세우도록 하십시오."

성득신은 수레 위에 기대서서 전투를 지켜봤다. 그런데 진晉나라 군사들이 북쪽으로 달아나는 상황만 보이더니 갑자기 연기와 먼지가 하늘을 가렸다. 성득신이 기뻐하며 말했다.

"진나라 하군이 마침내 무너졌다."

그래서 급히 좌군에 명령을 내려 힘을 합쳐 전진하게 했다. 투의신은 맞은편 적진에 대패大旆 깃발이 높이 걸린 것을 보고 그곳에 적의 주장主將이 있는 것으로 짐작했다. 그리하여 기상을 떨치며 짓쳐들어갔다. 그러자 그곳에서 호언이 그를 맞아 싸우러 나왔다. 몇 합도 겨루지 않았을 때 적진 후방이 어수선해지는 것이 보였다. 호언은 수레를 돌려 달아나기 시작했고 대패 깃발도 그 뒤를 따라 후퇴하기 시작했다. 투의신은 진나라 군사가 이미 무너진 줄 알고 정, 허 두 나라 군사를 이끌고 전력을 다해 추격했다. 그때 갑자기 북소리가 크게 울리며 선진과 극진이 정예병 한 부대를 거느리고 초군의 중간을 반으로 자르며 돌격해왔다. 이에 진영은 두 동강이 나고 말았다. 호모와 호언도 몸을 돌려 다시 전투에 나섰다. 결국 초군은 앞뒤로 협공을 받는 형세가 되고 말았다. 정나라와 허나라 군사가 먼저 놀라 무너졌고, 투의신도 군사를 지탱할 수 없어 목숨을 걸고 포위를 뚫고 달아났다. 도중에 제나라 최요를 만나 또 한바탕 살육전을 벌였다. 그는 병거와 무기를 모두 내버리고 보졸들 틈에 섞여서 산을 넘어 도주했다. 원래 진나라 하군은 거짓으로 도망가는 척했다. 하늘을 뒤덮은 먼지는 난지가 유신 땅 산에서 베어온 나무를 병거 뒤에 달고 치달려 고의로 일으킨 것이었다. 땅을 휩쓸며 먼지를 날린 뒤 초 좌군이 전공을 탐하여 달려오도록 유도한 것이다. 호모도 거짓으로 대패 깃발을 세웠다가 군사들에게 끌고 도망가게 하여 진영이 무너진 것처럼 꾸몄다. 호언도 거짓으로 패한 척 적들이 쫓아오도록 유인했다. 이 모든 작전은 선진이 일찌감치 마련해놓은 것이었다. 이미 기만祁瞞에게는 거짓으로 대장기를 세워놓고 중군을 굳게 지키면서 적군이 아무리 싸움을 걸어와도 절대 나가 싸우지 말도록 분부했다. 또 선진 자신은 군사를 이끌고 적진 뒤로 가서 적진을 꿰뚫고 공격을 감행했다. 그리

晉楚
城濮
大交
兵

진과 초가 성복에서 크게 싸우다.

하여 선진은 그때 마침 돌아서서 공격하던 호모, 호언 형제와 적을 협공하여 완벽한 승리를 거두었다. 후인이 시를 지어 이를 증명했다.

임기응변 기지를 쓰니 큰 진영이 무슨 소용	臨機何用陣堂堂
선진의 기이한 계책 당해낼 이 없구나	先軫奇謀不可當
호피를 말 위에 덮어씌운 것만으로도	只用虎皮蒙馬計
초나라의 좌우 군대가 깡그리 도주했네	楚軍左右盡奔亡

초나라 원수 성득신은 자신의 용기만 믿고 싸움을 걸었지만 초왕이 두 번이나 조심하라고 당부한 말을 생각하고 매우 신중하게 대처했다. 그러나 좌우군이 모두 적진으로 진격해 들어가 유리한 형세를 잡고 진나라 군사를 추격하고 있다는 소식을 듣자 마침내 중군에 진격의 북을 울리라고 명령했다. 또한 그의 아들 소년 장수 성대심을 함께 출전시켰다. 이때 진나라 진영의 기만은 앞서 선진이 일러준 작전을 지키며 중군의 진지만 고수한 채 전혀 싸움에 나서지 않았다. 이러한 상황에서 초 중군의 두 번째 북소리가 들려왔고, 성대심이 화극畫戟[11]을 잡고 진나라 진영 앞에서 무예를 뽐내고 있었다. 기만이 참지 못하고 부하를 보내 어떤 장수인지 살펴보게 했다. 부하가 돌아와 보고했다.

"열다섯 먹은 어린아이입니다."

기만이 말했다.

"어린애가 이곳에서 대관절 무엇을 하자는 게냐? 내가 나가서 단숨에

11_ 화극畫戟: 창날에다 월아月牙라는 날카로운 가지를 단 것을 화극畫戟이라고 한다. 창날 양쪽에 월아를 단 것은 방천극方天戟이고, 월아를 한쪽에만 단 것은 화극畫戟이다.

잡아들여 우리 중군의 전공으로 삼겠다."

그러고는 고함을 질렀다.

"북을 울려라!"

전고戰鼓가 울리고 군영의 문이 열리자 기만이 칼을 휘두르며 달려나갔다. 소년 장수가 그를 맞아 교전을 벌이며 약 20여 합을 겨뤘지만 승부가 나지 않았다. 이때 투월초가 자신의 군영 깃발 아래에서 싸움을 지켜보다가 소년 장수가 기만에게 이기지 못하는 것을 보고 서둘러 병거를 몰고 달려나왔다. 그는 활에 화살을 메겨 정확하게 조준하여 발사했다. 화살 하나가 바로 기만의 투구 끈을 끊었다. 기만은 깜짝 놀라 되돌아가려고 했으나 본진의 대군을 동요시킬까 두려워 자신의 진영을 맴돌며 달아났다. 투월초가 고함을 질렀다.

"패배한 장수는 쫓아갈 필요가 없다. 적의 중군 속으로 쇄도해 들어가서 선진을 잡아라."

승부가 어떻게 되는지는 다음 회를 보시라.

제41회

진 문공의 시대가 열리다

연곡성에서 자옥은 스스로 목숨을 끊고
천토단에서 진 문공은 회맹을 주관하다
連谷城子玉自殺, 踐土壇晉侯主盟.

초나라 장수 투월초와 소년 장수 성대심은 기만을 쫓아가지 않고 진나라 중군으로 쇄도해 들어갔다. 투월초는 대장기가 바람에 펄럭이는 것을 보고 한 발의 화살로 쏘아 떨어뜨렸다. 진나라 군사들은 대장기가 보이지 않자 큰 혼란에 빠졌다. 그때 마침 순임보와 선멸先蔑의 두 갈래 구원병이 당도했다. 순임보는 투월초를 맞아 싸움을 벌였고, 선멸은 성대심을 맞아 싸웠다. 이때 초나라 대장 성득신이 대군을 이끌고 진격해와서 팔뚝을 휘두르며 고함을 질렀다.

"오늘 만약 진군晉軍을 한 놈이라도 살려 보낸다면 나는 여기서 군대를 물리지 않겠다."

그리하여 공격을 개시하려는 순간 진나라 대장 선진과 극진의 군사가 당도했다. 쌍방이 한참 혼전을 벌일 때 난지, 서신, 호모, 호언의 군사도 일제히 몰려왔다. 이들은 금성철벽처럼 초나라 군사를 포위했다. 성득신은 그제야 좌우 군사가 모두 궤멸된 것을 알고 싸울 마음이 사라져 급히 징을 울려 군사를 거두라는 명령을 내렸다. 어떻게 진나라의 무수한 강병을 감당할 수 있겠는가? 초군과 장수들은 열 곳으로 분산된 채 포위되고 말았다. 소년 장수 성대심만 화극을 치켜들고 신출귀몰 싸움을 벌이고 있을 뿐이었다. 그가 거느린 자신의 가문 병사 600명도 일당백의 무예를 갖추지 않은 사람이 없었다. 그는 자신의 부친 성득신을 보호하며 목숨을 걸고 겹겹의 포위망을 뚫었다. 그러나 투월초가 보이지 않자 다시 몸을 돌려 진나라 진영으로 달려 들어갔다. 투월초는 바로 초나라 영윤 자문의 사촌 동생이었다. 태어나면서부터 그 모습이 곰이나 범과 같았고 목소리는 승냥이 같았으며, 만 명의 장정이 힘을 합쳐도 딩해낼 수 없는 용기를 갖고 있었다. 그는 또 활쏘기에 뛰어나 한 발도 허투루 쏘는 법이 없었다. 그는 진나라 군사들 속에서 좌충우돌하며 성씨 부자를 찾다가 때마침 달려온 성대심과 만났다. 성대심이 말했다.

"원수께서 저쪽에 살아계십니다. 장군! 어서 탈출하십시오."

두 사람은 마침내 한곳에 모여 신비한 위력을 발휘하며 많은 초나라 군사를 구출해 포위를 뚫고 탈출했다.

진 문공은 유신 땅 산 위에서 아군이 승리하는 것을 보고 서둘러 선진에게 사람을 보내 각 군에 이렇게 명을 내렸다.

"다만 초나라 군사를 송나라와 위나라 경계 밖으로 몰아내기만 하라. 적을 많이 사로잡거나 죽일 필요는 없다. 그렇게 되면 두 나라 간의 친분이 상하고 초왕이 내게 베푼 은혜를 저버리는 것이 된다."

선진은 마침내 여러 나라의 군사들에게도 추격하지 않겠다는 약속을 받았다. 기만은 명령을 어기고 출전했기 때문에 후군後軍에 감금되어 처분만 기다리게 되었다. 호증 선생이 이 전투를 시로 읊었다.

구십 리를 물러나서 은혜에 보답했고   避兵三舍爲酬恩
추격하지 말라 하여 초군을 보내줬네   又誡究追免楚軍
쌍방이 교전 중에도 이 같은 의리 발휘했는데   兩敵交鋒尙如此
평소에도 대의 등지는 그자들은 누구인가?   平居負義是何人

진陳, 채, 정, 허 네 나라는 군사와 장수를 잃은 채 각자 도생하여 본국으로 돌아갔다.

성득신은 성대심, 투월초와 함께 이중 삼중의 포위망을 탈출하여 황급히 본진으로 들어가려 했다. 그때 전방의 초병哨兵이 보고했다.

"본진에는 이미 제와 진秦 두 나라의 깃발이 꽂혀 있습니다."

원래 제나라 국귀보와 진나라 소자 은은 초나라가 공격 나간 틈에 본채를 지키던 초나라 군사를 쓸어버리고 그곳을 점령했다. 각종 군수물자와 식량과 마초馬草는 모두 그들 손으로 넘어갔다. 성득신은 감히 그곳을 지나갈 수 없어 몸을 돌려 유신 땅 산 뒤편으로 가서 수수睢水를 따라 귀로를 잡았다. 투의신과 투발도 각각 패잔병을 이끌고 합류했다. 행군이 공상空桑 땅에 이르렀을 때 갑자기 연주포連珠炮가 울리더니 한 무리의 군사가 길을 가로막았다. 그들이 들고 있는 깃발에는 '대장大將 위魏'라는 글자가 쓰여 있었다. 위주는 지난날 초나라에 있을 때, 혼자서 맥貘이라는 짐승을 제압하여 사람들이 그 귀신 같은 용력에 감복하지 않은 이가 없었다. 그런데 오늘 험한 길에서 바로 그 강적을 만나게 되었다. 게다가 초나라 패잔병들은 모두 화살에 맞은 새와 같았으니 누가 간담이 서늘하고 혼백이 나가지 않을 수 있겠는가? 이들은 모두 위주의 이름만 듣고도 풍비박산이 날 지경이었다. 그런 지경에서도 투월초가 분노를 터뜨리며 소년 장수 성대심에게 대원수를 보호하라 하고 기상을 떨치며 혼자 적을 막으러 나갔다. 투의신과 투발도 겨우 옆에서 도와줄 수 있을 뿐이었다. 위주는 세 장수와 싸우면서도 수비와 공격에 물 샐 틈이 없었다. 이처럼 서로 교전을 벌이고 있을 때 갑자기 북쪽에서 어떤 사람이 말을 타고 나는 듯이 달려오며 외쳤다.

"장군! 싸움을 그만두시오! 원수께서 주상의 명을 받들어 초나라 장수를 본국으로 살려보내라 하십니다. 망명 중에 초나라에게서 받은 은혜를 갚는다고 합니다."

그제야 위주는 공격을 멈추고 군사들을 양편으로 갈라서게 한 뒤 고함을 질렀다.

"어서 썩 물러가라!"

성득신 일행은 분주히 연곡으로 되돌아왔다. 패잔병을 점검해보니 손실을 입었다고는 하나 중군 중에 열에 예닐곱은 살아 있었다. 그러나 좌군과 우군에 배속시킨 신과 식 고을 군사는 생존자가 겨우 열에 한둘에 그쳤다. 슬프다! 옛사람이 이 전장을 애도한 시가 있다.

이기고 지는 것은 일정한 규칙 없어	勝敗兵家不可常
영웅은 몇 명이나 전장에서 늙어갔나	英雄幾個老沙場
금수도 모두 놀라 함정으로 뛰어들고	禽奔獸駭投坑穽
살점 튀고 힘줄 날리며 칼날만 배불렀네	肉顫筋飛飽劍鋩
유령 불 번쩍번쩍 마른 풀엔 혼백 잠자고	鬼火熒熒魂宿草

슬픈 바람 쏴쏴쏴 해골엔 서리 엉기네 　　　　　 悲風颯颯骨侵霜

권하노니 그대여 제후 책봉 부러워 마라 　　　　 勸君莫羨封侯事

한 장수가 공을 세우면 만인 목숨 사라지나니 　　 一將功成萬命亡

성득신은 몹시 애통해하며 말했다.

"나는 원래 초나라의 위세를 만방에 떨치려 했는데, 뜻하지 않게 진나라의 속임수에 빠져 공로만 탐하다가 패하기만 했다. 내 죄를 무슨 말로 변명할 수 있겠는가?"

이에 투의신, 투발과 함께 자진해서 연곡 감옥으로 들어가 갇혔다. 자신의 아들인 성대심에게는 패잔병을 이끌고 가 초왕을 뵙고 참수형에 처해주도록 청하게 했다.

이때 초 성왕은 신성申城에서 성대심이 오는 것을 보고 진노하며 말했다.

"네 아비는 전에 '이기지 못하면 기꺼이 군령을 받겠다'고 했다. 오늘 무슨 할 말이 있느냐?"

대심이 머리를 조아리며 말했다.

"신의 아비는 자신의 죄를 알고 스스로 목숨을 끊으려 했으나 신이 겨우 말렸습니다. 이제 주상께서 참하고 싶으시면 국법을 시행하십시오."

초왕이 말했다.

"우리 초나라의 국법은 패전한 자에게 죽음을 내리는 것이다. 패장들은 속히 스스로 목숨을 끊어 과인의 도끼를 더럽히지 말라."

성대심은 초왕에게 용서할 마음이 없는 것을 알고 울면서 물러나와 다시 득신에게 사실을 알렸다. 득신이 탄식하며 말했다.

"설령 대왕께서 용서해준다 해도 무슨 면목으로 자식 잃은 신 땅과 식

連谷城
玉子自殺

연곡성에서 성득신이 자결하다.

땅의 어르신들을 뵐 수 있겠느냐?"

이에 북향재배하고 칼을 뽑아 스스로 목을 찔러 죽었다.

이즈음 위가蔿賈는 집에서 그의 부친 위여신蔿呂臣에게 물었다.

"소문에 영윤의 군사가 패했다는데 그게 사실입니까?"

위여신이 대답했다.

"사실이다."

"대왕께선 어떻게 처분하셨습니까?"

"자옥과 여러 장수가 죽음을 청하여 대왕께서 그 말에 따랐다."

"영윤께선 성격이 강퍅하고 교만하여 혼자서는 그 임무를 맡을 수 없었습니다. 그러나 사람됨이 굳세고 굽힘이 없어서 지혜로운 사람을 만나 도움을 받으면 충분히 공을 세울 수 있을 것입니다. 지금 비록 전쟁에서 패했지만 뒷날 진나라에 복수할 만한 사람은 틀림없이 영윤일 것입니다. 아버지께서는 어찌하여 간언을 올려 만류하지 않으셨습니까?"

"대왕께서 진노가 크셔서 간언을 올려봐야 아무 도움이 되지 못할 것 같았다."

"아버지께선 범范 땅의 무당 율사矞似의 말을 기억하지 못하십니까?"

"말해보거라."

"율사는 관상을 잘 보는 사람입니다. 주상이 공자 신분이었을 때 율사가 일찍이 이런 말을 했습니다. '주상과 자옥과 자서(투의신의 자) 세 사람은 나중에 제명에 죽지 못합니다.' 주상께선 그 말을 단단히 기억하고 즉위하신 날 자옥과 자서에게 면사패免死牌(죽음을 면할 수 있는 증표)를 각각 하나씩 주고 율사의 말이 사실이 아님을 증명하려 하셨습니다. 그런데 지금 주상께서 진노하시어 그 일을 잊어버리신 것입니다. 아버지께서 만약 이 일을 말씀드리면 주상께서 틀림없이 두 신하를 살릴 것입니다."

위여신이 그 말을 듣고 즉시 초왕을 뵙고 아뢰었다.

"자옥은 마땅히 죽을죄를 지었사오나 대왕께서 일찍이 그에게 면사패를 주셨으니 용서해주십시오."

초왕이 깜짝 놀라며 말했다.

"그건 범 땅 율사의 예언 때문에 내가 준 것이 아니오? 그대의 말이 아니었다면 과인이 거의 잊어버릴 뻔했소!"

이에 급히 대부 반왕潘尪을 성대심과 함께 보내 초왕의 명령을 전하게 했다.

"패장들을 모두 죽음에서 사면하노라."

그러나 반왕이 연곡 땅에 거의 도착했을 무렵에는 성득신이 죽은 지 벌써 한나절이 지난 뒤였다. 좌군 장군 투의신도 대들보에 목을 매서 죽으려 했으나 몸집이 워낙 커서 비단 줄이 끊어지고 말았다. 그때 마침 죽음을 사면해준다는 어명이 당도하여 목숨을 보존하게 되었다. 투발은 원래 자옥과 자서의 시신을 수습하고 자진하려 했기 때문에 또한 목숨을 건질 수 있었다. 그리하여 죽은 사람은 오직 성득신 한 사람뿐이었으니 이 어찌 운명이 아니라고 할 수 있겠는가? 잠연潛淵 거사가 시를 지어 조문했다.

초나라엔 비범한 한 장부가 있었으니 　　　　　楚國昂藏一丈夫

그 기상은 진을 삼키고 영웅이 되려 했네 　　　氣呑全晉挾雄圖

하루아침에 실족하여 목숨을 잃었으니 　　　　一朝失足身軀喪

강퍅함이 죽음임을 비로소 믿게 됐네 　　　　始信堅強是死徒

성대심은 부친의 시신을 염하고 장례를 치렀다. 투의신, 투발, 투월초 등은 반왕을 따라 신성으로 가서 초왕을 알현하고 땅에 엎드려 죽음을 면하게 해준 은혜에 감사 배례를 드렸다. 초왕은 득신이 벌써 죽은 것을 알고 후회를 금치 못했다. 도성인 영도로 돌아와서 위여신을 영윤으로 승진시켰다. 또한 투의신은 벼슬을 깎아 상읍商邑 윤尹으로 보냈다. 이 때문에 그를 상공이라 부르게 되었다. 투발은 양성襄城을 지키러 내보냈다. 초왕은 득신의 죽음을 가엾게 여기고 그 아들 성대심과 성가成嘉에게 모두 대부 벼슬을 주었다. 영윤 자문은 벼슬에서 물러나 집에 있다가 성득신이 패배했다는 소식을 듣고 탄식했다.

"위가의 예측을 벗어나지 않았구나. 내 식견이 어린아이에도 미치지 못하니 어찌 부끄럽지 않은가?"

그리고는 피를 여러 말 토한 뒤 침대에 누워 일어나지 못했다. 자문은 아들 투반鬪班을 불러 당부했다.

"나는 조만간에 죽을 것이나 네게 부탁이 있다. 네 숙부 투월초는 태어날 때부터 곰과 범의 상에 승냥이와 이리의 목소리를 갖고 있었다. 이것은 멸문지화의 조짐이다. 나는 일찍이 네 조부님께 네 숙부를 기르지 말라고 권했지만, 내 말을 듣지 않으셨다. 내가 보기에 영윤 위여신도 오래 살지 못할 것 같고, 투발과 투의신도 모두 제명에 죽을 관상이 아니다. 그러면 초나라의 정사는 네가 아니면 월초에게 돌아갈 것이다. 월초는 오만하고 살생을 좋아하니 만약 정사를 맡으면 반드시 얼토당토않은 야망을 품을 것이다.[1] 그렇게 되면 우리 투씨 집안 선조들이 제사를 받게 되지 못할 것이다. 내가 죽은 후 월초가 정사를 맡으면 너는 반드시 다른 곳으로 도피하여 참화에서 벗어나야 한다."

투반은 재배하고 유언을 받았다. 자문은 바로 목숨을 거두었다. 오래지 않아 위여신도 세상을 떠났다. 초 성왕은 자문의 공을 생각하여 투반을 영윤으로, 투월초를 사마로 삼았으며, 위가를 공정工正으로 삼았다.

진 문공은 초나라 군사를 패퇴시킨 뒤 초나라 본영이 있던 곳으로 군사를 옮겼다. 본영에는 남아 있는 군량과 마초가 매우 많았다. 각 군이 그것을 가져다 먹으면서 우스갯소리를 했다.

"이건 초나라 사람들이 우리를 귀한 손님으로 접대하려고 보내준 식량이다."

제와 진秦 및 여러 나라 장수들은 모두 북향하고 진 문공에게 축하를 올렸다. 그러나 문공은 그 축하를 사양하고 받지 않았다. 얼굴에는 수심이 가득했다. 장수들이 물었다.

"군후께선 적에게 승리하고도 근심에 젖으시니 어인 까닭입니까?"

문공이 말했다.

"성득신은 다른 사람 밑에 있을 사람이 아니오. 그러니 어찌 두려워하지 않을 수 있겠소? 이번 승리도 너무 믿어서는 아니 되오."

국귀보와 소자 은 등은 모두 작별 인사를 하고 귀국하려 했다. 문공은 노획물의 절반을 그들에게 나눠줬다. 두 나라 군사는 개선가를 올리며 돌아갔다. 송나라 공손고도 본국으로 돌아갔다. 송나라 군주는 사신을 파견해 제와 진에 감사의 배례를 올렸다.

1_ 낭자야심狼子野心: 이 대목에서 보듯 이 고사성어는 원래 투월초鬭越椒의 끝없는 야심을 지적하는 말이었다. 그러나 이후에는 이리 새끼의 야성은 길들일 수 없다는 말로 변용되었다. 왜곡된 마음을 가진 사람에게는 올바른 교육과 두터운 은혜를 베풀어도 아무 소용이 없고 끝내 배신당하게 됨을 비유한다.(『좌전』 선공宣公 4년)

선진은 기만을 묶어 문공 앞으로 끌고 가서, 그가 명령을 어기고 군사를 욕되게 한 죄를 범했다고 아뢰었다. 문공이 말했다.

"만약 상군과 하군이 먼저 승리하지 않았다면 초나라 군사를 제압할 수 있었겠는가?"

그러고는 사마 조최에게 그 죄를 확정하게 하고 참수하여 군문에 효수하라고 명했다.

"오늘 이후로 원수의 명령을 어기는 자는 이과 같이 될 것이다."

이에 군사들이 더욱 두려운 마음을 갖게 되었다. 진나라 대군은 유신 땅에 사흘을 머문 뒤 철군했다. 행군 대열이 남하에 이르렀을 때 전초前哨 기마병이 달려와 보고했다.

"강변에 배가 아직 준비되지 않았습니다."

문공이 주지교를 불러오게 했으나 그는 그곳에 없었다. 원래 주지교는 괵나라에서 항복해온 장수로, 진나라를 섬긴 기간이 꽤 오래되었다. 전공을 세워 중용되기를 바라고 있었으나 이번 싸움에서 남하로 파견되어 구차하게 배나 모으게 되니 마음속에 불평불만이 가득 찼다. 그런데 마침 아내의 병이 위독하다는 본가의 기별을 받았다. 주지교는 진과 초의 대치 상태가 틀림없이 오래 지속될 것이고, 그럼 금방 회군하지는 않을 것으로 생각하고 아내의 병을 살펴보러 잠시 본가로 돌아갔다. 그러나 예상과는 달리 여름 4월 무진戊辰일에 군사가 성복에 도착했고, 다음 날인 기사己巳일에 싸움이 벌어져 초나라 군사가 대패했다. 문공은 군사들에게 사흘을 쉬게 한 후 계유癸酉일에 마침내 군사를 돌이켰다. 이에 앞뒤로 걸린 시간은 겨우 엿새에 불과했다. 따라서 문공이 남하에 도착했을 때는 황하를 건널 일에 차질을 빚을 수밖에 없었다. 문공은 진노하여 군사를 사방으로 풀어 민간의 배를 찾아오게 했다. 선진이 말했다.

"남하의 백성은 우리가 초나라를 패퇴시킨 소식을 듣고 모두 두려움에 떨고 있을 것입니다. 만약 배를 찾으려고 하면 틀림없이 모두 도망가거나 숨을 것입니다. 차라리 후한 상금을 내걸고 배를 모집하는 것이 좋겠습니다."

문공이 말했다.

"좋소!"

이에 군문에 현상금을 내걸었다. 그러자 백성은 다투어 배를 대고 명령에 호응했다. 순식간에 개미 떼처럼 배가 모였고, 대군은 마침내 황하를 건넜다. 문공이 조최에게 말했다.

"조曹와 위衛에게 당한 치욕은 씻었으나 정나라에 대한 복수는 아직 하지 못했소. 어찌하면 좋소?"

조최가 대답했다.

"주상께서 군사를 우회시켜 정나라를 거쳐가면 정나라 군주가 반드시 마중을 나올 것입니다. 염려하지 마십시오."

문공이 그 말에 따랐다.

행군한 지 며칠 만에 저 멀리 동쪽에서 한 귀인을 둘러싸고 일군의 수레가 다가오는 것이 보였다. 전방 부대를 이끌던 난지가 그들을 맞으며 물었다.

"거기 오시는 분이 누구시오?"

그쪽에서 대답했다.

"나는 주 천자의 경사卿士인 왕자 호虎요. 진후께서 초나라를 쳐서 승리를 거두고 중원을 평안하게 했다는 소식을 듣고 천자께서 조만간 친히 행차하여 삼군을 위로하고자 하시오. 그래서 먼저 나를 보내 보고를 올리라고 했소."

이에 난지는 왕자 호를 인도하여 문공을 만나게 해줬다. 문공이 신하들에게 말했다.

"지금 천자께서 과인을 위로하려 하시는데 길에서 맞을 수는 없는 일이오. 어떻게 예의를 차리면 좋겠소?"

조최가 말했다.

"여기에서 형옹衡雍(河南省 原陽 서쪽)이 멀지 않고, 그곳에 땅이 넓고 평탄한 천토踐土란 곳이 있습니다. 지금부터 밤을 새워 그곳에 왕궁을 지은 뒤, 주상께서 열국의 제후를 이끌고 천자의 어가를 맞으시옵소서. 이처럼 조공의 예를 행하면 아마도 군신 간의 의리를 해치지 않을 수 있을 것입니다."

그리하여 마침내 문공은 왕자 호와 약속을 정했다. 즉 5월 길일에 천토에서 주 천자의 어가를 기다리겠다고 했다. 왕자 호는 작별 인사를 하고 돌아갔다. 진나라 대군은 형옹을 향해 진군하다가 도중에 또 수레를 몰고 오는 한 부대를 만났다. 그쪽의 사신이 진나라 군대를 맞았다. 바로 정나라 대부 자인구子人九였다. 정백은 진나라 군사가 자신을 정벌하러 올까 두려워 자인구에게 명령을 받들고 가서 특별히 우호를 청하라고 했다. 문공이 화를 내며 말했다.

"정나라는 초나라가 패배했다는 소식을 듣고 두려워서 사신을 보낸 것이지, 진심에서 우호를 청하러 온 것이 아니다. 과인은 천자를 모신 이후 친히 군사를 거느리고 정나라 도성으로 갈 것이다."

조최가 앞으로 나서며 말했다.

"우리 군사들은 출병한 이래 위나라 군주를 쫓아냈고, 조나라 군주를 사로잡았으며, 초나라 군사를 물리쳐서 그 위세를 크게 떨쳤습니다. 그런데 또 정나라에게 많은 것을 요구한다면 우리 군사를 어떻게 쉬게 할 수 있겠습니까? 주상께선 정나라의 우호 요청을 반드시 허락하셔야 합니다. 만약 정나라가 마음을 굳게 먹고 우리에게 귀의해온다면 지난날의 원한은 용서하셔도 될 것입니다. 그러나 다시 또 두마음을 먹는다면 잠시 몇 달 휴식한 뒤 천천히 정나라를 토벌해도 늦지 않을 것입니다."

이에 문공이 정나라의 우호 요청을 허락했다. 진나라 대군은 형옹 땅에 진채를 세웠다. 한편으로는 호모와 호언에게 본진의 병력을 거느리고 천토로 가서 왕궁을 짓게 했고, 다른 한편으로는 난지에게 정나라 도성으로 가서 정나라 군주와 회맹하게 했다. 정나라 군주는 직접 형옹으로 와서 음식을 올리며 사죄했다. 문공은 다시 그와 삽혈을 하고 우호의 맹약을 맺었다. 그들이 서로 대화를 나누는 사이에 문공이 초나라 대장 성득신의 영용함을 찬양했다. 그러자 정백이 말했다.

"득신은 이미 연곡에서 자결했소."

이 말을 듣고 문공은 오래도록 탄식했다. 정백이 물러가자 문공은 신하들에게 몰래 이렇게 말했다.

"나는 오늘 정나라를 얻은 것이 기쁜 것이 아니라, 초나라가 성득신을 잃은 것이 기쁘다. 득신이 죽었으니 초나라의 나머지 장수들이야 걱정할 것이 없다. 경들도 이제 베개를 높이 베고 잠을 잘 수 있을 것이다."

염옹이 이 일을 시로 읊었다.

성득신은 비록에 사나운 사내였지만　　　　　　得臣雖是莽男兒
장래의 승부는 알 수 없는 일이었네　　　　　　勝負將來未可知
초나라 군사가 오늘 다시 패한다면　　　　　　盡說楚兵今再敗

연곡 땅 상여에 실린 득신만 가련하겠네 　　　可憐連谷有輿屍

호모와 호언은 천토에 왕궁을 지으면서 명당明堂 제도에 따랐다. 그게 어떤 것인지는 「명당부明堂賦」[2]로 증명할 수 있다.

환하고 밝디밝은 명당 건물이, 나라의 양지에 자리 잡았네. 우뚝하게 하늘로 높이 치솟아, 풍속 다른 외국까지 진압하누나. 한 분의 천자께서 정령을 펴고, 만국 제후의 조공을 받는 곳이네. 사방의 정면으로 방이 셋이니, 모두 합친 숫자는 아홉이라네. 앞 중앙에 태묘가 자리 잡았고, 뒤 중앙에 태실이 위치해 있네. 서른여섯 방문이 열리고 닫히며, 일흔둘의 창문이 펼쳐져 있네. 좌우에 곁방을 설치한 것은 제후들의 교분을 위한 것이네. 둥근 천장 네모 기단 마련한 것은 천지의 법도를 따른 것이네. 위계 따라 자리가 설치되었고 삼공이 그중에서 으뜸이라네. 중간 계단에 그 자리가 마련되어서 군신群臣들과 같은 곳에 서지를 않네. 후작들은 동쪽 계단 동쪽에 서서 서쪽을 바라보다 북향을 하고, 백작들은 서쪽 계단 서쪽에 서서 동쪽을 향해 자리 잡았네. 자작들은 담장 문 동편에 서서 고니처럼 우뚝하게 늘어서 있고, 남작들은 담장 문 서편에 서서 학처럼 목을 빼고 바라다보네. 서융, 동이는 동편, 서편 문밖에 있고, 남만, 북적은 남쪽, 북쪽에 배치되었네. 구주 봉토 신하들은 오른쪽에 늘어섰고, 사방 국경 수신守臣들은 왼쪽에 마주 섰네. 붉은색 방패와 옥제玉製 도끼가, 삼엄하고 우뚝하게 엇섞여 있고, 용

2_「명당부明堂賦」: 당나라 사관謝觀의 「주공조제후어명당부周公朝諸侯於明堂賦」이다. 그러나 전체 작품을 인용한 것이 아니라 중간과 끝 부분은 생략되어 있다. 이 『동주열국지』는 명나라 때 풍몽룡이 완성했으므로 당나라 사관의 「명당부」를 인용한 것이다.

깃발과 표범 가죽 활집, 칼집이 아래위로 펄럭이며 엇갈려 있네. 엄숙하고 묵중하게 쌓인 기운이 산처럼 높다랗고 골처럼 깊네. 안개가 걷히는 듯 경사卿士들이 즐비하고 태양이 떠오르듯 천자께서 임하시네. 면류관을 쓰고서 높은 당에 이르시어, 팔방 신하 조아림을 흡족하게 바라보네. 도끼 무늬 병풍 치고 남쪽 향해 앉으시어 만국이 귀의함을 환하게 아시도다.

赫赫明堂, 居國之陽. 嵬峨特立, 鎭壓殊方. 所以施一人之政令, 朝萬國之侯王. 面室有三, 總數惟九. 間太廟於正位, 處太室於中霤. 啓閉乎三十六戶, 羅列乎七十二牖. 左个右个, 爲季孟之交分. 上圓下方, 法天地之奇偶. 及夫諸位散設, 三公最崇. 當中階而列位, 與群臣而不同. 諸侯東階之東, 西面而北上. 諸伯西階之西, 東面而相向, 諸子應門之東而鵠立, 諸男應門之西而鶴望. 戎夷金木之戶外, 蠻狄水火而位配. 九采外屛之右以成列, 四塞外屛之左而遙對. 朱干玉戚, 森聳以相參. 龍旗豹韜, 抑揚而相錯. 肅肅沉沉, 巒崇壑深. 煙收而卿士齊列, 日出而天顔始臨. 戴冕旒以當軒, 見八紘之稽顙. 負斧扆而南面, 知萬國之歸心.

왕궁 좌우에는 따로 관사館舍 여러 채를 짓기 위해 밤낮으로 공사하여 한 달여 만에 일을 마쳤다. 이에 제후들에게 격문을 보냈다.

제후들은 모두 오월 초하룻날 천토로 모이시오.

이때 송 성공 왕신王臣과 제 소공 반潘은 모두 옛날부터 진나라와 우호를 맺어왔고, 정 문공 첩踕은 새로 진나라와 수호한 터라 솔선하여 천토로 왔다. 노 희공 신申은 초나라와 우호를 맺었고 진陳 목공 관款과 채 장공 갑오甲午는 초나라 연합군에 참여하여 모두 초나라 편이라고 할 수 있으나, 이때는 진 문공에게 죄를 지을까 두려워 회맹장으로 왔다. 기타 주邾나라와 거나라 같은 작은 나라는 말할 필요도 없다. 다만 허 희공 업業은 가장 오래 초나라를 섬겨왔기 때문에 새로 진나라 섬기기를 원하지 않았다. 진秦 목공 임호任好는 진나라와 친한 사이였지만 여태껏 중원 국가의 회맹에 참여한 적이 없었기 때문에 마음을 잡지 못하다가 결국 천토로 오지 않았다. 위衛 성공 정鄭은 양우로 쫓겨나 있었고, 조 공공 양襄은 오록에 갇힌 상태였다. 문공이 일찍이 귀국을 허락하기는 했지만 아직 명확하게 사면하지 않아 역시 회맹에 참여하지 못했다.

위 성공은 진 문공이 제후들과 회맹한다는 소식을 듣고 영유寧俞에게 말했다.

"회맹에 초청하는 서찰이 위나라에 오지 않았다고 하니 진후의 분노가 아직 식지 않은 것 같소. 과인이 여기에 머무르면 안 되겠소."

영유가 대답했다.

"주상께서 이곳에서 탈출하시면 누가 주상을 다시 보위에 모시겠습니까? 차라리 아우이신 숙무에게 잠시 양위하시고, 원훤을 시켜 그를 받들고 천토로 가서 회맹 참여를 애걸하게 하십시오. 주상께서 양위하고 나가신 뒤 하늘이 우리 위나라에 복을 내리신다면 숙무가 회맹에 참여할 수 있을 것입니다. 숙무가 나라를 갖게 되면 주상께서 갖게 되는 것과 같습니다. 게다가 숙무는 평소에 효성스럽고 우애가 깊었으니 어찌 차마 형의 보위를 대신 차지할 수 있겠습니까? 반드시 주상을 복위시키기 위한 계책을 세울 것입니다."

위 성공은 전혀 마음이 내키지 않았지만 일이 이 지경에 이르러 어떻게 할 수가 없었다. 따라서 손염孫炎에게 자신의 명령을 가지고 숙무에게 가서 영유의 말과 같이 나라를 양보한다는 뜻을 전하게 했다. 손염은 명령을 받들고 초구(위나라 도성)로 갔다. 성공이 영유에게 물었다.

"과인이 이곳을 탈출하여 어느 나라로 가면 좋겠소?"

영유는 주저하며 대답하지 않았다. 성공이 다시 물었다.

"초나라로 가는 것이 어떻겠소?"

영유가 대답했다.

"초나라는 우리와 혼인을 맺었지만 기실 진나라의 원수입니다. 또 얼마 전에 절대로 초나라와 왕래하지 않겠다고 약속하지 않았습니까? 차라리 진陳나라로 가는 것이 좋겠습니다. 진나라는 진晉을 섬기고 있으므로 그 힘을 빌려 우호를 맺을 여지도 있을 것입니다."

성공이 말했다.

"그렇지 않소. 초나라와 관계를 끊은 것이 과인의 뜻이 아니란 걸 초나라도 틀림없이 양해해줄 것이오. 진나라와 초나라 사이가 장래에 어떻게 될지는 지금 단정할 수 없소. 그러므로 숙무에게는 진을 섬기게 하고 과인은 초에 몸을 의탁하여 두 갈래 길을 관망하는 것도 좋은 방도가 아니겠소?"

그리하여 마침내 초나라를 향해 출발했다. 그러나 초나라 사람들이 그를 따라다니며 욕을 했다. 위 성공은 결국 진陳나라로 방향을 바꾸면서 비로소 영유의 선견지명에 탄복했다.

손염은 숙무를 만나 위 성공의 명령을 전했다. 숙무가 말했다.

"내가 지금 나라를 지키고 있는 건 섭정에 불과하오. 내가 어찌 감히 보위를 양보받을 수 있겠소?"

그러고는 바로 원훤과 회맹장으로 출발하면서 다시 손염을 시켜 성공에게 보고하게 했다.

"진晉나라 군주를 만나면 반드시 형님의 복위를 요청하도록 하겠습니다."

원훤이 말했다.

"주상께선 시기심이 많기 때문에 제가 친자식을 그곳으로 보내지 않으면 우리를 믿지 않을 것입니다."

이에 자신의 아들 원각元角을 손염에게 딸려 보냈다. 명목은 문후를 여쭌다고 했지만 기실은 인질로 보내는 것이었다. 이때 공자 천견歂犬이 몰래 원훤에게 말했다.

"나는 주상께서 복위되지 못하리란 걸 알고 있소. 그런데 대부께선 어찌하여 주상이 아우에게 양위한 일을 백성에게 분명하게 알리고 그 아우 숙무를 옹립한 뒤 나라의 재상이 되려 하지 않소? 진나라 사람들도 틀림없이 기뻐할 것이오. 그럼 대부께선 진나라의 막중한 위세를 빌려 우리 위나라를 통치할 수 있고, 그렇게 되면 숙무와 위나라를 함께 경영하는 것이 되오."

원훤이 말했다.

"숙무도 감히 형을 배신하지 않는데, 내가 어찌 감히 주상을 배신할 수 있겠소? 이번에 내가 가는 것은 우리 주상을 복위시키기 위함이오."

천견은 말이 막혀 물러나올 수밖에 없었다. 그리하여 천견은 위 성공이 복위하면 원훤이 자신의 말을 발설하여 죄를 벗지 못하게 될까 두려워 남몰래 진陳나라로 가서 위 성공에게 거짓 보고를 했다.

"원훤이 이미 숙무를 보위에 올리고 진나라가 주관하는 회맹에 참가하여 그 보위를 인정받으려 하고 있습니다."

성공은 그 말에 현혹되어 손염에게 물었다. 손염이 대답했다.

"신은 모르는 일입니다. 원훤의 아들 원각이 주상의 처소에 있으니 제 아비가 음모를 꾸미면 틀림없이 뭔가 들은 바가 있을 것입니다. 주상께서는 어찌하여 물어보시지 않으십니까?"

성공이 다시 원각에게 물어봤으나 원각은 절대 그런 일은 있을 수 없다고 펄쩍 뛰었다. 영유가 또 말했다.

"원훤이 만약 주상께 불충한 마음을 품었다면 자신의 아들을 이곳으로 보냈겠습니까? 주상께선 의심하지 마십시오."

공자 천견이 다시 성공에게 몰래 이야기했다.

"원훤이 주상을 몰아내기 위해 모의한 것이 하루 이틀 일이 아닙니다. 그 아들을 보낸 것도 주군께 충성하기 위한 것이 아니라 주상의 동정을 염탐하여 앞으로의 일에 대비하기 위한 것입니다. 만약 진나라에 애걸하여 주상을 복위시킬 생각이라면 회맹에 참여하지 않아야 합니다. 그런데 이처럼 공공연히 회맹에 참여하는 것은 주상께 믿음을 주기 위해서일 것입니다. 주상께선 잘 살피십시오."

성공은 과연 몰래 세작을 천토로 보내 숙무와 원훤이 하는 일을 탐지하게 했다. 호증 선생이 이 일을 시로 읊었다.

아우는 우애, 신하는 충성, 아무 틈도 없었는데	弟友臣忠無間然
어찌하여 천견의 참소를 믿었던가?	何堪獸犬肆讒言
옛날부터 부귀에는 시기가 생기나니	從來富貴生猜忌
충효에는 언제나 만고 원한 쌓여 있네	忠孝常含萬古冤

주 양왕은 그해 여름 5월 말일에 천토로 행차했다. 진 문공은 제후들을 이끌고 미리 30리 밖에까지 나가 양왕을 영접하여 왕궁으로 모셨다. 양왕은 대전에 자리를 잡았고 제후들은 머리를 조아리며 배알했다. 일상의 상견례가 끝나자 문공은 양왕에게 초나라 포로, 갑주를 두른 전마 100여

승, 보졸 1000명, 무기와 갑옷 10여 수레를 바쳤다. 양왕은 크게 기뻐하며 친히 위로의 말을 했다.

"패주였던 제 환공이 세상을 떠난 후 초나라가 강성하여 제 마음대로 중원을 능멸했소. 이제 숙부 문공께서 대의를 내걸고 정벌을 행하시어 왕실을 높여주셨으니, 그 옛날 문왕과 무왕 이하 열성조들께서도 모두 숙부의 큰 은덕에 의지하게 됐소. 어찌 그 은덕이 짐의 몸에만 미친 것이겠소?"

진 문공은 재배하고 머리를 조아리며 말했다.

"신 중이가 다행히 초나라 도적을 섬멸한 것은 모두 천자의 신령함에 힘입은 것입니다. 신에게 무슨 공이 있겠습니까?"

이튿날 양왕은 좋은 술로 주연을 베풀어 문공을 대접했다. 또한 상경 윤무공尹武公과 내사內史 숙흥叔興을 시켜 문공을 방백에 임명하는 책문을 내렸다. 아울러 대로大輅의 복식3과 별조면鷩鳥冕,4 융로戎輅5의 복식과 위변韋弁,6 동궁彤弓 하나와 동시彤矢 백 발,7 노궁旅弓 열 개와 노시旅矢 천 발,8 거창주秬鬯酒와9 호분虎賁10 무사 300명을 하사하고 다음과 같은 특명을 내

3_ 대로大輅의 복식服飾: 대로大輅는 천자가 평소에 타는 수레. 대로와 대로 장식 및 대로를 탈 때 입는 복식을 함께 내린 것은 천자에 준하는 예우를 한다는 의미다.

4_ 별조면鷩鳥冕: 주나라 시기 천자가 공식 행사를 할 때는 공식 예복으로 별의鷩衣를 입고 별조(붉은 꿩)의 깃털로 장식한 면류관을 썼다.

5_ 융로戎輅: 천자가 군중軍中에서 타는 수레.

6_ 위변韋弁: 천자가 군중에서 쓰는 관. 익힌 가죽으로 만들고 색깔은 붉으며 고깔처럼 생겼다.

7_ 동궁彤弓과 동시彤矢: 붉은 칠을 한 활과 화살. 천자가 큰 공을 세운 제후에게 하사한다.

8_ 노궁旅弓과 노시旅矢: 검은 칠을 한 활과 화살. 천자가 큰 공을 세운 제후에게 하사한다.

9_ 거창주秬鬯酒: 옻기장과 울금향으로 발효시켜 만든 술. 제사를 지낼 때 강신降神하는 용도로 쓴다. 역시 천자가 공이 큰 제후에게 하사한다.

10_ 호분虎賁: 용맹한 호위 병사. 역시 천자의 권위를 상징하며 천자가 공이 큰 제후에게 하사한다.

렸다.

그대 진후에게 오로지 제후를 정벌할 수 있는 권한을 맡기노니, 왕법을 어기는 자를 바로잡으라.

진 문공은 겸손하게 여러 번 사양한 후에야 감히 이러한 특전을 받은 뒤 마침내 왕명을 제후들에게 선포했다. 양왕은 또 왕자 호에게 명해 진 문공을 맹주로 책봉하게 하고, 아울러 제후들을 모아 회맹 의식을 거행했다. 문공은 왕궁 곁에 회맹단을 쌓았고, 제후들은 먼저 왕궁에 이르러 천자를 뵙는 예식을 행했다. 그런 뒤 각각 회맹단으로 갔고 왕자 호가 그 일을 감독했다. 진 문공이 먼저 회맹단으로 올라 우이牛耳를 잡자 나머지 제후들도 차례로 회맹단으로 올라갔다. 원훤도 숙무를 인도하여 진 문공을 배알했다. 이날 숙무는 위나라 군주의 섭정 자격으로 왔기 때문에 맹약문의 제일 마지막에 서명했다. 왕자 호가 맹약문을 읽었다.

이제 동맹을 맺나니 모두 왕실을 도우라. 맹약을 배반하는 자는 밝으신 신령이 극형에 처하리라. 그 재앙은 자손에게까지 미칠 것이며 목숨을 잃고 제사까지 끊기리라.

제후들도 일제히 소리쳤다.

왕명으로 우호를 돈독히 하나니, 어찌 감히 공경으로 받들지 않겠습니까?

践土壇
晉侯主
盟

진 문공이 천토단에서 회맹을 주관하다.

말을 마친 제후들은 각각 삽혈하며 신의를 다졌다. 잠연 거사가 이에 대한 독사시讀史詩를 지었다.

진나라 군신이 큰 도리를 세워서   晉國君臣建大猷

위엄 떨치며 패주 되어 제후를 복종시켰네   取威定伯服諸侯

성복에선 깃발 날리며 초나라 포로 사열했고 揚旌城濮觀俘馘

왕궁에선 제후와 함께 천자에게 조공 드렸네 連袂王宮觀晁旒

오늘 아침 천토 회맹 더욱 부러워라   更羨今朝盟踐土

그 옛날 규구 회맹 쓸데없이 자랑했지   謾誇當日會葵邱

제 환공은 말년에 아쉬운 한을 남겼지만   桓公末路留遺恨

진 문공은 그 뜻을 끝까지 지킬 것인가   重耳能將此志酬

회맹이 끝나자 문공은 숙무를 데리고 양왕을 알현한 뒤 그를 위나라 군주로 세워 성공을 대신하게 했다. 숙무는 눈물을 흘리며 사양했다.

"옛날 영모寧母 땅 회맹에서 정나라 공자 화華가 자신의 부친을 헐뜯자 제 환공께서 그의 청을 거절했습니다. 그런데 지금 군후께서는 방금 환공의 유업을 계승하시고도 이 숙무에게 형을 범하라 하십니까? 군후께서 만약 이 숙무에게 은혜를 베푸시려면 저를 어여삐 여기시어 신의 형 정鄭의 보위를 회복하게 해주십시오. 그러면 신의 형이 앞으로 군후를 섬기는 데 어찌 전심전력을 다하지 않을 수 있겠습니까?"

원훤도 머리를 조아리며 애청했고 문공도 그 모습을 보고 고개를 끄덕였다. 위 성공이 언제 귀국할지는 다음 회를 보시라.

19년 유랑이 헛되지 않았도다

주 양왕은 하양에서 제후들의 조공을 받고
위 원훤은 공관에서 옥사를 벌이다
周襄王河陽受覲, 衛元咺公館對獄.

주 양왕 20년, 천토에서 진 문공을 위로하는 행사가 끝나자 양왕은 주
왕실로 돌아갔다. 제후들도 각각 작별 인사를 하고 본국으로 돌아갔다. 위
衛 성공은 천견의 말을 듣고 의심이 들어 세작을 보내 비밀리에 숙무의 행
동을 탐지하게 했다. 세작은 원훤이 숙무를 받들고 회맹장으로 들어가 맹
약문에 서명하는 것을 보고 자세한 상황을 알아보지도 않고 즉시 돌아와
위 성공에게 보고를 올렸다. 성공이 진노하여 말했다.

"원훤이란 놈은 임금을 배신한 역적이다. 스스로 부귀를 탐하여 새 임
금을 세우려고 자식까지 이곳으로 보내 내 동정을 염탐하게 했다. 내 어찌
이 부자 놈을 용서할 수 있으랴?"

원훤의 아들 원각이 뭔가 변명하려 했지만 성공이 칼을 뽑아 한 번 휘
두르자 원각의 머리는 벌써 땅바닥에 굴러떨어지고 말았다. 원통하도다!

원각의 시종은 황망하게 도망쳐서 원각의 부친 원훤에게 사태를 보고했다. 원훤이 말했다.

"아들의 생사는 운명이다. 주상이 나를 저버렸다고 내가 어찌 태숙太叔(숙무)을 저버릴 수 있으랴?"

그때 사마만司馬瞞이 원훤에게 말했다.

"주상께서 원 대부를 의심하시니 대부께선 혐의를 벗어야 할 것이오. 어찌 벼슬을 그만두고 다른 곳으로 떠나 대부의 마음을 밝히지 않으시오?"

원훤이 탄식하며 말했다.

"내가 벼슬을 그만두면 누가 태숙과 함께 이 나라를 지키겠소? 대저 내 아들이 죽은 것은 사사로운 원한이나, 나라를 지키는 것은 국가 대사요. 사사로운 원한 때문에 국가 대사를 돌보지 않는 것은 신하가 나라에 보답하는 대의가 아니오."

이에 숙무에게 사정을 이야기한 뒤 국서를 받들고 진 문공에게 가서 성공의 복위를 요청했다. 이것이 바로 원훤의 훌륭한 점이었다. 이 일에 대한 이야기는 잠시 여기에서 그친다.

한편 진 문공은 방백으로 책봉을 받고 돌아오는 중이었다. 하사받은 씩씩한 호위병虎賁을 벌려 세우고 붉은 활과 화살, 검은 활과 화살을 대열 앞뒤에 걸어두니 특별한 기상이 넘쳐흘렀다. 입국하는 날 남녀노소 백성은 길을 가득 메우고 그 위엄 있는 행차를 다투어 구경했다. 모두 도시락에 미숫가루까지 싸들고 와서 참을 먹으며 함께 군사들을 환영했다. 서로 감탄하는 목소리를 연발하며 저마다 "우리 임금께선 영웅이시다!"라는 말을 반복했다. 또한 기쁨에 넘치는 목소리로 "진나라가 이제 흥성하는구나!"라고 찬사를 보냈다. 이를 읊은 시가 있다.

고난을 막으며 문후의 유업 계승하여,[1]	捍艱復纘文侯緒
초나라를 물리치고 환공의 공훈 다시 세웠네	攘楚重修桓伯勳
19년 전에는 유랑객에 불과했으나	十九年前流落客
하루아침에 명성이 푸른 하늘에 닿았도다	一朝聲價上靑雲

진 문공은 조정에 앉아 축하를 받고 논공행상을 했다. 그중 호언의 공을 가장 높게 쳤고 그다음으로 선진의 공을 꼽았다. 여러 장수가 말했다.

"성복 싸움에서 기이한 계책으로 초나라를 격파한 것은 모두 선진의 공입니다. 그런데도 지금 오히려 호언의 공을 가장 높게 치시니 무슨 까닭입니까?"

문공이 말했다.

"성복 싸움에서 선진은 '반드시 초나라와 싸워 적을 놓치지 말라'고 했고, 호언은 '반드시 후퇴하여 신의를 지키라'고 했소. 대저 적과 싸워 승리하는 것은 한때의 공이나, 신의를 온전히 하는 것은 만세의 이로움이오. 어찌 한때의 공이 만세의 이로움을 당할 수 있겠소? 이러한 까닭에 호언의 공을 으뜸으로 친 것이오."

그러자 여러 장수 중에 기쁘게 복종하지 않는 사람이 없었다. 호언이 또 아뢰었다.

1_ 문후文侯: 진晉나라 목후穆侯의 아들로 이름은 구仇. 목후 사후 삼촌인 상숙殤叔과의 권력 다툼 끝에 보위에 올랐다. 주 왕실이 견융의 침입을 받을 때 군사를 보내 도움을 주었으며, 이후 주 왕실이 동쪽 낙양으로 도읍을 옮길 때도 많은 공을 세웠다.

"지난 조정에서 순식은 해제奚齊와 탁자卓子의 난에 목숨을 잃었는데, 그 충절이 참으로 가상합니다. 마땅히 그 후손에게 벼슬을 주고 신하로서의 절개를 장려하십시오."

문공은 그 일을 윤허하고 마침내 순식의 아들 순임보를 대부로 삼았다. 그즈음 주지교는 자신의 집에서 아내를 돌보다가 진후가 귀국한다는 소식을 듣고 중도까지 달려가 환영했다. 문공은 그를 묶어 뒤 수레에 싣게 했다. 논공행상이 끝나고 문공은 사마 조최를 시켜 그의 죄를 논하게 했다. 조최는 주살해야 한다고 했다. 그러자 주지교는 아내의 병을 구완하러 갔다고 진술했다. 문공이 말했다.

"임금을 섬기는 자는 자기 몸조차 돌보지 않는데 하물며 아내를 돌본단 말이냐?"

그러고는 참수하여 본보기를 보이라고 호통쳤다. 문공은 이번 출병에서 처음에 전힐을 참수했고, 두 번째로 기만을 참수했으며 오늘 세 번째로 주지교를 참수했다. 이 세 사람은 모두 유명한 노장이지만 군령을 어긴 죄로 한 치의 용서도 없이 참수되었다. 때문에 삼군이 모두 두려움에 떨었고 장수들은 반드시 명령에 따라야 했다. 이른바 "상벌을 분명히 하지 않으면 모든 일을 이룰 수 없고, 상벌이 분명하게 시행되면 천지 사방에까지 명령을 시행할 수 있다"는 말의 의미를 여기에서 볼 수 있다. 이것이 바로 문공이 제후들의 패주가 될 수 있었던 까닭이었다. 문공은 선진 등과 상의한 뒤 군대를 증원하여 나라를 강하게 만들려고 했다. 그러나 천자의 육군六軍을 뛰어넘을 수는 없는 일이었다. 이에 각 군에 '세 줄三行을 더 늘린다'는 명분을 내세웠다. 그 세 줄은 바로 중항中行, 좌항左行, 우항右行이었다. 이에 순임보를 중항대부로 삼았고 선멸先蔑과 도격屠擊을 각각 좌항대부와 우항대부로 삼았다. 앞뒤로 삼군과 삼항을 갖췄으니 그것은 분명히 육군이었으나 이름을 피하기 위한 명분으로 삼항이라 한 것에 불과했다. 이 때문에 군사와 장수가 많아져 진나라의 강력한 힘에 비견할 수 있는 나라가 없었다.

하루는 진 문공이 조정에 앉아 호언 등과 조나라와 위나라에 관한 일을 의논하고 있었다. 그때 근신近臣이 아뢰었다.

"위나라에서 국서가 왔습니다."

문공이 말했다.

"이는 필시 숙무가 자신의 형을 용서해달라는 내용일 것이다."

개봉하여 읽어보니 그 내용은 이러했다.

군후께서 위나라의 사직을 없애지 않으시고 옛 임금의 복위를 허락하시니 온 나라 신민들이 모두 목을 빼고 그 높은 대의를 사모하고 있습니다. 바라옵건대 군후께서는 조속히 시행해주시옵소서.

진陳 목공도 사신을 보내, 자국에 망명한 위 성공이 죄를 뉘우치며 새로운 마음을 먹고 있다는 뜻을 전해왔다. 문공은 각각 답서를 보내 성공이 고국으로 복귀하는 걸 허락했고 극보양에게는 군사로 그를 막지 말라고 타일렀다. 숙무는 문공이 자신의 형을 석방한다는 서신을 받고 급히 수레와 마필을 진陳나라로 보내 성공을 맞아오게 했다. 목공도 사람을 보내 귀국하기를 권했다. 그러자 공자 천견이 위 성공에게 말했다.

"태숙(숙무)은 임금이 된 지 오래되어 국내의 민심이 귀의하고 있고 이웃나라와의 회맹에도 참여했습니다. 이번에 주상을 맞이하러 오는 것을 가볍게 믿어서는 안 됩니다."

성공이 말했다.

"과인도 그걸 염려하고 있소."

이에 영유를 먼저 초구로 보내 실상을 탐지하게 했다. 영유는 할 수 없이 명령을 받들고 초구로 갔다. 초구에 도착하자 마침 숙무가 조정에서 정사를 논의하고 있었다. 조당으로 들어서자 숙무가 대전 동쪽에 자리를 마련하고 서쪽을 향해 앉아 있는 것이 보였다. 그는 영유가 들어오는 것을 보고는 자리에서 내려와 매우 공손하게 맞이했다. 영유가 속마음을 숨기고 물었다.

"태숙께서는 섭정을 맡아 중앙 정좌에 앉지 않고 어떻게 사람들에게 진심을 보여줄 수 있습니까?"

숙무가 말했다.

"이 정좌는 형님께서 앉으셔야 할 자리요. 나는 비록 그 옆자리에만 앉아 있어도 불안한 마음에 몸이 떨릴 지경이오. 내가 어찌 감히 정좌에 앉을 수 있겠소?"

영유가 말했다.

"제가 오늘에야 태숙의 진심을 보았습니다."

숙무가 말했다.

"나는 형을 그리워하는 마음이 간절하여 아침저녁으로 애가 다 탈 지경이오. 바라건대 대부께서 형님을 조속히 돌아오게 하여 내 마음을 위로해주시오."

영유는 마침내 기한을 정해 6월 신미辛未일에 성공을 모시고 입성하기로 했다. 영유가 조정을 나가면서 사람들의 말을 들어보니 문무백관의 의견이 분분했다.

"옛 주상이 복위되면 어쩔 수 없이 신하를 두 부류로 나누어 망명을 따라간 사람에겐 상을 줄 것이고, 여기 남은 사람에게는 죄를 물을 것이다. 어떻게 하면 좋겠는가?"

영유가 말했다.

"내가 옛 주상의 명령을 받잡고 여기 왔소. 주상께선 '따라간 사람과 남은 사람의 공과를 따지지 않겠다'고 했소. 혹시 믿지 못하시겠다면 삽혈로 맹세해도 좋소."

모든 사람이 대답했다.

"함께 맹세를 한다면 무엇을 의심하겠소?"

그리하여 마침내 영유는 하늘에 대고 맹세했다.

망명을 따라간 사람은 주상을 보위하기 위해서였고, 국내에 남은 사람은 나라를 지키기 위해서였다. 안과 밖에서 모두 자신의 힘을 다 바친 것이다. 이제 임금과 신하가 협력하여 함께 사직을 보전하리라. 만약 이 맹약을 어기는 자가 있으면 밝으신 신령께서 극형에 처하리라.

모든 신하가 기꺼운 마음으로 헤어지며 말했다.

"영 대부가 우리를 속이지 않을 것이다."

숙무는 대부 장장長胖을 시켜 도성 관문을 지키게 하고는 이렇게 분부했다.

"만약 남쪽에서 오는 사람이 있으면 시간이 이르든 늦든 즉시 입성시키도록 하시오."

영유는 돌아와 위 성공에게 보고했다.

"태숙께서는 악의 없이 진심으로 주상을 맞이하려 합니다."

성공도 이제는 믿을 수 있었지만 천견의 참소가 앞에 있으니 어찌할 것인가? 천견은 때가 되면 자신의 참언이 사실이 아닌 것으로 밝혀지고 기만과 비방 죄에 걸려들까 두려워 또다시 성공에게 참소했다.

"태숙이 영 대부와 약속하고 주상께 위해를 가할 준비를 하지 않는다고 어찌 장담하시겠습니까? 주상께서 약속한 날짜보다 앞서 입국하시어 뜻밖의 사태에 대처하는 것이 좋겠습니다."

성공이 그 말에 따라 즉시 수레를 출발시켰다. 천견이 선발대로 가서 궁궐을 정리하고 환난에 대비하겠다고 했다. 성공이 그 말을 허락했다. 그러자 영유가 아뢰었다.

"신이 이미 국내 사람들과 날짜를 정했습니다. 그런데 만약 주상께서 약속 날짜보다 먼저 가시면 사람들이 틀림없이 의심할 것입니다."

그 말을 듣고 천견이 고함을 질렀다.

"우리 주상께서 조속히 입국하는 것이 싫단 말이오? 그게 대체 무슨 생각이오?"

영유는 감히 더 이상 간언을 올리지 못하고 다만 이렇게 아뢰었다.

"주상의 어가가 출발하면 신이 한 걸음 먼저 가서 신민들에게 사정을 잘 알리고 상하의 민심을 안정시키겠습니다."

위 성공이 말했다.

"경이 백성에게 잘 말하시오. 과인은 좀 더 일찍 신민을 만나고 싶은 마음뿐이지 결코 다른 이유는 없다고 말이오."

영유가 떠난 후 천견이 또 말했다.

"영유가 먼저 가는 걸 보니 사태를 의심할 만합니다. 출발을 더 늦추면 안되겠습니다."

성공은 마부를 재촉하여 있는 힘을 다해 수레를 몰도록 했다.

영유가 먼저 도성 문에 도착하자 장장이 성공의 사자인지 확인한 후 즉시 입국시켰다. 영유가 말했다.

"주상께서 금방 도착하실 것이오."

장장이 말했다.

"전에 약속한 날짜는 신미일인데 오늘은 아직 무진일이오. 왜 이리 빨리 오시는 것이오? 대부께서 먼저 입성하여 소식을 전하시오. 저는 여기서 주상을 받들어 모시겠소."

영유가 막 몸을 돌리려 할 때 천견이 이끄는 선발대가 벌써 당도하고 있었다. 천견이 말했다.

"주상께서 바로 뒤따라오고 계시오."

장장은 황급히 수레와 시종들을 정돈하고 성공을 맞으러 나갔고 천견은 바로 성안으로 들어갔다. 이때 숙무는 직접 궁궐 노예를 이끌고 궁궐 청소를 하다가 뜰에서 머리를 감고 있었는데, 때마침 영유가 보고하는 소리가 들려왔다.

"주상께서 당도하십니다."

숙무는 놀랍기도 하고 기쁘기도 하여 아주 짧은 순간에 약속한 날짜보다 먼저 도착한 연유를 물으려다 갑자기 천견의 선발대 수레가 달려오는 소리를 들었다. 숙무는 위 성공이 벌써 당도한 것으로 생각하고 너무나 기뻐서 머리도 말리지 않은 채 상투를 틀 새도 없이 한 손으로 머리카락을 움켜쥐고 밖으로 달려나갔다. 그러다가 궁궐로 들어오는 천견을 만났다.

천견은 숙무를 살려두면 이제 형제가 만나 앞서 자신이 참소했던 내용이 밝혀질까 두려웠다. 그래서 저만치서 숙무가 달려오는 것을 보고 활에 화살을 메겨 재빨리 발사했다. 활솜씨가 좋았던지 숙무는 명치에 화살을 맞고 바로 뒤로 쓰러졌다. 영유가 황급히 앞으로 달려와 부축했지만 이미 때는 늦었다. 오호애재라!

원훤은 숙무가 피살되었다는 소식을 듣고 대경실색하면서도 마구 욕을 퍼부었다.

"무도하고 멍청한 임금이 무고한 사람을 죽였구나. 하늘이 어찌 네놈을 용서할 수 있으랴? 내 마땅히 진후에게 가서 호소하리라. 네놈이 임금 자리에 편안히 앉아 있는지 두고 보자."

그러고는 한바탕 통곡한 후에 황급히 진晉나라로 노방갔다. 염옹髥翁이 이 일을 시로 읊었다.

굳은 맘으로 나라 지킨 건 형을 위한 일이었는데	堅心守國爲君兄
궁시는 무정하게 정 많은 사람 해쳤도다	弓矢無情害有情
위 성공이 원래부터 시기심 많지 않았다면	不是衛侯多忌忮
천견이 어찌 감히 제 맘대로 무기 썼겠나?	前驅安敢擅加兵

성공이 도성 아래에 이르자 장장이 마중을 나왔다. 성공은 장장이 온 의도를 물었다. 장장은 일찍 오시든 늦게 오시든 급히 성안으로 맞아들이라는 숙무의 분부를 자세히 알려줬다. 그제야 성공이 탄식하며 말했다.

"내 아우가 과연 다른 마음을 먹지 않았구나!"

막 도성 안으로 들어가려는데 영유가 눈물을 흘리며 달려오는 것이 보였다. 영유가 말했다.

"태숙께선 주상께서 도착하심을 알고 너무나 기쁜 나머지 머리를 다 감지도 못하고 손으로 머리카락을 움켜쥔 채 달려나오고 있었습니다. 그런데 원통하게도 선발대에게 피살될 줄 누가 알았겠습니까? 이제 신은 백성에게 신의를 잃었으니 죽어야 마땅합니다."

성공의 얼굴에도 부끄러운 빛이 어렸다. 그러고는 대답했다.

"과인도 이미 숙무의 원통함을 알고 있소. 경은 더 이상 여러 말 마오."

수레를 치달려 조정으로 들어가자 백관은 아직도 사태를 알지 못한 채 모두 연도로 달려나와 앞서거니 뒤서거니 성공을 맞으며 배알했다. 영유는 성공을 이끌고 가서 숙무의 시신을 보여줬다. 숙무는 살아 있는 것처럼 두 눈을 부릅뜨고 있었다. 성공은 숙무의 머리를 무릎 위에 올려놓고 자기도 모르는 사이에 대성통곡했다. 손으로 얼굴을 어루만지며 말했다.

"숙무야! 숙무야! 나는 너 때문에 돌아왔건만, 너는 나 때문에 죽었구나! 슬프고 애통하도다!"

그러자 숙무의 눈에 번쩍 빛이 나더니 서서히 눈을 감았다.

"선발대를 죽이지 않고 어떻게 태숙의 영혼을 위로할 수 있겠습니까?"

성공은 즉시 그들을 잡아들이라고 명령을 내렸다. 이때 천견은 국외로 도망가려다 영유가 파견한 군사들에게 사로잡혀왔다. 천견이 말했다.

"신이 태숙을 죽인 것은 모두 주상을 위한 일입니다."

성공이 진노하여 말했다.

"네놈은 내 아우를 비방하고 네 마음대로 죽였다. 그러고도 과인에게 죄를 덮어씌우고 있구나."

그러고는 좌우에게 명하여 천견을 참수하라고 호통쳤다. 아울러 임금의 예법에 따라 숙무의 장례를 후하게 치러주라고 했다. 위나라 백성은 처음에 숙무가 피살되었다는 소식을 듣고 비난 여론이 비등했다. 그러나 천견을 참수한 뒤 숙무를 후하게 장사 지내자 비로소 사람들의 마음이 안정되었다.

이야기가 두 갈래로 나뉜다. 위나라 대부 원훤은 진나라로 도망가서 문공을 뵙고 땅에 엎드려 통곡했다. 그러고는 위 성공이 숙무를 의심하고 시기한 나머지 선발대를 파견하여 숙무를 죽였다고 하소연했다. 그는 말하면서 울다가 또 말했다. 진 문공은 원헌의 말을 듣고 분노가 치솟았지만 몇 마디 좋은 말로 원훤을 위로하고 그를 관사에 묵게 했다. 그는 백관을 크게 모아놓고 물었다.

"과인은 경들의 힘에 의지하여 초나라와 싸워 승리했소. 천토의 회맹에는 천자께서 왕림하시어 위로해주셨고 제후들도 과인을 따랐소. 그 패업의 성대함을 제 환공과 비견할 만하오. 그런데 어찌된 일인지 진秦나라는 약속 장소에 오지 않았고, 허나라는 조공을 바치지 않소. 정나라는 회맹을 맺었지만 두마음을 품고 있지 않은지 의심스럽소. 위나라 군주는 방금 보위에 복귀했으나 동맹에 참여한 자신의 아우를 제 마음대로 죽였소. 만약 다시 맹약을 맺고 준엄하게 토벌하지 않으면 제후들이 비록 지금 힘을 합쳤다 해도 틀림없이 흩어질 것이오. 경들의 생각은 어떠하오?"

선진이 앞으로 나서며 말했다.

"회맹을 맺고 배신한 나라를 토벌하는 것은 패주의 직분입니다. 청컨대 신은 군사를 용맹하게 조련하고 말에게 배불리 여물을 먹인 뒤 주상의 명령이 떨어지길 기다리겠습니다."

호언이 말했다.

"그렇지 않습니다. 패주가 제후들에게 인정을 받는 까닭은 천자의 위엄에 의지하기 때문입니다. 이제 천자께서 직접 주상을 위로해주셨지만 주상께선 아직 천자를 직접 배알하러 가지 않으셨습니다. 내게 결점이 있는데 어떻게 다른 사람을 복종시킬 수 있겠습니까? 지금 주상의 계책으로는 천자에게 조공을 드린다는 명분으로 제후들을 부르시는 것이 가장 좋을 듯합니다. 그래도 오지 않는 제후가 있으면 천자의 명령을 명분으로 삼고 출병하십시오. 천자를 배알하고 조공을 바치는 건 큰 의례이고, 천자를 소홀히 대한 죄를 성토하는 건 큰 명분입니다. 큰 의례를 행하여 큰 명분을 얻는 건 큰 사업입니다. 주상께선 이런 계책을 쓰셔야 합니다."

조최가 말했다.

"자범의 말이 매우 훌륭합니다. 그러나 신의 어리석은 생각으로는 주상께서 직접 주 왕실에 입조하는 건 마음먹은 대로 되지 않을 것 같습니다."

문공이 말했다.

"어째서 안 된단 말이오?"

"왕실로 찾아가 직접 천자를 배알하고 조공을 드리는 예법은 시행되지 않은 지 오래되었습니다. 우리 진나라의 강성한 힘으로 제후들을 많이 불러 모아 왕성으로 들어가면 지나는 곳마다 놀라지 않는 사람이 없을 것입니다. 신은 천자께서 주상을 의심하여 조공을 사양하지 않을까 두렵습니다. 조공을 사양하고 받지 않으시면 주상의 위엄도 손상될 것입니다. 가장 좋기로는 온溫(河南省 溫縣 서남) 땅으로 천자를 오시게 하고 주상께서는 그곳에서 제후들을 거느리고 천자를 배알하는 것입니다. 그러면 군신 간에 의심이 없어질 것이니, 그것이 첫 번째 편리한 점입니다. 또 제후들이 피로하지 않을 것이니, 그것이 두 번째 편리한 점입니다. 게다가 온 땅에는 태숙 대(帶)가 지은 새 궁궐이 있어 따로 번거롭게 궁궐을 지을 필요가 없으니, 그 것이 세 번째 편리한 점입니다."

"천자께서 오시겠소?"

"천자께선 우리 진나라와 가깝게 지내길 기뻐하시고, 또 조공을 받는 것 을 즐거워하실 것인데 어찌 오시지 않겠습니까? 청컨대 신이 주 왕실에 사 신으로 가서 주상께서 직접 조공 가는 일을 상의하겠습니다. 그때 아울러 천자의 마음도 살펴보겠습니다."

문공이 크게 기뻐하며 조최를 주 왕실로 보냈다.

조최는 주 양왕을 알현하고 머리를 조아리며 재배를 올리고 말했다.

"저희 군수 중이가 상감께서 직접 위로연을 베풀며 책명을 하사하신 은 혜에 감격하여 직접 제후들을 이끌고 왕성으로 오고자 합니다. 따라서 왕 성에서 상감을 배알하고 조공을 드리고자 하오니 엎드려 바라옵건대 굽어 살펴주십시오."

양왕은 아무 말도 하지 않고 조최에게 관사로 가서 편히 쉬라고 했다. 그러고는 왕자 호를 불러들여 대책을 상의했다. 양왕이 말했다.

"진후(晉侯)가 제후들을 거느리고 입조하려 하는데 그 저의를 헤아릴 수 없소. 어떻게 사양하면 좋겠소?"

왕자 호가 대답했다.

"신이 직접 진나라 사신을 만나보고 그 의중을 탐지하여 사양할 수 있으 면 사양하도록 하겠습니다."

왕자 호는 양왕과 헤어진 후 조최를 만나러 관사로 갔다. 그러고는 문공 이 직접 조공하러 오는 일을 꺼냈다. 왕자 호가 말했다.

"진후께서 여러 희씨姬氏 나라를 이끌고 천자를 높이 받들어 모시며 누대에 걸쳐 폐지되었던 법도를 다시 세우려 하시는 건 진실로 우리 왕실의 크나큰 행운이오. 그러나 여러 나라의 행렬이 운집하여 길에 짐이 가득 차고 수레가 북적거리면, 그런 광경을 본 적이 없는 백성이 함부로 추측할 것이오. 그럼 유언비어가 쉽게 일어나고 서로 헐뜯는 일도 생길 것이니 이는 오히려 진후의 충성스런 마음을 해치는 일이 될 것이오. 그만두는 것이 좋지 않겠소?"

조최가 말했다.

"우리 주상께서 천자를 배알하려 하시는 건 진실로 지극한 정성에서 우러난 일이오. 그래서 소신이 출발하는 날에 벌써 각국으로 격문을 보내 온溫 땅에서 함께 모이기로 했소. 만약 이번 약속을 폐지하고 거행하지 않는다면 이것은 천자의 일을 장난으로 여기는 것이니 소신은 귀국하여 보고를 드릴 말이 없소."

"그럼 어찌하면 좋소?"

"소신에게 이에 대한 계책이 있지만 감히 말씀드릴 수가 없소."

"무슨 좋은 계책인지 말씀해보시지요."

"옛날에 천자는 시절마다 순수를 나가는 법도가 있었소. 지방을 시찰하고 백성을 돌아보기 위한 행사였소. 하물며 온 땅은 기내의 오래된 고을이 잖소? 천자께서 만약 순수를 명분으로 하양河陽(河南省 吉利 孟州 일대)으로 왕림하시면 우리 주상께선 제후를 인솔하고 천자를 배알할 것이오. 위로는 왕실의 존엄을 잃지 않고, 아래로는 우리 주상의 충성스런 마음도 해치지 않는 일이오. 어떻게 생각하시오?"

"자여子餘(조최의 자)의 계책이 참으로 일거양득이오. 내가 바로 돌아가서 천자께 말씀드리겠소."

왕자 호는 조정으로 들어가 양왕에게 그 말을 전했다. 양왕은 매우 기뻐하며 겨울 10월 길일에 하양으로 행차하겠다고 약속했다. 조최는 돌아가 진 문공에게 보고를 올렸다. 문공은 천자를 배알하는 일을 제후들에게 두루 알리고 겨울 10월 초하룻날 온 땅에서 모두 모이기로 약속했다.

기일이 되자 제 소공 반, 송 성공 왕신, 노 희공 신, 채 장공 갑오, 진 목공 임호, 정 문공 첩이 연이어 도착했다. 진 목공이 말했다.

"지난번 천토의 회맹 때는 길이 멀어서 늦게 당도할까 두려워 오지 못했소. 이번에는 여러 제후의 뒤나 따를까 하오."

진 문공이 감사의 인사를 올렸다. 이때 진陳 목공 관이 세상을 떠나 그 아들 공공共公 삭朔이 새로 보위에 올랐다. 그는 진나라의 위세가 두려워 검은 상복을 그대로 입고 왔다. 주邾나라나 거나라 같은 작은 나라도 빠짐없이 다 모였다. 위 성공 정은 자신에게 죄가 있음을 알고 가고 싶어하지 않았다. 그러자 영유가 간언을 올렸다.

"만약 가지 않으면 죄를 더 보태게 됩니다. 진후가 틀림없이 토벌하러 올 것입니다."

이에 위 성공이 가기로 하자 영유, 겸장자鍼莊子, 사영士榮 세 사람이 수행했다. 온 땅에 도착했지만 문공은 위 성공을 만나려 하지 않고 오히려 군사를 동원해 그 처소를 지키게 했다. 오직 허나라만이 끝내 고집을 부리며 진 문공의 명령을 받들지 않았다. 전부 계산해보면 진晉, 제齊, 송宋, 노魯, 채蔡, 진秦, 정鄭, 진陳, 주邾, 거莒 등 모두 열 나라가 먼저 온 땅에 모여 인사를 나누었다. 그러던 중 하루도 안 되어 주 양왕의 어가가 당도했다. 진 문공은 제후들을 이끌고 천자의 수레를 맞아 신궁新宮으로 모셨다. 그런 다음 천자를 윗자리에 높이 앉게 하고 모두 재배하며 머리를 조아렸다. 이튿날 오경의 북소리가 울리자 열 나라의 제후들은 의관을 정제하고 패옥을 달고는 질서정연하게 들어왔다. 이들이 춤을 추며 먼지를 날리자 쟁그랑쟁그랑 패옥 소리가 울렸다. 각 지방의 특산물을 조공품으로 바치고 각각 자기 땅 주인으로서 의식을 행했다. 그러고는 각자 자기 자리에 앉아 아주 공손한 모습을 보이며 천자의 눈길을 받으려고 애썼다. 이번 조공 의식은 천토 회맹 때보다 더욱 엄숙했다. 후세 사람이 시를 지어 이를 증명했다.

의관 갖춘 제후들이 하양 땅에 모여들자	衣冠濟濟集河陽
상국에서 내려오는 많은 수레 가득하네	爭睹雲車降上方
제후들은 천자 배알하며 평소 절개 드러내고	虎拜朝天鳴素節
천자는 제후들에게 은덕을 베풀어주네	龍顔垂地沐恩光
풍2 땅 궁궐 훌륭한 일 전대에는 없던 일이나	酆宮勝事空前代
겹욕3 땅 헛된 명성 땅으로 떨어졌네	郟鄏虛名慨下堂
천자를 오게 한 일 바른 법도 아니지만	雖則致王非正典
순수라는 명분 빌려도 무슨 상관 있겠는가	托言巡狩亦何妨

조례朝禮가 끝나자 진 문공은 위나라 숙무의 원통한 사정을 양왕에게 고

2_ 풍酆: 주 문왕이 숭후崇侯 호虎를 멸망시키고 새롭게 도읍을 정한 곳. 호경鎬京으로 옮겨가기 전까지 주나라 초기의 수도였다. 지금의 섬서陝西성 호현戶縣 북쪽. 흔히 풍수酆水를 경계로 서쪽을 풍경酆京, 동쪽을 호경鎬京으로 칭했다고 한다.

3_ 겹욕郟鄏: 주 왕실이 견융에 쫓겨 낙양으로 천도했는데, 낙양을 포함한 주변 지역을 겹욕郟鄏이라고 한다. 낙양으로 천도한 이후 주 왕실은 유명무실한 천자의 나라에 불과했다.

주 양왕이 제후들의 조례를 받다.

하고 왕자 호와 함께 그 옥사를 판결하게 해달라고 청했다. 양왕이 윤허했다. 문공은 공관으로 왕자 호를 초청하고 주인과 손님의 예로 서로 인사를 나누었다. 그러고는 천자의 명령으로 사람을 보내 위 성공을 불러오게 했다. 진에 망명 중인 위나라 대부 원훤도 그 자리로 불렀다. 왕자 호가 말했다.

"군신 간에는 대질하기가 불편할 테니 누가 위후를 대신해도 좋소."

이에 성공은 회랑 아래에 멈추어 섰고 영유가 그 곁을 지키며 조금도 떨어지지 않았다. 겸장자가 성공을 대신해 원훤과 대질하게 되었고 사영은 옥사를 맡은 관리를 추스르며 사실의 진위를 바로잡는 일을 맡았다. 원훤의 언변은 흐르는 강물처럼 도도했다. 자신이 위 성공을 양우 땅에서 도망시킨 일부터 시작하여, 숙무에게 어떻게 나라를 지켜달라고 부탁했는지, 그리고 이후에 어떻게 자신의 아들 원각이 살해되었고, 그다음 숙무가 살해되었는지를 자세하게 하나하나 진술했다. 겸장자가 말했다.

"그건 모두 천견의 참소를 우리 주상께서 잘못 듣고 일어난 일이오. 모두 주상의 잘못으로 돌릴 수는 없소."

원훤이 말했다.

"천견은 애초에 내게 태숙을 옹립하라고 했소. 내가 만약 그 말을 들었다면 주상께서 어떻게 복위될 수 있었겠소? 내가 태숙께서 형을 아끼는 마음을 높이 받들었기 때문에 천견의 말을 거절할 수 있었소. 그런데 그자가 방자하게 이간책을 쓸 줄은 생각지도 못했소. 그렇다고 해도 주상에게 태숙을 시기하는 마음이 없었다면 천견의 참소가 어떻게 먹혀들 수 있었겠소? 나는 아들 원각을 보내 주상 곁에 두었소. 이는 바로 스스로의 떳떳한 마음을 밝히기 위한 것이었소. 원래 한 가닥 아름다운 마음이었는데, 결국 아들은 무고하게 살해되고 말았소. 주상이 내 아들 원각을 죽인 마음이 바로 태숙을 죽인 마음과 같소."

사영이 원훤의 말을 끊으며 말했다.

"이건 아들을 죽인 원한을 갚으려는 것이지 태숙을 위한 마음이 아니오."

원훤이 말했다.

"나는 항상 이렇게 말했소. '자식이 죽은 건 사사로운 원한이지만 나라를 지키는 건 국가 대사다.' 나는 비록 불초하지만 사사로운 원한으로 국가 대사를 저버리진 않소. 지난날 태숙께서 진나라로 서찰을 보내 형의 복위를 요청할 때도 그 서찰이 내 손에서 나왔소. 만약 내가 사사로운 원한을 품고 있었다면 어찌 그렇게 할 수 있었겠소? 나는 주상께서 한때 잘못을 저질렀더라도 후회의 마음이 싹트기를 바랐소. 그런데 뜻밖에도 태숙까지 그처럼 억울하게 죽일 줄 몰랐소."

사영이 또 말했다.

"태숙께서 보위를 찬탈할 마음을 먹지 않았다는 건 주상께서도 벌써 알고 계셨소. 태숙은 천견의 손에 잘못된 것이오. 그건 주상의 뜻이 아니었소."

원훤이 말했다.

"주상이 이미 태숙에게 보위를 찬탈할 마음이 없다는 걸 알았다면 그전에 천견이 한 말은 모두 거짓말이란 걸 알고 마땅히 죄를 주어야 했소. 그런데 어떻게 그가 먼저 입국하겠다는 말을 곧이곧대로 따를 수 있단 말이오? 또 입국할 때도 선발대를 보냈으니 이것은 분명히 천견의 손을 빌린 것이오. 몰랐다는 건 말이 안 되오."

겸장자는 고개를 숙이고 한마디 말도 하지 못했다. 그러자 사영이 또 원훤의 말을 끊었다.

"태숙이 비록 억울하게 죽었지만 태숙은 신하이고, 주상은 임금이오. 옛날부터 임금에게 억울한 죽음을 당한 신하의 숫자는 이루 헤아릴 수 없을 정도로 많소. 게다가 주상께선 벌써 천견을 참수하고 태숙을 위해 후한 장례까지 지내줬소. 이처럼 상벌을 분명하게 시행한 임금에게 무슨 죄가 있단 말이오?"

원훤이 말했다.

"옛날 걸왕이 관용방을 억울하게 죽이자 탕왕은 그를 추방했소. 주왕이 비간을 억울하게 죽이자 무왕이 그를 정벌했소. 탕왕과 무왕은 모두 걸왕과 주왕의 신하였지만 충성스럽고 어진 사람이 억울함을 당하자 마침내 의군을 일으켜 자신의 임금을 죽이고 백성을 위로한 것이오. 하물며 태숙께선 주상과 형제간이고 또 나라를 지킨 공까지 있으니 관용방이나 비간은 태숙에게 비교가 안 되오. 또 위나라는 후작의 나라에 불과하여 위로는 천자에게, 아래로는 방백에게 통제받고 있소. 또한 주상은 걸왕과 주왕처럼 천자의 높은 지위도 없고 사해의 부유함도 가지지 못했소. 그런데도 어찌 죄가 없다고 말할 수 있소?"

사영은 말문이 막혔다. 그러나 다시 말을 돌리며 성공을 변호했다.

"우리 주상께서 물론 옳지 못하다 하더라도 그대는 신하로서 충심으로 주상을 섬기다가 어찌하여 주상께서 입국하는 날 나라를 빠져나갔단 말이오? 주상을 뵙지도 않고 축하드리지도 않은 건 대체 무슨 이치요?"

원훤이 말했다.

"내가 태숙을 모시고 나라를 지킨 건 기실 주상의 명령 때문이었소. 그런데 주상이 태숙을 용납하지 않았으니 나라고 용납될 수 있었겠소? 내가 도망친 건 삶을 탐하고 죽음을 두려워한 것이 아니라 기실 태숙의 말 못할 원한을 풀기 위함이었소."

그때 진 문공이 그 자리에 앉아 있다가 왕자 호에게 말했다.

"사영과 원훤의 반복된 논쟁을 들어보니 하나하나 모두 원훤의 말이 일리가 있소. 위후 정은 천자의 신하이니 감히 마음대로 판결을 내릴 수 없소. 먼저 위나라 신하에게 형벌을 내려야겠소."

그러고는 좌우 옥리에게 소리쳤다.

"위나라 군주를 따라온 자는 모두 주살하라."

왕자 호가 말했다.

"제가 듣건대 영유는 위나라의 어진 대부로 자신의 주상 형제의 불화를 조정하기 위해 크게 고심했으나 위나라 군주가 듣지 않아서 어찌할 수 없었다고 합니다. 이 옥사는 영유와는 무관하니 연루시키지 마십시오. 사영은 위후의 변론가로 나왔지만 사건에 대한 판단이 명확하지 못했으므로 가장 먼저 죄를 받아야 합니다. 또 겸장자는 한마디 말도 못하고 스스로 잘못된 것을 알고 있었으니 조금 감형시킬 수도 있을 것 같습니다. 군후께서 재량껏 판단해주시옵소서."

문공은 그 말에 따라 사영을 참수하고 겸장자의 다리를 잘랐으며 영유의 죄는 묻지 않고 사면해주었다. 문공은 위후를 함거에 태우고 왕자 호와 함께 양왕에게 가서 위나라 군신 쌍방이 벌인 옥사를 자세히 알려주며 이렇게 말했다.

"이와 같이 억울한 사정이 있는데도 위나라 군주를 주살하지 않는다면 하늘이 용납하지 않을 것이고 민심이 복종하지 않을 것입니다. 바라옵건대 사구를 시켜 형을 집행하고 천벌을 밝히십시오."

양왕이 말했다.

衛元咺
公館對獄

원훤이 위 성공의 죄상을 밝히다.

"숙부께서 옥사를 분명하게 판결해주셨소. 그러나 이와 같은 방법으론 군신이나 백성에게 교훈을 줄 수 없소. 짐이 들건대 『주관周官』에는 양쪽 입장을 다 듣고 평민의 소송을 판결하지만, 군신이나 부자간에는 옥사가 있을 수 없다'고 했소. 만약 신하와 임금 간에 소송이 벌어지면 이것은 상하의 질서가 없어지는 일이오. 또한 신하가 이긴다 하더라도 신하를 위해 임금을 죽여야 하니 이것은 대역무도한 일이라고 할 수 있소. 짐은 형벌을 제대로 밝히지도 못하고 대역무도한 짓을 가르칠까 두렵소. 짐도 또한 위나라에 무슨 사사로운 감정이 있겠소?"

문공이 황송하게 사죄하며 말했다.

"저 중이가 그것까지는 생각하지 못했습니다. 그럼 천자께서 위후를 죽이지 마시고 함거를 왕성으로 끌고 가서 여러 의견을 듣고 판결하십시오."

문공은 여전히 위후를 데리고 공관으로 돌아왔다. 그러고는 군사를 시켜 처음처럼 단단히 지키게 하고 한편으로 원훤을 위나라로 돌려보내 성공을 대신하여 따로 어진 임금을 세우라고 했다. 원훤은 돌아가서 신하들과 논의하며 이렇게 속였다.

"옛 주상은 벌써 사형이 확정되었소. 이제 왕명을 받들어 어진 임금을 뽑아야 하오."

신하들이 모두 한 사람을 천거했다. 그 사람은 바로 숙무의 동생 적適으로 자는 자하子瑕였다. 사람됨이 어질고 관후했다. 원훤이 말했다.

"이 사람을 세우는 것이 '형이 죽으면 동생이 보위를 잇는다兄終弟及'는 예법에도 부합하오."

이에 공자 하를 보위에 올리고 원훤은 재상이 되었다. 사마만司馬瞞, 손염孫炎, 주천周歂, 야근冶廑 등 문무 대신들도 정사를 보좌하여 위나라는 그

럭저럭 안정을 되찾았다. 위나라 사태가 결국 어떻게 막을 내릴지 다음 회를 보시라.

지혜로움과 노련함

지혜로운 영유는 가짜 독으로 위 성공을 복위시키고
노련한 촉무는 성을 넘어가 진 목공에게 유세하다
智寧俞假酖復衛, 老燭武縋城說秦.

주 양왕은 조례를 마치고 나서 낙양으로 돌아가려 했다. 제후들이 모두 하양 땅 경계까지 나가 양왕을 배웅하고 선멸先蔑에게 명하여 위 성공을 주나라 도성으로 압송하게 했다. 이때 성공은 몸이 좀 아팠다. 이에 진 문공은 수행 의원 연衍을 시켜 성공과 동행하게 했다. 그러나 이 조치는 병을 보아준다는 명목으로 성공을 독살하여 마음속 분노를 풀어보려는 것이었다. 문공이 분부했다.

"만약 마음 씀씀이를 바꾸지 않으면 용서하지 말고 반드시 죽여야 한다."

또 선멸에게도 분부했다.

"서둘러 일을 처리하고 일을 끝마치는 날 연 의원과 함께 돌아와서 보고하시오."

양왕이 떠난 후에도 제후들은 흩어지지 않았다. 진 문공이 말했다.

"과인은 천자의 명을 받자와 정벌의 전권을 위임받았소. 지금 허나라는 일심으로 초나라를 섬기며 중원의 나라와 우호를 맺지 않고 있소. 이번에 천자의 어가가 다시 왕림하시자 군후들께서는 쉴 틈도 없이 달려왔소. 허나라 도성 영양穎陽(河南省 襄城 穎陽鎭)은 여기서 아주 가까운 거리요. 그런데도 못 들은 척하고 있다면 이는 천자를 심히 태만하게 대하는 태도요. 원컨대 여러 군후와 함께 허나라에 그 죄를 묻고 싶소."

제후들이 모두 대답했다.

"삼가 군후의 명을 따르겠습니다."

이때 문공이 패주가 되고, 제, 송, 노, 채, 진陳, 진秦, 거, 주邾의 여덟 나라 제후들이 모두 병거와 병졸을 이끌고 문공의 명령에 따라 일제히 영양을 향해 출발했다. 다만 정 문공 첩은 원래 초왕의 인척으로 이번에 진나라의 위세가 두려워 회맹에 참여했지만 문공이 조나라와 위나라를 너무 심하게 다루는 것을 보고 마음속에 불만이 가득했다. 그는 이렇게 생각했다.

'진후도 망명을 다닐 때 다른 사람에게 무례한 경우를 당한 적이 있다. 그런 그가 자신의 입으로 조나라와 위나라 군주를 복위시켜준다고 하고서는 지금 뻣뻣한 태도로 석방하지 않으려 한다. 이와 같이 원한을 품고 있으므로, 우리 정나라에 대해서도 지난날의 악감정을 잊을 리 없다. 그러니 차라리 초나라 편에 남아서 이번에는 뒤로 물러나는 것이 좋을 것 같다. 그러면 나중에 우리 정나라에 환란이 있을 때 초나라를 의지처로 삼을 수도 있으리라.'

상경 숙첨은 정 문공이 주저하는 것을 보고 그가 진나라를 배반할 마음을 먹고 있다는 것을 알았다. 그래서 앞으로 나아가 간언을 올렸다.

"진나라는 다행히 우리 정나라를 받아들였습니다. 주상께선 두마음을 먹지 마십시오. 두마음을 먹으면 죄를 지었을 때 용서받을 수 없습니다."

정 문공은 그 말을 듣지 않고 사람을 시켜 거짓말을 퍼뜨렸다.

"정나라에 역병이 돌고 있다."

문공은 역병 퇴치를 위한 기도를 올려야 한다는 핑계를 대고 진 문공에게 작별 인사를 하고 먼저 귀국했다. 그러고는 몰래 사람을 초나라로 보내 우호 요청을 하며 말했다.

"진나라 군주가 귀국과 친한 허나라를 미워하여 제후들을 이끌고 죄를 물으러 간다 하오. 과인은 귀국의 위엄이 두려워 감히 그곳으로 군사를 보내지 않았소. 이에 알리는 바요."

허나라 사람들은 중원 제후들의 군사가 온다는 소식을 듣고 역시 초나라로 사람을 보내 위급함을 알렸다. 초 성왕이 말했다.

"우리 군사도 금방 패배한지라 또 진나라와 전쟁하고 싶지 않소."

초 성왕도 결국 허나라를 구원하지 않았다. 제후들의 군사는 영양을 물샐틈없이 포위했다.

이때 조 공공 양은 아직도 오록성에 억류되어 있어서 진 문공의 사면령을 접하지 못했다. 이에 언변에 능한 사람을 구해 문공을 설득하러 보낼 생각이었다. 그때 하급관리인 후누侯獳가 뇌물을 가득 들고 가보겠다고 청했다. 공공이 허락했다. 후누는 제후들이 허나라에 있다는 소식을 듣고 영양으로 직행하여 문공을 뵙겠다고 요청했다. 마침 문공은 피로가 쌓여서 몸살이 났다. 꿈속에 의관을 정제한 귀신이 밥을 좀 달라고 했지만 문공은 그를 꾸짖어 돌려보냈다. 그런 뒤 병세가 악화되어 일어날 수도 없게 되었다. 이에 태복 곽언을 불러 그 꿈의 길흉을 점쳐보게 했다. 이즈음 후누는 황금과 비단을 한 수레에 싣고 와서 곽언에게 주고 사정을 얘기한 뒤,

문공의 귀신 꿈을 빌려 공공을 풀려나게 해달라고 하면서 여차여차하게 진언을 좀 올려달라고 부탁을 했다. 곽언은 많은 뇌물과 부탁을 받고 그렇게 하기로 허락했다. 곽언은 문공을 알현하고 꿈 이야기를 들었다. 그리하여 괘를 뽑아 천택天澤[1] 상을 얻었는데, 음이 변하여 양이 되는 괘였다. 곽언이 문공에게 그 괘를 바쳤다. 점사占辭는 다음과 같았다.

음이 극하여 양이 생기니	陰極生陽
잠자던 벌레가 땅을 뚫고 나오도다	蟄蟲開張
천하에 큰 사면을 내리니	大赦天下
종소리 북소리가 둥둥 울리도다	鍾鼓堂堂

문공이 물었다.

"무슨 말이오?"

곽언이 대답했다.

"점괘가 꿈과 합치됩니다. 틀림없이 제사를 받지 못한 귀신이 주상께 사면을 청하는 것입니다."

"과인은 제사를 권장했지 폐지한 적이 없소. 또 귀신이 무슨 죄가 있기에 내게 사면을 청한단 말이오?"

"신이 어리석은 생각으로 헤아려보건대 그것은 아마도 조나라와 관련된 일인 듯합니다. 조나라 시조 조숙曹叔 진탁振鐸은 주 문왕의 아드님이시고,

---

1 천택天澤: 여기에서 천택은 『주역』의 「천택리天澤履」 괘卦라기보다는 '하늘天의 은혜澤'를 상징하는 일반적 의미로 봄이 좋을 듯하다. 태복太卜 곽언郭偃이 후누侯獳의 뇌물을 받고 진 문공에게 조 공공을 풀어달라고 부탁하고 있는 것이다.

진나라 시조이신 당숙唐叔 우虞는 무왕의 아드님이시옵니다. 지난날 제 환공은 회맹하여 형邢나라와 위나라 같은 성姓이 다른 나라를 새로 일으켜주었습니다. 그런데 지금 주상께선 회맹하여 조나라와 위나라 같은 동성의 나라조차 없애려 하셨고 심지어 이 두 나라 군주에겐 이미 복위의 명령까지 내렸습니다. 그런데 주상께선 천토의 회맹에서 위나라 군주는 복위시켰지만, 조나라 군주는 복위시키지 않았습니다. 같은 죄를 지은 사람에게 다른 벌을 내리니 조숙 진탁의 귀신이 제사가 끊길까 두려워 주상의 꿈에 나타난 것입니다. 이 또한 당연한 이치가 아니겠습니까? 주상께서 만약 조나라 군주를 복위시켜 진탁의 영혼을 안심시키고, 너그럽고 어진 명을 내려 즐거운 음악을 향유하신다면 지금 앓는 환후를 어찌 걱정할 필요가 있겠습니까?"

그의 이 말이 문공의 마음을 상쾌하게 하여 병세도 순식간에 절반 이상 나은 듯했다. 그날로 바로 오록에 있는 조백 양襄에게 사람을 보내 본국으로 돌아가 다시 보위에 오르도록 하고 송나라에게 준 토지도 조나라에게 반환하도록 했다. 조 공공은 석방되자 마치 새장 속에 갇혔던 새가 높은 하늘로 날아오르듯, 우리 안에 갇혔던 원숭이가 다시 울창한 숲으로 되돌아가듯 즉시 본국의 군사를 이끌고 영양으로 달려갔다. 그러고는 진 문공을 만나 복위를 허락해준 은혜에 감사 인사를 올린 후 마침내 제후들을 도와 허나라를 포위했다. 문공의 병도 점점 더 나아졌다. 허 희공僖公은 초나라의 구원군이 오지 않자 팔을 뒤로 묶게 하고 입에는 구슬을 문 채2 진나라 진채 앞으로 나와 항복을 청했다. 또한 그는 황금과 비단을 크게 풀어 제후들의 군사를 위로했다. 그제야 진 문공과 제후들은 포위를 풀고 돌아갔다. 진秦 목공穆公은 작별에 앞서 문공과 약속했다.

"뒷날 만약 군대를 쓸 일이 있어서 우리 진나라가 출병하면 진晉나라도 반드시 우리를 도와주시오. 그러면 진나라가 출병할 때 우리 진나라도 반드시 도와드리도록 하겠소. 피차 한마음으로 협력하면서 좌시하지 않았으면 하오."

두 군주는 약속을 정한 후 각자의 갈 길로 방향을 잡았다. 문공은 중도에서 정나라가 다시 초나라에 사신을 보내 우호를 청했다는 소식을 듣고 벌컥 화를 내며 군사를 정나라로 이동시켜 정벌에 나서려고 했다. 그러자 조최가 간언을 올렸다.

"주상께선 옥체의 환후가 방금 다 나으셨습니다. 다시 몸을 피곤하게 하면 안 됩니다. 또 병졸들도 오랜 싸움에 지쳐 있고 제후들도 모두 흩어졌습니다. 지금은 돌아가 1년 동안 휴식한 뒤 다시 일을 도모하십시오."

이에 문공도 귀국했다.

이야기가 두 갈래로 나뉜다. 주 양왕이 도성 낙양으로 돌아가자 신하들이 모두 알현하며 축하 인사를 했다. 그때 선멸이 머리를 조아리며 진 문공의 말을 전하고는 위 성공을 사구司寇에게 보내 형을 확정해야 한다고 했다. 당시 주공周公 열閱이 태재 직을 맡아 정사를 돌보고 있었다. 그는 성공을 관사에 억류하고 반성의 말을 들어보자고 했다. 그러자 양왕이 말했다.

"감옥에 가두는 것은 형벌이 지나친 듯하고, 관사에 머물게 하는 건 형벌이 너무 가벼운 듯하오."

2_ 면박함벽面縛銜璧: 중국 고대의 항복 의식의 하나. 항복하려는 임금이나 장수는 두 손을 뒤로 묶고 얼굴을 앞으로 향한 채 입에는 벽옥璧玉을 물고 적진 앞에 나가서 항복을 청한다. 입에 벽옥을 무는 이유는 자신이 이미 시체가 되었다는 의미다. 옛날에는 시체를 염할 때 흔히 옥구슬을 죽은 자의 입에 물렸다.

이에 민간에 빈집을 얻어 따로 죄수 방을 마련하고 가두게 했다. 양왕은 원래 위 성공을 보호할 생각이었다. 그러나 진 문공의 노여움이 심했고 선멸의 감시도 있어서 그들의 뜻을 거스를까 두려웠던 것이다. 이 때문에 별실에 감금하기는 했지만 기실 성공을 너그럽게 대한 행동이었다. 영유는 자신의 임금인 성공을 바짝 뒤따르며 잠잘 때나 평소 거주할 때나 반드시 그 곁을 지키며 한 걸음도 떨어지지 않았다. 모든 음식도 반드시 자신이 먼저 먹어본 후에 진상했다. 선멸은 연 의원을 여러 차례 재촉했다. 그러나 영유가 치밀하게 방비하고 있어 어떻게 손을 써볼 도리가 없었다. 연 의원은 어쩔 수 없이 마음속 비밀을 영유에게 실토해버렸다.

"진나라 군후께서 강경하시다는 건 대부도 잘 알 것이오. 죄를 범하면 반드시 주살하고, 원한이 있으면 반드시 보복하오. 내가 이번에 따라온 것도 사실은 독을 사용하라는 명령을 받았기 때문이오. 만약 명령을 시행하지 않으면 나도 죄를 짓게 되오. 내가 죽음에서 벗어날 수 있는 계책이 있으면 다른 사람에겐 비밀로 하고 내게만 좀 일러주시오."

그러자 영유는 연 의원의 귀에다 대고 속삭였다.

"그대가 마음속 말을 내게 해주셨으니, 내 어찌 그대를 위해 은근한 계책을 말씀드리지 않을 수 있겠소? 근래 소문을 들으니 조나라 군주가 사면을 받을 때 오직 점쟁이 말만 이용했다고 하오. 그러니 그대도 독을 약하게 하여 음식을 올린 후 귀신 핑계를 댄다면 진나라 군주가 틀림없이 죄를 묻지 않을 것이오. 우리 주상께서도 그대에게 작으나마 보답을 내릴 것이오."

연 의원은 무슨 말인지 깨닫고 돌아갔다.

영유는 짐짓 성공의 명이라 하면서, 연 의원에게 병을 치료할 약주를 보내달라 하고 남몰래 보옥 한 상자를 뇌물로 주었다. 그 뒤 연 의원은 바로 선멸에게 이렇게 말했다.

"위나라 군주가 죽을 날이 다가왔소."

연 의원이 마침내 술병에다 독을 넣어 위후에게 올렸다. 그런데 독은 조금만 타고 다른 약으로 색깔을 속였다. 영유가 먼저 맛을 보려 하자 연 의원은 거짓으로 그를 막으며 강제로 위후의 입에 부어 넣었다. 연 의원은 두세 모금 부어 넣다가 갑자기 눈을 크게 뜨고 마당 가운데를 응시하며 울부짖다가 땅바닥에 쓰러졌다. 입에서는 선혈을 토하며 인사불성이 되었다. 술병은 땅에 엎어져 독주가 낭자하게 쏟아졌다. 영유는 고의로 대경실색한 모습을 지어보이며 좌우에게 의원을 부축해 일으키라고 명령을 내렸다. 한참만에 깨어난 연 의원에게 영유가 그 까닭을 물었다. 연 의원이 대답했다.

"방금 독주를 부을 때 갑자기 한 신령을 보았소. 키는 한 길이 넘고 머리는 큰 말斗만 했소. 위엄 있는 옷을 입고 하늘에서 내려오더니 바로 이 방으로 직진해 들어와 이렇게 말을 했소. '나는 당숙唐叔의 명령을 받들고 위나라 군주를 구원하러 왔노라!' 그러고는 쇠 채찍으로 술병을 쳐서 떨어뜨렸고 나는 혼백이 다 빠지고 말았소."

위 성공도 자신이 본 것이 연 의원과 같다고 말했다. 영유는 짐짓 노한 척 말했다.

"네놈은 원래 독으로 우리 주상을 해치려 했다. 만약 신령께서 구원해 주지 않았다면 아마도 참화를 벗어나지 못했을 것이다. 나는 네놈과 같은 하늘 아래서 살 수 없다."

영유가 주먹을 휘두르며 연 의원과 싸움을 벌이려 했지만 좌우 시종들이 두 사람을 뜯어말렸다. 선멸도 그 소식을 듣고 나는 듯이 수레를 몰고 달려와서 상황을 살펴보고는 영유에게 말했다.

"그대의 주상께서 신령의 도움을 받으셨으니 이후로는 복록이 끊이지 않을 것이오. 나도 우리 주상께 보고드리도록 하겠소."

위 성공은 독주를 마셨으나 그 양이 적어서 중독이 심하지 않았고, 그때까지 앓던 병도 점점 완치되었다. 선멸과 연 의원은 진나라로 돌아가 이 일을 문공에게 보고했다. 문공도 믿을 만하다고 여겨 연 의원을 죽이지 않고 사면했다. 뒷날 사관이 이 일을 시로 읊었다.

무슨 명분에 독주로 위후를 죽이려 했나	鴆酒何名毒衛侯
부질없이 연 의원에게 술병만 깨게 했도다	漫敎醫衍碎磁甌
진 문공의 노기는 비록 불과 같았으나	文公怒氣雖如火
오늘 아침 영유의 꾀에서 어찌 벗어날 수 있었으리	怎脫今朝寧武謀

노 희공은 원래 위나라와 대대로 돈독한 친분을 유지해온 사이였다. 그는 연 의원이 독주를 올렸으나 위 성공이 죽지 않았고 마침내 진 문공이 죄를 묻지 않았다는 소식을 듣고 장손진臧孫辰에게 물었다.

"위후가 복위될 수 있을 것 같소?"

장손진이 대답했다.

"복위될 수 있을 것입니다."

희공이 말했다.

"어떻게 그걸 알 수 있소?"

장손진이 대답했다.

"무릇 다섯 가지 형벌을 사용함에, 큰 죄인은 군사를 동원해 토벌하고

智甯俞假
眮救主

영유가 가짜 독으로 위 성공을 구하다.

부월斧鉞로 참수합니다. 그다음 죄인은 칼과 톱으로 몸을 자릅니다. 가장 가벼운 죄인은 들판으로 쫓아내기도 하고 혹은 저잣거리에서 조리 돌리며 백성과 함께 그 죄를 밝힙니다. 그런데 지금 진후는 위후에게 형벌을 사용하지 않고 몰래 짐독鴆毒을 사용하려 했습니다. 또한 연 의원을 죽이지 않은 것은 위후를 살해하려 했다는 명목을 피하기 위해서입니다. 지금 위후가 죽지 않았지만 주나라에서 여생을 보낼 수 있겠습니까? 만약 제후들이 사면 요청을 하면 진후는 틀림없이 위후를 풀어줄 것입니다. 우리가 위후를 복위시키면 우리 노나라와 더욱 친하게 지낼 것입니다. 제후들 중 누가 우리 노나라의 대의를 칭송하지 않겠습니까?"

노 희공은 크게 기뻐하며 장손진을 시켜 먼저 백벽白璧 10쌍을 가지고 주 왕실로 가서 양왕에게 바치고 위 성공의 석방을 요청하게 했다. 양왕이 말했다.

"이 일은 진후의 뜻에 달려 있소. 만약 진후가 뒷말을 하지 않는다면 짐이 어찌 위후를 미워할 수 있겠소?"

장손진이 대답했다.

"우리 주상께서도 소신에게 진나라로 가서 간청하라 했지만 지금 천자의 명령이 없으면 소신 혼자서 감히 갈 수 없습니다."

양왕은 백벽을 받았다. 이는 물론 윤허한다는 의미였다. 장손진은 바로 진나라로 가서 문공을 만나 역시 백벽 10쌍을 바치며 말했다.

"우리 주상과 위나라는 형제간과 같습니다. 위후께서 군후께 죄를 범한 뒤 우리 주상께서도 편안히 지내지 못하십니다. 지금 소식을 들으니 군후께서 이미 조나라 군주를 석방하셨습니다. 이에 우리 주상도 이제 보잘것없는 예물이나마 군후께 바치고 위후의 속죄를 바라고 있습니다."

진 문공이 말했다.

"위후는 지금 왕성에 있으니 천자의 죄인이오. 과인이 어찌 마음대로 처리할 수 있겠소?"

장손진이 말했다.

"군후께서는 천자를 대신하여 제후들에게 명령을 내릴 수 있습니다. 군후께서 위후의 죄를 사면해주시면 비록 천자라 해도 어찌 다른 명령을 내릴 수 있겠습니까?"

그때 선진이 앞으로 나서며 말했다.

"노나라는 위나라와 친분이 깊습니다. 이제 주상께서 노나라를 위해 위나라 군주를 석방하시면 두 나라는 더욱 친하게 되어 우리 진나라에 귀의할 것입니다. 어찌 불리한 일이겠습니까?"

문공은 그 일을 허락하고 바로 선진을 시켜 다시 장손진과 함께 주 왕실로 가서 양왕에게 위후의 석방을 요청했다. 이에 양왕은 성공의 감금을 풀어주고 귀국하게 했다.

이때 위나라에서는 원훤이 이미 공자 하를 받들어 보위에 올렸다. 그 후 성곽을 정비하고 무기를 잘 갖추어 성문을 출입하는 사람을 매우 엄격하게 감시했다. 위 성공은 자신이 귀국하는 날 원훤이 군사를 동원하여 항거하지 않을까 두려워 몰래 영유와 대책을 논의했다. 영유가 말했다.

"소문을 들으니 주천과 야근이 공자 하를 옹립하는 데 공을 세우고 경의 벼슬을 원했지만 뜻대로 되지 않았다 합니다. 그래서 원망을 품고 있다 하오니 내부의 호응자로 끌어들일 수 있을 것 같습니다. 또 신과 교분이 두터운 공달孔達이란 사람이 있는데, 이 사람은 송나라 충신 공보가孔父嘉의 후예이고 가슴에 큰 경륜을 품고 있습니다. 주천과 야근도 공달과 잘 아는 사이입니다. 만약 공달로 하여금 주상의 명을 받들고 주천과 야근에게 가서 경의 직위를 준다고 하고 원훤을 죽이게 하면, 그 나머지는 두려워할 일이 아무것도 없을 것입니다."

성공이 말했다.

"그대가 비밀리에 일을 추진해주시오. 만약 성공하면 그까짓 경의 벼슬이야 내 어찌 아끼리오?"

이에 영유는 심복을 시켜 연도에 유언비어를 퍼뜨렸다.

"위나라 군주가 석방의 은혜를 입었지만 본국으로 돌아갈 면목이 없어서 장차 초나라로 피난을 간다고 하네."

그러고는 성공의 서찰을 가지고 공달에게 전한 후 비밀리에 주천, 야근과 결탁하게 하고 여차여차한 대책을 알려줬다. 주천과 야근이 함께 모의하며 말했다.

"원훤은 매일 밤 친히 성을 순시하오. 우리 병사들을 성문 근처 후미진 곳에 매복시켰다가 갑자기 기습하여 칼로 찌르시오. 그런 다음 바로 궁중으로 쳐들어가 공자 하를 죽이고 궁궐을 청소한 뒤 옛 주상을 맞아들이는 것이 어떻겠소? 그럼 아무도 우리 두 사람의 공을 뛰어넘지 못할 것이오."

그리하여 두 사람은 각자 자신의 집안 사병을 모아 약속한 장소에 빈틈없이 매복시켰다. 황혼이 깃들 무렵 원훤이 동문으로 순시를 왔다. 주천과 야근 두 사람이 함께 마중을 나왔다. 원헌이 놀라며 물었다.

"두 분이 어떻게 여기 계시오?"

주천이 말했다.

"외부 사람의 전언에 의하면 옛 주상께서 이미 우리 위나라 경계로 들어서서 조만간 이곳에 당도한다 하오. 대부께선 그 소식을 못 들으셨소?"

원훤이 경악을 금치 못하며 물었다.

"그 말을 어디서 들으셨소?"

야근이 말했다.

"소문에는 영寧 대부의 심복이 입성하여 벌써 여러 신하와 옛 주상을 맞아들이기로 약속을 했다 하오. 대부께선 어떻게 처리하실 작정이오?"

원훤이 말했다.

"그것은 유언비어요. 믿지 마시오. 하물며 보위가 이미 정해져 있거늘 어찌 다시 옛 임금을 맞아들일 수 있겠소?"

주천이 말했다.

"대부께선 정경正卿의 몸이라 만 리의 사정을 꿰뚫고 있어야 하는데, 이와 같은 국가 대사를 아직도 모르고 있으니 뭘 하고 있단 말이오?"

야근은 즉시 달려들어 원훤의 두 손을 틀어잡았다. 원훤이 급히 몸을 비틀었으나 주천이 칼을 빼들고 고함을 지르며 원훤의 머리를 내리쳤다. 원훤의 두개골은 두 쪽이 나고 말았다. 그때 복병이 일제히 들고일어나자 원훤을 수행하던 좌우 군사들은 모두 놀라 도망쳤다. 주천과 야근은 사병을 거느리고 연도에서 이렇게 소리를 지르게 했다.

"옛 주상께서 제나라와 노나라의 군사를 이끌고 성 밖에 와 계신다. 백성은 각자 안정을 유지하며 소동 피우지 말라!"

이에 백성은 가가호호 모두 문을 닫았고 곳곳의 관문도 모두 폐쇄되었다. 이때 조정에 있던 벼슬아치들은 반신반의하며 무슨 일이 발생했는지도 모른 채 팔짱을 끼고 앉아 소식을 기다릴 수밖에 없었다. 주천과 야근은 궁중으로 쇄도해 들어갔다. 공자 하는 자신의 아우 공자 의儀와 궁중에서 술을 마시고 있었다. 그때 밖에서 정변이 발생했단 소식을 듣고 공자 의가 칼을 뽑아 들고 궁궐을 나와 상황을 살펴보다가 주천을 만나 피살되고 말았다. 그들은 공자 하를 찾았으나 찾을 수 없었다. 궁궐 안은 밤새도록 소란스러웠다. 날이 밝아서야 공자 하가 우물에 몸을 던져 죽은 것을 알았다. 주천과 야근은 위 성공의 친서를 조당朝堂에 걸고 문무백관을 모두 불러 모아 성공의 입성과 복위를 환영했다. 후세 사람들은 영무자寧武子[3]를 이렇게 논했다.

우여곡절을 겪으며 위 성공을 복위시킨 건 지혜로운 행동이라 할 만하다. 그러나 그때 공자 하에게 소식을 알리고 양위하라 할 수도 있었을 것이다. 공자 하가 옛 주상이 귀국한다는 걸 알았다면 군사를 이끌고 저항하지 않고 스스로 신하의 자리로 물러났을지도 모를 일이다. 그러면 어찌 두 사람에게 모두 좋은 일이 아니겠는가? 그러나 결국은 주천과 야근의 기습을 유발하여 시역弒逆이 일어나게 하고 형제간의 살육을 초래했다. 이것은 비록 위 성공의 박덕 때문에 생긴 일이지만 영무자에게도 죄가 없지 않을 것이다.

후세 사람이 시를 지어 탄식했다.

천견의 화살 한 발로 숙무는 원혼이 됐고   前驅一矢正含冤
또 새 임금은 핍박당해 우물로 투신했네   又迫新君赴井泉
탐학한 위 성공에게 간하는 이도 없었나니   終始貪殘無諫阻

3_ 영무자寧武子: 영유寧兪의 시호가 무자武子다. 영자寧子, 영생寧生, 영무寧武라고도 한다. 영寧을 영甯으로도 쓴다.

　성공은 다시 보위에 오른 뒤 길일을 택하여 종묘에 제사를 올리려 했다. 그런 다음 이전의 약속을 어기지 않고 주천과 야근을 경卿으로 봉하고 그들에게 경의 예복을 입고 종묘 제사에 배행하게 했다. 제삿날이 되어 오경의 북소리가 울리자 주천은 수레를 타고 먼저 출발했다. 거의 종묘의 문 앞에 당도할 즈음 주천은 눈을 뒤집으며 울부짖었다.

　"주천 이 속 좁은 소인배야! 개돼지같이 간사한 도적놈아! 우리 부자는 나라를 위해 충성을 다했건만 네놈은 벼슬자리를 탐내 내 목숨을 해쳤구나. 우리 부자는 구천에서도 원한을 품고 있다. 네놈은 예복을 잘 차려 입고 제사에 참석하니 한없이 즐겁겠구나. 내 이제 네놈을 잡아가서 태숙과 하 공자를 뵈어야겠다. 무슨 할 말이 있느냐? 나는 바로 상대부 원훤이다."

　말을 마치고는 온몸의 아홉 구멍으로 피를 쏟고 수레 안에서 뻣뻣한 시체로 변했다. 뒤이어 야근이 도착했다가 이 광경을 보고 깜짝 놀라 황망하여 경의 예복을 벗어 던지고 감기 기운이 있다는 핑계를 대고 돌아갔다. 성공은 종묘에 이르러 영유와 공달에게 대신 제사를 돕게 했다. 조정으로 돌아오자 벌써 야근의 사직 상소가 올라와 있었다. 성공은 주천의 죽음이 이상한 일이라 여기고 억지로 그를 유임시키지 않았다. 그 뒤로 한 달도 안 되어 야근도 병으로 죽었다. 가련하게도 주천과 야근은 오직 벼슬이 탐나서 이처럼 불의한 짓을 저질렀다. 그러고는 하루도 영화를 누리지 못하고 평생토록 욕을 먹고 있으니 어찌 어리석은 자가 아니겠는가? 성공은 자신을 보호하는 데 공을 세운 영유를 상경으로 임명하고자 했으나 영유는 공달에게 양보했다. 이제 공달이 상경이 되고 영유는 아경亞卿이 되었다. 공달은 성공을 위해 계책을 세워 원훤과 공자 하의 죽음을 모두 이미 죽은 주천과 야근에게 덮어씌우고 진 문공에게 사신을 보내 사죄했다. 이에 문공도 불문에 부쳤다.

주 양왕 22년 진나라 군사는 이미 1년여를 쉬었다. 그러던 어느 날 문공은 조정에 앉아 신하들에게 말했다.

"정나라의 무례함에 아직도 보복하지 못했소. 근래 정나라는 또 우리를 배신하고 초나라와 우호를 맺었소. 내 이제 제후들과 힘을 합쳐 죄를 묻고자 하는데 어떻게 생각하시오?"

선진이 말했다.

"우리는 여러 번 제후들을 수고롭게 했습니다. 지금 또 성나라 때문에 군사를 출정시킨다면 이는 중원을 편안하게 하는 방법이 아닙니다. 게다가 우리 군사만으로도 부족함이 없고 장군과 병졸들도 명령을 잘 따르고 있는데, 어찌 반드시 밖에서 힘을 빌릴 필요가 있겠습니까?"

"지난번 진秦나라 군주와 헤어질 때 나중에 반드시 일을 함께하자고 약속한 적이 있소."

"정나라는 중원의 목에 해당하는 요충지입니다. 이런 까닭에 제 환공이 패업을 도모할 때 매번 정나라와 다투었습니다. 지금 만약 진秦나라와 함께 정나라를 정벌한다면 반드시 진나라와 패권을 다투어야 합니다. 차라리 우리 군사만으로 정벌에 나서는 것이 좋을 것입니다."

"정나라는 우리와 바로 이웃해 있지만 진나라와는 멀리 떨어져 있소. 그러니 그들에게 무슨 큰 이익이 있겠소?"

이에 사신을 보내 출전 기한을 알리고 9월 중순에 정나라 국경에 함께 모이자고 약속을 정했다. 문공은 출발에 임해 공자 난을 함께 데리고 가려 했다. 난은 정백 첩聶의 배다른 동생이었다. 지난날 진나라로 망명 와서 대부 직에 임명되었다. 또한 그는 문공이 즉위할 때 좌우에서 빈틈없이 일을 도와 문공도 그를 아끼며 가까이 했다. 이번 출전에서 문공은 난을 길잡이로 삼을 생각이었다. 그러나 공자 난은 사양하며 말했다.

"신이 듣건대 '군자는 몸이 타향에 있어도, 부모의 나라를 잊지 않는다君子雖在他鄕, 不忘父母之國'고 합니다. 그러므로 주상께서 정나라를 토벌하는 일에 신은 감히 참전할 수 없습니다."

문공이 말했다.

"경은 정말 근본을 배신하지 않는 사람이구려."

이에 공자 난을 동쪽 변방에 머물게 했다. 이때부터 문공은 난을 도와 정나라 군주에 세우려는 마음을 품게 되었다. 진나라 군사가 정나라 국경으로 들어서자 진 목공도 모사 백리해, 대장 맹명시孟明視, 부장 기자杞子, 방손逢孫,4 양손楊孫 등과 병거 200승을 이끌고 약속 장소에 왔다. 두 나라 군대는 힘을 합쳐 정나라의 관문을 격파하고 곧바로 유수洧水5까지 핍박해 들어가서 길게 포위망을 구축했다. 진晉군은 정나라 성곽 서쪽에 있는 함릉函陵(河南省 新鄭 新村鎭)에 군영을 세웠고, 진秦군은 정나라 성곽 동쪽에 있는 범남氾南(河南省 中牟 남쪽)에 군영을 세웠다. 순찰병이 밤낮으로 경계를 돌자 나무꾼조차 모두 발길을 끊었다.

4_ 방손逢孫: '逢'은 성으로 쓸 경우 '방'으로 읽는다.

5_ 유수洧水: 하남성 등봉登封 양성산陽城山에서 발원하여 동남쪽으로 흘러 신정新鄭에서 진수溱水와 합류하고, 다시 서화西華로 들어가 영수潁水와 합류한다. 굽이가 많아 흔히 곡유曲洧라고 부른다.

당황한 정 문공이 어찌할 바를 모르자 대부 숙첨이 말했다.

"진과 진이 군사를 합쳐서 그 기세가 매우 날카로우니 부딪쳐 싸워서는 안 됩니다. 그러나 변설에 능한 사람을 목공에게 보내 설득하면 진나라 군사가 물러갈 수도 있을 것입니다. 진나라 군사가 물러가면 진晉나라는 외로운 처지에 놓일 것이므로 걱정할 게 없습니다."

정 문공이 물었다.

"진秦나라 군주를 설득하려면 누구를 보내면 좋겠소?"

숙첨이 대답했다.

"일지호佚之狐가 좋겠습니다."

정 문공이 일지호에게 명령을 내리자 일지호가 대답했다.

"신은 감당할 수 없는 일입니다. 다만 신 대신 다른 사람을 천거하겠습니다. 이 사람은 언변이 강물처럼 도도하고 혀끝으로 산악을 움직입니다. 그러나 연로하도록 중용되지 못하고 있으니 주상께서 관작을 더하여 사신으로 보내십시오. 그럼 목공을 설득하지 못할까 염려하실 필요가 없습니다."

정 문공이 물었다.

"그 사람이 누구요?"

일지호가 대답했다.

"그는 고성考城(河南省 蘭考 張君墓鎭과 堌陽鎭 일대) 사람으로 성은 촉燭이요, 이름은 무武입니다. 나이는 일흔이 넘었고 우리 정나라를 섬기며 어정圉正[6] 벼슬을 하고 있지만 삼세三世 동안 관직을 옮기지 못했습니다. 주상께서는 그의 관직을 올려 예우하시고 사신으로 보내시지요."

6_ 어정圉正: 말을 기르고 관리하는 하급 관리.

정 문공이 마침내 촉무를 불러 입조하게 했다. 그의 수염과 눈썹은 모두 백발이었고 허리는 굽었으며 발걸음도 비틀비틀했다. 좌우 대신들이 모두 웃음을 금치 못했다. 촉무가 정 문공을 배알하고 아뢰었다.

"주상께서는 무슨 일로 노신을 부르셨습니까?"

정 문공이 말했다.

"일지호가 그대의 변설이 뛰어나다고 했소. 수고스럽더라도 진秦나라 군사를 물러가게 해주면 과인이 장차 그대와 함께 나라를 다스리겠소."

촉무는 다시 재배를 올리고 말했다.

"신은 천학비재하여 젊었을 때도 한 치의 공조차 세우지 못했습니다. 지금은 벌써 일흔이 넘어 기력은 고갈되었고, 말을 하면 숨을 헐떡이게 됩니다. 그런데 어찌 함부로 유세하며 천승지국 군주의 마음을 움직일 수 있겠습니까?"

정 문공이 말했다.

"그대가 삼세 동안 우리 정나라를 섬겼지만 이처럼 연로하도록 중용되지 못한 것은 모두 과인의 잘못이오. 이제 그대를 아경亞卿에 임명할 터이니 과인을 위해 억지로라도 한번 행차해주시기 바라오."

일지호도 옆에서 거들었다.

"대장부가 늙어서도 불우하게 지내는 것은 천명에 그 탓을 돌려야겠지만 이제 주상께서 선생의 재주를 알아보고 중용하고자 하시니 선생께선 더는 사양하지 마시오."

이에 촉무는 어명을 받고 유세객으로 가기로 했다.

이때 두 진나라는 정나라 성을 매우 단단하게 포위하고 있었다. 촉무는 동쪽의 진秦 군영과 서쪽의 진晉 군영이 서로 잘 호응하지 않는다는 것을

老燭武
縋城
説秦

촉무가 성을 넘어가서 진에 유세하다.

알았다. 그리하여 그날 밤 장사에게 굵은 밧줄을 성 아래로 내리도록 하고 그 밧줄을 타고 동문으로 내려가 곧바로 진 군영으로 들어가려고 했다. 그러나 군사들이 그를 붙잡아 들어가지 못하게 하자 촉무는 군영 밖에서 대성통곡했다. 군영을 순찰하는 관리가 나와서 그를 붙잡아 목공에게 데리고 갔다. 목공이 물었다.

"그대는 누구시오?"

촉무가 대답했다.

"노신은 정나라 대부 촉무입니다."

"무슨 일로 통곡을 했소?"

"정나라가 장차 망하게 생겨서 통곡했습니다."

"정나라가 망하는데 그대는 어이하여 우리 군영 밖에 와서 통곡한 것이오?"

"노신은 정나라 망국을 통곡하면서 겸하여 진나라를 위해 통곡한 것입니다. 정나라가 망하는 건 애석할 게 없지만 유독 애석한 건 진나라입니다."

목공이 진노하여 그를 꾸짖었다.

"우리 나라가 뭐가 애석하단 말인가? 말이 이치에 닿지 않으면 즉시 참수하리라!"

촉무는 아무 두려운 기색도 없이 두 손가락을 겹쳐서 동쪽과 서쪽을 가리키며 진나라의 이해관계를 설파했다. 그 모습이 다음 시와 같았다.

유세를 펼치니 석상도 눈을 뜨고	說時石漢皆開眼
이치를 설파하니 진흙 인형도 끄덕이네	道破泥人也點頭
아침에 솟는 붉은 해가 밤중에도 떠오르고	紅日朝升能夜出

촉무가 말했다.

"두 진나라가 군사를 합쳐 정나라를 공격하니 정나라의 망국은 말할 필요도 없게 되었습니다. 그러나 정나라가 망한다고 진나라에 이익이 될지는 노신이 감히 단언할 수 없습니다. 이익이 되지 않을 뿐만 아니라 오히려 손해가 될 것입니다. 그런데 군후께선 어찌하여 군사를 수고롭게 하고 재물을 허비하며 다른 사람 좋은 일을 하고 계십니까?"

"이익은 없고 손해만 있다니 그게 무슨 말이냐?"

"우리 정나라는 진晉나라의 동쪽 경계에 있고, 진秦나라는 진나라의 서쪽 경계에 있습니다. 동서로 떨어진 거리가 천 리나 됩니다. 진秦나라는 동쪽으로 진나라에 막혀 있고, 남쪽으로는 주나라에 막혀 있는데, 주와 진을 넘지 않고 정나라에 닿을 수 있겠습니까? 정나라가 망하면 이 작은 땅을 모두 진나라가 차지한 뒤 군후께는 무엇을 주겠습니까? 대저 두 진은 서로 이웃한 나라이고 지금 국력도 막상막하입니다. 그러므로 하나가 더욱 강해지면 하나는 더욱 약해지게 됩니다. 다른 나라에게 땅을 겸유하게 하면서 스스로 자신의 나라를 약하게 하는 일은 지혜로운 사람이라면 하지 않을 것입니다. 일찍이 진 혜공은 하외의 다섯 성을 군후께 바치겠다 약속하고서도 귀국해서는 바로 배신했습니다. 이는 군후께서도 잘 알고 있는 일입니다. 군후께서 진나라에 여러 해 동안 은혜를 베푸셨는데도 털끝만한 보답이라도 받으신 적이 있습니까? 지금의 문공도 귀국한 이래 군사를 증원하고 장수를 양성하여 날마다 다른 나라를 겸병하고 강국이 되기에 힘쓰고 있습니다. 지금도 동쪽에서 땅을 개척하며 정나라를 망국의 지경으로 몰아넣고 있으니 뒷날에는 반드시 서쪽에서 땅을 개척할 마음을 먹을 것입니다. 그럼 그 환란이 귀국에 미칠 것입니다. 군후께선 우나라와 괵나라의 일을 들어보지 않으셨습니까? 진나라는 우나라 군주에게 길을 빌려 괵나라를 멸망시키고는 바로 창을 돌려 우나라를 겨누었습니다. 우나라 군주는 지혜롭지 못하여 진나라를 돕다가 자멸의 길로 빠지고 말았습니다. 이 일을 거울삼아야 하지 않겠습니까? 군후께서 지난날 은혜를 베풀고도 믿을 수 없는 일을 당했는데, 지금 진晉이 진秦을 이용하다가 어떤 일을 벌일지도 전혀 예측할 수 없습니다. 군후께서는 어질고 지혜로우신데도 이런 술책에 빠져드시니, 이에 노신은 '이익이 없고 손해만 있다'고 한 것이며, 때문에 이곳에 와서 통곡한 것입니다."

목공은 오랫동안 조용히 듣다가 문득 얼굴빛을 바꾸더니 빈번하게 고개를 끄덕이며 말했다.

"대부의 말씀이 옳소!"

그때 백리해가 앞으로 나서며 말했다.

"촉무의 변론은 우리 두 나라 간의 우호를 이간질하기 위한 술책입니다. 주상께선 듣지 마시기 바랍니다."

그러자 촉무가 말했다.

"군후께서 목전의 포위를 풀어주시면 우리 정나라는 초나라를 버리고 진나라에 투항하기로 맹세하겠습니다. 이후에 군후께서 동방에 일이 생기면 그 물자와 통로를 우리 정나라에서 취하십시오. 그러면 우리는 군후의 바깥 창고와 같이 될 것입니다."

목공은 몹시 기뻐하며 촉무와 삽혈로 우호를 맹세하고 오히려 기자, 방손, 양손 세 장수를 정나라에 남겨 수비를 도와주게 했다. 그러고는 문공

에게 알리지도 않은 채 비밀리에 군사를 거두어 돌아갔다. 그러나 그 소식
은 일찌감치 세작에게 탐지되어 진晉 군영에 보고되었다. 문공은 진노했다.
호언이 곁에 있다가 진나라 군사를 추격하자고 청했다. 문공이 그 의견에
따를 것인지는 다음 회를 보시라.

숙첨의 항거

숙첨은 솥을 잡고 진 문공에게 항거하고
현고는 거짓 어명으로 진나라 군사를 대접하다
叔詹據鼎抗晉侯, 弦高假命犒秦軍.

　　목공은 몰래 정나라와 우호관계를 맺은 후 진나라를 배신하고 군사를
후퇴시켰다. 진 문공이 진노하자 호언이 앞으로 나서며 말했다.

　　"진군이 떠나갔지만 멀리가지는 못했을 것입니다. 청컨대 신이 적은 군
사만이라도 이끌고 추격하겠습니다. 군사들에게 돌아갈 마음이 있으면 싸
울 마음은 없기 마련입니다. 한 번 싸움으로 승리할 수 있을 것입니다. 우
리가 승리하면 정나라는 틀림없이 간담이 서늘해질 것이니 싸우지 않고
스스로 무너질 것입니다."

　　문공이 말했다.

　　"불가하오. 과인은 옛날 그들의 힘을 빌려 사직을 갖게 됐소. 목공이 아
니었다면 과인이 어찌 여기까지 올 수 있었겠소? 성득신이 과인에게 무례
하게 대할 때도 과인은 90리를 후퇴하여 초나라의 은혜에 보답했소. 하물

며 혼인으로 맺어진 진나라야 어찌해야 하겠소? 또 진나라 군사가 없다고 어찌 정나라를 포위할 수 없겠소?"

이에 군사의 반을 나누어 함릉에 군영을 세우고 이전처럼 포위 공격을 계속했다. 정 문공이 촉무에게 말했다.

"진나라 군사가 물러간 건 그대의 힘이오. 그런데 진晉나라 군사가 물러가지 않으니 어찌하면 좋소?"

촉무가 대답했다.

"소문을 들으니 난蘭 공자께서 진나라 군주에게 총애를 받고 있다 합니다. 사신을 보내 난 공자를 맞아오게 하여 진나라와 우호를 맺으면 틀림없이 따를 것입니다."

정 문공이 말했다.

"이 일은 노 대부가 아니면 사신의 임무를 감당할 수 없소."

그러자 석신보石申父가 말했다.

"촉 대부는 피로하실 터이니 신이 대신 가겠습니다."

이에 귀중한 보물을 가지고 도성을 나와 진晉 문공을 뵈러 왔다고 했다. 문공이 들여보내라고 하자 석신보가 들어가서 재배를 올리고 귀중한 보물을 바쳤다. 그러고는 정공의 명령을 전했다.

"우리 주상께서 비밀리에 형만(초나라)을 가까이 하면서 명확하게 그들과 단절하지 못했지만 기실 감히 군후의 그늘에서 벗어난 것은 아닙니다. 이번에 군후께서 불같이 진노하시자 우리 주상도 자신의 죄를 알게 되었습니다. 그래서 보잘것없는 세전世傳 보물이라도 군후께 예물로 바칩니다. 우리 주상에겐 난이란 아우가 있는데 지금 군후의 좌우에서 총애를 받고 있다 들었습니다. 바라옵건대 난 공자의 얼굴을 보셔서라도 우리 정나라를 가엾게 여겨주십시오. 군후께서 난 공자를 시켜 정나라를 감독하게 하면서 아침저녁으로 정나라 조정에 있게 하면 어찌 두마음을 품을 수 있겠습니까?"

진 문공이 말했다.

"그대들은 우리를 진나라와 이간시키면 우리가 단독으로 정나라를 함락시키지 못할 것이라 생각하지 않았소? 그런데 지금 다시 와서 화의를 청하는 건 우리의 공격을 늦추고 초나라의 구원병을 기다리기 위한 계책이 아니오? 만약 우리 군사를 물러가게 하려면 반드시 내가 말하는 두 가지 조건에 따라야 하오."

"군후께선 명령하시지요."

"반드시 공자 난을 모시고 가서 세자로 세워야 하오. 그러고 나서 정나라의 모신謀臣 숙첨을 우리에게 바치고 그대들의 진심을 보여야 하오."

석신보는 진 문공의 말을 듣고 다시 도성으로 돌아가 정공에게 보고했다. 정공이 말했다.

"과인에겐 아들이 없소. 소문에 듣기로는 내 아우 난[1]이 태어날 때 꿈에 특별한 징조가 있었다고 하오. 그를 세자로 세우면 사직의 신령님들께서도 틀림없이 제사를 흠향하실 것이오. 그러나 숙첨은 과인의 고굉지신股肱之臣(팔다리 같은 신하)이오. 어찌 과인의 곁에서 떠나보낼 수 있겠소?"

"신이 듣건대 '임금에게 근심이 있으면 신하는 치욕으로 여겨야 하고, 임금이 치욕을 당하면 신하는 죽어야 한다主憂則臣辱, 主辱則臣死'고 합니다. 지금 진나라 사람들이 신을 찾고 있는데도, 신이 가지 않으면 우리 정나라에 대한 포위를 틀림없이 풀지 않을 것입니다. 이것은 신이 죽음을 피하여 불

1_ 공자 난蘭은 원래 정鄭 문공文公의 아들이다. 원저자의 착오로 보인다.

충을 저지르는 것이며 주상께 근심과 치욕을 남겨드리는 일입니다. 청컨대 신을 보내주시옵소서."

"그대가 가면 틀림없이 죽게 될 터인데, 과인은 그것을 참을 수가 없소."

"주상께서 이 숙첨 하나의 불행은 참지 못하시고, 백성의 위난과 곤경은 참으시면서 사직의 운명까지 추락시키려 하십니까? 신의 몸 하나를 버리는 건 백성을 구하고 사직을 안정시키는 일인데 주상께선 무엇을 아끼십니까?"

정공은 눈물을 흘리며 숙첨을 떠나보냈다. 석신보와 후선다侯宣多도 숙첨을 전송하러 진나라 군영에 왔다. 이들이 말했다.

"우리 주상께서 군후의 신령함을 두려워하여 두 가지 조건 모두 감히 어길 수가 없었습니다. 이제 숙첨을 막하에 데려와서 죄를 단죄하게 되었으니 군후께서 처결해주시옵소서. 또 공자 난을 우리 나라의 후사로 삼게 하시어 귀국의 은덕을 남김없이 베풀어주시옵소서."

진 문공이 몹시 기뻐하며 바로 호언에게 명하여 동쪽 국경으로 가서 공자 난을 불러오게 했고, 석신보와 후선다에게는 군영에서 기다리게 했다.

그러고 나서 숙첨을 보고 고함을 질렀다.

"네놈은 정나라의 국권을 좌지우지하며 네 임금이 빈객에게 무례한 짓을 범하게 했다. 이것이 네놈이 저지른 첫 번째 죄다. 또 우리 진나라와 우호를 맺고도 다시 두마음을 품었다. 이것이 두 번째 죄다."

문공은 좌우 군사들에게 속히 세발솥을 준비하여 삶아 죽이라고 했다. 숙첨은 안색을 전혀 바꾸지 않고 문공에게 공수의 예를 올리며 말했다.

"신에게 할 말은 다하고 죽게 해주십시오."

"네놈에게 무슨 할 말이 있단 말이냐?"

"군후께서 옛날 우리 나라에 왕림하셨을 때 신은 우리 주상께 이렇게 말씀드렸습니다. '진 공자 중이는 어질고 그를 모시는 좌우 신하도 모두 공경대부의 재목감이니 만약 귀국하면 반드시 제후의 패자가 될 것입니다.' 온 땅에서 열린 회맹에 갔을 때도 신은 또 우리 주상께 이렇게 권했습니다. '반드시 끝까지 진나라를 섬겨야 죄를 범하지 않게 됩니다. 만약 죄를 범하면 용서받을 수 없을 것입니다.' 그러나 하늘이 정나라에 재앙을 내리려는 것인지 제 말을 받아들이지 않았습니다. 지금 군후께선 신이 그동안 정나라 정사를 맡은 것에 대해 죄를 주려 하시는데, 우리 주상께서는 제게 허물이 없다는 것을 분명하게 아시고 저를 단단히 잡고 보내주려 하지 않았습니다. 그래서 신은 '임금이 치욕을 당하면 신하는 죽어야 한다'는 대의를 들어 스스로 죽음의 길로 가서 우리 도성의 재난을 구하고자 했습니다. 대저 일을 미리 예상해 맞아떨어지도록 하는 것은 지智요, 전심전력으로 나라를 위해 계책을 내는 것은 충忠이요, 재난에 임해서도 피하지 않는 것은 용勇이요, 자신의 몸을 죽여 나라를 구하는 것은 인仁입니다. 신은 인, 지, 충, 용을 모두 갖추고 있는데, 진나라 국법에서는 이런 사람도 죽인단 말입니까?"

말을 마친 숙첨은 세발솥의 손잡이를 잡고 호령했다.

"지금부터 임금을 섬기는 자는 이 숙첨을 경계로 삼으라!"

진 문공은 모골이 송연해지며 죽이지 말고 사면하라는 명령을 내렸다. 그러고는 말했다.

"과인이 그대를 잠시 시험해본 것이오. 그대는 정말 열사요!"

이후 숙첨을 매우 정중하게 예우했다. 하루도 되지 않아 공자 난이 도착했다. 진 문공은 난을 부른 의도를 말하고 숙첨, 석신보, 후선다 등에게 세자를 뵙는 예로 서로 상면하게 했다. 그런 뒤 공자 난을 모시고 도성으

井詹擢泉抗晉兵

숙첨이 솥을 잡고 진 문공에게 항거하다.

로 들어가게 했다. 정공은 난을 세자로 세웠고, 진나라 군사는 물러갔다. 이때부터 두 진나라 사이에는 틈이 벌어지게 되었다. 염옹이 시를 지어 탄식했다.

사위 장인이 연합한 건 속이지 않기 위함인데	甥舅同兵意不欺
촉무의 말 한마디로 군사를 옮겨갔네	卻因燭武片言移
동쪽 땅 작은 이익을 서로가 탐하여	爲貪東道蠅頭利
수 대 동안 전쟁이 날 줄 어찌 알 수 있었으랴	數世兵連那得知

이해에 위주가 술에 취해 수레에서 떨어졌고, 전에 화재로 입은 내상이 재발하여 피를 한 말이나 토하고 죽었다. 진 문공은 그의 아들 위과魏顆에게 부친의 작위를 계승하게 했다. 또 얼마 지나지 않아 호모와 호언도 이어서 죽었다. 진 문공이 통곡하며 말했다.

"과인이 환란에서 벗어나 오늘이 있게 된 것은 대부분 외숙外叔의 힘에 의지한 바다. 그런데 뜻밖에도 나를 버리고 떠나시니 과인은 오늘 오른팔을 잃었구나. 애통하도다!"

서신이 앞으로 나서며 말했다.

"주상께서 호씨 형제를 잃었다고 애석해하시니 신이 인재 한 사람을 천거하겠습니다. 경상卿相으로 삼을 만한 인재인데 주상께서 판단하십시오."

문공이 말했다.

"경이 천거하고자 하는 사람이 누구요?"

"신은 전에 사신을 가다가 기冀 땅의 들판에서 잠시 멈춰 쉰 적이 있습니다. 그때 쟁기로 밭을 가는 어떤 사람을 보았습니다. 잠시 후 그 아내가 점심을 가져와서 두 손으로 바치자 남편도 몸가짐을 바로잡고 엄숙한 표정으로 음식을 받았습니다. 남편은 천지신명에게 간단히 제사 지낸 후 음식을 먹었고, 그 아내는 곁에서 단정하게 모시고 서 있었습니다. 한참 만에 식사가 끝나자 남편은 아내가 돌아갈 때까지 기다렸다가 다시 쟁기질을 했습니다. 그러면서 처음부터 끝까지 조금도 게으른 모습을 보이지 않았습니다. 부부간에도 서로 손님처럼 공경하는데[2] 하물며 타인이야 말해 무엇하겠습니까? 신이 듣건대 '공경할 줄 아는 사람은 반드시 덕이 있다'고 합니다. 가서 성명을 물어보니 바로 극예의 아들 극결郤缺이었습니다. 이 사람을 나라에 등용하면 호언에 못지않을 것입니다."

"그 아비가 큰 죄를 지었는데 어찌 그 아들을 등용할 수 있단 말이오?"

"요와 순을 아비로 두고서도 단주丹朱와 상균商均 같은 불초자식도 태어나고, 곤鯀을 아비로 두고서도 우 임금 같은 성인도 태어납니다. 현인과 불초한 사람 사이에는 부자의 성품이 전해지지 않습니다. 그런데 주상께선 어찌하여 지난날에 저지른 그 아비의 악행 때문에 유용한 인재를 버리려 하십니까?"

"좋소. 경이 좀 불러오시오."

"신은 그가 다른 나라로 도피하여 적국에 등용될까 두려워 이미 신의 집에 데려다 놓았습니다. 주상께서 부르시려면 현인을 대우하는 예를 갖추시옵소서."

문공은 그 말에 따라 내시에게 관모와 관복 일습을 가지고 가서 극결을 불러오게 했다. 극결은 재배를 올리고 머리를 조아렸다. 그러고는 사양하

2_ 상경여빈相敬如賓: 서로 공경하기를 손님 대하듯 하다. 부부간에 예의를 잃지 않고 서로 지극히 공경하는 것을 비유한다.(『좌전』 희공 33년)

며 말했다.

"신은 기 땅의 농부입니다. 주상께서 선친의 죄를 알고도 저를 죽이지 않으시니 벌써 관대한 은혜를 입은 것입니다. 하물며 감히 총애를 믿고 조정의 대열에 설 수 있겠습니까?"

내시가 재삼 어명을 전하며 수레에 오르기를 권하자 극결은 내시가 가져온 관모와 관복을 차려입고 조정으로 들어갔다. 극결은 키가 구 척이었고 뚜렷한 이목구비에 턱이 두터웠으며 목소리는 큰 종소리 같았다. 문공은 그를 보자마자 매우 흡족하여 서신을 하군 원수로 임명한 뒤 극결에게 그를 보좌하게 했다. 그리고 이항二行을 이군二軍으로 바꾸고 그 이름을 신상군新上軍과 신하군新下軍으로 부르게 했다. 그리하여 조최를 신상군의 장수로 삼고 기정을 그 보좌로 삼았으며, 서신의 아들 서영胥嬰을 신하군의 장수로 삼고 선도先都를 그 보좌로 삼았다. 지난날의 삼군에다 다시 이군을 보태 모두 오군이 되니 천자의 군사 제도에 버금가게 되었다. 이처럼 호걸들이 계속 등용되자 진나라의 군대는 빈틈이 없게 되었다. 초 성왕이 이 소식을 듣고 두려워 대부 투장鬪章을 보내 진과 우호관계를 맺자고 청했다. 진 문공은 지난날에 초나라에서 받은 은혜를 생각하고 우호를 허락한 뒤 대부 양처보陽處父를 초나라에 사신으로 보냈다.

주 양왕 24년 정 문공 첩이 세상을 떠났다. 신하들은 그의 동생 공자 난을 보위에 올렸다. 이 사람이 정 목공穆公이다. 과연 연길이 난초 꿈을 꾼 조짐이 맞아떨어진 셈이다. 이해 겨울 진 문공은 병이 들었다. 문공은 조최, 선진, 호야고狐射姑, 양처보 등 신하들을 불러 세자 환驩을 보위에 올려 패업을 바꾸지 말라고 유언을 내렸다. 문공은 여러 아들이 나라 안에서 안정을 해칠까봐 공자 옹은 진秦나라로 보내 벼슬하게 했고, 공자 낙樂은 진陳나라로 보내 벼슬하게 했다. 공자 옹은 두기杜祁의 소생이고, 공자 낙은 진영辰嬴의 소생이다. 또 어린 아들 흑둔黑臀까지 주나라에 출사시켜 주 왕실과 친분을 다졌다. 그해 문공이 세상을 떠났다. 재위 8년이었고 향년 68세였다. 사관이 시를 지어 찬양했다.

망명길에 말 달리며 십구 년을 보내다가	道路奔馳十九年
신룡은 돌아와서 권력을 잡았도다	神龍返穴逐乘權
하양에서 천자 알현 충성심을 드러냈고	河陽再覲忠心顯
성복에서 삼군으로 의로운 명성 펼쳤구나	城濮三軍義問宣
치욕 씻고 은혜 보답 가슴속이 상쾌했고	雪恥酬恩中始快
상을 주고 벌을 줌에 치우침이 없었네	賞功罰罪政無偏
넓고 넓은 덕성은 하늘이 준 것이지만	雖然廣儉繇天授
올바르게 도와주는 좌우 현신에 의지했네	左右匡扶賴衆賢

세자 환驩이 장례를 주관하고 즉위하니 이 사람이 진 양공襄公이다. 양공은 문공의 관을 받들어 곡옥에 빈소를 마련했다. 관을 운구하여 강주성 絳州城을 떠나려고 할 때 관 속에서 갑자기 소 울음 같은 큰 소리가 났다. 또한 관이 태산처럼 무거워져서 수레로도 움직일 수 없었다. 여러 신하가 놀라지 않은 사람이 없었다. 태복 곽언이 점을 쳐서 점사를 바쳤다.

서쪽에서 쥐가 와서	有鼠西來
우리 집 담장 넘네	越我垣牆

큰 몽둥이 들고서   我有巨梃

한 번 치니 세 번 상하네   一擊三傷

곽언이 말했다.

"며칠 안에 반드시 서쪽에서 전쟁 소식이 들려올 것이나, 우리 군대가 공격하여 큰 승리를 거둘 것입니다. 이것은 선군의 영혼이 우리에게 알려 주는 것입니다."

신하들이 모두 배례를 올리자 관 속에서 나던 소리가 문득 멈추었고 무게도 무겁지 않게 되어 평상시처럼 수레에 싣고 갈 수 있게 되었다. 선진이 말했다.

"서쪽이라면 바로 진秦나라입니다."

그리하여 비밀리에 세작을 진나라로 보내 상황을 염탐하게 했다.

이야기가 두 갈래로 나뉜다. 한편 진秦나라 장수 기자, 방손, 양손 세 사람은 정나라 북문을 지키다가 진晉나라 사람들이 공자 난을 정나라로 보내 세자로 세우는 광경을 지켜봤다. 이에 세 사람은 울분을 터뜨리며 말했다.

"우리는 정나라 사람들을 위해 성을 지키며 진晉나라 군사를 막고 있는데, 정나라 사람들은 오히려 진나라에 항복하고 있소. 이제 우리가 세운 공은 모두 사라질 게 뻔하오."

세 사람은 비밀리에 이러한 사정을 본국으로 보고했다. 진 목공의 마음도 불만스러웠으나 문공의 위세 때문에 어떻게 할 수 없었다. 마음속으로 화는 났지만 감히 말할 수 없었다. 공자 난이 즉위한 이후에도 기자 등에게 아무런 예우를 해주지 않았다. 마침내 기자는 방손과 양손을 불러 상의했다.

"우리가 외국에 주둔해 있지만 그 기한이 언제까지인지도 모르오. 차라리 주상께 군사를 몰래 보내 정나라를 습격하도록 권하는 것이 좋을 것 같소. 그럼 우리도 많은 노획물을 가지고 귀국할 수 있을 것이오."

이렇게 상의를 하고 있는 사이에 진 문공이 세상을 떠났다는 소식이 들려왔다. 그들은 손을 이마에 대며 말했다.

"이것은 하늘이 우리의 성공을 돕는 것이오."

그리하여 마침내 심복을 달려 보내 목공에게 말했다.

"정나라 사람들이 우리에게 도성 북문을 지키게 했습니다. 만약 군사를 몰래 파견하여 정나라를 치시면 우리가 안에서 호응하겠습니다. 그럼 정나라를 멸망시킬 수 있을 것입니다. 또 마침 진나라에 국상이 발생하여 이번에는 정나라를 구원하러 올 수 없을 것입니다. 게다가 정나라 군주는 새로 즉위해서 도성 수비를 아직 제대로 갖추지 못했습니다. 부디 이번 기회를 놓치지 마시옵소서."

목공은 이 비밀 보고를 받고 마침내 건숙과 백리해를 불러 대책을 상의했다. 두 신하가 이구동성으로 간언을 올렸다.

"우리 진나라는 정나라와 천 리를 떨어져 있어서 그 땅을 얻을 수는 없고 다만 포로와 노획물로 이득을 볼 수 있을 따름입니다. 대저 천 리 길에 군사를 고생시키며 장기간 산 넘고 물 건너 행군하는 동안 어떻게 사람의 이목을 피할 수 있겠습니까? 만약 저들이 우리의 계책을 소문으로 전해 듣고 방비한다면 고생만 하고 아무 소득도 얻을 수 없습니다. 그러면 중도에 틀림없이 변란이 발생할 것입니다. 무릇 군사를 보내 지켜준다고 했으면서도 다시 돌아가 저들을 치는 것은 신의 있는 행동이 아닙니다. 다른 사람의 장례 기간에 편승해서 정벌을 행하는 것은 어진 행동이 아닙니다. 성공해도 이익은 적고 성공하지 못하면 피해가 막대한데, 그래도 군사를 동원하는 것은 지혜로운 대책이 아닙니다. 이 세 가지 잘못된 점을 보더라도 신은 이번 정벌이 올바른 일인지 알지 못하겠습니다."

목공이 발끈 화를 내며 말했다.

"과인은 세 번이나 진나라 군주를 세워줬고 두 번이나 혼란을 평정해서 명성이 천하에 알려졌소. 그런데 진 군주가 성복에서 초나라를 패퇴시킨 그 한 가지 이유 때문에 우리가 결국 천하의 패업을 그에게 양보하게 된 것이오. 이제 진나라 군주가 죽었으니 천하에 누가 우리와 맞설 수 있겠소? 정나라는 남에게 의지하는 지친 새와 같기 때문에 결국 다른 사람 품으로 날아가기 마련이오. 이번 기회에 정나라를 멸망시킨 뒤 진나라의 하동 땅과 바꾸자고 하면 틀림없이 우리 말을 들어줄 것이오. 무슨 불리한 점이 있단 말이오?"

건숙이 또 아뢰었다.

"주상께선 어찌하여 진나라로 사신을 보내 저들의 국상을 조문한 뒤, 다시 정나라 국상에도 조문 사절을 파견하지 않으십니까? 그 틈에 정나라를 정벌할 수 있을지 살펴볼 수 있을 것입니다. 그러니 기자 등의 헛된 말에 현혹되지 마시옵소서."

목공이 말했다.

"만약 조문 사절을 파견한 후 출병시키려 한다면 그들이 오고가는 사이에 거의 1년은 걸릴 것이오. 대저 군사를 부리는 방법은 우레처럼 신속하게 하여 귀 막을 틈도 주지 않아야 하오. 이제 늙고 지친 분들이 무엇을 알겠소?"

이에 기자 등이 보낸 사람에게 몰래 약속하며 이렇게 일렀다.

"2월 상순에 우리 군사가 정나라 북문에 당도할 것이니 절대 착오 없이 안에서 호응하도록 하라!"

그러고는 맹명시를 대장으로 삼고 서걸술과 백을병을 부장으로 삼았다. 이어서 정예병 3000여 명과 병거 300승을 뽑아 동문 밖에서 출발하기로 했다. 맹명은 바로 백리해의 아들이고, 백을은 건숙의 아들이다. 출병하는 날 건숙과 백리해는 소리 내어 울며 아들을 배웅했다.

"슬프고 원통하구나! 너희가 나가는 것은 볼 수 있으나 돌아오는 것은 볼 수 없겠구나!"

목공은 그 말을 듣고 진노하여 사람을 보내 두 신하를 꾸짖었다.

"어찌하여 군사들 앞에서 통곡하며 감히 군사의 시기를 떨어뜨리는 것인가?"

건숙과 백리해가 함께 대답했다.

"신이 어찌 군사를 향해 통곡했겠습니까? 오직 아들이 불쌍해서 울었을 뿐입니다."

백을병은 자신의 부친이 슬피 우는 것을 보고 출정을 사양하고 가지 않으려 했다. 그러나 아버지 건숙은 이렇게 말했다.

"우리 부자는 큰 식읍과 많은 녹봉을 받고 있다. 네가 죽는 것은 네 분수를 지키는 일이다."

이에 단단히 봉인된 간찰 한 통을 비밀리에 전해주며 당부했다.

"너는 이 간찰에 쓰여 있는 대로만 행동해라."

백을병은 명령대로 출발했지만 마음속으로는 당혹스럽고 서글펐다. 하지만 맹명은 자신의 재주와 용기만 믿고 필승을 자신하면서 편안한 마음으로 아무것에도 개의치 않았다.

대군이 출발한 뒤 건숙은 병을 핑계로 조정에 나가지 않고 마침내 사직을 청했다. 목공이 강제로 조정에 나오라고 하자 건숙은 병이 더욱 위독해졌다고 말한 뒤 옛날에 살던 질촌銍村으로 돌아가겠다고 했다. 백리해가 문병을 가서 건숙에게 말했다.

"저도 어찌 이번 일의 기미를 모르겠소. 그래도 구차하게 여기 남아 있는 까닭은 아들이 생환해오면 얼굴이라도 한번 보기 위함이오. 형님께서 저에게 가르침을 좀 주시지요."

건숙이 말했다.

"이번 출정은 틀림없이 패할 것이네. 아우는 비밀리에 자상子桑(공손지公孫枝의 자)에게 하하河下3 나루에 배를 준비해두라고 하고, 만에 하나 아이들이 죽음에서 벗어난다면 그곳에서 만나 서쪽으로 데려오라고 하게. 꼭 기억하게. 절대 잊지 말고!"

백리해가 말했다.

"형님의 말씀을 즉시 시행하도록 하겠소."

목공은 건숙이 전원으로 돌아갈 결심을 했다는 소문을 듣고 황금 20근과 채색 비단 100속束4을 하사하고 신하들과 함께 교외까지 나가 배웅하고 돌아왔다. 이 무렵 백리해는 공손지의 손을 잡고 건숙의 말을 알려주며

3_ 하하河下: 황하가 산서성과 섬서성을 경계 지으며 북쪽에서 남쪽으로 흘러오다가 하남성과 만나는 지점에서 90도로 방향을 꺾으며 동쪽으로 흘러간다. 그 근처를 하하河下 지역이라고 한다. 지금의 산서성 풍릉도風陵渡에서 하남성 섬현陝縣과 삼문협三門峽에 걸친 지역. 이 소설의 전개로 볼 때 진秦나라 군사들이 황하 남쪽 효산崤山의 험준한 지역을 통과하므로 섬현과 삼문협 근처로 보인다.

4_ 속束: 다섯 필疋이 일 속束이다.

여차여차하게 일을 처리하라고 알려줬다.

"건숙 형님께서 다른 사람에게 부탁하지 않고 자상에게 부탁한 것은 장군의 충성스러운 용기를 믿고 국가의 우환을 분담하기 위함이오. 절대 이 계책이 새어나가지 않게 비밀리에 추진해주시오."

공손지가 말했다.

"삼가 명령대로 시행하겠소."

그러고는 자신이 직접 배를 준비하러 나갔다.

맹명은 백을이 부친의 비밀 간찰을 받은 것을 보고 정나라를 깨뜨릴 비책이 들어 있는 줄 짐작하고 그날 밤 모든 군영이 조용히 잠든 후 특별히 찾아와 함께 열어보자고 했다. 백을이 간찰을 열어보니 안에는 글자 두 줄이 쓰여 있었다.

이번 출병에 정나라는 염려할 것 없다. 다만 염려가 되는 건 진나라다.
효산崤山의 지형이 험준하니 너는 조심해라. 내가 그곳에서 너의 해골을 수습하리라.

맹명은 눈을 가리고 군영을 뛰쳐나오며 연이어 소리쳤다.

"니미럴! 니미럴! 재수 없다, 재수 없어!"

백을도 그럴 리는 없을 것이라고 생각했다. 삼군은 겨울 12월 병술일丙戌日에 출발하여 다음 해 정월에 주나라 북문을 지나가게 되었다. 맹명이 말했다.

"비록 군사 일로 가는 것이라 알현은 못하지만 천자께서 계신 곳이니 감히 존경을 표하지 않을 수야 있겠는가?"

맹명은 좌우 군사들에게 명령을 전달하여 모두 갑옷을 벗고 병거에서 내리라고 했다. 전초 부대의 아장牙將 포만자褒蠻子는 날래고 용감하기가 비할 데 없는 장수라, 주 왕실 도성의 문을 지나가게 되자 즉시 평지에서 수레로 뛰어올라 날아가는 새처럼 재빨리 치달려가면서도 수레를 한 번도 멈추지 않았다. 맹명이 감탄하며 말했다.

"군사들이 모두 포만자 같다면 무슨 일인들 이루지 못하겠는가?"

그때 옆에서 듣고 있던 장수와 병졸들이 모두 시끄럽게 떠들었다.

"우리가 어찌 포만자만 못하겠는가?"

이에 앞다투어 팔뚝을 흔들며 군사들에게 소리쳤다.

"달리는 병거에 뛰어오를 수 없는 자는 행군 대열의 맨 뒤에 처질 것이다."

무릇 진격할 때 가장 뒷줄에 서면 비겁하다고 하고, 퇴각할 때 가장 뒷줄에 서면 용감하다고 한다. 따라서 행군할 때 가장 뒷줄에 서는 걸 치욕으로 여기는 것이다. 그러자 일군一軍의 병거 300승 중에서 뛰어가며 수레에 타지 않는 자가 없었다. 병거에 올라탄 이후에도 행군을 신속하게 하여 질풍처럼 번개처럼 치달렸다. 그러자 삽시간에 행군 대열의 끝이 구경꾼들의 눈앞에서 사라졌다.

이때 주 양왕은 왕자 호虎와 왕손 만滿을 시켜 진秦나라 군사들의 행군을 살펴보게 했다. 군사들이 지나간 후 두 사람은 궁궐로 돌아와 양왕에게 보고했다. 왕자 호가 감탄하며 말했다.

"신이 보기에 진秦나라 군사들은 날래고 건장하기가 이를 데 없었습니다. 누가 능히 대적할 수 있겠습니까? 이번에 정나라는 요행을 바랄 수 없게 되었습니다."

왕손 만은 매우 어린 나이였지만 웃음을 머금고 아무 대답도 하지 않았다. 양왕이 물었다.

"어린 네가 보기에는 어떠하더냐?"

만이 대답했다.

"예법에 따르면 천자의 성문 앞을 지날 때는 반드시 갑옷과 무기를 한데 묶은 후 신속하게 지나가야 합니다. 그런데 지금 보니 갑옷만 벗는 데 그쳤으니 이는 무례한 행동입니다. 또 달리면서 병거에 타는 것은 심히 경박한 행동입니다. 경박하면 좋은 계책이 부족하고 무례하면 어지러워지기 쉽습니다. 이번 출병에서 진나라는 틀림없이 패배할 것입니다. 남을 해치기 전에 스스로를 해치게 될 것입니다."

한편 정나라에 현고弦高라는 한 상인이 있었다. 그는 소를 파는 걸 업으로 삼고 있었다. 옛날 주 왕실의 왕자 퇴가 소를 좋아하자 정나라, 위나라 상인들이 주 왕실로 가서 소를 팔고 꽤 두둑한 이익을 챙겼다. 지금까지 현고는 그 일을 세습하고 있었다. 그는 비록 장사꾼이었지만 임금에게 충성하고 나라를 사랑하는 마음이 있었으며 환난을 극복하고 분쟁을 해결하려는 지략도 있었다. 다만 추천해주는 사람이 없어서 저잣거리에 엎드려 살고 있을 뿐이었다. 그날도 수백 마리의 살진 소를 팔려고 주나라로 가고 있었다. 길이 여양진黎陽津 근처에 다다랐을 때 우연히 건타蹇他라는 한 친구를 만났다. 그는 마침 진秦나라에서 돌아오고 있는 중이었다. 현고는 건타를 만나자 이렇게 물었다.

"진나라에는 근래에 무슨 일이 없었는가?"

그가 말했다.

"진나라가 삼군을 보내 정나라를 기습하려고 하네. 12월 병술일에 출병했으니 오래지 않아 이곳에 당도할 걸세."

현고는 깜짝 놀라며 물었다.

"정나라는 우리 부모의 나라인데 창졸지간에 난리를 만나게 되었네그려. 내가 소식을 듣지 않았다면 그만이겠지만 이제 듣고도 구원하지 않는다면 종묘사직이 멸망한 뒤 무슨 면목으로 고향으로 돌아갈 수 있겠나?"

그러고는 마음속으로 한 가지 계책을 생각하고 건타와 작별했다. 그런 뒤에 사람을 시켜 밤새도록 정나라로 달려가 대책을 서두르게 했다. 또 한편으로는 진나라 군사에게 좋은 음식을 대접하기 위해 몰고 가던 소 가운데 살진 소 스무 마리를 선별한 후 나머지 소는 모두 객사에 잠시 맡겨두었다. 그런 뒤 현고는 스스로 작은 수레를 타고 진나라 군사를 맞으러 앞으로 나아갔다. 활滑나라 연진延津에 도착했을 때 마침 진나라 전초 부대와 만났다. 현고는 그들의 앞을 가로막으며 고함을 질렀다.

"나는 정나라 사신이오. 대장을 만나게 해주시오."

전초 부대장이 중군으로 달려가서 보고했다. 맹명은 깜짝 놀라며 생각했다.

'정나라가 어떻게 우리 군사가 오는 걸 알고 멀리까지 사신을 보내 맞이하는 것일까? 그가 이곳에 온 저의가 무엇인지나 알아봐야겠다.'

그리하여 마침내 현고와 병거 앞에서 만났다. 현고는 정나라 임금의 명령이라 속이고 맹명에게 말했다.

"우리 주상이 세 분 장군께서 군사를 이끌고 우리 나라에 오신다는 소식을 듣고, 소신에게 보잘것없는 물건이라도 가져가서 먼 길을 달려온 귀국의 군사를 잘 대접하라 하셨소. 우리 나라는 대국들 사이에 끼여 밖으로 끊임없이 수모를 당해왔기 때문에 나라를 지키기 위해 오랫동안 공을 들여왔소. 그러면서도 조심스럽게 행동하지 않아 어느 날 예측할 수 없는 일을 당하여 상국上國에 죄를 지을까봐 두려워해왔소. 그래서 밤낮으로 경비하며 감히 편히 잠도 자지 못하고 있소. 장군께서 잘 헤아려주시기 바라오."

"정나라 군후께서 우리 군사에게 좋은 음식을 대접하라 하시면서도 어찌하여 국서를 보내지 않은 것이오?"

"우리 주상이 장군께서 12월 병술일에 출병했고 군사들의 행진이 매우 빠르다는 소식을 듣고, 국서를 다 작성하기를 기다리다가는 장군의 군사를 위로할 기회를 잃을까 두려워, 마침내 소신에게 말로만 명령을 내리시면서 엎드려 죄를 청하라 했소. 다른 연유는 없소."

그러자 맹명은 현고의 귀에 대고 직은 목소리로 이야기했다.

"우리 주상께서 이번에 군사를 파견하신 것은 활나라 때문이오. 어찌 정나라로 갈 수 있겠소?"

그러고는 명령을 전하게 했다.

"연진에 군대를 주둔시켜라!"

현고는 감사의 인사를 하고 물러갔다. 이때 서걸술과 백을병이 맹명시에게 물었다.

"군사를 연진에 주둔시키는 이유가 무엇이오?"

맹명이 말했다.

"우리 군사가 천 리 먼 길을 고생스럽게 달려온 것은 오직 정나라 사람들이 예상하지 못하게 기습해서 승리를 얻기 위함이었소. 그러나 지금 정나라 사람들은 이미 우리 군사의 출발 날짜까지 알고 오랫동안 대비를 해왔소. 그러므로 공격을 해봤자 성곽이 튼튼하여 이기기 어렵고, 포위를 해

현고가 소를 잡아 진군을 대접하다.

봤자 우리 병력이 적어서 오래 지속할 수 없소. 지금 활나라가 방비를 하고 있지 않을 테니 차라리 활나라를 기습하여 격파하고, 노획물을 얻어 돌아가 주상께 보고를 올리는 편이 더 좋을 듯하오. 군사를 출병시켰으니 명목이 없어서는 안 될 것이오."

이날 밤 삼경에 진나라 삼군은 세 길로 나누어 활나라 도성을 기습했다. 진나라 군사들은 대규모 약탈을 자행하여 활나라의 젊은 남자와 여자 그리고 보옥과 비단을 깨끗이 쓸어갔다. 사관이 이 일을 이렇게 논했다.

진나라 군사의 눈에는 이미 정나라가 없었다. 만약 현고가 거짓 명령으로 진나라 군사를 대접하여 저들 삼군의 계략을 봉쇄하지 않았다면 망국의 참화가 활나라가 아니라 정나라에 있었을 것이다.

후세 사람이 시를 지어 찬양했다.

천 리 달린 군사들은 사납기가 이리 같은데	千里驅兵狠似狼
어찌 작은 활국 때문에 칼날을 겨눴겠나	豈因小滑逞鋒鋩
현고가 거짓으로 군사 대접 않았다면	弦高不假軍前犒
정나라가 무슨 수로 멸망을 면했으리	鄭國安能免滅亡

활나라는 이때 나라가 깨어진 이래 그 임금이 다시는 나라를 회복할 수 없었다. 진나라 군사가 떠나간 뒤 활나라 땅은 위衛나라에 병탄되었다.

한편 정 목공은 상인 현고의 비밀 보고를 받고도 그 말을 깊게 믿을 수 없었다. 그때가 2월 상순이어서 사람을 객관으로 보내 기자, 방손, 양손이

하는 짓을 염탐하게 했다. 그들은 벌써 병거를 잘 수습해둔 채 무기를 갈고 말을 배불리 먹이면서5 기타 장비도 정돈하고 있었다. 군사들도 모두 짐을 꾸리며 각자가 들뜬 마음으로 진나라 군사가 당도하기를 기다려 성문을 열어젖힐 준비를 하고 있었다. 상황을 보고받고 정공은 깜짝 놀랐다. 그는 노 대부 촉무를 시켜 먼저 기자, 방손, 양손을 만나 각자에게 비단을 선물로 주고 말을 전하게 했다.

"장군들께서 우리 나라에 오래 머무는 동안 우리가 계속 물자를 공급해왔기 때문에 들판의 사슴과 고라니가 모두 고갈되었소. 지금 소식을 들으니 장군들께서 경계를 엄격하게 하신다는데 혹시 다른 곳으로 떠나시려는 것이오? 맹명 등 여러 장군도 지금 주나라와 활나라 사이로 오신다는데, 그곳으로 가려는 것이오?"

기자는 몹시 놀라는 한편 마음속으로 몰래 생각했다.

'우리의 계책이 이미 새어나갔으니 본국에서 군사가 와도 공을 세울 수 없고 오히려 죄만 짓게 생겼구나.'

이에 완곡한 말로 촉무에게 사양한 뒤 그날 바로 친위대 수십 명을 이끌고 제나라로 달아났다. 방손과 양손도 송나라로 도피했다. 그곳을 지키던 진나라 병졸들은 장수가 사라지자 북문에 모여 병란을 일으키려 했다. 그때 정공이 일지호佚之狐에게 행군에 필요한 식량을 싣고 가서 군사들에게 나눠주고 고향으로 돌아가게 유도했다. 정공은 현고의 공을 공신록에 기록하도록 하고 군위軍尉의 벼슬을 내렸다. 이때부터 정나라는 안정을 되찾았다.

한편 진晉 양공襄公은 곡옥의 빈청에서 장례를 치렀다. 그때 세작이 보고

5_ 여병말마厲兵秣馬: 무기를 날카롭게 갈고 병마兵馬를 배불리 먹이다. 앞으로 닥쳐올 전투에 철저하게 대비함을 비유한다.(『좌전』 희공 33년)

를 올렸다.

"진나라 맹명 장군이 군사를 거느리고 동쪽으로 떠났는데 어디로 가는지 모르겠습니다."

양공이 깜짝 놀라 사람을 보내 신하들을 불러온 뒤 대책 회의를 열었다. 선진은 벌써 분명하게 소식을 탐지하고 진나라가 정나라를 기습한다는 사실을 알고 있었다. 그가 마침내 양공을 뵈러 왔다. 선진이 어떠한 대책을 세울지는 다음 회를 보시라.

주요 왕실 계보도

◉ 일러두기 ◉

1. 이 계보도는 『동주열국지』의 내용을 중심으로 그린 것이다.

2. 한 사람이 여러 이름으로 불린 경우 『동주열국지』에 기재된 것을 우선시했다.

3. 처음 즉위한 후 쫓겨났다가 다시 복위한 제후는 처음 즉위한 순서대로 계보도의 차례를 정했다.

4. 계보도를 한 장에 모두 그릴 수 없는 경우, 두 장 이상으로 나누어 그렸다. 한 나라의 계보도가 두 장 이상인 경우, 각권 등장인물이 포함된 계보도만 실었다.

동주東周 계보도(1)

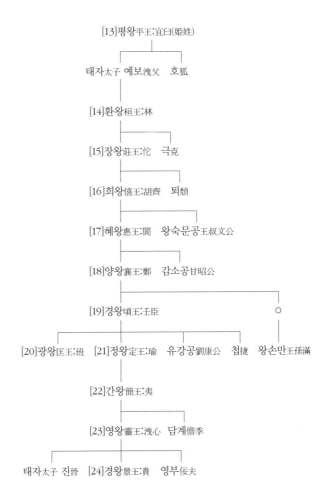

[13]평왕平王:宜臼(姬姓)

태자太子 예보洩父　호狐

[14]환왕桓王:林

[15]장왕莊王:佗　극克

[16]희왕僖王:胡齊　퇴頹

[17]혜왕惠王:閬　왕숙문공王叔文公

[18]양왕襄王:鄭　감소공甘昭公

[19]경왕頃王:壬臣　　　　　　　　　　　　　○

[20]광왕匡王:班　[21]정왕定王:瑜　유강공劉康公　첩捷　왕손만王孫滿

[22]간왕簡王:夷

[23]영왕靈王:洩心　담계儋季

태자太子 진晉　[24]경왕景王:貴　영부佞夫

위衛 계보도(1)

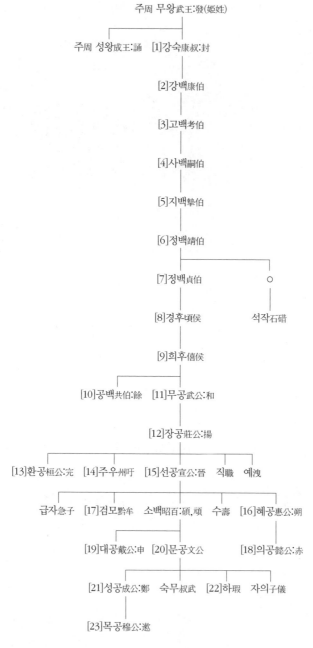

주周 무왕武王:發(姬姓)

주周 성왕成王:誦　　[1]강숙康叔:封

[2]강백康伯

[3]고백考伯

[4]사백嗣伯

[5]지백摯伯

[6]정백靖伯

[7]정백貞伯　　　　　　○

[8]경후頃侯　　　　석작石碏

[9]희후僖侯

[10]공백共伯:餘　　[11]무공武公:和

[12]장공莊公:揚

[13]환공桓公:完　[14]주우州吁　[15]선공宣公:晉　직직職　예예洩

급자急子　[17]검모黔牟　소백昭百:碩,頑　수수壽　[16]혜공惠公:朔

[19]대공戴公:申　[20]문공文公　　　[18]의공懿公:赤

[21]성공成公:鄭　숙무叔武　[22]하하瑕　자의子儀

[23]목공穆公:邀

제齊 계보도(2)

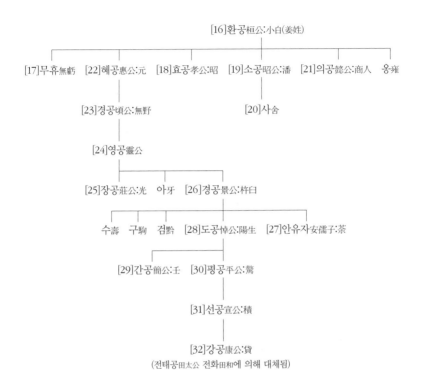

[16]환공桓公:小白(姜姓)

[17]무휴無虧　[22]혜공惠公:元　[18]효공孝公:昭　[19]소공昭公:潘　[21]의공懿公:商人　옹雍

[23]경공頃公:無野　[20]사舍

[24]영공靈公

[25]장공莊公:光　아牙　[26]경공景公:杵臼

수壽　구駒　검黔　[28]도공悼公:陽生　[27]안유자安孺子:荼

[29]간공簡公:壬　[30]평공平公:驚

[31]선공宣公:積

[32]강공康公:貸
(전태공田太公 전화田和에 의해 대체됨)

초楚 계보도(1)

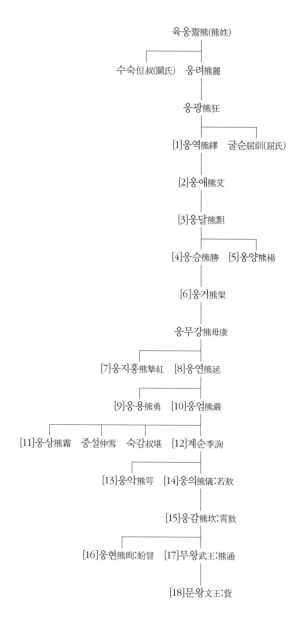

육웅鬻熊(熊姓)

수숙亘叔(鬪氏)　웅려熊麗

웅광熊狂

[1]웅역熊繹　굴순屈紃(屈氏)

[2]웅애熊艾

[3]웅달熊䵣

[4]웅승熊勝　[5]웅양熊楊

[6]웅거熊渠

웅무강熊毋康

[7]웅지홍熊摯紅　[8]웅연熊延

[9]웅용熊勇　[10]웅엄熊嚴

[11]웅상熊霜　중설仲雪　숙감叔堪　[12]계순季詢

[13]웅악熊咢　[14]웅의熊儀:若敖

[15]웅감熊坎:霄敖

[16]웅현熊眴:蚡冒　[17]무왕武王:熊通

[18]문왕文王:貲

정鄭 계보도

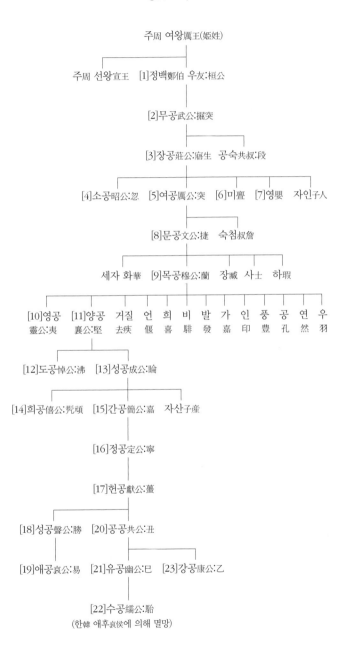

주周 여왕厲王(姬姓)

주周 선왕宣王　　[1]정백鄭伯 우友:桓公

[2]무공武公:掘突

[3]장공莊公:寤生　공숙共叔:段

[4]소공昭公:忽　[5]여공厲公:突　[6]미亹　[7]영嬰　자인子人

[8]문공文公:捷　숙첨叔詹

세자 화華　[9]목공穆公:蘭　장臧　사士　하瑕

[10]영공靈公:夷　[11]양공襄公:堅　거질去疾　언偃　희喜　비騑　발發　가嘉　인印　풍豊　공孔　연然　우羽

[12]도공悼公:沸　[13]성공成公:睔

[14]희공僖公:髡頑　[15]간공簡公:嘉　자산子産

[16]정공定公:寧

[17]헌공獻公:蠆

[18]성공聲公:勝　[20]공공共公:丑

[19]애공哀公:易　[21]유공幽公:巳　[23]강공康公:乙

[22]수공繻公:駘
(한韓 애후哀侯에 의해 멸망)

송宋 계보도(2)

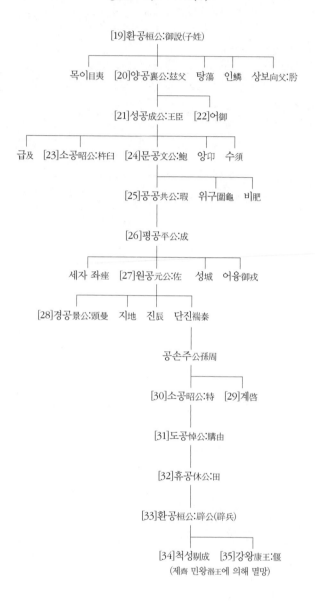

[19]환공桓公:御說(子姓)

목이目夷 [20]양공襄公:茲父 탕蕩 인鱗 상보向父:肹

[21]성공成公:王臣 [22]어御

급及 [23]소공昭公:杵臼 [24]문공文公:鮑 앙卬 수須

[25]공공共公:瑕 위구圍龜 비肥

[26]평공平公:成

세자 좌痤 [27]원공元公:佐 성城 어융御戎

[28]경공景公:頭曼 지地 진辰 단진襢秦

공손주公孫周

[30]소공昭公:特 [29]계啓

[31]도공悼公:購由

[32]휴공休公:田

[33]환공桓公:辟公(辟兵)

[34]척성剔成 [35]강왕康王:偃
(제齊 민왕湣王에 의해 멸망)

진晉 계보도(2)

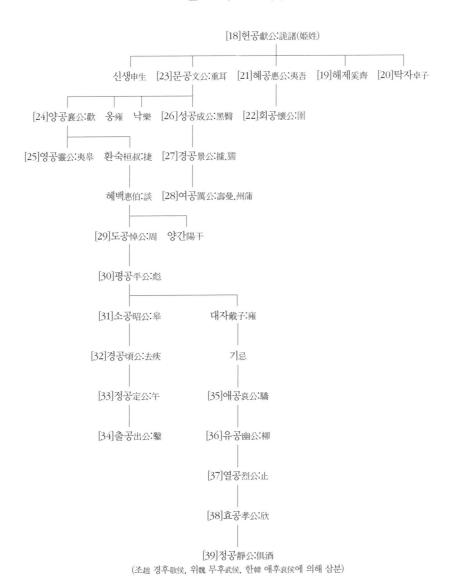

[18]헌공獻公:詭諸(姬姓)

신생申生　[23]문공文公:重耳　[21]혜공惠公:夷吾　[19]해제奚齊　[20]탁자卓子

[24]양공襄公:歡　옹雍　낙樂　[26]성공成公:黑臀　[22]회공懷公:圉

[25]영공靈公:夷皋　환숙桓叔:捷　[27]경공景公:據,獳

혜백惠伯:談　[28]여공厲公:壽曼,州蒲

[29]도공悼公:周　양간陽干

[30]평공平公:彪

[31]소공昭公:皋　대자戴子:雍

[32]경공頃公:去疾　기忌

[33]정공定公:午　[35]애공哀公:驕

[34]출공出公:鑿　[36]유공幽公:柳

[37]열공烈公:止

[38]효공孝公:欣

[39]정공靜公:俱酒
(조趙 경후敬侯, 위魏 무후武侯, 한韓 애후哀侯에 의해 삼분)

진秦 계보도(1)

백익伯益

비자非子

진후秦侯

공백公伯

진중秦仲

장공莊公(嬴姓)

세보世父　[1]양공襄公:開

[2]문공文公

정공靜公

[3]헌공憲公:立

[5]무공武公　[6]덕공德公　[4]출자出子

[7]선공宣公　[8]성공成公:憻　[9]목공穆公:任好

[10]강공康公:罃　홍弘　은慭

[11]공공共公:和,稻

[12]환공桓公:榮

[13]경공景公:石　겸鍼

[14]애공哀公:畢公

조曹 계보도(1)

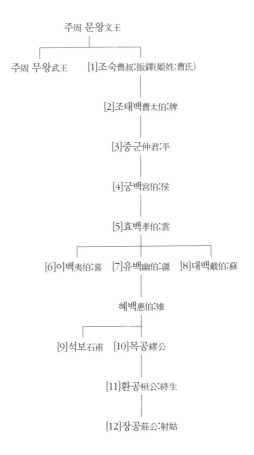

주周 문왕文王

주周 무왕武王　　[1]조숙曹叔:振鐸(姬姓:曹氏)

[2]조태백曹太伯:脾

[3]중군仲君:平

[4]궁백宮伯:侯

[5]효백孝伯:雲

[6]이백夷伯:喜　　[7]유백幽伯:彊　　[8]대백戴伯:蘇

혜백惠伯:雉

[9]석보石甫　　[10]목공繆公

[11]환공桓公:終生

[12]장공莊公:射姑

조曹 계보도(2)

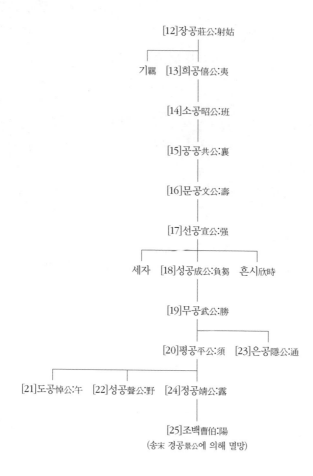

[12]장공莊公:射姑

기羈　　[13]희공僖公:夷

[14]소공昭公:班

[15]공공共公:襄

[16]문공文公:壽

[17]선공宣公:强

세자　　[18]성공成公:負芻　　흔시欣時

[19]무공武公:勝

[20]평공平公:須　　[23]은공隱公:通

[21]도공悼公:午　　[22]성공聲公:野　　[24]정공靖公:露

[25]조백曹伯:陽
(송宋 경공景公에 의해 멸망)

노魯 계보도(1)

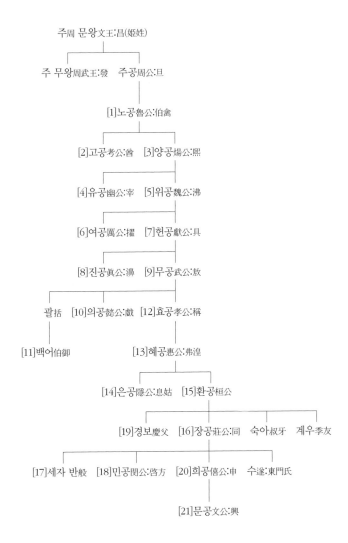

주周 문왕文王:昌(姬姓)

주 무왕周武王:發   주공周公:旦

[1]노공魯公:伯禽

[2]고공考公:酋   [3]양공煬公:熙

[4]유공幽公:宰   [5]위공魏公:沸

[6]여공厲公:擢   [7]헌공獻公:具

[8]진공眞公:濞   [9]무공武公:敖

괄括   [10]의공懿公:戲   [12]효공孝公:稱

[11]백어伯御   [13]혜공惠公:弗湟

[14]은공隱公:息姑   [15]환공桓公

[19]경보慶父   [16]장공莊公:同   숙아叔牙   계우季友

[17]세자 반般   [18]민공閔公:啓方   [20]희공僖公:申   수수遂:東門氏

[21]문공文公:興

허許 계보도

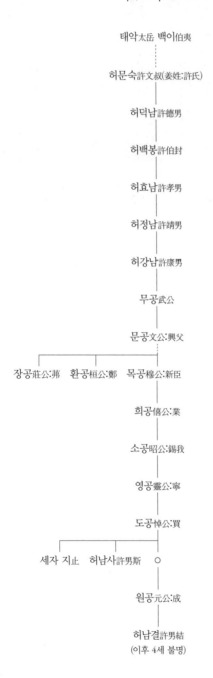

태악太岳 백이伯夷

허문숙許文叔(姜姓:許氏)

허덕남許德男

허백봉許伯封

허효남許孝男

허정남許靖男

허강남許康男

무공武公

문공文公:興父

장공莊公:弗　환공桓公:鄭　목공穆公:新臣

희공僖公:業

소공昭公:錫我

영공靈公:寧

도공悼公:買

세자 지止　허남사許男斯　○

원공元公:成

허남결許男結
(이후 4세 불명)

동주열국지 2

1판 1쇄	2015년 5월 18일
1판 8쇄	2024년 10월 30일

지은이	풍몽룡
정리자	채원방
옮긴이	김영문
펴낸이	강성민
편집장	이은혜
마케팅	정민호 박치우 한민아 이민경 박진희 정유선 황승현
브랜딩	함유지 함근아 박민재 김희숙 이송이 박다솔 조다현 정승민 배진성
독자모니터링	황치영

펴낸곳	(주)글항아리	출판등록 2009년 1월 19일 제406-2009-000002호

주소	10881 경기도 파주시 심학산로 10 3층
전자우편	bookpot@hanmail.net
전화번호	031-955-2689(마케팅) 031-941-5161(편집부)
팩스	031-941-5163

ISBN	978-89-6735-210-3 04900

geulhangari.com